THE LOGIC OF WESTERN SOCIOLOGICAL THEORIES

第一卷 结构论社会学理论

谢立中 著

# 西方社会学理论的逻辑

图书在版编目(CIP)数据

西方社会学理论的逻辑 / 谢立中著. — 北京：北京大学出版社，2024.4
ISBN 978-7-301-35015-7

Ⅰ.①西… Ⅱ.①谢… Ⅲ.①社会学–西方国家 Ⅳ.①C91

中国国家版本馆CIP数据核字（2024）第081841号

| | |
|---|---|
| 书　　　名 | 西方社会学理论的逻辑<br>XIFANG SHEHUIXUE LILUN DE LUOJI |
| 著作责任者 | 谢立中 著 |
| 责 任 编 辑 | 陈相宜 |
| 标 准 书 号 | ISBN 978-7-301-35015-7 |
| 出 版 发 行 | 北京大学出版社 |
| 地　　　址 | 北京市海淀区成府路205 号　100871 |
| 网　　　址 | http://www.pup.cn |
| 新 浪 微 博 | @北京大学出版社　@未名社科–北大图书 |
| 微信公众号 | 北京大学出版社　北大出版社社科图书 |
| 电 子 邮 箱 | 编辑部 ss@pup.cn　总编室 zpup@pup.cn |
| 电　　　话 | 邮购部 010-62752015　发行部 010-62750672<br>编辑部 010-62753121 |
| 印 　刷　 者 | 涿州市星河印刷有限公司 |
| 经 　销　 者 | 新华书店<br>650毫米×980毫米　16开本　92.25印张　1370千字<br>2024年4月第1版　2024年4月第1次印刷 |
| 定　　　价 | 369.00元（精装全四卷） |

未经许可，不得以任何方式复制或抄袭本书之部分或全部内容。
**版权所有，侵权必究**
举报电话：010-62752024　电子邮箱：fd@pup.cn
图书如有印装质量问题，请与出版部联系，电话：010-62756370

# 总目录

导　论 ································································ *001*

## 第一卷　结构论社会学理论

导　言 ································································ *001*

### 上编　非马克思主义结构论社会学理论

第一章　孔德与实证主义结构论社会学理论 ···················· *005*
第二章　涂尔干与实证主义结构论社会学理论 ················· *024*
第三章　帕森斯的结构功能主义社会学理论 ···················· *080*
第四章　列维-斯特劳斯的结构主义社会人类学理论 ········· *142*

### 下编　马克思主义结构论社会学理论

第五章　马克思与历史唯物主义 ································· *177*
第六章　阿尔都塞的结构主义马克思主义社会理论 ············ *305*
第七章　柯亨之功能分析的马克思主义社会学理论 ············ *331*

本卷小结 ···························································· *352*

## 第二卷　建构论社会学理论

导　言 ··········································································· 001

### 上编　非马克思主义建构论社会学理论

第一章　韦伯的"理解社会学" ················································ 005
第二章　舒茨的现象学社会学理论 ············································ 079
第三章　符号互动主义社会学理论 ············································ 140
第四章　弗洛伊德精神分析学说的社会理论 ································· 177
第五章　霍曼斯的社会交换理论 ··············································· 209

### 下编　马克思主义建构论社会学理论

第六章　卢卡奇论历史与阶级意识 ············································ 235
第七章　葛兰西的实践哲学理论 ··············································· 257
第八章　法兰克福学派的批判理论 ············································ 279
第九章　弗洛伊德主义的马克思主义 ········································· 300
第十章　埃尔斯特与理性选择论的马克思主义 ······························ 326

本卷小结 ········································································· 356

## 第三卷　互构论社会学理论

导　言 ··········································································· 001

第一章　彼得·伯格和卢克曼的社会建构论 ································· 003
第二章　亚历山大的新功能主义 ··············································· 025
第三章　科尔曼的理性选择理论 ··············································· 054
第四章　布迪厄的实践理论 ····················································· 077

| 第五章 | 吉登斯的结构化理论 | 110 |
| 第六章 | 哈贝马斯的交往行动理论 | 135 |
| 第七章 | 乔纳森·特纳的社会学理论综合纲领 | 170 |

本卷小结 ································································· 213

# 第四卷　复构论社会学理论

导　言 ··································································· 001

## 上编　后实证主义科学哲学

引　言 ··································································· 009
| 第一章 | 波普尔的批判理性主义或证伪主义 | 013 |
| 第二章 | 库恩：科学革命的结构 | 032 |
| 第三章 | 拉卡托斯的科学研究纲领方法论 | 053 |
| 第四章 | 费耶阿本德：认识论的无政府主义 | 070 |

本编小结 ································································· 086

附录　罗蒂的新实用主义理论 ············································· 091

## 中编　后现代主义诠释理论

引　言 ··································································· 121
| 第五章 | 加达默尔的哲学诠释学 | 125 |
| 第六章 | 德里达的解构主义理论 | 150 |
| 第七章 | 罗兰·巴特的后结构主义诠释学 | 168 |
| 第八章 | 拉康的后结构主义精神分析学说 | 190 |

本编小结 ································································· 215

## 下编　后现代社会理论

引　言 ································································ 221
第九章　福柯的权力—话语分析理论 ································ 224
第十章　德勒兹和加塔利的精神分裂分析理论 ····················· 285
第十一章　鲍德里亚与后现代社会理论 ····························· 310
第十二章　利奥塔的后现代状况理论 ································ 358
第十三章　拉克劳和墨菲的后马克思主义 ·························· 389
第十四章　面对后现代主义挑战的社会学理论 ····················· 418

本编小结 ···························································· 445

本卷小结 ···························································· 448

结束语 ································································ 451

参考文献 ···························································· 459

主要人名译名对照表 ················································ 481

# 导 论

## 一

本书讨论的主题是"西方社会学理论的逻辑"。为了使读者更好地理解全书的内容，笔者拟在这里先对与主题相关的一些问题作一番简要说明。

首先，需要说明一下本书书名中所用"西方社会学理论"这一词组的含义。之所以如此，是因为组成这个词组的三个词语即"西方""社会学""理论"在含义上都充满歧异，不同的文献对它们有不同的用法。例如，"西方"一词在当代汉语文献中至少有三种不同的用法。一是将其作为一个地理概念，用来指西欧国家及由其衍生的国家（如美国、加拿大等）；二是将其作为一个政治概念，用来指涉在经济、政治、社会制度及意识形态方面与上述地理意义上的西方国家同属一个营垒的国家，即上述地理意义上的西方国家再加上日本、韩国等地理上虽处于非西方位置但在制度和意识形态方面却与前者属于同一营垒的国家；三是将其作为一个意识形态概念，用来指涉在现代西方意识形态或学术传统中与马克思主义不同的那样一些意识形态或学术传统。在当代中国，"西方"一词的这三种用法在不同情境下各有其自身的功能和价值，既不能相互混淆，也不能彼此排斥。又如，虽然绝大多数人都同意"社会学是关于社会的科学"这一说法，但对于"科学"一词的含义，人们的理解也不完全一致：实证主义者将"科学"等同于"实证科学"，诠释社会学家认为社会学是一门诠释性科学，马克思主义者则主张社会学应该是一门"辩证科学"意义上的"科学"。再如，偏向实证主义立场的社会学家主张只有借助严密的归纳—演绎格式将一组高度形式化的命题联结起来才能称之为科学理论，而更多的社会学家则主张在社会学领域内放宽"理论"的标准，将按照任一逻辑格式（而非仅限于严格的归纳—演绎格式）联系起来的一组关于社会现象的陈述（而非高度形式化的命题）都视为科学理论。显然，对这三个概念当中任何一个概念的含义作出不同的选择，都会对"西方社会学理论"这一词组的理解产生影响。

为简洁起见，在此我们仅对这三个概念在本书中的意涵简单陈述如下：第一，本书所用"西方"一词主要表达的是一个地理概念，即用来指地理上处于西欧的那些国家及少数由其衍生的国家（美国、加拿大等），既不包括日本、韩国等在制度和意识形态方面与前者属于同一营垒的国家，也不从意识形态角度将马克思主义意识形态及学术传统排除在"现代西方"的意识形态及学术传统范围之外。第二，本书所称的"社会学"，意指与神话和形而上学两种知识形态不同的所有现代经验科学（可以用经验事实对其适当性加以检验的知识形态），包括"实证科学""诠释科学""辩证科学"三种意义上的现代科学类型。第三，本书也将在最宽泛的意义上，即"一组以任一逻辑格式联结起来、可用于解释相关经验事实的任意形式的抽象观念或陈述"，来理解"理论"一词的含义。简言之，本书所称的"西方社会学理论"，指的是自孔德以来由西欧国家及其少数衍生国的学者或思想家发展出来的那些以任何逻辑格式联结起来、可用于解释经验性社会事实的抽象观念或陈述体系。

需要说明的是，本书对"西方社会学理论"所作的上述界定，和国内外社会学界绝大多数文献对"西方社会学理论"的理解是完全一致的，并不完全是笔者个人的主观选择。在西方国家出版的社会学理论教材或著述，前面基本上都不会添加"西方"两字，因为在西方学者看来，"西方社会学"就等于"社会学",所有的"社会学",甚至所有的现代社会科学,都是在西方国家产生和发展起来的,因而都是"西方"的,非西方国家并无现代"社会学"或现代社会科学。但在当代中国社会学界,在著述或授课中谈及"社会学理论"时,如果所涉理论主要是来自西方国家的,意识到西方中心主义立场之局限性的学者为了和这种立场保持距离,常会在所涉理论前加上"西方"二字,但这里的"西方"基本上是作为一种地理概念来使用的。例如,笔者主编的教材《西方社会学理论》所说的"西方"就是地理意义上的"西方",其中所介绍的"西方"社会学理论不仅包括涂尔干、韦伯、帕森斯等人的非马克思主义社会学的理论,也包括马克思主义社会学理论;南京大学周晓虹教授撰写的《西方社会学历史与体系》一书、中国人民大学刘少杰教授写作的《后现代西方社会理论》一书,以及其他几乎所有以"西方社会学理论"为主题的著述都是如此。再者,国内外梳理或考察社会学理论的著述也大多不将"科学"等同于"实证科学",不把对"理论"概念的理解限制在实证主义的立场之上,而是把"科学"和"理论"概念的理解拓展到"实证科学"的界限之外,对它们作一种比实证主义者更为宽泛的理解。因为若不如此,现实生活中绝大多数社会学家,包括孔德、涂尔干、马克思、韦伯、帕森斯等人所提出的那些有关社会的理论陈述,都将被排除在"社会学理论"的范围之外,社会学领域中的"科学理论"亦寥寥无几,这既不符合社会学发展的实际情况,也不利于社会学及其理论研究工作的开展。

其次,还需要说明一下本书书名中"理论的逻辑"几个字眼的含义。本书的书名很容易让人联想到美国社会学家杰弗里·亚历山大的《社会学的理论逻辑》一书,本书与后者的书名之间只存在几个微小的差别:其一,本书的书名中有"西方"二字,后者则没有。其实,后者所讨论的对象也只限于"西方",但如前所述,对于亚历山大这样一位西方社会学家来说,"社会学理论"基本上就等于"西方社会学理论",西方世界之外的社会学理论并不在他的视野之内。但对于笔者这样一位中国学者而言,则自然不能接受对包括中国在内的非西方世界社会学理论的这种忽视。在书名中明确加上"西方"二字,即意味着本书所讨论的对象仅限于"西方",而未包含西方之外的社会学理论。其二,本书使用的是"社会学理论的逻辑",而非"社会学的理论逻辑",这是因为依笔者的理解,"社会学理论的逻辑"与"社会学的理论逻辑"两者之间也是存在差别的:前者仅指"社会学理论"的"逻辑",后者则指"社会学"的"理论逻辑"。换言之,前者关注的只是存在于各种得到明确表述的"社会学理论"(如韦伯在《社会科学方法论》或《经济与社会》等著述中明确阐述的那些社会学理论)当中的"逻辑",而对于"社会学理论"之外的那些经验性社会学研究(如韦伯早期的一些关于经济史或现实问题的著述)中可能包含但未明确陈述的"理论逻辑"则不予关注;反之,后者所关注的则不仅包括"社会学理论"中的逻辑,而且包括经验性社会学研究中的"理论逻辑"。之所以如此,主要是因为依笔者之见,"理论"的意涵应该主要限于在社会学或社会理论家著述中得到明确阐述的那些被认为属于"理论"层次的内容,而不应该包括各种经验研究(包括理论家的)著述中虽然包含但未得到明确陈述的那些(可能具有理论意涵的)内容,否则"理论研究"和"经验研究"的界限就变得模糊不清了。因为任何一项经验研究成果都具有一定的理论意涵,这样一来,一项关于社会学理论逻辑的研究就需要将所有社会学研究的文献都纳入自己的讨论范围,这将会是一项不可能完成的任务。

尽管存在上述差别,本书的主旨与亚历山大的著作之间仍然有明显的共同之处,即都试图对西方社会学一般理论的"逻辑"进行梳理。[1] 准确地说,是要对自孔德以来的西方社会学领域中社会学家用来指导自己开展社会研究的各种一般"理论"——既包括由"正宗的"社会学家如涂尔干、韦伯、帕森斯、舒茨、亚历山大、吉登斯等建构出来的那些理论,也包括由"正宗的"社会学领域之外的思想家如马克思、卢卡奇、葛兰西、霍克海默、马尔库塞、哈贝马斯、福柯、利奥塔等提出而被社会学家引进

---

[1] 正如默顿所阐释的那样,根据理论概括的内容和抽象程度的不同,可以将社会学理论至少区分为"一般理论"和"中层理论"两个不同的层次:前者指的是概括和抽象程度最高、我们研究所有社会现象时都或隐或显会用到的那些理论,如古典马克思主义、结构功能主义、符号互动主义、社会交换理论、社会冲突理论等;后者指的是概括和抽象程度较低、只适用于有限范围的那样一些理论,如自杀理论、参考群体理论、社会流动理论、角色冲突理论等。本书梳理的是社会学中的一般理论。

社会学研究过程的那些理论——之间的逻辑关系进行梳理。如果我们将社会学家用来指导自己研究工作的每一种一般理论都视为一种"范式"的话，那么，正如瑞泽尔所说，社会学的确是一个以多范式为特征的学科，它永远无法像库恩所宣称的那样，最终"成熟"到在众多相互竞争的一般理论中有一个能够暂时脱颖而出成为社会学领域所有或绝大多数学者共同认可的唯一主导理论即"范式"，从而使自己达到孔德在提出"社会学"一词时曾经期待的那种可以与自然科学媲美的"科学"状态。除了传说中帕森斯的理论曾经在不到十年的时间内短暂地被西方社会学家视为这样一种主导理论之外，在孔德以来的近两百年的时间里，诸多相互竞争的理论范式并存似乎确是社会学领域中的常态。这就向社会学者——无论是社会学理论的研究学者，还是期待以某个社会学理论来引导自己研究工作的经验研究学者——提出了一些特别的问题：这些不尽相同的社会学理论之间在逻辑上到底是一种什么样的关系？它们之间的异和同究竟何在？我们如何对这些令人眼花缭乱的理论加以选择？本书的主旨，就是试图对这些问题给出一个笔者自己的回答。

亚历山大的著作已经表明，对西方社会学理论的逻辑进行梳理，并非一个新的话题。实际上，在西方社会学理论的发展过程中，每一位后来的社会学家在对自己的理论进行阐述的过程中，都或多或少地要在自己的著述中对之前的社会学理论成果进行梳理，其中一些著述就包含了对社会学的理论逻辑进行讨论的内容，如帕森斯《社会行动的结构》一书。到20世纪30年代，随着社会学理论成果的不断增多，逐渐出现了许多专门对西方社会学理论进行叙述的著作，这些著作一般也会对所述社会学理论之间的逻辑有所分析。此外，还出现了一些专门以分析西方社会学理论逻辑为宗旨的著作，如马丁代尔的《社会学理论的性质和类型》，弗里德里克斯的《社会学的社会学》，瑞泽尔的《走向一种整合的社会学范式》《社会学：一门多范式的科学》《社会学中的元理论》，亚历山大的《社会学的理论逻辑》，等等。在这些产生于不同时期、以不同方式对西方社会学理论之间的逻辑关系进行梳理的著述中，西方学者根据自己对各种社会学理论之间的逻辑或异同关系的理解，对社会学理论进行整理归类，提出了一些不尽相同的社会学理论分类模式。波洛玛[1]、瑞泽尔[2]、周晓虹[3] 等人曾经对西方学者提出的一些社会学理论分类模式进行了简要的概括。这些概括为我们对西方社会学理论逻辑问题展开进一步讨论提供了一个可资利用的新起点。参照这些概括，我们可以对西方学者提出的社会学分类模式作更为深入细致的梳理。

## 二

在对瑞泽尔等人的概括稍加整理后，我们可以看到，西方学者提出的社会学理论分类模式大致可以分为以下几种：

首先是以理论社会学家个人（如马克思、恩格斯、孔德、斯宾塞、涂尔干等）为分析对象，依据这些人所提出的社会学理论在基本理论和方法论预设方面的异同，将理论归结为不同的"学派"或"范式"。如索罗金将在撰写《当代社会学理论》一书时流行的社会学理论归纳为机械论学派、地理学派、生物学学派、生物—社会学派、生物—心理学派、社会学学派、心理学派和心理—社会学学派等不同"学派"；马丁代尔将相关社会学理论归纳为实证主义的有机论、冲突理论、形式学派、社会行为主义和社会学功能主义等不同"学派"；艾弗雷特则将各种社会学理论归纳为马克思主义、弗洛伊德主义、涂尔干主义、韦伯主义、现象学派、常人方法学、符号互动主义、交换论等不同"范式"等。通过这些分类模式，我们可以对各个理论社会学家所提出的理论之间的异同获得一种比这些分类模式不存在时更为清晰的描述和分析，从而更好地理解它们之间的逻辑关系。这种分类模式的不足之处主要在于，它只是以社会学家个人提出的理论为单位对社会学理论进行了初步的概括，其概括程度停留在一个相对较低的层次，因而无法回答人们在看到这些分类模式归纳出的"学派"或"范

---

[1] 波洛玛：《当代社会学理论》，孙立平译，华夏出版社，1989 年，第一章。
[2] G.Ritzer, "Sociological Metatheorizing and a Metatheoretical Schema for Analyzing Sociological Theory," in G.Ritzer, *Sociological Theory*, McGraw-Hill, 1992.
[3] 周晓虹：《西方社会学历史与体系》，上海人民出版社，2002 年，导论。

式"之后很自然会提出的一个问题：这些不同的"学派"或"范式"之间又是种什么样的逻辑关系？我们还能对它们之间的异同作更进一步的概括吗？

　　大概正是出于对这样一个问题的考虑，一些学者对不同学派或范式之间的逻辑关系进行了进一步的分析，在此基础上提出了一些概括程度更高的社会学理论分类模式。这种分类模式又至少包括两种亚类型。一种亚类型可以称为"一维分类模式"，即从某个单一的分析维度出发，对各种社会学理论"学派"或"范式"做进一步的归纳，将它们概括为内涵更深、外延更大的一些（一般是两个）理论类型：如小威廉·卡顿基于各种社会学理论在社会学本体论和方法论方面的基本预设（社会现实本质上是一种像自然界那样外在于个体主观意志的客观世界，还是一种与自然界不同的由个体行动者通过主观有意义的行动建构出来的意义世界），将它们进一步归纳为"自然主义社会学"和"泛灵论社会学"；马丁代尔也从同样的角度出发，将自己提出的那些社会学理论学派进一步归纳为"科学主义社会学"和"人文主义社会学"；吉登斯基于同样的维度，将所有社会学理论归纳为"实证主义社会学"和"解释性社会学"；另一些学者，如卡茨等人，则依据各种社会学理论所侧重研究的社会现实层面，将它们进一步归纳为"宏观社会学"和"微观社会学"；还有一些学者，如弗里德里克斯，则从各种社会学理论的提出者企图在社会现实中所起的作用这一维度将它们归纳为"牧师型"和"先知型"。可以看到，这些分类模式虽然都是其提出者从某个单一维度出发对社会学理论进行分析后得到的，但其提出者所使用的分析维度并不一样。如果能将其中的两个或几个维度结合起来对社会学理论之间的逻辑关系进行分析，我们或许可以得到一些更为概括、更为完备的分类模式。基于这种思路，一些学者提出了另一种概括程度更高的社会学分类模式，即"两维分类模式"。如美国社会学家波洛玛就将小威廉·卡顿、马丁代尔、吉登斯等人使用的分析维度和弗里德里克斯使用的分析维度相结合，提出了一个两维度—四范畴的社会学理论分类模式。波洛玛用图0-1将这一分类模式表述如下：[1]

---

[1]　波洛玛：《当代社会学理论》，第15页。

|  |  | 社会学家的自我形象 | |
|---|---|---|---|
|  |  | 牧师 | 先知 |
| 理论的性质 | 自然主义 | 默顿、霍曼斯、布劳、科塞、达伦多夫、伦斯基、帕森斯 | 埃兹尼 |
|  | 人文主义 | 戈夫曼、布鲁默、加芬克尔、伯格 | 米尔斯、贝尔、古尔德纳 |

**图 0-1　波洛玛有关现代社会学理论的分类**

美国社会学家瑞泽尔则认为，小威廉·卡顿、马丁代尔、吉登斯等人使用的分析维度（社会学理论在关于社会现实本质上是客观的还是主观的这一问题方面所隐含的基本预设）和卡茨等人使用的分析维度（社会学理论侧重的对象是宏观还是微观层面的社会现实）实际上涉及的是社会现实本身就包含的两个分析维度，即客观—主观维度和宏观—微观维度。从分析的角度看，社会现实本身既是一个由客观—主观两个层面构成的连续统，也是一个由宏观—微观两个层面构成的连续统。一个完美的社会学理论本应该全面关注社会现实的这四个层面及它们之间的相互关系，而不是只关注其中的一个层面。但遗憾的是，现实中既有的社会学理论却往往是片面地关注其中的一个层面。因此，如果将这两个维度相结合，就既有助于我们理解社会现实的不同分析维度以及一个理想的社会学理论应该关注的各个方面，也能构成一个新的、与波洛玛模式有所不同的两维度社会学理论分类模式来描述和理解既有社会学理论之间的逻辑关系。容易令人感到困惑的是，瑞泽尔从这两个分析维度区分出来的社会学理论类型（"范式"）只有三种而非四种（见表0-1）。[1]

**表 0-1　瑞泽尔的社会学理论分类模式**

| 现实层次 | 理论范式 |
|---|---|
| 宏观—主观 | 社会事实范式 |
| 宏观—客观 | |
| 微观—主观 | 社会释义范式 |
| 微观—客观 | 社会行动范式 |

---

[1] G.Ritzer, *Sociological Theory*, p.673.

瑞泽尔的看法给后人很大的启发。在他之后，美国社会学家亚历山大按照与瑞泽尔大体相同的思路（社会现实本身包含主观—客观和宏观—微观两个分析维度和四个层面，理想的社会学理论应该同时关注这四个层面及其相互关系，但现实中的社会学理论都具有一定的片面性等）将小威廉·卡顿、马丁代尔、吉登斯等人使用的分析维度和卡茨等人使用的分析维度（只不过将宏观—微观这两个社会现实的分析层面表述成个体或"行动"和集体或"秩序"两个层面）相结合，提出了一个与瑞泽尔有所不同的两维度—四范畴的社会学理论分类模式（见图0-2）。[1]

| 关注层面 | 关于社会性质的理论预设 | |
|---|---|---|
| | 主观的 | 客观的 |
| 行动 | 规范行动论 | 工具行动论 |
| 秩序 | 社会学唯心论 | 社会学唯物论 |

图 0-2 亚历山大的社会学理论分类模式

受亚历山大的启发，澳大利亚社会学家沃特斯又沿着与亚历山大同样的思路提出了一个类似的两维度—四范畴的社会学理论分类模式（见图0-3）。[2]

| 理论说明的角度 | 关于社会性质的理论预设 | |
|---|---|---|
| | 主观的 | 客观的 |
| 个体论的 | 建构主义 | 功利主义 |
| 整体论的 | 功能主义 | 批判结构主义 |

图 0-3 沃特斯的社会学理论分类模式

同样受上述模式的启发，中国社会学家周晓虹也沿着瑞泽尔、沃特斯等人的思路方向，提出了一个与他们的模式大体相似的社会学理论分类模式（见图0-4）。[3]

---

[1] 亚历山大本人在其相关著述中并没有给出这一图示，这一图示是由澳大利亚社会学家沃特斯给出的。参见沃特斯：《现代社会学理论》，杨善华等译，华夏出版社，2000年，第164页。
[2] 同上书，第6页。
[3] 周晓虹：《西方社会学历史与体系》，第32页。

|  | 关于社会性质的理论预设 | |
|---|---|---|
|  | 自然主义 | |
| 关注层面 宏观 | 社会事实范式 | 社会行为范式 |
|  | 社会批判范式 | 社会释义范式 |

**图 0-4　周晓虹的社会学理论分类模式**

显然，和前面那些以社会学家个人提出的理论为单位进行分析所形成的分类模式一样，上述抽象和概括程度更高的分类模式对于我们理解各种社会学理论之间的逻辑关系也具有重要的意义。它们深化了我们对西方社会学理论之间的逻辑关系的理解，对于我们把握西方社会学理论的结构和逻辑同样具有不可或缺的价值。

## 三

从上面的叙述中我们可以意识到，对西方社会学理论之间的逻辑关系的梳理不仅可以从多种维度（基本理论和方法论预设维度、理论具有的社会功能维度等）入手，而且可以至需要从抽象和概括程度不同的多个层次来进行。至于需要分成多少不同的分析层次，取决于研究者具体分析的需要。以我们上述叙述为据，可以认为，对西方社会学理论逻辑的分析至少需要从两个层次切入：首先，是以社会学家个人提出的理论为单位，对不同社会学家提出的那些理论之间的逻辑关系进行辨析，根据它们在基本理论和方法论预设等方面的异同对它们进行比较分析，从而将它们归结为不同的类型（我们可以将这一层次上的分类称为"初级分类"，并依照学界惯例将这些类型称为"学派"，也可以赋之以其他称谓，只要约定俗成即可）。其次，则是以这些初级分类得到的理论类型（如"学派"）为单位，对这些不同理论类型之间的逻辑关系进行辨析，根据它们在一些更为基本的理论和方法论预设等方面的异同对它们做进一步的比较分析，从而将它们进一步划分为概括和抽象程度更高的一些不同类型（我们可以将这一更高层次上的分类称为

"次级分类",并赋之以与初级分类不同的称谓,如"范式",或"研究纲领",或"传统"等,同样只要约定俗成即可。在本书中我们将简单地将它们称为"理论类型")。通过至少这两个层次的比较、分析和概括,我们就可以对西方社会学理论的结构和逻辑有一个大致的把握。

尽管如此,我们可以发现,通过上述两级抽象概括而形成的这些分类模式,可能还是无法满足我们对西方社会学理论逻辑加以把握的需要。其症结在于:通过上述步骤形成的这些分类模式其实还只是一种静态的结构分类模式,而非一种动态的过程分类模式。它们可以帮助我们回答这样的问题:如果我们把既有的社会学理论看作一个由诸多理论或理论类型构成的静态的、结构的总体,那么这个总体在结构上是由哪些成分(理论或者理论类型)构成的,这些成分之间在逻辑上是一种什么样的关系;但却不能帮助我们回答这样的问题:如果我们不是或不满足于把既有的社会学理论简单地看作一个由诸多理论或理论类型构成的静态的、结构的总体,而是像实际上我们所知道的那样,将它看作一个由诸多并非同时形成而是在一个历史过程中相继形成的理论或理论类型构成的动态的、过程的总体,那么,这个动态的总体在过程上是由哪些成分组成的,这些成分在这个历史过程中又是一种什么样的逻辑关系?换言之,从一种比较完整的意义上讲,我们所谓社会学理论的"逻辑"本身也应该包括两种意义,即静态的结构逻辑和动态的过程逻辑。这两种意义上的逻辑对于我们把握社会学理论之间的逻辑关系来说都是重要的、缺一不可的:前者可以帮助我们了解社会学理论之间的逻辑关系是怎样的(知其"然"),从而使我们能够从单个社会学理论或理论类型与由其参与构成的社会学理论总体之间的结构性相互关系中去更好地理解两者;后者则可以帮助我们进一步明确社会学理论之间为何会以及如何形成了这样一种逻辑关系(知其"所以然"),从而使我们能够从单个社会学理论或理论类型与由其参与构成的社会学理论形成的历史脉络之间的相互关系中去把握两者。

或许正是基于这样一种考虑,我们看到,一些探究社会学理论逻辑的学者没有满足于提出上述一类静态的结构模式,而是在此基础上进一步提出了一些社会学理论动态演进模式。例如,沃特斯就以自己提出的上述社会学分类模式为基础归纳了一个动态的分类模式。他把自孔德以来的西方社会学发展历程划分为古典、现代和当代三大阶段，认为自己划分出来的四种社会学理论基本类型——建构主义、功能主义、功利主义和批判结构主义都先后经历了这四个阶段，因而分别形成了这四种基本类型的各种亚类型。如建构主义社会学就先后形成了韦伯和齐美尔等代表的古典建构主义、符号互动论和现象学社会学/常人方法学等代表的现代建构主义社会学，以及吉登斯的结构化理论代表的当代建构主义社会学；功能主义社会学也相应地先后形成了斯宾塞和涂尔干等代表的古典功能主义社会学、结构功能主义代表的现代功能主义，以及新功能主义代表的当代功能主义；功利主义社会学同样先后形成了马歇尔和帕累托等代表的古典功利主义社会学、交换理论代表的现代功利主义社会学，以及理性选择理论等代表的当代功利主义社会学；批判结构主义则先后形成了马克思、恩格斯代表的古典批判结构主义、"批判理论"和结构主义的马克思主义等代表的现代批判结构主义，以及沟通理论和后结构主义等代表的当代批判结构主义社会学。详见表0-2。[1]

表0-2 沃特斯的社会学理论动态分类模式

| 核心主张 | 理论类型 | 经典阶段 | 现代阶段 | 当代阶段 |
| --- | --- | --- | --- | --- |
| 行动 | 建构主义 | 韦伯<br>齐美尔 | 符号互动论<br>现象学社会学/常人方法学 | 结构化理论 |
| 系统 | 功能主义 | 斯宾塞<br>涂尔干 | 结构功能主义 | 新功能主义 |
| 理性 | 功利主义 | 马歇尔<br>帕累托 | 交换理论 | 理性选择<br>公共选择 |
| 结构 | 批判结构主义 | 马克思<br>恩格斯 | 批判理论<br>结构主义的马克思主义 | 沟通理论<br>后结构主义 |

受沃特斯启发，周晓虹也提出了一个类似的社会学理论动态分类模式，区别仅在于用"后现代"这个概念来指称沃特斯所称的"当代"时期（见表0-3）。[2]

---

[1] 沃特斯：《现代社会学理论》，第6页。
[2] 周晓虹：《西方社会学历史与体系》，第34页。

**表 0-3　周晓虹的社会学理论动态分类模式**

| 范式 | 经典贡献 | 现代发展 | 后现代状况 | 相近学科的同派观点 |
|---|---|---|---|---|
| 社会事实 | 斯宾塞<br>涂尔干 | 结构功能主义<br>冲突论 | 新功能主义 | 达尔文生物学<br>生态学 |
| 社会行为 | 马歇尔<br>帕累托<br>塔德<br>弗洛伊德 | 交换理论 | 理性选择<br>公共选择 | 新古典经济学<br>行为心理学<br>精神分析心理学<br>临床精神病学 |
| 社会批判 | 马克思<br>恩格斯 | 批判理论<br>结构主义的马克思主义 | 沟通理论<br>后结构主义 | 结构主义语言学<br>政治经济学<br>文化研究 |
| 社会释义 | 滕尼斯<br>韦伯<br>齐美尔 | 符号互动论<br>现象学社会学/常人方法学 | 结构化理论 | 文化人类学<br>历史学 |

借助上述这样一种动态的社会学理论分类模式，我们就能够从横向的结构和纵向的过程两个维度来对西方各种社会学理论之间的逻辑关系进行分析和描述，从而取得对西方社会学理论逻辑的一种相对更为周全的理解。这也是笔者在本书中试图达到的目标。

## 四

那么，本书将按照一种什么样的社会学理论分类模式来描述和分析西方各种社会学理论之间的逻辑关系呢？在上述社会学分类模式中，有没有一种可供我们直接加以利用或参考的模式，作为我们描述和分析西方社会学理论逻辑的基本框架呢？如果有的话，那是哪一种呢？

对于上述问题，笔者的回答是：尽管上述分类模式给我们带来了很多启发，但若从细节来看，其中并没有哪一种令笔者感到完全满意，感觉适合直接用来作为描述和分析西方社会学理论逻辑的基本框架。因此，我们必须构建一种就我们想要达到的目标而言相对更为合适的社会学理论分类模式——对于读者来说，这也应该是意料之中的事（因为如果不是这样，本书就没有任何存在的价值）。本书的撰写正是基于笔者从把握西方社会学理论逻辑的目标出发，在近二十年社会学理论教学生涯中生出的对现有社会学理论分类模式的不满足感，以及对构建一种新社会学理论分类模式之需要的强烈意识。

那么，上述社会学理论分类模式的不足或不合适之处主要体现在哪里呢？

基于前面的叙述以及一些基本的逻辑要求方面的思考，笔者认为，为了达到尽可能适当地把握西方社会学理论逻辑这一目标，一个完备的社会学理论分类模式必须符合以下两个要求：

第一，从内容方面看，要尽可能将所有从把握社会学理论逻辑这一任务的角度看具有代表性的社会学理论都涵盖在内，尽量避免遗漏。注意，这里说的是尽可能将所有"有代表性的"理论涵盖其中，而非将所有理论都包容进来，因为这既无可能也无必要。当然，这样一来，有可能会在探讨社会学理论逻辑的学者当中引发哪些理论属于"有代表性的"的争议，因为即使我们把"代表性"的内容限定在"从把握社会学理论逻辑这一任务的角度看具有代表性"这一范围，"代表性"一词的含义仍会有一定的不确定性。但作为一个基本要求，这乃是必须提出来的。

第二，从结构方面看，至少要包括三个方面或层次：首先，是以个别社会学家提出的理论为单位，对它们之间的逻辑关系进行分析，根据它们之间在基本理论和方法论预设方面的异同对它们做出初步的分类，得到一个初级分类模式；其次，是以这个初级分类模式包含的各种社会学理论类型为单位，对它们之间的逻辑关系进行分析，根据这些类型之间在一些更为基本的理论和方法论预设方面的异同对它们进行分类，得到一个抽象和概括程度更高一层但依然属于静态的社会学理论分类模式；最后，以这个抽象和概括程度更高一层的静态分类模式为基础，依据社会学理论演进的历史进程，构建出动态的社会学分类模式。

按照这两个方面的要求，我们可以对前述社会学理论分类模式作一简要分析和评价。

首先可以确定，无论是从内容的完备性还是结构的完备性来看，在上述社会学理论分类模式中，沃特斯和周晓虹使用的分类模型都比它们之前的那些分类模式更为完备。从"内容完备性"这一要求来看，由于在时间上相对晚出，覆盖的时段较长，沃特斯和周晓虹建构的分类模式自然要比上述模式中那些先于它们形成的模式在内容上更趋完备。从"结构完备性"这一要求来看，沃特斯和周晓虹使用的分类模式也比之前的那些模式更为完备：只有它们明确地包含初级分类、次级分类和动态分类三个维度或层次，为我们提供了符合"结构完备性"这一标准的两个典范。前面的那些模式要么止于初级分类层次，要么止于次级分类层次，都没有明确包含一个动态的分类模式。

尽管如此，笔者认为，从把握社会学理论的逻辑这一目标看，沃特斯和周晓虹建构的上述社会学理论分类模式仍然有一些不合用的地方。这些不合用之处主要体现在以下方面：两种分类模式都在次级分类层次上，将所有具有代表性的西方社会学理论划分为在西方社会学理论演进的所有阶段自始至终都存在的四个基本类型，同时在动态分类层次上，将西方社会学理论的演进历程划分为所有四种基本类型都统一经过的三个发展阶段。例如，在沃特斯的分类模式中，所有具有代表性的社会学理论都可归为建构主义、功能主义、功利主义和批判结构主义四种基本理论类型之一，而且每一种都可以按照经典阶段、现代阶段和当代阶段进一步划分。换言之，无论是在西方社会学发展的经典阶段，还是现代阶段或当代阶段，都存在着建构主义、功能主义、功利主义和批判结构主义四种基本的理论类型。整个西方社会学理论的演变过程就被描述成这四种基本的理论类型各自从经典阶段经过现代阶段再到当代阶段的平行变化过程。虽然在这个过程中会存在这四种理论类型之间的相互作用和相互渗透，但这种相互作用和相互渗透不会使它们各自在基本理论和方法论预设方面发生根本性质的变化，因而始终保持自己原来的"类"本质不变——否则就不应该使用原来的"类"名称来称呼它们。这样一种分类模式可能会从以下几个方面导致对西方社会学理论逻辑的误解：

首先，模糊了存在于"当代"社会学理论中的试图对前两个阶段的不同社会学理论取向进行整合的基本倾向，可能会使读者误以为"当代"

阶段的各类社会学理论只是对前面两个阶段就已经存在的同类社会学理论在更高水平上的一种延续而已。事实上，尽管"当代"阶段的许多社会学理论与之前的某种或某些社会学理论之间的确存在一定的连续性，但它们并不只是在更高的理论水平上对前面某一或某些相应理论的进一步发展，而是在与之前的某一或某些相应理论保持一定的逻辑联系的前提下，在基本的理论和方法论预设方面产生了一些与理论先辈相比具有根本性质的变化，从而使得它们无法再简单地与先前的那一种或那些理论归为一类了。以"新功能主义"社会学理论为例：虽然新功能主义是在主要批判继承旧功能主义的一些基本理论预设（如社会是一个由相互联系、相互作用的要素构成的系统等）的基础上引进、吸收其他各派社会学理论的一些合理之处而形成的，但新功能主义在基本的理论预设方面也发生了与旧功能主义相比具有根本性质的变化（如社会系统不是一种完全外在于行动者行动过程的独立实在，在社会现实中发生的不是社会系统对个体行动的单向约束和形塑作用，而是系统结构与个体行动之间的相互作用、相互建构等），从而使得人们在某种意义上可以说，新功能主义与旧功能主义已经不属于同一类型了。用本书将要使用的术语来说，旧功能主义理论属于"结构论社会学理论"范畴，新功能主义则超越了"结构论社会学理论"范畴，转变成为一种属于"互构论社会学"范畴的理论了。沃特斯和周晓虹的分类模式都无法将这样一种变化揭示出来，从我们所欲达到的目标来说，这应该可以被视为二者隐含的一个局限。

其次，也模糊了这四种社会学理论类型之间可能存在的一种前后相继的内在发展逻辑，使人误以为它们可能真的是同时产生的，但事实却并非一定如此。以沃特斯的分类模式为例，在他提出的建构主义、功能主义、功利主义和批判结构主义这四个他认为在西方社会学发展过程中一直存在的社会学理论类型中，以韦伯和齐美尔的社会学理论为代表的建构主义理论类型和以马歇尔、帕累托的相关理论为代表的功利主义理论类型实际形成的时间，要晚于以马克思、恩格斯的相关理论为代表的"批判结构主义"理论类型和以斯宾塞的社会学理论为代表的功能主义理论类型。前两种类型作为社会学或社会理论中的两种理论类型，都是形成于19世纪和

20世纪之交,其成熟期甚至可以确定在20世纪20年代左右——韦伯的理解社会学理论形成和成熟于20世纪初,齐美尔的社会学著述也大多发表于19世纪末20世纪初;而后面两种类型则都是形成于19世纪中期——马克思、恩格斯的历史唯物主义理论形成和成熟于1845—1860年间;孔德、斯宾塞的社会学理论也是形成和成熟于1830—1880年间。事实上,正如我们所知道的那样,作为沃特斯所谓建构主义社会学理论类型的奠基者,韦伯和齐美尔的社会学理论在相当程度上正是作为与马克思、恩格斯的历史唯物主义理论和以孔德、斯宾塞等人为代表的实证主义理论这两类在其之前就已经基本形成的社会理论类型进行对话的一个方面而逐渐形成和发展起来的。若不对历史唯物主义和实证主义这两大先行理论有所了解,就难以理解和说明韦伯和齐美尔社会学理论的产生和发展。马歇尔、帕累托代表的所谓"功利主义"社会学理论类型的情况也是如此。因此,可以说,在沃特斯的社会学分类模式中,"建构主义"和"功利主义"社会学理论类型与"功能主义"和"批判结构主义"理论类型之间的逻辑关系,并不是同时产生的诸理论类型之间的并列关系,而是前后相继的对话关系。沃特斯的分类模式对于存在于其划分出来的四种理论类型之间的这种内在对话关系也无法加以揭示,因而可以说是其隐含的另一个局限。自然,这一局限也同样存在于周晓虹的分类模式中。

最后,还模糊了从西方社会学理论作为一个整体来看,其演化发展的不同阶段之间可能存在的内在发展逻辑。在从动态角度对西方社会学理论进行分类和描述时,沃特斯和周晓虹的分类模式其实主要是依据物理学意义上的时间概念来对西方社会学理论进行类型划分,据此分出"经典"、"现代"和"当代"(或"后现代")三个物理时间意义上的演变阶段,由此形成"经典"社会学理论、"现代"社会学理论和"当代"或"后现代"社会学理论三种社会学理论类型,但这三种理论类型之间的关系基本上也就是单纯的物理时间意义上的先后关系,而非逻辑意义上的先后关系。至于从西方社会学理论作为一个整体来看在这三个阶段(或类型)之间是否可能存在一定的内在发展逻辑,从这两个动态分类模式中我们并不能看到。因此,就揭示西方社会学理论逻辑这一目标来说,这也可视为二者隐含的第三个局限。其实，导致这一局限的原因和导致前面第二个局限的原因是同一个，即两者在对西方社会学理论的动态类型加以区分时划分出来的三个阶段（或类型）都只是一种物理意义上的时段，而非逻辑意义上的环节。

需要再次说明，上述所谓"局限"，都是从本书所欲达到的目标，即"把握西方社会学理论的逻辑"这一目标的角度来看，才能算作局限。如果我们的目标不是把握西方社会学理论的逻辑，而是单纯对西方社会学理论的实际历史进程进行描述，那无论是沃特斯的分类模式还是周晓虹的分类模式，应该说可能都是一种合适的工具，不存在上述所谓的"局限"。但就本书设定的理论目标而言，它们是不适用的。为了达成我们的目标，我们需要构建一个新的西方社会学理论分类模式。笔者将在下一部分对本书使用的西方社会学理论分类模式作一简要勾勒。

## 五

在当今国内外社会学界，绝大多数社会学家都把"社会"与"个人"（或者"结构"与"行动"、"宏观"与"微观"等）之间的关系问题视为社会学理论的核心问题，并根据社会学家对这一核心问题的不同回答将他们的理论划分为两种不同甚至对立的基本类型，其中一类强调"社会"对于"个人"所具有的独立性、外在性和约束性，另一类则强调"个人"对于"社会"所具有的独立性、能动性和建构性。前者通常被人们赋予"自然主义"社会学、"社会物理学"、"社会实在论"、"结构主义"社会学、"宏观社会学"或社会学中的"社会事实"范式等不同名称，后者则通常被人们赋予"人文主义"社会学、"社会现象学"、"社会唯名论"、"建构主义"社会学、"微观社会学"或社会学中的"社会行为"、"社会诠释"范式等不同名称。但是，事实上，如果我们像拉法格、拉布里奥拉、普列汉诺夫、列宁、布哈林、列斐伏尔、布洛维等马克思主义者，以及当今大多数非马克思主义社会学家所认可的那样，确定马克思主义社会理论是西方社会学理论的一个组成部分,那么,回顾包括马克思主义社会理论的发展在内的西方社会学理论演变史,我们就可以清晰地看到,"社会"与"个人"之间的关系问题并非一开始就是社会学理论的核心问题。"社会"与"个人"之间的关系问题成为社会学理论的核心问题,是西方社会学理论在特定历史阶段演变发展的一个结果。在现代社会学诞生之后的一段较长的历史时期(约自19世纪30年代至19世纪末,即孔德提出建构一门关于社会的自然科学这一倡议至韦伯、齐美尔、滕尼斯等人的社会学理论大致形成的时期)内,社会学理论的研究者所关注和争论的核心问题,因而也是将社会学家划分为不同理论阵营的首要问题,并非"社会(结构)"和"个人(行动)"之间的关系问题,而是一个从哲学领域继承下来的古老问题,即社会现实的物质性和精神性之间的关系问题。西方社会学理论中最初的分歧和对立,正是围绕着这一问题展开的。围绕着这一问题,形成了孔德创立的实证主义和马克思、恩格斯创立的历史唯物主义这两种最早的社会学理论基本取向。前者认为社会现实本质上是精神性的而非物质性的,虽然社会现实是由人们以一定的物质因素为条件建构的,但决定着社会现实得以形成、维持和变迁的最终因素却不是这些物质因素,而是渗透在人们的行动当中、引导和约束着人们行动的那些精神性因素,如社会的知识或道德共识。我们可以将持这种理论立场的社会学称为"唯心主义社会学",这种社会学由孔德首倡,继之在涂尔干和帕森斯等几乎所有或至少绝大多数非马克思主义取向的社会学后继者那里得到了进一步的发展和完善。相反,后者则认为社会现实本质上是物质性的而非精神性的,虽然社会现实是人们在特定观念、意识的引导和约束下通过自己的行动构成的,但决定着社会现实得以形成、维持和变迁的最终因素并不是引导和约束着人们行动的那些意识因素,而是使特定意识引导下的社会行动得以发生和持续的那些物质因素。我们可以将持这种理论立场的社会学称为"唯物主义社会学"。[1] 这种社会学由马克思、恩格斯首倡,继之在拉

---

[1] 亚历山大在《社会学的理论逻辑》一书中,也使用了"社会学唯心主义"和"社会学唯物主义"这两个概念,用它们来描述和分析西方社会学理论中的两种不同理论取向。表面上看,亚历山大使用的这一对概念与本书使用的"唯心主义社会学"和"唯物主义社会学"这一对概念非常相似,但笔者将在本书正文中说明这两对概念之间的差异。

法格、考茨基、拉布里奥拉、普列汉诺夫、列宁、布哈林、卢卡奇、葛兰西、法兰克福学派、阿尔都塞、列斐伏尔、柯亨等几乎所有或至少是绝大多数马克思主义取向的社会学后继者那里得到了进一步的发展和发挥。西方社会学理论的历史首先是这两种社会学基本理论取向的形成和对话史，西方社会学理论在其形成之初的大约半个世纪里的面貌，基本上就是由这两种社会学基本理论取向之间的分歧和对话形塑而成的。因此，理解西方社会学理论的逻辑，首要任务便是把握住由孔德开启的"唯心主义社会学"和由马克思、恩格斯开启的"唯物主义社会学"这两种社会学的基本类型及二者之间的逻辑关系。

然而，尽管孔德创立的实证主义与马克思、恩格斯创立的历史唯物主义这两种社会学理论取向在"社会现实本质上是物质性的还是精神性的"这一问题上存在着根本分歧，但它们对另外一个问题的看法却是完全一致的，那就是上述"社会（结构）"与"个人（行动）"之间的关系问题。在韦伯的"理解社会学"等被后人以"人文主义"等不同名称来加以称谓的社会学理论取向形成之前，在"社会（结构）"与"个人（行动）"之间的关系这一问题上，无论是社会学中的实证主义者还是社会学中的马克思主义者，几无例外地站在被后人以"自然主义"等不同名称来加以称谓的那种立场上。换言之，尽管在"社会现实本质上是物质性的还是精神性的"这一问题上，实证主义者和马克思主义者之间是完全对立的，但在"社会（结构）"与"个人（行动）"之间的关系这一问题上，他们却是同一个战壕里的战友。它们与被称为"人文主义"的社会学理论类型构成了一种新的对立面。正是因为如此，在它们之后出现的韦伯"理解社会学"等"人文主义"社会学理论才是作为它们共同的对话者、通过与它们的对话而形成的。也只是在这样一些对话者出现之后，"社会（结构）"与"个人（行动）"之间的关系问题才得以在西方社会学理论中逐渐呈现和明确起来，并成为西方社会学理论中另一个引发重要分歧和争论的核心问题。若不理解韦伯"理解社会学"等人文主义社会学理论与在其之前形成的实证主义和马克思主义两个社会学理论基本类型之间的这种对话关系，我们就不能很好地理解在它们形成之后由它们与前两种"自然主义"类型的社会学理论共同组成的西方社会学理论整体的形成过程和内部逻辑。

不过,需要加以说明的是,通常人们以为这些被称为"人文主义"等的社会学理论取向主要是出现在非马克思主义社会学阵营内部,而在马克思主义社会学阵营内部则不存在,并因此主张在实证主义和马克思主义这两种社会学理论取向的基础上,加上一个"人文主义"之类的社会学理论取向,视它们为西方社会学的三大基本理论取向。[1] 事实上,这些以强调"个人"对于"社会"所具有的独立性、能动性和建构性为特征的社会学理论取向,虽然首先形成于非马克思主义社会学阵营内部,但其影响却并未限制在非马克思主义社会学内部,而是扩大到了马克思主义社会学阵营。众所周知,在马克思、恩格斯及其同时代的马克思主义者之后,出现了一批"人文主义的马克思主义"者,如卢卡奇、葛兰西、霍克海默、阿多诺、弗洛姆等,这些马克思主义者在理论取向上与韦伯、齐美尔等非马克思主义的"人文主义"社会学家有着高度的一致性,并且这种一致性事实上正是源于他们都在不同程度上受到了韦伯、齐美尔、弗洛伊德等非马克思主义"人文主义"社会学家的影响。尽管作为马克思主义者,他们对社会世界中人之主观能动性的强调不可能达到非马克思主义的"人文主义"社会学家那样强烈或极端的程度,但他们朝着这个方向去推进马克思主义社会理论的倾向,是和非马克思主义的"人文主义"社会学家朝着相同方向去推进非马克思主义社会学的倾向一样鲜明的。如果忽略掉他们与后一个群体之间的这种"家族相似"性质,只看到他们作为马克思主义者与后者之间的差异,而未能看到他们与后者之间的共同性,那么,就无法对他们的理论,他们的理论与包括马克思、恩格斯的理论在内的那些被称为"科学马克思主义"的社会学理论之间的关系,以及他们的理论与各种非马克思主义社会学理论之间的关系,并作出恰当的理解。因此,在进入20世纪之后的很长一段时间(大体自20世纪初期至20世纪七八十年代,即韦伯、齐美尔的社会学理论形成至亚历山大、吉登斯、布迪厄、哈贝马

---

[1] 这也是我们在许多社会学或社会学理论教材甚至著述中可以看到的一种社会学分类模式。笔者在《走向多元话语分析:后现代思潮的社会学意涵》(中国人民大学出版社,2009年)一书中描述和分析西方现代主义社会学时,使用的也是这一分类模式。

斯等人提出各种综合性社会学理论的时期）里，西方社会学理论的整体是由两组对立阵营构成的。其中一组是非马克思主义社会学理论和马克思主义社会学理论之间的二元对立，另一组则是"自然主义"之类的社会学取向与"人文主义"之类的社会学取向之间的二元对立。这两组对立阵营有所交叉，构成了一个复杂的西方社会学理论结构。对于这样一个理论结构，我们原本可以仿照亚历山大、沃特斯等人的方式以一个十字坐标图来加以表示，见图 0-5：

物质与精神关系方面的取向
唯物主义

| 社会与个人关系方面的取向 | 社会 | 科学主义的马克思主义 | 实证主义的非马克思主义 | 个人 |
|---|---|---|---|---|
| | | 人文主义的马克思主义 | 人文主义的非马克思主义 | |

唯心主义

**图 0-5　可能的社会学理论分类模式之一**

但这样一种图示隐含与之前的同类图示一样的局限：它只是一种静态的结构模式，而非一种动态的演化模式，因而不能将两种"自然主义"取向的社会学理论类型与两种人文主义取向的社会学理论类型之间存在的那种动态的时间和逻辑关系呈现出来。若既要将到目前为止形成的西方社会学理论内部的结构逻辑呈现出来，又将其内部的动态逻辑呈现出来，我们就需要一种动态的结构模式。如表 0-4：

**表 0-4　可能的社会学理论分类模式之二**

| 理论类型 | 自然主义 | 人文主义 |
|---|---|---|
| 非马克思主义 | 实证主义的非马克思主义 | 人文主义的非马克思主义 |
| 马克思主义 | 科学主义的马克思主义 | 人文主义的马克思主义 |

人文主义社会学理论取向的出现，导致了西方社会学中一种新的二元对立即"社会（结构）"和"个人（行动）"的关系问题上的二元对立的形成，致使原来至少从表面上看显得各自统一的非马克思主义社会学和马克思主义社会学内部也出现了理论立场方面的分化和对立，这给两个阵营

内部的社会学家都带来了不安。克服这种理论立场方面的分化和对立，在新的基础上实现社会学理论立场的统一，形成一种更为综合、更具包容性的社会学理论，成为之后的西方社会学理论家持续努力的一个方向。帕森斯在20世纪30年代开始的行动理论研究被视为在理论综合方面最早进行的一次尝试，但这一尝试被西方社会学家普遍认为是一次失败的尝试。帕森斯不仅未能成功地完成期待中的理论综合，而且还在西方社会学中引发了更为激烈的争论，造成了西方社会学理论内部更为严重和多样的分化和对立。直至20世纪中后期，对社会学理论碎片化的普遍不满终于催生了一大批新的综合性理论，从而将西方社会学理论从整体上推进到一个以理论综合为基本特征的新阶段。在这一阶段形成的各种以理论综合为宗旨的社会学理论，如彼得·伯格和卢克曼的社会建构理论、亚历山大的新功能主义、科尔曼的理性选择理论、吉登斯的结构化理论、布迪厄的实践社会学、哈贝马斯的交往行动理论、乔纳森·特纳的社会学理论综合纲领等，在理论立场上都试图超越之前的西方社会学理论中存在的某些二元对立（自然主义和人文主义之间的对立，或唯物主义和唯心主义之间的对立，或者这两种对立），从而不再能够被简单地归入之前的某一理论类型，而必须被归结为与之前所有类型都有所不同的新的理论类型。从逻辑上说，这种新的理论类型是以之前的那些理论类型为基础、通过对后者进行理论综合而形成的。因此，不论是从时间角度还是从逻辑角度看，它们都应该被置于之前的那些理论类型之后。由此我们便可以将表0-4加以补充延伸，得到表0-5这一新的西方社会学理论分类模式。

表0-5 可能的社会学理论分类模式之三

| 理论传统 | 自然主义 | 人文主义 | 综合理论 |
| --- | --- | --- | --- |
| 非马克思主义 | 实证主义的非马克思主义 | 人文主义的非马克思主义 | 社会建构论、新功能主义、理性选择理论、吉登斯结构化理论、布迪厄实践社会学等 |
| 马克思主义 | 科学主义的马克思主义 | 人文主义的马克思主义 | |

然而，故事并未到此结束。20世纪中后期，大致在各种综合性社会学理论形成的同时，西方思想界出现了一股向包括上述所有社会学理论类

型在内的"现代主义"哲学和科学思潮发起挑战的新思潮,这股新思潮被后人称为"后现代主义"。我们上面述及的自然主义、人文主义和综合理论这三种西方社会学的基本理论类型,虽然在"社会"和"个人"之间的关系问题上存在鲜明的对立(自然主义强调社会结构对个人行动的决定作用,人文主义强调个人行动对社会结构的建构作用,综合理论则强调社会结构和个人行动之间的相互作用、相互建构),但在更为抽象、更为基本的理论预设方面却也存在着一些共同之处。其中最基本的共同之处就是,都坚持认为科学研究的对象(社会结构或个人行动)是一种外在于/独立于我们的理论、符号或话语体系的纯自然的客观实在,科学研究的任务就是尽可能准确地把握或再现这样一些纯自然的客观实在,只有相对而言最为准确地把握或再现了这些纯自然的客观实在的研究结果才是可被接受的,这样的结果只能有一种。如果我们把这些最基本的理论预设称为"朴素实在论",那么,我们可以看到,这种"朴素实在论"不仅是上述三种西方社会学理论基本类型的共同理论预设,而且是包括西方现代哲学和科学在内的整个西方现代主义思潮和文化的共同理论预设。后现代主义者挑战的正是这样一种为整个西方现代主义思潮和文化共同认可的"朴素实在论"预设。他们否认我们的认识对象是一种完全外在于/独立于我们的理论、符号或话语体系的纯自然的客观实在,认为所有的认识对象都是我们在特定理论、符号或话语体系的引导和约束下建构出来的一种"话语性实在";否认认识的任务就是尽可能准确地把握或再现这种纯自然的客观实在,认为认识过程其实不过是我们在特定理论、符号或话语体系的引导和约束下对现实加以建构的过程;否认在不同的认识结果中只有一种是唯一正确的、可以接受的,主张认识结果或"真理"的多元性。这种后现代主义思潮不可避免地对包括社会学在内的西方思想界、学术界产生了广泛的影响。作为这种影响的表现之一,在西方社会或社会学理论界也出现了一些带有强烈后现代主义倾向的理论立场。其结果是,在上述三种社会学理论的基本类型(我们可以根据共同持有的基本理论预设将它们归为一个外延更大的类,并依据它们共同的基本理论预设与整个西方现代主义思潮之间的共同性,将它们称为"现代主义社会学理论")之外,形成了一种从后现代主义的理论立场出发,与这三种类型对立并向其发起挑战的新理论取向或理论类型。根据它们在一些最基本的理论预设方面与后现代主义思潮之间的共同性,我们可以将这种新的社会学理论取向或类型称为"后现代主义社会学理论",并将它们补充到表 0-6 中,构成一个更为完整的西方社会学理论分类模式(见表 0-6)。

表 0-6 本书采用的社会学理论动态分类模式

| 理论传统 | 自然主义<br>(结构) | 人文主义<br>(建构) | 综合理论<br>(互构) | 后现代主义<br>(复构) |
| --- | --- | --- | --- | --- |
| 非马克思主义 | 孔德、斯宾塞、涂尔干、帕森斯、科塞、晚年布劳、列维-斯特劳斯等 | 韦伯、齐美尔、现象学社会学、常人方法学、符号互动主义、霍曼斯交换理论等 | 彼得·伯格与卢克曼的社会建构理论、新功能主义、理性选择理论、吉登斯结构化理论、布迪厄实践社会学、哈贝马斯交往行动理论、新冲突理论等 | 后实证主义<br>新实用主义<br>后结构主义<br>后现代主义<br>后马克思主义<br>后社会史等 |
| 马克思主义 | 马克思、恩格斯、拉法格、考茨基、普列汉诺夫、列宁、布哈林、阿尔都塞、功能主义的马克思主义等 | 卢卡奇、葛兰西、法兰克福学派第一代、弗洛伊德主义的马克思主义、日常生活批判理论、存在主义马克思主义、理性选择的马克思主义等 | | |

表 0-6 中第二行试图用四个关键词来分别表示"自然主义""人文主义""综合理论""后现代主义"四种社会学理论基本类型的理论特征以及它们之间的逻辑关系:自然主义社会学理论的基本特征是强调社会现实是一种外在于个人主观意识,不仅具有自身独立的结构、机制和规律,反过来还对个体行动者具有约束或强制作用的客观实在,所以我们用"结构"一词来作为它的关键词;人文主义社会学理论的基本特征是强调社会现实是由无数个人通过自己有意识的行动或实践建构出来的,所以我们用"建构"一词来作为它的关键词;各种综合性理论的基本特征是强调社会结构和个体行动之间的相互建构,认为社会现实是由这两者之间的相互作用塑造而成的,所以我们用"互构"一词来作为它们的关键词;最后,后现代主义理论的基本特征是主张社会现实和个体行动意义都是我们在特定话语

体系的引导和约束下建构出来的，由于不同话语体系的多元性以及相互之间的不可通约性，我们在不同话语体系的引导和约束下建构起来的社会世界或意义世界也就不可避免地具有多元性或复数性，所以我们用"复构"一词来作为它们的关键词。[1] 相应地，出于简洁起见，我们也可以以这四个关键词为据，将这四种社会学理论类型分别改称为"结构论"、"建构论"、"互构论"和"复构论"。

## 六

上述分类模式，就是本书最终用来对西方社会学理论逻辑进行梳理的基本框架。对这一分类模式内部各部分之间的逻辑关系进行整理和说明，就构成了本书的主要内容。按照这一框架，本书将由四卷组成，分别对自然主义（或结构论社会学）、人文主义（或建构论社会学）、综合理论（或互构论社会学）及后现代主义（或复构论社会学）四种社会学理论基本类型内部各理论之间的逻辑关系及该理论类型与其他相关理论类型之间的逻辑进行梳理和说明。有关自然主义（或结构论社会学）和人文主义（或建构论社会学）理论类型的那两卷，又将划分为上下两部分，用来对这两种基本类型内部的两大阵营（非马克思主义阵营和马克思主义阵营）内部各理论之间的逻辑关系及该理论阵营作为一个整体所具有的基本特征分别进行梳理和说明。

在导论的最后部分，笔者要特别申明几点：

第一，本书不是一部新的关于西方社会学理论史的著述，而是如笔者在导论的开篇就已经言明的那样，只是一部试图对西方社会学理论的逻

---

[1] 由于德里达曾经将自己的理论观点称为"解构主义"，因此人们往往将"解构"一词视为后现代主义的关键词。就后现代主义反对现代主义将现实视为一种完全独立于我们话语体系的纯自然性实在这种"朴素实在论"观点，试图"解构"现代主义者建构出来的各种"客观"对象（自然世界、社会世界、意义世界）而言，"解构"一词自有其意义。但鉴于人们常常对"解构主义"所用"解构"一词产生误解，以为"解构"的目的或含义只是要否定、消解、破坏一切现存的东西，而不具有肯定、建设的意义，笔者建议不再使用这个词而改用"复构"一词来作为后现代主义的关键词，后者既表达了后现代主义对"朴素实在论"的否定立场，又表达了其对多元主义世界观的肯定立场，显然能够更好地表达后现代主义的理论立场。

辑进行梳理和说明的著述。虽然笔者在上文初步勾勒的西方社会学理论逻辑在某种意义上也正是西方社会学理论历史进程所包含和贯穿的内在逻辑，因而我们在叙述顺序上也将尽可能按照各种社会学理论或理论类型在形成时间方面的顺序来加以组织，但它毕竟不是历史进程本身。它只是在基本逻辑方面与贯穿西方社会学理论历史进程的逻辑相一致，但在具体细节上却并非如此。例如，按照历史的实际进程，涂尔干的社会学理论是在马克思、恩格斯的历史唯物主义理论形成之后才出现的。如果我们叙述的是西方社会学理论的历史进程，就应该把对涂尔干社会学理论的叙述放在对马克思、恩格斯历史唯物主义的叙述之后。但是，从逻辑关系上看，涂尔干的社会学理论是在批判性继承孔德社会学理论的基础上对后者所含逻辑在更高水平上的进一步发挥和完善，因而实质上是实证主义社会学理论形成的重要逻辑环节（也正因为如此，涂尔干才被人们视为实证主义社会学的真正奠基人）。如果不把涂尔干社会学理论和孔德社会学理论放在一起，作为实证主义社会学理论的一个内在逻辑环节加以叙述，而是将其置于马克思、恩格斯历史唯物主义理论之后再进行叙述，那么，对实证主义社会学理论之基本内容、特征和逻辑的叙述就将是支离破碎的。这背离了本书帮助读者梳理和理解西方社会学理论逻辑的目的。同样，帕森斯的结构功能主义理论是在韦伯、齐美尔等的人文主义社会学理论产生之后才出现的，如果我们叙述的是西方社会学理论的历史进程，也就应该把对帕森斯的结构功能主义理论的叙述放在对韦伯、齐美尔等的人文主义社会学理论的叙述之后。但依笔者的理解，从逻辑关系上来看，帕森斯的结构功能主义理论同样是由孔德开创、由涂尔干奠基的实证主义社会学理论形成和完善的一个重要逻辑环节，甚至可以被视为对这一社会学理论类型的最终完成。因此，如果不把帕森斯的结构功能主义理论和孔德、涂尔干的社会学理论放在一起，作为实证主义社会学理论的一个内在逻辑环节来加以叙述，而是将其置于韦伯等的人文主义社会学理论之后再加以叙述，那么，本书对实证主义社会学理论的基本内容、特征和逻辑的叙述也将是不完整的。

第二，本书也不是一部关于书中述及的各社会学家之社会学理论或思想的形成史，因此不会对所涉及的社会学家的思想或理论的形成过程进行细致的考察和叙述，而只是对各社会学家在其思想形成和发展过程中所提出的某一对西方社会学理论整体的发展具有重要意义，因而对于我们理解西方社会学理论的逻辑具有重要意义的理论框架及其与其他社会学理论之间的逻辑关系进行描述和分析。例如，众所周知，马克思的思想就经历过从早年的"青年黑格尔主义"，到后来的费尔巴哈式人本主义的唯物主义，再到历史唯物主义这样一个演变过程，但本书并不会对马克思个人的思想史进行详细描述和分析，而是径直对马克思"历史唯物主义"时期的理论内容、特征及其逻辑进行描述和分析。同样，韦伯和涂尔干的思想也经过一个复杂的演变过程，我们也不会对他们个人思想的演变过程进行详细描述和分析，而是直接选取笔者认为他们对西方社会学理论（注意：是对西方社会学"理论"而非对西方社会学的经验研究）整体发展过程最具影响的那一思想或理论（例如韦伯的"理解社会学"理论、涂尔干对实证主义社会学理论的阐述等）进行描述和分析。就此而言，本书既不能满足读者研习西方社会学理论史方面的需要，也不能满足读者了解书中涉及的那些社会学家个人的思想史方面的需要。想要满足这些需要的读者，只能通过其他的途径去达到自己的目的。当然，对于存在这方面需要的读者来说，本书对西方社会学理论逻辑的梳理和分析，或许也能够给他们带来某些启发。若能如此，那就是本书额外的一项成果了。

# 第一卷

# 目 录

导　言 ………………………………………………………………… 001

## 上编　非马克思主义结构论社会学理论

**第一章　孔德与实证主义结构论社会学理论** ……………………… 005
　一、静态社会学 ………………………………………………… 007
　二、动态社会学（1）：知识进化三阶段规律 ……………… 009
　三、动态社会学（2）：社会类型的演进趋势 ……………… 017
　结　语 …………………………………………………………… 023

**第二章　涂尔干与实证主义结构论社会学理论** …………………… 024
　一、社会生活的道德本质 ……………………………………… 025
　二、社会实在论 ………………………………………………… 037
　三、实证主义社会学研究方法论 ……………………………… 048
　四、涂尔干的社会学理论与古典马克思主义社会学理论之间的异同 … 060
　结　语 …………………………………………………………… 077

**第三章　帕森斯的结构功能主义社会学理论** ……………………… 080
　一、分析的实在论 ……………………………………………… 081
　二、行动结构的分析框架 ……………………………………… 087

三、行动系统的分析模型：早期模型 ············· 099
　　四、行动系统的分析模型：后期模型 ············· 112
　　五、社会进化的分析模型 ·················· 125
　　六、帕森斯社会学理论与涂尔干社会学理论之间的异同 ····· 133
　　结　语 ··························· 140

**第四章　列维－斯特劳斯的结构主义社会人类学理论** ······· 142
　　一、对社会学、人类学中相关理论立场的批评 ········ 143
　　二、结构主义的理论和方法 ················ 149
　　三、对亲属关系系统的结构主义分析 ············ 158
　　四、对神话系统的结构主义分析 ·············· 164
　　结　语 ··························· 172

## 下编　马克思主义结构论社会学理论

**第五章　马克思与历史唯物主义** ················ 177
　　一、早年的思想历程：从青年黑格尔主义走向历史唯物主义 ·· 178
　　二、马克思的社会理论：历史唯物主义 ··········· 187
　　三、马克思的社会研究方法论：辩证的、历史的思维方式 ··· 207
　　四、资本主义及其内在矛盾 ················ 216
　　五、"社会主义"或"共产主义"社会及其实现途径 ····· 229
　　结　语 ··························· 236
　　附录 1　列宁对马克思主义社会学理论的拓展 ········ 240
　　附录 2　布哈林论马克思主义社会学 ············ 281

**第六章　阿尔都塞的结构主义马克思主义社会理论** ········ 305
　　一、马克思思想发展进程中的"断裂" ··········· 306
　　二、成年马克思所完成的理论革命 ············· 312
　　三、结构因果观或多元决定论 ··············· 320
　　结　语 ··························· 327

## 第七章　柯亨之功能分析的马克思主义社会学理论  331
一、对历史唯物主义基本概念的分析和澄清  332
二、生产力和经济基础的首要性  338
三、历史唯物主义与功能解释  344
结　语  350

## 本卷小结  352

# 导 言

本书所称"结构论社会学"理论，指的是建立在以下基本理论预设基础上的社会学理论。这一理论预设认为，社会虽然是由个人构成的，但它一旦形成就成为一种不仅外在于个人、有着自己独立的结构和运行机制，而且反过来还对个人具有约束力的客观实体。这样一种理论预设，在社会学文献中通常被称为"社会唯实论"。

结构论社会学理论是现代西方社会学在其形成之初最早具备的理论形态。之所以如此，大概是因为早期的社会学家面临着要将"社会学"作为一门与生物学、心理学等"学科"相区别的现代科学门类确立起来这样一个艰巨的任务，因而不得不首先对"社会"现象相对于个体的生物属性、心理属性而言所具有的独特性、外在性加以强调，以从逻辑上论证"社会学"的独特性和必要性。结构论社会学理论由此成为现代西方社会学的逻辑起点。

正如笔者在导论中指出的那样，结构论社会学理论包括两大思想阵营的社会学说。一个阵营是非马克思主义社会学，另一个阵营则是古典马克思主义社会学，即历史唯物主义社会学。这两大思想阵营构成了唯心主义结构论社会学理论和唯物主义结构论社会学理论这两种现代社会学取向之间的对立。尽管如此，在认同和接受上述基本理论预设方面，这两大思想阵营则是完全一致的。

可以将孔德、涂尔干、帕森斯的社会学理论,以及列维-斯特劳斯的社会人类学理论视为上述实证的唯心主义结构论社会学理论最主要的代表。这种唯心主义结构论社会学理论首先在孔德那里得到了初步的阐述,继而在涂尔干那里得到了进一步的表述,然后在帕森斯和列维-斯特劳斯那里得到了不同的发展。在本卷的上编中,我们将通过对这四位主要代表人物的社会学/社会人类学基本理论的梳理,来对这种唯心主义结构论社会学理论的基本内容和特征进行描述。

唯物主义结构论社会学理论的主要代表人物首先就是它的创始人马克思和恩格斯。为了反对和矫正唯心主义社会历史观对精神因素在社会历史进程中所起作用的片面强调,从前期到后期,马克思在社会历史观方面的结构主义和唯物主义倾向日趋明显。这种倾向也强烈地影响了部分马克思主义者。这些马克思主义者对马克思主义社会学中的结构主义和唯物主义因素作了进一步的发挥,构建了一些后来被更具建构主义倾向的马克思主义者称为"结构主义的马克思主义"、"机械唯物主义"甚至"庸俗唯物主义"的马克思主义社会学理论体系。阿尔都塞、柯亨等人所阐释的马克思主义社会理论就是这类马克思主义社会理论当中的一些重要范例。在本卷的下编中,我们将通过对马克思、恩格斯及阿尔都塞、柯亨等人的社会学基本理论的梳理,来对唯物主义结构论社会学理论的基本内容和特征进行描述。

# 上编

# 非马克思主义结构论社会学理论

# 第一章　孔德与实证主义结构论社会学理论

在西方社会学史上,孔德被尊为"实证主义社会学"的创始人。这是因为,尽管与"实证主义"类似的思想和与"社会学"类似的思想在孔德之前就已经出现,但对这些思想系统地加以概括总结,并明确地提出"实证主义"和"社会学"概念的,却是孔德。

实证主义哲学的基本理论预设是:作为科学研究对象的现实世界,是一种完全独立于/外在于我们研究人员主观意识的、给定的客观实在(给定实在论预设);科学研究的任务就是尽可能准确、真实地把握或再现这种独立于/外在于我们主观意识的、给定的客观实在(表现主义预设);只有准确地、真实地把握或再现了这种客观实在的科学研究结果才可以被我们所接受,而判断标准就是研究结果与我们对这种客观实在进行直接观察时所得到的经验事实相符合(相符真理论);准确、真实把握或再现客观现实的唯一有效方法就是实证方法,即将我们有关客观现实的解释性命题建立在可以直接客观观察到的经验事实基础之上(实证主义预设)。

作为一种试图在社会科学领域贯彻实证主义哲学立场的学术尝试,实证主义社会学家对上述实证主义基本理论预设作了一些必要的补充。补充的基本要点是:社会与自然界的其他部分之间,以及社会科学与自然科学之间,有着本质上的统一性。社会与自然界之间的统一性,不在于社会和自然界具有完全相同的存在形式和遵循完全相同的运作规律,而在于社会和自然界一样,都是一种不以个人的主观意志为转移、由独立于个人意志的各种规律所支配的客观实在。正是这种共同的"客观实在性",使得以自然为对象的科学研究过程和以社会为对象的科学研究过程必然具有方法论上的统一性。这种方法论上的统一性就在于,无论是自然科学还是社会科学,最终都应该且只能采用"实证哲学(或科学)"的方法来取得预期的结果。

无论是孔德还是孔德之后的实证主义社会学家,对社会现象和自然现象之间的统一性的论证或说明,都是基于所谓的"社会实在论"或"结构决定论"。所谓"社会实在论"或"结构决定论",即是这样一种有关"社会"的想象:它认为社会虽然是由个人构成的,但它一旦形成就成为一种不仅外在于个人、有着自己独立的结构和运行机制,而且反过来还对个人具有约束力的客观实体。作为这样一种独立于个人的客观实在,它是一个由内部各部分通过相互联系、相互依赖而组成的有机整体;社会内部的各个组成部分只有在同整体相联系、作为整体的一个要素发挥一定的作用时才有意义;而"社会"的存在和延续,也只有在内部各部分之间有着最低限度的整合或协调一致,从而"社会"在整体上始终能够和谐有序地运作时才成为可能。因此,社会作为一个整体得以有序运作的条件,始终是社会实在论者最关注的一个课题。

从逻辑结构上看,孔德将自己的社会学理论体系划分为"静态社会学"和"动态社会学"两大部分。孔德的"实证主义"和"社会实在论"立场就通过这两部分的论述体现出来。虽然从时间上看,孔德的"动态社会学"研究产生于"静态社会学"之前,但从逻辑顺序上说,"静态社会学"却是"动态社会学"的理论前提。孔德明确地指出:"根据一个假定的抽象概念,应当把人类秩序作为一个不变的东西首先加以研究。这样,我们就能对各个时期和各个地方必然相通的各种基本规律作出估价。这种系统的基础工作有助于我们以后对逐步进化作出全面的解释。"[1]

---

[1] 转引自阿隆:《社会学主要思潮》,葛智强等译,华夏出版社,2000年,第66页。

# 一、静态社会学

"静态社会学"的主要任务就是探讨社会结构与社会秩序的形成与协调问题。孔德的社会实在论思想也最为明显地体现在他的静态社会学理论当中。孔德直接从生物学中借用了"有机体"这个概念，认为社会和生物体一样，都是一个由许多相互依存的部分组成的有机整体，社会与生物体之间存在着惊人的对应性。他明确地说："如果我们采用了生物学中最为确定的观点，那么我们就可以将结构解剖成要素（或细胞）、组织和器官。对社会有机体也将如此，也许甚至用同样的名词。"[1] 他又说："我将把社会有机体分别分解成家庭、阶级或种族以及城市和社区。其中家庭是社会真正的要素或称之为细胞，阶级或种族是社会的组织，城市和社区是社会的器官。"[2] 和生物体一样，作为一种有机整体，社会的存在和持续也必须以体系内部各部分的稳定结合及行为上的相互协调为基本前提。具体而言，静态社会学的基本任务就是探讨使社会结合得以稳定存在、社会运作得以协调展开、社会进步得以有序实现的基本前提。

孔德指出，尽管人类社会是由一些有着独立意识和人格的个人组成的，但构成社会的最终元素或细胞并不是有着独立意识和人格的个人，而是由这些个人组成的家庭。孔德明确地说："正如每一种系统都必须由与系统本身同质的要素构成一样，科学精神禁止我们认为社会是由个体所构成的。社会的真实单位是家庭，如果必要的话，甚至可以说是构成家庭之基础的夫妻。"[3] 个体首先只有组成家庭，在家庭中才能生存和繁衍下去。这是由人的本性决定的，而非像功利主义者所说的那样是由人们的利益计算决定的。作为社会的细胞，家庭具有重要的社会功能。家庭不仅在连接过去和未来、使社会得以绵延下去这方面起着重要的作用，而且家庭内部也包含着人与人之间各种关系的萌芽或典型特征。在家庭内部，包含

---

[1] 转引自特纳：《社会学理论的结构》，吴曲辉等译，浙江人民出版社，1987年，第44页。
[2] 转引自上书，第45页。
[3] A. Comte, *The Positive Philosophy*, trans.by H. Martineau, AMS Press, 1974, p.502.

了平等的关系（兄弟之间的关系）、崇敬（子女对父母）和慈爱（父母对子女）的关系、指挥和服从的关系（夫妻之间的关系）等各种类型的人际关系。家庭内部的生活经历，使人们养成了用社会规范和道德准则来约束自己本能的习性，为人们在家庭之外更广阔的时空范围内进行的社会交往提供了初始的经验，从而为更广泛的社会交往与社会协调提供了一个重要前提。

孔德认为，家庭是一种与企业、阶级、种族、社区等十分不同的群体生活形式。它是由具有血缘或亲情关系的人（夫妻及其子女）自然结合而成的，因此，它有着一种将其成员紧密联结在一起、对成员的行为进行整合的特殊纽带，这种特殊纽带就是家庭成员之间的自然情爱。在家庭内部，虽然观念、意识以及利益关联对于维护成员之间的结合也有着一定作用，但成员之间的自然情爱乃是最重要的因素。

众多的家庭结合起来便组成了各种形式的社会（群体、组织、社区等）。但孔德指出，社会并不是一个更大的家庭，也不是组成它的那些家庭的简单集合。家庭是由具有血缘或亲情关系的人自然结合而成的，将家庭成员紧密联结在一起的纽带是自然情爱；社会则是由没有血缘和亲情关系的那些人出于有意识的合作目的所组成的，将这些社会成员紧密联结在一起的纽带不可能是自然情爱，而只能是自然情爱之外的某些因素。社会的规模越大，成员的数目越多，交往的时空范围越广，情况就越是如此。

那么，这种能够将没有血缘和亲情关系的社会成员紧密联结起来的纽带或基础是什么呢？孔德认为，除了劳动分工、共同的情感及能够运用强制力量对社会成员之间的关系和行为加以协调的政府等因素之外，能够将众多社会成员紧密联结起来的一个最为重要的因素就是社会成员的共同意识。孔德明确指出，每一个特定时代的社会结合和社会秩序最终都是建立在这个时代特定的人类意识或精神基础之上的。"思想支配并扰乱着世界，换句话说就是全部社会机器最终都是建筑在舆论基础上的"[1]；"认识一致是人类任何真正结合所必需的基础"[2]，认识之间的不一致则是任何时候

---

[1] 转引自阿隆：《社会学主要思潮》，第82页。

[2] 孔德：《论实证精神》，黄建华译，商务印书馆，1996年，第19页。

社会秩序紊乱、动荡的最终根源。因此，努力形成和维护社会成员之间在意识或精神方面的协调一致，是任何时候（家庭以外）的社会结构和社会秩序稳定运作的基本前提。

正是出于对知识、意识或精神在人类社会的形成和维持过程当中所具有的重要作用方面的明确认识，孔德才将自己一生著作的绝大部分篇幅都用来探讨知识进步的过程、规律及其相应的社会后果。这一方面的探讨不仅构成了孔德"动态社会学"的基本内容，而且构成了孔德整个社会学思想体系的主要部分。

## 二、动态社会学（1）：知识进化三阶段规律

动态社会学的任务则是探讨社会结构和社会秩序在历史上的演变过程及其机制。孔德认为，要想使这样一种探讨像在其他科学领域那样成为一种实证科学性质的探讨，那么，除了在研究方法上要让观察比想象占据优势之外，还"一方面，应当认为社会组织与文明的状态有密切联系，并且取决于文明的状况；而另一方面，必须承认文明的发展是有以事物的本性为基础的固定规律可循的"[1]。"在考察社会组织的时候，无论是过去的，还是现在的，都不能脱离当时的文明状态，并且应当把它看成是文明发展的必然结果。"[2] 孔德说，他所谓的"文明"，"一方面是指人类理性的发展，另一方面又指由此而来的人们对自然的影响的发展"。[3] 这两个方面构成了文明的精神领域和世俗领域。而在这两个方面或领域，更为根本的是前一方面或领域，即人类理性或精神的发展，因为正是它决定了社会活动的目的。因此，探讨人类理性或精神状态的变化过程及其规律，就不可避免地成为孔德动态社会学的一个主要任务。

为了完成上述任务，孔德在《实证哲学教程》《实证政治体系》《论

---

[1] 孔德：《实证政治体系》，载圣西门：《圣西门选集》第二卷，董果良译，商务印书馆，1982年，第170页。
[2] 同上书，第173页。
[3] 同上书，第170页。

实证精神》等主要著述中都论述了其著名的"人类认识演变的三阶段规律"。按照这一"三阶段规律"学说,"我们所有的思辨,无论是个人的或是群体的,都不可避免地先后经历三个不同的理论阶段,通常称之为神学阶段、形而上学阶段和实证阶段"[1]。

神学阶段知识的基本特点是:"我们全部思辨都本能地对那些最不可解决的问题、对那些最无法进行任何根本性探索的问题,表现出特殊的偏爱";人们"贪婪地、近乎偏执地去探求万物的本源,探索引起其注意的各种现象产生的基本原因(始因和终因)以及这些现象产生的基本方式,一句话,就是探求绝对的知识"。[2] 此外,在神学阶段,人们还倾向于用"神"一类的超自然因素来解释万物的产生和变化。

形而上学阶段知识的主要特点是:"主要的思辨依然保留着习惯倾向于绝对知识的基本性质,只是解答办法有了明显变化,更宜于推动实证观念的发展。事实上形而上学也像神学那样,主要试图解释存在物的深刻本质和万事万物的起源和使命,并解释所有现象的基本产生方式。但形而上学并不运用真正的超自然因素,而是越来越以实体或人格化的抽象物代之,后者真正有特色的应用常常可以用本体论的名义称之。……这些实体的历史效用直接归因于其不明显的性质:因为在每一形而上的存在物中,人可以随其意愿或是看到超自然力量的真正表现或是看到被考察现象单纯的抽象支配地位,视其是否更接近于神学状态抑或更接近于实证状态而定。这样,再不是纯粹的想象居于操纵地位,也不是实在的观察凌驾一切,而是推理获得充分的展开,并隐约地酝酿着真正的科学运作。"[3] 在形而上学知识中,"由于存在着热衷于推论而不是热衷于观察的顽固倾向,思辨的成分一开始就被过分夸大;形而上学精神,在所有方面,通常便都以这种倾向为其特征,即便在最杰出的人物当中也是如此"。这种知识拥有的是"一套相当灵活的观念,全无神学体系所长期固有的稳定性"[4]。

---

[1] 孔德:《论实证精神》,第1页。
[2] 同上书,第2页。
[3] 同上书,第6—7页。
[4] 同上书,第6页。

实证科学阶段知识的主要特点是：人们已经意识到"初期哲学（无论神学的或形而上学的）固有的根本无用的含糊而武断的解释，自此以后，人类智慧便放弃追求绝对知识，而把力量放在从此迅速发展起来的真实观察领域，这是真正能被接受而且切合实际需要的各门学识的唯一可能的基础。……自此以后，思辨逻辑作为一项基本规则承认：凡是不能严格缩简为某个事实（特殊事实或普遍事实）简单陈述的任何命题都不可能具有实在的清晰含义。它使用的原则不外乎是真正的事实，只是更为普遍、更加抽象罢了。上述原则应该成为一般事实的纽带。况且，不论发现这些原则的方式如何，是推理的或是实验的，其科学效能总是在于与所观察的现象直接或间接相符。于是，纯粹的想象便无可挽回地失却从前的精神优势，而必然服从于观察，从而达到完全正常的逻辑状态"。"简言之，作为我们智慧成熟标志的根本革命"，实证科学"主要是在于处处以单纯的规律探求，即研究被观察现象之间存在的恒定关系，来代替无法认识的本义的起因。不管是微末的或重大的效应，不管是撞击或是重力，也无论是思想或道德，我们实际上只能了解它们形成的各种相互关系，而永远不会了解它们产生的奥秘"。[1]

在《论实证精神》一书中，孔德更为具体地说明了他所说的"实证哲学（或科学）"短语中"实证"一词的含义。他说："首先，考虑到在其最古老、最通常的词义里，实证一词指的是**真实**，与虚幻相反；就这方面来说，它完全符合新的哲学精神；新哲学特征是一贯注重研究我们的智慧真正能及的事物，而总是撇开其童稚时期主要关心的无法渗透的神秘。在第二个含义上，与前面的含义相近，但并不相同，它表示**有用**与无用的对比；它在哲学上提示着，一切健全思辨的必然使命都是为了不断改善我们个人和集体的现实境况，而不是徒然满足那不结果实的好奇心。按第三个常用的含义，这个巧妙的词经常用于表示**肯定**与犹疑的对立。它也表明，这么一种哲学有着别具特色的能力，善于自发地在个体中建立合乎逻辑的和谐，在整个群体中促成精神的一致，而不像古老的精神状态，必然引起

---

[1] 参见孔德：《论实证精神》，第9—10页。

无穷的疑惑和无尽的争论。第四个通常的含义主要在于以**精确**对照模糊，它常常跟前一含义相混。精确的含义使人想起真正哲学精神的恒久倾向，即处处都要赢得与现象的性质相协调并符合我们真正需要所要求的精确度；而旧的推论方式必然导致模糊的主张，那只有凭借基于超自然权威的经常强制才构成一个不可缺的科目。"最后，应当特别注意此词的第五种用法，它虽然具有同样的普遍性，但不如其他含义常用；这时，人们把实证一词作为**否定**的反义词来用。从这方面来看，它表示着现代真正哲学的一个突出的属性，同时表明，就其性质来说，它的使命主要是**组织**，而不是破坏。……这种哲学，由于通常不偏不倚，对每一种见解都更公正，更能宽容，而其反对者是无法做到这一点的。它坚持从历史角度去衡量不同见解的各自影响、持续的条件以及衰落的缘由，决不作任何绝对的否定，即便涉及与优秀民族中人类理性现状极不相容的学说也是如此。……就学理方面来说，它明确主张：我们想象中的随便什么观念，当其性质令任何观察都必然无法触及的时候，那就不可能作出真正决定性的否定或肯定。"[1] 简而言之，所谓"实证"的知识，就是真实、有用、肯定、精确和公正的知识。由此（尤其是上述最后一个特征）导致的一个结果就是实证知识的相对性。和神学与形而上学知识不同，实证科学不承认任何永远有效的教条式真理，坚持人类的认识是个连续发展的过程："一切对存在本质，对存在的最初和最终原因的研究都必定是绝对化的，而对现象规律的研究则必定是相对的，因为这种研究假定，即使精确的现实永远无法被充分揭示出来，只要观察方法在逐渐改进，人们的思维就会成为一个不断进步的过程。"[2]

　　事实上，孔德心目中所谓的"实证科学"，就是进入现代时期后西方自然科学研究领域当中逐渐形成和发展起来的实验科学。按照孔德的理解，这种在自然科学研究领域首先形成和发展起来的实验科学，其最主要的研究方法就是观察、实验和比较，其目的则是把握支配着研究对象的客观规律，并通过对这些客观规律的把握来预测未来。"真正的实证精神主

---

[1] 孔德：《论实证精神》，第29—31页。
[2] 转引自科瑟（科塞）：《社会学思想名家》，石人译，中国社会科学出版社，1990年，第3页。括注人名为本书使用译名，下同。

要在于为了预测而观察，根据自然规律不变的普遍信条，研究现状以便推断未来。"[1]

孔德认为，从神学知识到形而上学知识再到实证知识的演变，是一个合理的、必然的进化过程。他指出，人类认识的第一次飞跃必然是神学性的。从我们今天的知识立场来看，神学知识似乎难以理喻，但它与我们智力发展的最初阶段是完全适应的。一方面，"我们都有此倾向：拿我们自己所制造的现象与所有任何现象相比拟，从而将人类的模式到处移置。这样一来，我们凭借着对各种现象的即时直觉，便开始以为对这些现象有了相当的认识"。神学知识就是这种倾向系统发展的结果。[2] 另一方面，人类自一开始就存在着一种对思辨观念的需要。"虽然现代人不得不明确宣布：除非有充分的适当观察作为辅助，不然就无法建立起任何坚实的理论，但同样不容置疑的是：如果缺乏某种既定的思辨观念作一贯的指引，那么人的才智就绝不可能组织甚至不可能收集必不可缺的材料。"[3] 在人类尚没有任何经过长期酝酿的可靠知识体系的情况下，这种凭直觉本能推动而产生的神学知识系统很自然就成为人们最容易接受的知识系统，而不管这种知识显得多么虚幻。"这就是神学原则的独到之处。没有这些原则，人们就定会确信，我们的智慧永远无法摆脱最初的混沌状态，而唯有神学原则，通过对思辨活动的指引，才能够逐渐准备更为完善的逻辑体系。"[4] 此外，追求绝对知识也是所有"智力开发不足的人"的一种特征。即使是在今天，我们依然可以看到许多这样的"智力开发不足的人"仍然坚持对日常的问题寻求即时的、全面的答案。只有经过漫长的艰苦探索，人们才有可能认识到这种追求的虚妄性，才有可能约束自己的愿望，将自己的知识探索限定在有限但能够为我们的观察所精确加以判断的范围。

尽管如此，神学知识终归会被人们所抛弃。神学知识的超验性质终归会与人们通过长期经验所获得的一些知识相矛盾；神学知识的教条性质也

---

[1] 孔德：《论实证精神》，第12页。
[2] 同上书，第2页。
[3] 同上书，第4页。
[4] 同上书，第5页。

必然会与人类精神当中固有的要求不断变化、不断进步的倾向相冲突。因此，它最终会被一种更为符合人们需要的知识形态所代替。不过，虽然最符合人类需要的知识形态是实证知识，但实证知识并不能直接从神学知识当中产生。在神学知识和实证知识之间，必然要有一个过渡阶段。这个过渡阶段就是形而上学。

形而上学知识不再用超自然因素而是用自然因素本身来解释自然事物的起源和变化。这种思维方式打破了神学权威及其教条对人类精神活动的约束，推动了人类理性精神的发展，因而"隐约地酝酿着真正的科学运作"。但形而上学一方面继续追求一些绝对的知识，另一方面只热衷于运用抽象推理而不是经验观察的手段来获取知识，这就使得形而上学知识具有一种模棱两可、无法最终确证其真伪的性质，因而不可避免地陷入一种永无休止的理论争论和冲突。在这种形而上学的知识体系中，人们在两千年前对存在提出的各种疑问到今天仍然会持续存留下去，因为它不可能提供任何确定性的证据来消除这些疑问。形而上学知识的这种含糊性质显然和我们人类在精神和实践方面对确定性的要求相矛盾，因而它最终也不可避免地要被更具确定性的实证科学知识所代替。实证科学知识，既能够为我们提供确切的知识，又认识到知识的相对性质，从而既能够满足人类的精神和实践活动在确定性方面的内在需要，又能够为人类精神和实践活动的不断进步提供持续的空间和动力。因此，它可以相对更好地满足"秩序和进步"这两方面的要求，从而成为人类迄今为止最为合理的知识形态。

孔德坚信人类知识的统一性。他将人类的知识领域划分为数学、天文学、物理学、化学、生物学、社会学六个领域。这几个领域依其对象的性质而形成一个从简单到复杂的完整的、连续的知识体系。其中每一个在前的知识领域都为紧接在后的知识领域提供必要的知识基础，但并不能将在后的知识领域归结为在前的知识领域；每一个在后的知识领域则都进一步把知识导向"认识人类"这个知识的最终目标。由此，孔德认为，无论是在知识进化的哪一个阶段，这几个知识领域在基本精神上都必然是一致的。他批评某些人一方面"承认古代人不遵从神学模式就无法对简单问题进行哲理探究"，而另一方面却不承认古人对社会现象的探索也必然要采用类似的思维模式,指出这种立场是"一种奇怪的自相矛盾"。[1]同样,他也认为,无论哪一个领域的知识都必然要经历从神学到形而上学再到实证科学这样一个发展演变的过程。那种认为实证科学方法只适用于某些研究领域,而不适用于另一些研究领域的看法,是完全不可接受的。当然,必须再次重申,这种统一只是方法上的而不是内容上的,那种试图将所有的现象都统一(或还原)为几个最基本的规律的做法是永远不会成功的。例如,人类社会或集体现象就不能简单地还原为人类个体现象,用后者去解释前者,而必须被当作一种与后者完全不同的现象来加以研究。"绝对需要把人类的集体现象的研究同个人现象的研究分开"[2];"必须把政治科学看成是特殊的物理学。这种物理学以直接观察有关人类的集体发展的现象为基础"[3]。同样,将生物现象还原为无生物现象,用后者的规律来解释前者也是错误的。"最近两个世纪中为谋求对自然作通盘解释而进行的所有尝试所得的结果是,令人对这样的做法彻底失去信心,自此,只有智力低下的人才继续去做。对外部世界的合理探索表明,世界的连带关系比我们知性所设想或希望的松弛得多";"由于各种基本现象存在着不可避免的千差万别,我们的科学肯定无法达到全面的系统化。在这个意义上来说,我们应该只寻求从总体上考虑的实证方法的统一,而不企求真正科学上的统一"。[4]

然而,尽管如此,各个知识领域进化的速率却是完全不同的。由于人们的认识总是遵循从简单到复杂的逻辑过程,因此,一般说来,在研究对象的性质相对简单的领域,从神学到形而上学再到实证科学的转变,相对而言也总是要早于那些研究对象的性质相对复杂的领域。"实证精神在其最初的发展阶段中,大体从低级学科逐渐扩展到高级学科。"[5]按孔德的看法,物理现象和化学现象都是一些孤立的现象,采用简单的分析方法就可以进行研究。生物和社会则都是由不同成分通过相互联系、相互作用的方

---

[1] 孔德:《论实证精神》,第6页。
[2] 孔德:《实证政治体系》,载圣西门:《圣西门选集》第二卷,第221页。
[3] 同上书,第222页。
[4] 孔德:《论实证精神》,第16—17页。
[5] 同上书,第73页。

式构成的有机整体。对于这种有机整体，无论是就整体本身而言，还是就其成分而言，都不能脱离整体本身来加以认识，必须采取更为复杂的综合方法来进行研究。"如果把社会分割为若干部分而分别进行研究，就不可能对社会的条件和社会的运动进行科学的研究。"正确研究社会的唯一途径，就是"借助于整体的系统去观察各个成分。……在研究非有机体的学科中，我们对成分的了解要比对各个成分组成的整体的了解清楚得多，在这种情况下，我们必须从简单事物出发，进而研究复杂事物。但要研究人和社会，就必须使用相反的方法"。[1]因此，生物学和社会学走向实证科学的道路必然要比天文学、物理学和化学更为艰难一些。不仅如此，生物现象和社会现象之间也存在着重大区别：有些高等动物虽然也以社会形式生存，但这些社会并不像人类社会那样建立在特定文明（尤其是精神文明）的基础上，因而可以通过对个体动物的研究来理解其社会生活，而无须在对其社会生活的研究和个体现象的研究之间划出一条分界线，无须对其社会生活进行专门的研究。人类社会则不同。人类社会是以文明为基础建立起来的，即使最初的社会状况可以直接以个体的生物属性来加以解释，但随着文明的不断进步，社会的特性离人类的生物特性就越来越远，越来越不能以个体生物属性来加以解释，而必须对社会有机体本身以及作为其基础的文明进行独立的研究和解释才行。"绝对需要把人类的集体现象的研究同个人现象的研究分开，……如果试图取消这个不可或缺的区分，就会犯下一个虽然不太严重但与真正的生理学家应当反对的下述错误类似的错误：认为生物研究是无生物研究的结果和附属。"[2]显然，作为一个比生物现象更为复杂的领域，对社会现象进行实证研究的难度要比对生物现象进行实证研究更大。这样，除了数学按其本性天然具有"唯理实证论"性质之外，天文学就是最早完成从神学—形而上学到实证科学转变的知识领域，然后依次将是物理学、化学、生物学、社会学等领域。孔德认为，在他那个时代，只有天文学、物理学和化学大致完成了从神学—形而上学到实证科学的转变。在生物学领域中，这种转变才刚刚开始；而社会研究则

---

[1] 转引自科瑟：《社会学思想名家》，第9页。
[2] 孔德：《实证政治体系》，载圣西门：《圣西门选集》第二卷，第221页。

仍然置身于实证科学体系之外。这种知识进化过程的不平衡,尤其是社会研究领域向实证科学转变的滞后,正是当时西方社会动荡不安、秩序混乱的一个重要根源。

## 三、动态社会学(2):社会类型的演进趋势

孔德认为,与知识进步的三阶段相适应,人类社会的组织和结构也经历了类似的进步或发展。

在神学知识基础上建立起来的社会是一种军事类型的社会,它以家庭为主要的组织形式,祭司和军人在社会中占据统治地位。"当社会处于这种状态时,理论的观点,不管是一般的,还是个别的,都来自超自然的命令。想象显然地和全面地支配着观察,观察没有探讨问题的任何权利。同样地,在社会关系方面,不管是个别的,还是一般的,都显然是和完全是军事关系。社会以政府为其唯一的和永恒的目的。只存在一些为人类的生存所不可缺少的实业。生产者的简单奴隶制度,是当时的主要制度。"[1]

在形而上学知识基础上建立起来的社会,以民族国家为主要的组织形式,牧师和法官在其中占据统治地位。这是一个过渡的时代。"在这个时代,观察经常被想象所支配,但也允许观察在一定范围内改变想象。后来,这个范围逐渐扩大,终于使观察获得了可以在一切方面进行探讨的权利。……在世俗领域,实业更加发展,但还没有取得优势。因此,不管就社会的构成部分来说,还是就社会的全体来说,社会均已不像以前那样显然是军事性质的了,但也还不显然是实业性质的。私人的社会关系发生了变化,个人的奴隶制度也不再是直接的了。生产者虽然还是奴隶,但已开始取得某些军人权利。实业获得新的进步,这些进步最后使个人的奴隶制度完全被废除。在获得这种解放以后,生产者仍然受着集体专横的统治。但是,在公共的社会关系方面,不久也开始发生变化。现在,社会同时有两个目的:征服和生产。实业首先是作为军事手段而被经营和受到保护

---

[1] 孔德:《实证政治体系》,载圣西门:《圣西门选集》第二卷,第201页。

的。后来,实业的重要性逐渐增大,而战争现在却被视为促进实业发展的手段。这就是这个中间状态的最后状态。"[1]

在实证知识基础上建立起来的社会则是一种工业类型的社会,它由工业管理者和科学的道德指导者所统治,并可能形成一种将全体人类都结合在一起的社会体系或社会组织。在这个时代,"一切个别理论观点均已成为实证的,而一般理论观点则正在变为实证的。在前一种情况下,观察支配想象;而在后一种情况下,观察虽已推翻想象的统治,但还没有取代它的地位。在世俗领域,实业开始占据优势。一切私人关系都将逐步在实业的基础上改建起来。作为一个集体,社会也将全体在同样的基础上重建起来,以生产作为它唯一的和永恒的目的"[2]。由于实证知识是人类知识进步的最高阶段,因此工业社会也将是人类社会的最高级形式。孔德指出,"这最后一个时代,已部分地从文明的各项成分进入,并在准备开始从整个社会范围内全部进入。这个时代的直接出发点,是阿拉伯人向欧洲输入实证科学和公社得到解放的时候,即约在十一世纪"[3]。

孔德认为,在古代社会和前期中世纪社会,是神学知识为人们的精神统一和社会结合提供了必要的基础。"宗教为社会中'意见的普遍一致'提供了基础,它启发人们对社会建立感情上的联系,帮助他们克服个人的离心性和自私,倡导利他主义。"[4]但随着人类知识的进步和社会的发展,传统的宗教精神受到了削弱,神学已不再能成为精神统一和社会结合的基础。"神学哲学实际上只适宜于初步社会性的特定时代(其时人类活动理应基本上是军事性的),由此逐步为正常、全面的联合作准备";"现代的社会性使工业生活愈来愈占优势,它必然强有力地推动伟大的精神革命。……这种时刻要实际改善人的境遇的积极意向必然与宗教的考虑不可相容"。[5]随着知识形态从神学向形而上学阶段过渡,传统的神学权威及相应的社会结合形式逐渐衰落,人类社会渐渐向以理性为基础的社会结合

---

[1] 孔德:《实证政治体系》,载圣西门:《圣西门选集》第二卷,第 202 页。
[2] 同上。
[3] 同上书,第 202—203 页。
[4] 约翰逊:《社会学理论》,南开大学社会学系译,国际文化出版公司,1988 年,第 109 页。
[5] 孔德:《论实证精神》,第 22—23 页。

形式转变。在消解神学及其社会结合形式的过程中,形而上学知识发挥了积极的促进作用。然而,由于其本身具有模棱两可、无法确证的性质,形而上学知识并不能为人类的精神统一和社会结合提供一个新的基础。形而上学给人们带来的只能是永无止境的意见分歧和思想混乱。在神学衰落之后,能够为人类的精神统一和社会结合提供新基础的只能是以真实、有用、肯定、精确和公正为特征的实证科学。"如果说逻辑一致性的优势今后必然转到实证精神方面,那么由此也必须承认,它是造成认识广泛一致的实在的唯一源泉。"[1]

在18世纪和19世纪,主要的西方国家面临着一系列经济的、政治的和社会的危机。面对这些危机,不同的西方思想家作出了各自不同的诊断,开出了不同的治疗处方。在马克思等共产主义者看来,导致这些危机的根本原因是生产资料的资本家私有制与社会化的生产力之间的矛盾,消除危机的根本方法也就是要消灭生产资料的资本家私有制,而代之以生产资料的公共所有制;梅斯特尔等保守主义者提出,造成这些危机的根本原因在于各种古老传统(宗教、王权、等级制等)遭到破坏,根本的解决办法即在于重新恢复这些传统;穆勒(密尔)等自由主义者则认为,危机产生的主要原因在于自由主义制度尚不完善,因此,根本性的对策应该是进一步完善自由主义制度。

孔德坚决反对亚当·斯密等人的自由主义理论,反对那种认为无须借助政府的干预、单纯通过自由竞争就可以使社会协调运行的观点,批评这种观点"使无政府主义制度化"[2]。他相信,现代社会是一种工业社会。在工业社会中,不仅传统的社会联结纽带已经遭到破坏,而且广泛的劳动分工在推动了物质生活进步的同时也促进了个人主义的发展,造成了社会分裂的可能性:"社会分工一方面发展出一种有用的精细精神,另一方面也会抑制或限制我们所谓的总体的或综合的精神。同样,在道德关系中,尽管个人需要紧紧依赖群体,他却由于自己的特殊活动的扩大而脱离群体;个人的活动常常使一个人想到自己的私利,并且不大考虑个人利益对公众

---

[1] 孔德:《论实证精神》,第19页。
[2] 转引自科瑟:《社会学思想名家》,第28页。

的影响。"[1]在这种情况下，如果完全听任个人自由地决策和行动，那么这势必导致人和人之间的激烈矛盾和冲突，导致社会的无政府状态，导致社会秩序的瓦解。因此，一方面，我们必须借助政府一类物质机构的力量来抑制人和人之间的无序竞争，维护人们之间的精神一致[2]；另一方面，则必须通过在对社会现实进行实证主义科学研究的基础上形成的共识来重建人和人之间的精神纽带。

同样，孔德也不认同马克思主义关于19世纪发达国家所面临的那些危机根源于生产资料的资本家私有制同社会化大生产之间的矛盾这种看法。孔德提出，生产资料的资本家私有制是人们用来组织工业生产的一种必要形式，"无论何地总有一部分人处在支配地位，而[由]掌握集中的资本、行使不可缺少的经济权威和社会权威的那些人[来占据这种支配地位]是最恰当不过的了"[3]。不过，孔德认为"应当抽去这种个人所有制的绝对个人性质"，主张那些"他称之为显贵、世俗领袖、实业家、银行家的人都应当把自己的作用看作是一种社会职责。私有制是必要的、不可避免的和不可缺少的，但是只有当它不是被看作一种被利用或滥用的权利，而是被看作某些受命于命运或业绩的人行使的一种集体的职能时，私有制才会被允许存在"[4]。孔德并不否认包括资产阶级和无产阶级之间的阶级分化与阶级对抗等现象在内的那些社会问题和弊病的存在，承认在当前的工业社会中，"广大无产者还没有真正被吸收到社会体制之内"，资本的力量虽然在工业社会中"应当负有较多的责任，占有恰当的优势地位，但今天它的作用却过于大了"[5]。但他觉得这与生产资料的资本主义私有制似乎没有什么关系，它们只不过是工业社会尚不完善的结果，尤其是工业社会中用来约束资产阶级的那些道德手段尚不完善的结果，认为"这种对立是由于

---

[1] 转引自科瑟：《社会学思想名家》，第11—12页。
[2] 王养冲：《西方近代社会学思想的演进》，华东师范大学出版社，1996年，第39页。
[3] 阿隆：《社会学主要思潮》，第55—56页。译文略有改动。
[4] 同上书，第56页。孔德的原话是："资本集中在什么人手中这一点对人民群众的利益是无关紧要的，只要资本的正常使用对整个社会肯定有用就行了。"转引自上书，第83页。
[5] 转引自上书，第84页。

工业社会组织得不好而造成的,可以通过改革加以纠正"[1]。

由于孔德相信一定的社会是建立在人们一定的观念之基础上的,因此,当马克思指出早期现代社会的危机主要是一种经济和社会危机时,孔德则认为"目前社会的危机"主要是一种"政治和道德危机";当马克思揭示现代社会的危机是来自生产资料的资本家私人所有制同社会化的生产力之间的矛盾和冲突时,孔德则认为现代社会各种"危机的根源归根结底在于思想上的无政府主义。我们最严重的问题实际上就在于人们对各种基本准则的看法有着深刻的分歧,而这些基本准则的固定不变恰恰是一个真正的社会秩序的首要条件,只要个人的才智没有被一致的意见统一到几种足以形成一种共同的社会理论的普遍思想之上,那么,不管采取何种治标的政策,国家的状况就仍将基本上是革命的"[2]。由于缺乏价值观等方面的共识,缺乏共同认可的基本行动准则,"缺乏一种相当普遍的推动力有条不紊地协调各种因素,因而工业活动造成的只是彼此之间不完全联系的阶级,这就是现代文明的基本问题所在"[3]。虽然当时社会在精神和世俗生活两个领域都濒于衰败,但精神领域的混乱先于世俗领域的混乱并且是后者发生的原因。因此,要消除社会革命的风险,就必须以改造精神生活为前提。[4] 要在现时代重建社会秩序,就必须以实证哲学为指导,将实证精神推广到社会研究领域中去,用实证方法对社会现象进行科学的观察和研究,在此基础上重建人们的意见一致或"逻辑整合"。实证哲学的重要任务之一,就是"使人知道工业关系非但不会变成危险的经验主义或暴虐的对抗,而且应当用普遍和谐的道德准则加以系统化"[5]。孔德指出,"根据人类的实证理论,基于目前人类掌握的广泛经验而得出的不容置疑的证据,将会正确地确定每一个行动、每一种习惯、每一种倾向或感觉的直接或间接的实际影响(包括私的与公的);由此,作为必然的结果,自然得出最

---

[1] 阿隆:《社会学主要思潮》,第54页。
[2] 转引自上书,第82页。
[3] 转引自上书,第83页。
[4] 孔德:《实证政治体系》,载圣西门:《圣西门选集》第二卷,第151页。
[5] 转引自阿隆:《社会学主要思潮》,第84页。

符合普遍秩序的整体或特殊的行为准则"[1]。因此,他坚信,"唯有全面重建才能结束现代重大危机,这种重建工作,从精神角度而言主要在于建立一门足以解释整个人类历史的社会学理论"[2]。这就是孔德提倡用实证科学方法来研究社会现象的根本动机,也是孔德赋予社会学这门学科的一项基本使命。

概而言之,按照孔德的说法,18 世纪末 19 世纪初的西方社会正处在从以形而上学知识为基础的社会形式向以实证科学知识为基础的社会形式转变的过程中。这种转变既源于在以形而上学知识为基础的社会形式中迅速发展起来的工业化,也源于形而上学知识本身内含的不确定性给社会秩序造成的困境。包括国王在内的保守主义者期待通过恢复以神学知识为基础的"封建神学体系"来消除社会动荡,而代表"人民"内部各个阶层、各个群体的思想家则试图以各种带有浓厚形而上学色彩的思想体系为基础来建立与工业社会相适应的新秩序。孔德明确指出,前一条道路是不可能行得通的,因为"旧(封建神学)体系的衰落是文化发展的必然结果。因此,使社会后退到目前危机开始出现的时代,并恢复不了旧的体系。要知道,让社会回到那个时代是绝对不可能的;纵然能够回到那个时代,也只能是使整个社会重新处于必然发生危机的状态。因此,如果要回到几个世纪以前,就必须把旧体系六百年以来损失的东西相继恢复过来。……要想使社会回到目前危机开始出现的时代,只有一个办法,那就是逐个消灭这些损失的产生原因,即消灭文明发展的一切成就"[3]。但后一条道路也是错误的,只不过错误的方向不同并且是可原谅的,"因为他们是在文明进步的指引下,摸索着去探索新体系的,而对这个新体系的性质还不十分清楚"[4]。然而,消除后者的错误要比消除前者的错误更加重要,因为后者才是文明发展道路上的真正障碍。而之所以如此,则是因为这些形而上学的社会思潮的赞同者完全无视实证科学的原则,鼓吹无限的思想自由,阻止

---

[1] 孔德:《论实证精神》,第 49 页。
[2] 同上书,第 43 页。
[3] 孔德:《实证政治体系》,载圣西门:《圣西门选集》第二卷,第 130—131 页。
[4] 同上书,第 131 页。

新社会秩序所必需的统一观念体系的建立，否定实证科学家乃至政府的领导作用，最终必将使整个社会陷于四分五裂。只有实证科学才有可能引领我们顺利地完成向工业社会的转变，从而最终消除社会危机。

## 结　语

综上所述，我们看到，孔德的实证主义社会学是以下基本理论预设为基础而建立起来的：

首先，社会是由劳动分工、共同的情感、政府的强制力和社会成员的共同意识等因素为纽带结合而成的一种聚合体，其中，社会成员的共同意识是最为根本和基础性的因素。简言之，社会生活及其秩序的基础主要是共同意识这种精神性的因素而非物质性的因素。

其次，这种主要以特定的共同意识为基础而建立起来的社会生活又是一种像自然现象那样不以社会成员个人意志为转移，具有自身独立的结构、机制和规律的客观实在；因此，社会现象与自然现象本质上具有同一性。要想使社会生活有序运转，就必须像自然科学家对支配着自然现象的规律进行科学研究那样，对支配着社会生活的那些规律进行科学研究，然后按照这些规律来行动。

最后，社会现象与自然现象本质上的同一性，决定了社会科学与自然科学本质上也具有同一性。这种无论在自然现象的研究当中，还是在社会现象的研究当中，都必须加以采用的统一的科学方法，就是实证科学，其基本原则就是将我们关于特定对象的科学命题建立在通过对对象的外部特征进行客观观察所得来的经验材料的基础之上。实证科学是人类知识进化的最高阶段，只有以经由实证科学研究得到的共识为基础，现代社会秩序才能够有效地建立和得到维持。

在后面的章节中，我们将看到，孔德所提出的这样一些基本观点不仅被所有的实证主义社会学家所继承和发扬，而且在不同程度上构成了西方诸多非马克思主义结构论社会学理论背后共同的基本理论预设。

# 第二章　涂尔干与实证主义结构论社会学理论

在西方学术界,涂尔干被认为是实证主义社会学的真正确立者,孔德关于建立一门实证主义社会学的设想只是到了涂尔干这里才得到真正的贯彻和实现。并且,和孔德一样,涂尔干的社会学也是"实证主义"思想与"唯心主义结构论"思想的结合。不过,涂尔干在贯彻和实现孔德社会学设想的过程中,也对孔德的思想进行了诸多的批评和修正,从而在一定程度上使自己的社会学思想与孔德的社会学思想产生了一定的距离,形成了自己的独特之处。

冒着简单化的风险,我们可以将涂尔干社会学理论的基本原理归结为以下三大信条:

(1)社会生活的本质是道德生活;

(2)以道德生活为其本质的社会生活像其他物质实在一样,是一种超越个人意识和行动的、具有自身独立运行机制和规律的客观实在;

(3)因此,就像自然科学家所做的那样,对于社会这样一种客观实在及其背后的运行规律,也只能用实证科学的程序和方法来正确地加以把握。

以下我们对这三大信条逐一试述之。

# 一、社会生活的道德本质

在系统阐述自己社会学理论观点的最初之作《社会分工论》第一版的序言中，涂尔干开篇便宣称："这本书是根据实证科学方法来考察道德生活事实的一个尝试。"[1] 实际上，通览涂尔干的社会学著述，不难看到，我们也可以将此宣称应用于涂尔干一生的几乎所有著述：涂尔干一生的几乎所有著述，其实正如这句话所说明的那样，不过都是在"根据实证科学方法来考察道德生活事实"而已。

可是，令人感到困惑不解的是：涂尔干不是自视为，也被包括我们在内的诸多他人公认为一个社会学家吗？一个社会学家，为什么倾其一生只将"道德生活"作为自己的研究对象？难道社会生活主要就是一种道德生活吗？除了道德生活之外，社会生活中难道就没有其他内容需要加以研究吗？或者说，道德生活是理解社会生活的关键因素，理解了人们的道德生活，也就理解了人们的社会生活？

对于上述问题，有两种可能的回答。一种回答是：是的，在涂尔干看来，社会生活确实本质上就是一种道德生活。当然，这并不是说，除了道德生活之外，社会生活中就再没有其他内容需要加以研究，而是说，道德生活是我们全部社会生活的本质和核心，社会生活的其他方面都只是道德生活的具体体现而已，以至于我们可以说道德生活正是理解社会生活的关键因素，理解了人们的道德生活，也就理解了人们的社会生活。就此而言，我们可以说社会现象本质上就是一种道德现象，社会关系本质上就是一种道德关系，而社会科学本质上也就是一种道德科学。涂尔干终其一生都将道德现象当作自己的研究对象，或许正是基于他对社会生活本质的这样一种认知。另一种回答则是：对于社会的形成和维持来说，道德生活确实具有不可忽视的重要功能，因此，以科学方法对道德现象加以研究对于我们理解社会的形成和维持的确具有重要意义，但道德却并非社会形成和

---

[1] 涂尔干：《社会分工论》，渠东译，生活·读书·新知三联书店，2000年，第6页。

维持的关键或唯一重要的因素。从形式上看，"社会"首先是无数作为生命有机体的个人的结合。没有个体生命的存在，当然不可能有什么人类"社会"。简言之，无数作为生命有机体的个人是社会构成的基本要素，因此，维持这些基本要素的正常存在和延续当然也是一个社会存在和维续的基本前提。此外，要维持这些个体生命的存在（衣食住行、健康和安全等），就必须有一定的物质要素，持续不断地获取个体生命所必需的各种物质要素自然就是社会得以存在和维续的另一个基本前提。还有，一个"社会"总是存在于某个特定的地理场所（平原、山地、海滨、森林、草原、大陆、岛屿等），这些地理场所的特性以及面积、形态等，对该"社会"的形成和维持方式等也会有很大的，在某些人看来甚至是决定性的影响。简言之，影响甚至决定社会形成和维持的基本因素多种多样，并不限于道德观念这一因素。以科学方法对道德现象加以研究虽然有助于我们对社会形成和维持过程的理解，但单纯对道德现象的研究却并不足以让我们达到对社会形成和维持过程的充分理解。要达到后一目标，除了对道德现象的研究之外，还需要对其他一些对于社会的形成和维持同样具有重要功能的社会现象加以研究。因此，以科学方法来对道德现象进行研究充其量只构成社会学研究的一个分支领域，即"道德社会学"领域。由于个人偏好或认知等方面的原因，涂尔干终其一生所从事的其实主要就是这样一个分支学科领域的研究工作，而非社会学的基本问题和理论方面的研究工作。除了《社会学方法的准则》一书之外，涂尔干贡献给我们的也只是道德社会学这种分支领域方面的知识，而非社会学基本理论方面的知识。这和涂尔干将自己视为一个社会学家的立场并不矛盾。因为一个社会学家并不一定要从事社会学基本问题和理论方面的研究，而是可以像我们今天的许多社会学家一样，只选择社会生活的某一领域（社会学中的某一分支学科）作为自己的研究领域。

那么，上述两种回答中，哪一种才是与涂尔干自己的立场相符的呢？对于这个问题，我们当然只能从涂尔干自己的著述中去寻找答案。然而，令人困惑的是，浏览涂尔干的主要著述，我们可以发现，如果只从表面上看，这两种不同的回答在涂尔干的著述中似乎都能找到依据。

首先，在涂尔干的著述中，我们可以看到他多次提出与上述第一种观点一致或相似的说法。例如，在《社会分工论》中，他在解释为什么要将一本研究劳动分工的书视为"根据实证科学方法来考察道德生活事实的一个尝试"时，就强调过道德生活对于社会生活所具有的"不可或缺的"关键性作用。涂尔干说，像铁路、海轮、工厂、艺术这样的东西，虽然是物质和精神文明提升的成果，也确实给我们带来很多好处，拥有它们当然是件好事，但它们却并非为维持社会存在所必需的。尤其是艺术这样的东西，只是一种奢侈和装饰，有之不多，缺之不少，我们没有必要拼了命地去追求它。然而，道德这种东西却不一样："道德却是一种必不可少的最低限度，它一定是人们所必需的，就像是一块面包，每天少了它，社会也会活不下去的。"[1] 像道德、法律这样一些规范，任何社会都会强迫人们去遵守，"显然是因为这样严格而又一贯的遵从无论正确与否都是必不可少的，是需要不断强化的"[2]。在该书的结论部分，涂尔干更是明确地写道：道德规范的特性在于它阐明了社会团结的基本条件，"法律和道德就是能够把我们自身和我们与社会联系起来的所有纽带，它能够将一群乌合之众变成一个具有凝聚力的团体"[3]。社会学之所以要关注劳动分工，就是因为除了促进生产能力、增加物质财富这些作用之外，劳动分工还具有明显的道德功能。"说这些分工带来了经济效益，这当然是很可能的。但是，在任何情况下，它都超过了纯粹经济利益的范围，**构成了社会和道德秩序本身**。有了分工，个人才会摆脱孤立的状态，而形成相互间的联系；有了分工，人们才会同舟共济，而不一意孤行。总之，只有分工才能使人们牢固地结合起来形成一种联系，这种功能不止是在暂时的互让互助中发挥作用，它的影响范围是很广的。"[4]"事实上，分工所产生的道德影响，要比它的经济作用显得更重要些；在两人或多人之间建立一种团结感，才是它真正的功能。"[5]"劳动分工……是社会存在的一个条件。社会的凝聚性是

---

[1] 涂尔干：《社会分工论》，第15页。
[2] 同上书，第36页。
[3] 同上书，第356页。
[4] 同上书，第24页。
[5] 同上书，第20页。

完全依靠，或至少主要依靠劳动分工来维持的，社会构成的本质特性也是由分工决定的。"[1]在《道德事实的确定》一文中，涂尔干在论证"社会是道德的根源和目的"这一观点时，也明确指出，在考察社会时不能只看到构成社会的由个人组成的群体以及他们所栖居的场所，而是必须看到社会本质上是一种道德的组合体："社会是由能够通过个人得到实现的各种观念、信仰和情感组成的组合体。这些观念中的首要观念是道德理想。"[2]热爱社会就是热爱道德理想，因为后者才是前者的实质或核心。在《价值判断与实在判断》一文中，涂尔干以不同语词重复了这一思想，指出："没有创造[道德]理想，就无法建构社会"；"只把社会当作具有生命功能的有机体，也只能削弱社会本身，因为这个有机体具有一种由集体理想构造而成的灵魂"。[3]这些说法似乎都确实表明，在涂尔干看来，社会现象本质上就是一种道德现象，社会关系本质上就是一种道德关系，社会科学本质上也就是一种道德科学，因为将个体联结为一个社会集体的纽带主要是道德[4]而非其他什么因素；没有道德，集合在一个物理场所中的一群人就不能构成一种真正意义上的"社会"；因此，社会本质上就是一种道德组合体而非一种单纯由诸多个人及其生活场所等物质因素构成的有机体。

然而，令人困惑的是，在涂尔干的著述中我们同样可以找到与上述第二种观点一致或相似的说法。例如，在1898年为《社会学年鉴》第一卷所写的序言中，涂尔干讨论了社会学内部的学科划分问题。他认为，社会学本身可以进一步划分为许多分支，这些分支学科又可以大致分为两类，一类是"普通社会学"，另一类则是各种"专业学科"。普通社会学是社会学这门科学中的"哲学"（理论）部分，专业学科则是对社会现实不同领域进行专门研究的部分；"普通社会学"是建立在各门专业性的分支学科基础上，通过对这些专业学科的知识进行综合而成的，因此，在普通社

---

[1] 涂尔干：《社会分工论》，第26页。
[2] 涂尔干：《社会学与哲学》，梁栋译，上海人民出版社，2002年，第63页。
[3] 同上书，第100—101页。
[4] 或"道德理想"。在涂尔干看来，"道德"和"道德理想"两个词基本上是同义词，因为"道德"就是人类关于生活的"理想"。

会学形成之前"必须首先集中精力发展专业学科"[1]。在这篇文章中，涂尔干尚没有将他认为属于"专业学科"的那些分支社会学学科罗列出来。但在1906年3月为回应他人对其之前一次演讲所作的评论而进行的回复中，涂尔干在说明了需要用且可以用科学方法来研究道德现象之后，明确地说他所说的这种关于道德现象的科学不是"普通社会学"，而只是社会学领域中的一门分支科学。他说："我所说的科学不是普通社会学，……可以提供用来判断道德事物的方法的科学只有研究道德事实的特殊科学。……我坚信这种有关道德实在的科学是一门属于社会学的学科，而且是一门非常独特的社会学分支。"[2]而在1909年发表的《社会学与社会科学》一文中，涂尔干则更是明确地列出了一个包括普通社会学和各门专业性分支学科在内的"社会学的主要分支"表，并将"道德社会学"与"宗教社会学""法律社会学""经济社会学""语言社会学"等并列，视为"普通社会学"之外的各门专业学科中的一支。涂尔干还认为，正如"有关宗教的研究属于社会学领域，它构成了宗教社会学的题材"、各种经济制度"构成了经济社会学的题材"一样，"道德观念和民俗"构成了与宗教、经济现象等内容不同的另一个范畴，"它们是道德社会学的题材"。[3]

面对这样一种令人困惑的情景，我们该怎样来理解涂尔干的思想呢？

笔者以为，尽管存在上述令人困惑的现象，但如果我们对涂尔干的相关论述作一番仔细分析，还是可以发现，在上述两种回答中，涂尔干的立场从总体上看是倾向于第一种回答的。而且，这同我们在他的著作中看到的表面上两种回答并存的情况也并不矛盾。

如前所述，社会的形成和维持并不只是依靠道德观念就能实现。无数个体生命的存在，为维持这些个体生命存在所必需的各种物质要素，以及"社会"存于其中的地理场所的特性等，对于社会的形成和维持都具有重要作用。从涂尔干的著述中，我们可以看到他对此其实十分清楚。他之所

---

[1] 涂尔干：《〈社会学年鉴〉序言》，载涂尔干：《乱伦禁忌及其起源》，汲喆、付德根、渠东译，上海人民出版社，2003年，第181页。

[2] 涂尔干：《社会学与哲学》，第78页。

[3] 涂尔干：《社会学与社会科学》，载涂尔干：《乱伦禁忌及其起源》，第290—291页。

以对道德观念这一因素情有独钟，主要在于他认为对于社会的形成和维持来说，道德因素才是最为根本的因素。那为什么涂尔干会认为道德因素才是社会得以形成和维持的根本因素呢？这就需要我们更具体地去了解涂尔干对包括道德观念在内的各种社会构成要素之间关系的理解了。

对此，我们可以在涂尔干的相关著述中找到一些答案。在1895年发表的《社会学方法的准则》一书的第一章中，涂尔干明确地将社会事实区分为"社会生理学事实"和"社会形态学事实"两种类型。所谓"社会生理学事实"，主要指的是一个社会的行为方式、思维方式和感觉方式，如信仰、习俗、道德、法律、制度、惯例等集体意识，它们是社会本身的运作状态。而"社会形态学事实"指的则是一个社会的外貌或形态，如"社会的基本构成要素的数量与性质、它们的结合方式、它们所能达到的融合程度、地区的居民分布、道路的数量与性质、居住的形式等等"[1]，它们是社会的外部存在状态。虽然这两种事实都是"社会事实"，具有作为社会事实所需具备的那些共同属性，但涂尔干认为，无论是对于社会生活来说，还是对于社会学研究来说，它们两者的价值或意义是不同的，"社会生理学事实"比"社会形态学事实"具有更为本质的意义，前者是社会生活的基本部分，或者说就是社会生活本身，后者涉及的则只是社会生活的基本条件。涂尔干之所以这么认为，主要是基于以下理由："社会形态学事实"的状况不能单纯由自身得到说明，而需要通过"社会生理学事实"来加以解释。例如，"实际上，要想知道一个社会在政治上是怎样划分的，被划分的各部分是怎样构成的，各部分之间的融合程度如何，不能借助于实物方面的观察和地理方面的考察去达到，因为这种政治划分虽然有某种物质性的基础，但仍然是精神上的划分。只有依靠公法才能研究这种组织，因为如同公法规定我们的家庭关系和公民关系那样，公法也规定着社会的政治组织。因此，政治组织也带有强制性质。居民之所以聚居城里而不散居乡间，那是因为有一种舆论和集体压力在驱使人们这样集中。居住的形式也和服装的款式一样，不是我们可以随意选择的；至少对两者

---

[1] 迪尔凯姆（涂尔干）：《社会学方法的准则》，狄玉明译，商务印书馆，1995年，第32页。

的选择是有强制性的。交通路线几乎是以命令的方式规定了国内往来和贸易的方向,甚至它的频率,等等"[1]。因此,与此相应,社会形态学事实不过是社会生理学事实的一种固化形式而已[2],理解了后者也就自然理解了前者。"因为这些存在方式只是已经固定的活动方式而已。一个社会的政治结构,只是这个社会的各构成部分之间彼此共同生存的习惯而已。如果各构成部分之间有着传统的密切关系,它们就倾向于联合,反之则倾向于分裂。我们现在不得不采用的居住形式,不外是我们周围的人(有一部分是我们的祖先)惯于建造的房屋的形式。交通路线不外是经常不断来往于同一方向的商旅人群为自己开辟的道路。"[3]

在1900年发表的《作为科学的社会学领域》一文中,涂尔干对社会生理学与社会形态学及其对应的现象之间的区分作了进一步重申和说明。他首先划分出两种不同的社会现象:一种被称为"社会基质",即社会用来构成自己的那些物质元素,如领土、空间位置、边界形式、人口、市政设施、建筑、道路、通信网络、水资源等,它们是一个"社会"赖以形成的物质条件或物理环境;另一种被称为"社会生活",即人们在特定物质条件或物理环境的限制下所开展的各种社会活动之和,它们是一个"社会"最实质性的方面,甚至可以说"它们就是社会本身"。[4]与此相应,对社会现象的研究也就可以区分为两个领域,即主要对"社会基质"进行研究的领域(我们可以将这一领域称为"社会形态学",它有助于我们了解"社会形成的方式")和主要对"社会生活"进行研究的领域(我们可以将这一领域称为"社会生理学",它有助于我们了解"社会运作的方式")。涂尔干认为,这两个领域之间的关系类似于"探索基于各种元素之上的所

---

[1] 迪尔凯姆:《社会学方法的准则》,第33页。
[2] 当然,需要注意的是,社会生理学事实的固化形式并不限于社会形态学事实,例如,法律条例也是社会生理学事实的一种固化形式,但法律条例属于社会生理学事实而非社会形态学事实。因此,区分社会生理学事实和社会形态学事实的主要标准是:它是属于社会的内部运作状态还是属于社会的外部存在形态,是属于社会生活过程本身的基本内容,还是属于社会生活的基本条件。若是前者,即是社会生理学事实;若是后者,则是社会形态学事实。涂尔干在上书所引论述的相应部分,对此有简单但却明确的说明。
[3] 迪尔凯姆:《社会学方法的准则》,第33页。
[4] 涂尔干:《作为科学的社会学领域》,载涂尔干:《乱伦禁忌及其起源》,第251页。

有现象"的物理学与"研究元素构成"的化学之间的关系,或者"探索生物结构、形成方式以及制约它们的条件的"解剖学(形态学)与"发现生命现象规律"的生理学之间的关系。[1]但在这两者之中,"社会生理学"要比"社会形态学"具有更为实质性的意义,因为它研究的正是"社会本身"。涂尔干据此批评齐美尔将"社会形式"认定为社会学研究对象的看法,认为这会导致"使社会学简化为只对社会生活所依赖的基质进行考察"这一结果。[2]

对社会基质的研究即"社会形态学"涵盖以下方面的内容:首先是确定社会基质的外部形式。主要包括这几个方面:(1)领土的大小;(2)社会占据的空间位置("社会在位置上与整个领土的关系究竟是中心的还是边缘的,以及邻近社会包围它的方式,等等");(3)边界的形式。其次是社会基质的内容。包括人口数量和密度,社会存在的载体(市镇、城市、行政区等)的状况(所占地域大小、规模、水源、边界等)。最后是社会群体根据自身需要对国土加以利用的方式,如边界上是否有堡垒或各种设防的城市,街道和广场的安排,城市及其建筑的样式,等等。社会学家不仅要对这些社会基质进行描述,而且要对它们的形成和变化加以说明。"社会学家会提出这样的问题:为什么社会依照它的各个发展阶段使中心位置优先于边缘位置?在国家生活中,领土的功能是什么?边界是怎样呈现出这样或那样的形态的?是什么样的环境造就了乡村,是什么样的环境造就了城市?是什么因素促成了城市中心的发展?"[3]

对社会生活的研究在内容上要比对社会基质的研究多得多。"因为,生命现象的表现形式比构成了基本条件的形态学结合体更加多变和复杂。"[4]由此,涂尔干认为,我们很难通过上述一一列举的方式来描述"社会生理学"的研究范围,我们只能提出一个标准来大致明确哪些内容属于社会生活研究的领域。那么,这个标准是什么呢?如上所述,社会生活需

---

[1] 涂尔干:《作为科学的社会学领域》,载涂尔干:《乱伦禁忌及其起源》,第254页。
[2] 同上书,第252页。
[3] 同上书,第254—255页。
[4] 同上书,第256页。

要有各种被称为社会基质的因素作为元素、材料,包括人和物等,但社会生活并不是这些社会基质的简单集合。社会基质以及由它们之间的联系而形成的各种"社会结构",一方面是人们社会生活的物质条件或物理环境,另一方面在某种程度上也是人们社会生活的产物或结果,是社会生活过程的固化或凝结,而非社会生活本身。社会生活本身则是由人借助各种物质条件而展开的各种社会活动过程之和,但这种社会活动过程之和也不是许多孤立的个人行动的简单集合,而是一个虽然由许多个人的行动所构成,但一旦构成便超越它所由以构成的那些个人行动、有着自己独特性质的有机的活动整体。人的行动总是在特定观念或意识的引导下发生的,个体的行动是如此,集体的行动当然也是如此。但引导许多个体将自己的行动联结起来构成一个有机整体的那些观念或意识,决不可能是这些人所拥有的个体观念或个体意识之简单集合,而必然是一种与这些人的个体观念或个体意识有所不同的集体观念或集体意识(在《个体表现和集体表现》等文章中,涂尔干将个体意识/集体意识称为"个体表现"/"集体表现")。这种足以让许多个人将自己的行动联结起来形成一个有机整体的集体观念或集体意识,又不能只是单纯凭借其外部的物质的力量来迫使我们接受的那种观念或意识,而必然是我们每个人自己愿意接受和遵从的那样一些观念或意识。这些观念或意识就是(广义的)道德观念或道德意识(包括宗教、狭义道德、法律等具体形式)。涂尔干说:"促使我们服从社会现象并且我们遵从它的那种力量,不是一种物质的东西,或至少不必然是物质的。如果我们不经抵抗就屈服于这些社会的力量和命令,那不仅仅是因为社会比我们更强大。通常我们行为的结果是由道德权威来评判的,这种权威使我们的心智和意愿屈服于它。"[1]"如果所有责任感都预设了某种超越被约束的主体之上的约束权威,而且,我们在经验层面上除了是集体权威外没有发现任何其他超越个体的权威,那么我们必须将所有拥有这一特征的现象看作是社会性的。"[2]"但是,如果我们将这两种规则放在一起,它们反而会成为社会现象的特征。在一个既定的社会中,普遍的

---

[1] 涂尔干:《作为科学的社会学领域》,载涂尔干:《乱伦禁忌及其起源》,第259页。
[2] 同上书,第261页。

行为和思维方式虽然是从外部获得的，却只能因为受到道德环境（即社会环境）的影响而具有普遍性。这些思想和行动的非个人模式，构成了突出的社会学现象，并且像生命功能与有机体的关系一样，形成了与社会的关系：它们表现了集体智慧和意志展现的方式。因此，它们成为了社会生理学的恰当素材。"[1]

可见，在上述论述中，涂尔干不仅清楚地将"社会生活"与社会生活赖以运转的"社会基质"区分开来，强调了前者才是"社会本身"，而且明确地指出了社会生活的本质就是道德生活，把个体行动联结成一个社会活动整体的纽带不是别的什么因素，正是且只是道德观念。对个人而言，"社会生活就是一种道德环境，或者更准确地说，是那些围绕着个人的各种道德情境的总和。称它们为道德的，意味着这些环境存在于各种观念的复合体中，因此就个体心智来说，它们就像生命有机体的物理环境一样。道德的和物理的环境构成了彼此独立的现实，至少在一个所有事物都存在联系的世界中，我们仍可以称它们是相互独立的。"[2] 因此，社会生活本质上就是道德生活，社会事实本质上就是道德事实，社会学本质上就是道德科学。

在《社会学与社会科学》一文中，涂尔干重申了上述思想。涂尔干说："社会事实有不同的类型。""首先，我们有理由根据社会的外貌来研究社会。从这个角度出发，社会似乎是由具有一定密度的众多人口构成的，并以某种方式分布着，散落于乡村，集中于城镇，如此等等。社会占有面积不等的领土，或者比邻大海，或者紧挨着相邻民族的领土，水系交错，道路纵横，使居民之间形成了一定程度的亲密关系。当然，领土、疆界、构形以及分布其中的人口构成，自然是社会生活的重要因素，是社会生活的基础；……这样一种社会科学确实有自身存在的空间，可以寻求社会的解剖结构；既然这种科学把社会外在的物质形式作为研究的对象，那么我们就可以提议将其称为社会形态学。……社会形态学必须揭示人口为什么会集中于此地而非彼地，为什么主要集中于城市或乡村，促进或阻碍

---

[1] 涂尔干：《作为科学的社会学领域》，载涂尔干：《乱伦禁忌及其起源》，第263—264页。
[2] 同上书，第261—262页。

大城市发展的原因是什么，等等。"[1]"然而，与集体生活基质相并行的还有生活本身。这里，我们恰好碰到了一种区别，这种区别与我们从其他自然科学中看到的区别非常相似。……在生物学中，解剖学（亦可称为形态学）所分析的是生命结构及其组织和器官的构造方式，生理学所研究的是这些组织和器官的功能。同样，与社会形态学比邻的社会生理学，也研究社会的生命现象。"不过，"社会生理学本身是非常复杂的，包括各种各样的个别科学，因为生理秩序的社会现象本身也是变化多端的"。[2] 在做了这样一种宣称之后，涂尔干紧接着便列举了由社会生理学来研究的一些主要社会现象，包括"宗教、仪轨和制度""道德观念和民俗""法律制度""经济制度""语言""审美"等。

综上所述，我们可以看到，涂尔干明确表示，尽管社会现象包括许多方面的内容，但其中最根本的方面是社会生活本身（其他的都可以归为社会生活赖以运转的物质条件），而社会生活在本质上只是道德生活而已。因此，对社会生活进行研究本质上不过就是对道德生活进行研究，社会学本质上不过就是道德科学。

可是，为什么涂尔干又在其著述中宣称道德只是"道德社会学"的研究对象，而"道德社会学"不过是社会学整体中的一门分支学科呢？这个问题其实并不复杂，我们同样可以从涂尔干自己的论述中找到答案。首先需要说明，在涂尔干的著作中，"道德"一词有广义和狭义两种。狭义的"道德"是指与习俗、宗教、法律等观念形态并称的行为规范；广义的"道德"则泛指一切形式的行为规范，如他在《社会分工论》中所说的那样，"任何社会团结的根源，任何促使人们去体谅他人的动力，任何对自身行为不带私心的规定，都可以称作道德"[3]。这种广义的"道德"既包括狭义的"道德"（涂尔干有时称为"纯粹道德"），也包括习俗、宗教、法律等。在《社会学与社会科学》等文章中，涂尔干在提到作为社会学分支学科的"道德社会学"时，都是将其与"宗教社会学""法律社

---

[1] 涂尔干：《社会学与社会科学》，载涂尔干：《乱伦禁忌及其起源》，第 289—290 页。
[2] 同上书，第 290 页。
[3] 涂尔干：《社会分工论》，第 356 页。

会学""经济社会学"等分支学科并列。显然，在这里，"道德社会学"中的"道德"一词，当指狭义的道德概念。不过，这一点并不足以回答这个问题：既然社会生活本质上就是道德生活，社会事实本质上就是道德事实，社会学本质上就是道德科学，那为什么不能说"社会学"就是"道德社会学"，或者反过来，"道德社会学"就应该等于"社会学"（无论此处的"道德"是狭义的还是广义的）？笔者认为，这要从涂尔干对于广义社会学研究方法的看法中去寻找答案。如前所述，涂尔干将社会学的领域区分为"普通社会学"和"专业学科"两个方面，并从其经验主义的方法论立场出发认为前者是建立在后者的基础之上，是通过对后者的知识进行归纳综合而成的。他断定，"由于普通社会学只是这些专业学科的综合，只是针对最一般结果的对比，所以它只能达到这些专业学科自身发展的程度"[1]，因此，从逻辑上说，必须先有各门专业学科知识的存在，然后才有可能对它们进行归纳和综合。体现在社会学知识建构的路线上，就是在普通社会学的知识形成（和发展）之前，必须以专业学科的形式对"宗教""习俗""道德""法律"等具体的道德现象展开以直接观察到的具体事实为依据的经验研究（以及对语言、经济等社会形态学现象进行经验研究；因为普通社会学知识不仅包括社会生理学知识，也包括社会形态学知识，需要在对社会形态学知识进行归纳综合之前先对它们展开经验研究），以便为普通社会学的形成和发展提供可供归纳综合的知识基础。涂尔干的时代，正是社会学初创的时代，社会学的各门专业学科尚处于起步阶段，普通社会学的建构当然就更不具备条件。因此，涂尔干将自己及《社会学年鉴》同仁在社会学研究方面的努力首先限定在"道德社会学""宗教社会学"一类专业领域内。如此来理解涂尔干的思路，前述两种答案并存的现象也就不存在难解的逻辑矛盾了。

---

[1] 涂尔干:《〈社会学年鉴〉序言》，载涂尔干:《乱伦禁忌及其起源》，第181页。

## 二、社会实在论

正如我们所知道的那样,涂尔干不仅同意以实证科学的方法来研究社会的想法,而且乐意接受"实证主义"这个称号。我们甚至可以说,涂尔干比孔德、斯图亚特·穆勒和斯宾塞等人更好地论证了以实证主义精神来研究社会现象的必要性。孔德只是从人类认识(其中隐含了从无机物到有机物到生物现象再到人类社会各个领域之间)的统一性和人类认识的各个领域从神学到形而上学再到实证科学三阶段进化的必然性,说明用实证主义精神来研究社会的必然性。穆勒和斯宾塞等人在自己的著作中也只是简单地重复着孔德已经提出的那些看法。只有到了涂尔干这里,以实证主义方法来研究社会现象的设想才获得了真正充分有效的论证。涂尔干不是像孔德等人那样从世界和人类认识的统一性中简单地推论出以实证主义方法来研究社会现象的必要性,而是从社会现象本身所具有的实在论性质来说明这种必要性。

如上所述,在涂尔干看来,社会本质上是一种道德性的精神存在。但涂尔干又进一步反复强调:这种道德性质的精神存在是一种与个人意识完全不同,而与自然科学所研究的物质现象在本质上完全一致的客观实在。

那么,什么是"社会现象"呢?在《社会学方法的准则》一书中,涂尔干对他的"社会现象"的含义进行了解说。涂尔干指出,所谓"社会现象",不是指社会中所发生的一切与人或与社会利益有关的现象,也不是指社会生活中发生的任何一种具有普遍性的现象,否则的话,社会学和生理学、心理学就不会有什么差别了。"社会现象"指的是在任何社会中都存在的因其自身特有的一些特征而与其他自然科学的研究对象有很大差别的那种现象,如宗教信仰、风俗道德、法律、语言符号、货币制度、信贷手段、职业规范、时尚潮流,以及政党、行会一类的政治团体等。这些现象因其所具有的两方面特征而不同于其他自然科学研究的对象:首先,这些现象是独立于/外在于我们每个人的。例如,当我们作为一个兄弟、丈夫或公民去尽自己的某种义务时,或者当我们履行自己与他人订立的契约时，我们其实是在尽某种存在于我的身体和行为之外的道德、法律为我们规定的义务。尽管我们会认为这些义务符合我自己的感情，从内心认可它，它也是来自外部而非我们自身的一种要求。因为这些义务不是我们自己创造的，而是在我们每个人出生之前就已经存在，通过教育等途径让我接受的。因此，它是一种存在于我们个人之外、不以我们个人意志为转移、独立发挥作用的客观实在。其次，这些现象不仅独立于/外在于我们个人，而且反过来还对我们个人具有强制力。它们具有一种强大的力量，通过某种强制来使个人服从，而不管个人是否愿意。虽然在很多情况下，我们可能是心甘情愿服从它的，并没有觉得有什么压迫或强制力存在，但实际上这种强制力并不因为我们没有感受到它就不存在。证据就是，只要我们试图对它加以反抗，这种强制性就会立即表现出来。例如，如果我想做一件违法的事情，如果来得及的话，法律就会对我的行为加以禁止或纠正，来不及的话，法律就会对我进行惩罚；"纯粹道德"或习俗也是如此，它通过社会舆论对我的行为加以禁止或惩罚；我可以不与我的同胞讲共同的语言，使用法定的货币，或采用符合时代潮流的方式去经营企业，但最终我将不得不如此，否则我会以惨败的结局告终。涂尔干指出，据此我们可以确定，在我们所生活的社会中确实存在着一种现象，"这类事实由存在于个人之身外，但又具有使个人不能不服从的强制力的行为方式、思维方式和感觉方式构成。因此，不能把它们与有机体现象混为一谈，因为有机体现象由表象和动作构成；也不能把它们与仅仅存在于个人意识之中并依靠个人意识而存在的心理现象混为一谈。这样，它们就构成为一个新种，只能用'社会的'一词来修饰它，即可名之为社会事实"[1]。涂尔干还进一步辨析说，由于这些被我们称为"社会现象"的现象对每个社会成员都具有外在的强制力，社会的每个成员都不得不服从于它，因此必然成为一种在社会上大多数人那里都能观察到的普遍现象。所以，社会现象必然是普遍现象，但我们并不能得出结论说在社会上多数人那里都能观察到的普遍现象都是社会现象，因为每个社会成员出于一些个人生理或心理的

---

[1] 迪尔凯姆：《社会学方法的准则》，第25页。

原因不约而同自发产生的一些现象可能也具有普遍性,但它们不是由于外在于我们的那些社会力量强制我们发生的,因此不属于社会现象。"构成社会事实的,是团体的信仰、倾向和习俗这类东西,至于以集体形式表现在个人身上的那些状态,则是另一种东西。"[1]它们不能被称为社会事实。

在1897年出版的《自杀论》一书中,涂尔干借论证"自杀现象实质上是一种社会现象"这一观点的机会,对他所谓社会现象的基本特征(外在性、强制性而非普遍性)进行了说明。

凯特勒等人曾经提出"平均类型"或"平均人"一类的概念,来描述在社会生活中重复或普遍出现在许多个体身上的那些现象。这类概念的一个隐含推论就是,所谓的社会现象其实不过是一定数量社会成员个体状态的平均值而已。因此,归根结底,并不存在什么完全独立于/外在于个体的社会现象。在《社会学方法的准则》一书中,涂尔干也采用了"平均类型"这一概念来解释作为社会学研究对象的所谓"正常"现象。他写道,"我称那些具有最普遍形态的事实为正常现象,称其他事实为病态或病理现象。如果把以最常见的形态最频繁地出现于同一种内的属性归纳为一个整体,即归纳为一种抽象的个性,将由此得到的假设的存在称为平均类型,那么,就可以说这个平均类型是正常类型,而一切不符合健康标准的现象都是病态现象"[2]。无疑,这种说法很容易与凯特勒等人的说法混淆,给人这样一种印象,似乎涂尔干也认为社会现象不过是在多数个体身上重复出现或普遍存在的那些现象。为了澄清自己的看法,在《自杀论》一书中,涂尔干以自杀这一具体社会现象为例对自己的看法作了特别说明。这一次,涂尔干声明,将社会现象混同于一般统计学上的"平均类型"的说

---

[1] 迪尔凯姆:《社会学方法的准则》,第28页。
[2] 同上书,第74页。

法是错误的。[1] 原因是：

首先，所谓的"平均类型"是把众多个别现象用数学方法加以平均得来的。用这种方法去把握特定范围内诸个体固有的某种自然属性在个体间分布的实际常量，还是有效的。如测量一群人的身高，把测量结果加总后再除以总人数，其结果就能反映出这群人中最常见的实际身高。"超高的巨人和奇矮的侏儒在数量上几乎是相等的，它们相互抵消也就不会影响平均数。"[2] 但用这种方法来把握人们的情感、思想和行为的状况就不一样了，因为人们的情感、思想和行为的变化空间比较大，如果没有一种独立于／外在于个人的强制力将其影响施加于每个社会成员，那么人们的情感、思想和行为就很难形成高度一致的倾向。"尽管社会环境对多数个人是一致的，但我们并不能认为它能以同样的方式影响所有人，从而产生千人一面的效果。社会环境从根本上讲是普遍性的观点、信仰、习惯和倾向的总和。它要施影响于个人，首先必须在某种程度上与个人保持相对独立。"[3] 换言之，某些以平均类型形式表现出来的现象完全是独立于／外在于个体的一些社会因素对社会成员施加普遍性强制影响的结果，而非像身高、体重等生理属性那样只是诸多个体自身固有属性（个体事实）之常量的反映。因此，我们或许可以说，社会现象可以通过平均类型来表现，但

---

[1] 关于涂尔干对于"平均类型"或"平均人"一类概念之态度转变的过程，可参见陈涛《涂尔干的道德科学——基础及其内在展开》（上海三联书店，2019 年）一书第四章。不过，陈涛认为涂尔干最终放弃了"平均人"这一概念，这也说明了涂尔干早期采用的道德统计学方法的破产（见上书，第 203—208 页）。笔者觉得这一说法可能有值得商榷之处。从本书后面的叙述可以看出，涂尔干虽然对"平均类型""平均人"一类概念的解释前后有所不同，但总体上看涂尔干并未否定这类概念的价值（虽然他否认这类概念对于解释自杀这种只发生在极少数人身上的社会现象的价值），更没有完全否定道德统计学方法对于社会现象研究的适用性。后面这点至少可以通过以下两个事实得到证明：第一，如上所述，涂尔干是在《自杀论》一书中对将社会现象混同于统计学中一般"平均类型"的做法首次明确提出批评的，如果涂尔干的这种批评意味着对道德统计学方法的否定，那么，《自杀论》这本书就应该被否定，因为涂尔干在该书中对自杀所做的分析就应用了道德统计学方法。但涂尔干好像从来没有否定过自己这本书的研究成果。第二，《自杀论》发表于 1897 年，如果说涂尔干在这本书中对将社会现象混同于统计学中一般"平均类型"的做法进行批评就意味着对道德统计学方法的否定，那么，涂尔干之后的研究就不会再使用道德统计学方法。然而，在发表于 1906 年的《协议离婚》一文中，涂尔干依然使用了道德统计学的方法（涂尔干：《协议离婚》，载涂尔干：《乱伦禁忌及其起源》，第 408—422 页）。这应该可以说明涂尔干并未完全放弃道德统计学方法。涂尔干后期对宗教等现象的研究确实很少再使用统计学方法，而更多是采用了民族学、人类学常用的质性分析方法，但这应该是由研究主题的转换决定的，跟涂尔干对统计学方法的态度无关。

[2] 涂尔干：《自杀论》，钟旭辉等译，浙江人民出版社，1989 年，第 261 页。

[3] 同上。

却不能将两者等同,以为只要是平均类型就是社会现象,甚至由于发现某些平均类型只是个体固有属性的平均数就进一步推论所有社会现象都只是个体自身固有属性的平均数。

其次,即使某些社会现象可以通过平均类型的形式表现出来,但这也不意味着所有社会现象都可以如此。平均类型或平均人概念只能把握社会成员中大多数人都具有的那些行为特征,而对于自杀等只在极少数人那里才有的行为特征就无法加以表现,因为它在社会成员中所占比例太小,平均化之后所得均值也会很小,以至于我们会据此认为它根本就不会发生,从而对这类行为特征产生错误的理解。以自杀为例:当时的法国长期以来每百万人口中自杀人数不超过 150 人,统计处理后每人的平均自杀强度只有万分之一点五,接近零,几乎可以忽略不计。这实际上意味着法国人的平均自保强度要远远高于平均自杀强度,以此而言,法国根本不应该存在自杀现象。但事实上,无论在哪个国家,一定数量的自杀现象总是存在的,而且其自杀率在很长时间内都相对稳定不变。这说明平均类型概念对于我们理解这类虽然只发生在极少数人身上但却同样稳定存在的现象完全无能为力。"不管对平均人的了解多么深刻,对于解释自杀的根源以及理解在特定社会中自杀人数的稳定性都是无济于事的。"[1] 我们只能从外部的社会因素对这些个体的影响中去解释这些现象。"自杀者在人口中所占比例极小且非常分散。他们各行其是并不知道还有同路人。只要社会状况保持稳定不变,自杀人数也几乎不变。由此可见,这些单独的自杀行为看起来似乎互不关联,实际上必是同一个起因或同一组起因的结果。……在他们共处的环境里,必然有一种力量促使他们走向同一方向;这种力量的大小决定自杀人数的多少。这种力量产生的效果并不随生理的或物质的条件,而是随社会环境的变化而变化。"[2]

再次,有人认为,即使我们同意自杀一类的现象不是孤立的个人行为,而是他人影响所致,我们也无须认定这种影响是出于一种独立于/外在于个人的集体力量的强制性影响。任何一种社会现象的稳定性、持续

---

[1] 涂尔干:《自杀论》,第 262 页。
[2] 同上书,第 263—264 页。

性,其实都可以用这种现象在个体之间的传播之类的机制来加以解释。他们认为,"任何社会性的东西,无论是语言词汇、宗教礼仪、手工技艺、艺术手段、法律条文还是道德格言,都是从一个作为个人的父母、教师、朋友、邻居或同志传向另一个人的"[1]。涂尔干反驳说,如果用此类代际传播的机制来解释观念和情感的延续,或许还差强人意,但用它来解释自杀之类的行为方式在时间上的持续性和比率上的稳定性就无法接受了。因为自杀现象不仅年年有,而且邻近年份的规模也几乎差不多,用个体之间的传播机制是无法解释这种现象的,因为难以设想人们会一对一地有意识地去继承自杀行为以维持大致等同的自杀规模。因此,我们只能把这种现象在时间上的持续性和规模上的稳定性"归于超越一切个体的共性因素的持久作用"[2]。我们"可以认为它是由个人以外的某种动力决定的。鉴于这种动力必定是精神上的,而除个人外,世界上的精神结构只有社会,所以这种动力必定是社会的。不管称其为何物,重要的是要承认其存在,将其视为从外界促进我们行为的一个动力集合体。如同对我们产生影响的物理化学因素一样,它确是客观存在并非口头概念"[3]。

对于存在着一种独立于/外在于个体的集体性精神力量这种看法,有人表示始终难以理解。他们从一种社会唯名论的立场出发,认为社会上存在的只有个人,能够有意识思考的精神存在物也只能是个人,怎么能说还有一种独立于/外在于个人或个人意识的集体性意识呢?对此,涂尔干首次提出了一种日后他一再坚持的说法来加以回应。他说:如果认为社会中我们能够看到的只是有意识的个人,就认为不可能存在独立于个人(意识)的集体性意识,这种"整体从本质上讲就是部分的简单堆砌"的看法在逻辑上是经不起检验的。"如果按此逻辑,我们就可以说生物世界中一切都是无生命的,因为细胞完全是由无生命的原子构成的。人类社会也一样。虽然个人是这里的基本组成部分,但个人可以组合成一种新型的精神结合体,这个结合体又具有自己的思维和感情方式。……它是一种新东

---

[1] 涂尔干:《自杀论》,第266页。
[2] 同上书,第267页。
[3] 同上书,第267—268页。

西。当个人的意识相互结合起来的时候，世界就发生了某种变化，这种变化自然会引起其他变化。"[1] 所以，在社会中，并非除了个人之外别无他物，而是还有许多他物，包括物质的他物和精神的他物。

最后，针对那种坚持认为社会中只有个体及其意识而不可能有独立于个人及其意识的集体性意识、所谓社会现象只是个体现象的平均类型的观点，涂尔干进一步反驳说，如果把社会现象等同于个体现象的平均形式，那就无法理解道德理想的形成和存在。在社会生活中，我们可以感受到许多其水准远超普通个人道德水平的道德原则存在。如果社会只是无数个人的简单堆积，社会现象只是无数个人现象的平均形式，那这些远超个人道德水平的道德原则是从何而来的呢？"平均人的道德观是中庸的，在他身上只能看到最基本的道德原则，就是这些原则也不如在集体形式即在整个社会中表现的更准确更具权威性。……既然个人总的来说并无非凡之处，那么，如果只表现平均人的思想怎么会产生那些超凡脱俗的道德呢？"宗教曾经将这些道德原则的产生和存在归结于上帝。但在科学时代，我们已经不接受这一解释。那我们该怎么回答这一问题呢？"如果排除了宗教，那么这种道德观是从哪里来的呢？是把这个问题悬起来还是把它列为意识的集体状态的产物呢？道德观要么是来自虚无，要么是来自社会。鉴于它只能存在于意识之中，必须承认集体意识非但不能和平均意识混为一谈，而且处处都超它一头。"[2] 当然，涂尔干提醒说，这并非认为个人的行为完全是受到集体意识的影响，而不受自身个性的影响。事实上，个人的行为具有两重性：既受到集体意识的影响，又受到自身个性的影响。我们每个人的行为都是这两种力量相互作用的结果："每个人都处于两种对抗的力量之间，一种是力图占有个人的集体力量，另一种是反抗前者的个人力量，（但）实际上前一种要比后一种强大得多，因为它是由全部个人力量结合而成的。"[3] "因此，衡量任何集体性因素的恰当方式，不是衡量它在

---

[1] 涂尔干：《自杀论》，第 268 页。
[2] 同上书，第 274—275 页。
[3] 同上书，第 275 页。

个人意识中的多少然后取平均数，而应是其总和。"[1]

1898年，涂尔干又发表了《个体表现与集体表现》一文，通过"个体表现"和"集体表现"类比的方式，将其在《自杀论》中提出的"整体具有部分所不具有的新性质"这一逻辑进一步加以发挥，对以"集体表现"为内容的社会现象的独立外在性质作了专门论证。涂尔干指出，曾经有人认为，个体心灵或意识等心理现象只是个体大脑神经物质的一种属性，是神经物质运动的派生现象。因此，可以将所有的心理现象还原为大脑中神经物质的运动，用后者来解释前者。但是今天很少有人认同这种观点了。今天人们已经认识到，有大量的证据表明：个体的心理现象虽然需要以大脑中的神经物质作为自己存在和运动的基质，但其本身却不仅仅是后者的派生物，而是一种独立于/外在于这些基质的新的实在，正如生命本身也是以矿物粒子为基质、以后者的结合为基础，但却是一种独立于/外在于这些矿物粒子的全新实在，具有不能还原为这些矿物粒子的独特性质，因而不能只被视为后者的派生物一样。"表现一旦存在，就会继续存在于它们自身中，它们的存在不会永久依赖于神经中枢的排列，如果它们具有彼此直接作用以及根据自身规律结合起来的力量，那么它们就是实在，这种实在维持着与其基质之间的密切关系，同时又在某种程度上独立于后者。……它部分依靠自身的力量而存在，具有自身独特的存在方式。"[2]涂尔干认为，社会现象与其"基质"（个体及其意识）之间的关系与此完全相似。"当我们在别处说社会事实在某种意义上独立于个体，外在于个体心灵时，我们只是确认了我们刚为心理世界所确立的社会世界。社会对其基质来说，是一群相互关联的个体。通过统一在一起，他们形成了系统，系统根据他们的地理分布和交流渠道的性质和数量而变化，成为社会生活得以产生的基础。……形成社会的个体心灵之间的作用和反作用构成了集体表现，它并不直接来自个体心灵，而是超越了它们。"[3]涂尔干提出，我们可以用同样的原理来解释这两种情形，这个原理就是：由部分聚合而

---

[1] 涂尔干：《自杀论》，第276页。
[2] 涂尔干：《个体表现与集体表现》，载涂尔干：《社会学与哲学》，第23页。
[3] 同上书，第24页。

成的整体具有部分所不具有的独特性质。这个原理其实是一个适用于无机界、有机界和精神世界的普遍原理。譬如，由化学元素合成的整体就具有单个元素所不具有的新性质。"合成物超出了个体的范围，就像整体与部分的关系。正如它通过整体，也存在于整体之中一样。在这种意义上，它是外在于个体的。无疑，每个个体都是一个部分，但不可能在任何个体中找到整体。为了理解它本来的样子，人们必须考虑其总体性的聚合。"[1]社会现象也是如此。所以，那些把社会现象还原为个体及其意识的做法是错误的。"我们必须通过整体特有的属性来解释现象是整体的产物，通过复杂来解释复杂，通过社会来解释社会事实，生命事实和心理事实也得通过它们所形成的自成一类的结合来解释。这是科学研究所能遵循的唯一途径。"[2]

涂尔干的上述观点发表后，在法国学界引发了许多激烈的争论。为了澄清自己的观点和为自己的观点辩护，1901年，涂尔干又撰写了《论社会学中的客观方法》一文（此文随后作为新版序言收入当年出版的《社会学方法的准则》第二版）。在这篇序言中，涂尔干针对人们争议比较大、对他自己的社会学说来说也比较具有核心意义的三个问题集中进行了说明。这三个问题是：

（1）社会事实是不是一种像物质事物那样的客观事物？在《社会学方法的准则》一书中，涂尔干曾经明确地说"要把社会事实作为物来考察"，"社会现象是物，而且应该把它们作为物来研究"，"我们要把社会现象作为外在的物从外部来研究"等。这一命题引起了人们最大的争论。反对者认为，这种把社会现象视为一种"物"的说法是把社会现实等同于外部现实，是一种奇谈怪论。对此，涂尔干声明，他并"不是说社会事实是物质之物，而是说社会事实是与物质之物具有同等地位但表现形式不同的物"[3]。涂尔干进一步解释说，所谓"物"，指的是具有以下属性的那些东西："如同从外部认识的东西与从内部认识的东西是对立的一样，物与

---

[1] 涂尔干：《个体表现与集体表现》，载涂尔干：《社会学与哲学》，第25—26页。
[2] 同上书，第29页。
[3] 迪尔凯姆：《社会学方法的准则》，第7页。

观念也是对立的。凡是智力不能自然理解的一切认识对象；凡是我们不能以简单的精神分析方法形成一个确切概念的东西；凡是精神只有在摆脱自我，通过观察和实验，逐渐由最表面的、最容易看到的标志转向不易感知的、最深层的标志的条件下才能最终理解的东西，都是物。"[1]从这个意义来说，除了数学以外的一切科学的研究对象都是物。作为社会学研究对象的社会事实当然也是如此，因为社会事实完全符合上述关于物的定义。有人（就像我们所谓社会唯名论者那样）认为，由于社会现象是人类自己的行为制造出来的，因此我们只要了解人类的自我意识就能够知道他们干了些什么事以及是怎样做的。涂尔干举出三点理由对此加以反驳：首先，绝大多数社会制度是由前人创建出来遗留给我们的，我们并没有参与过它们的形成过程，因此从我们自己的意识中不可能找到它们产生的原因。其次，对于我们参与了其形成过程的那些社会制度而言，由于事情的复杂和模糊不清，我们往往难以弄清楚决定我们自己行动的真实原因和行动的性质。最后，社会事实是许多个体集体行动的结果，具体参与其中的每一个体的作用都是微不足道的，就算个体能够大致猜测到自己行动的动机，但由于对他人的行为动机我们可能意识不到，因而也就无法通过我们自己的内部意识来理解集体行动创造出来的结果。"任何一个人都不可能具有全部的集体认识；因此，必须找出若干使这种集体认识成为可感知的外部特征。"[2]必须将作为集体行动结果的社会事实当作与物理学、化学和生物学等科学所研究的物类似的东西来看待，采用科学的方法来对它客观地加以研究。

（2）社会现象是否具有外在于个人的独立性质？尽管涂尔干在不同场合反复说明，但还是有人认为社会生活中存在的只有个人及其意识，脱离了个人意识就无法解释社会事实。就此，涂尔干再次重申了他在《自杀论》和《个人表现与集体表现》等著述中使用过的"由部分聚合而成的整体具有部分所不具有的独特性质"这一论点，指出如果我们把这一原理应用于社会学，"也认为这种构成整体社会的特殊综合体可产生与孤立地出

---

[1] 迪尔凯姆：《社会学方法的准则》，第7页。
[2] 同上书，第10页。

现于个人意识中的现象完全不同的新现象,那就应该承认,这些特殊的事实存在于产生了它们的社会本身之中,而不存在于这个社会的局部之中,即不存在于它的成员之中。因此,从这个意义上来说,这些特殊的事实,正如生命的特征存在于构成生物的无机物之外一样,也存在于构成社会的个人意识之外"[1]。有人提出异议说,即使如此,但既然集体意识和个体意识都是意识,作为意识它们应该具有相似性,应该具有可以通用于两者的共同规律。这些共同规律可能更容易从对个体意识的研究中发现。若此,如果我们通过对个体意识的研究掌握了这些可以适用于两者的共同规律,不就可以用个体意识的研究结果来解释社会事实了吗?对于这一问题,涂尔干作出了两点回应:其一,无论是在心理学还是在社会学中,目前的知识还不足以让我确定是否存在这样的共同规律,我们必须先对这两个领域分别进行客观的科学研究,才能知道这个问题的答案。其二,虽然不能肯定,但至少可以认为,即使这两者的规律之间会有相似之处,但它们之间的差异也一定是十分明显的。因为从现有的心理学研究中我们已经看到,"映像的相互结合不同于感觉;概念的相互结合也不同于映像。如果心理学得到进一步发展,那会确认每一种心理状态都有其固有的明确的规律。如果是这样的话,那就更应当想到相应的社会思维规律也像社会思维本身一样,是有其特殊性的"[2]。因此,必须把社会事实视为与个体意识不同的独立现象来加以考察。

(3)仅用"对个体意识具有强制作用"这一特征来定义社会事实是否合适?在《社会学方法的准则》一书中,涂尔干曾经将社会事实定义为"凡是能从外部给予个人以约束的"一切行为方式。有人指责说这一定义过于狭窄。涂尔干一方面表示诚恳接受这一批评,因为除了强制性之外,社会事实确实还有许多其他特性,"没有任何理由说它只有一个明显的特性"[3]。但另一方面,涂尔干又认为,同其他一些人提出的定义比起来,这个定义还是能够更好地揭示出社会事实最重要的特征。另外一些人则指责

---

[1] 迪尔凯姆:《社会学方法的准则》,第12页。
[2] 同上书,第15页。
[3] 同上书,第17页。

涂尔干的定义过于宽泛，几乎包括了所有实在的东西，甚至可能将物质环境也包括在内。因为物质环境对于生活于其中的生物来说，也是具有生物个体不得不去加以适应的约束力的。对此涂尔干回应说，这是两种不同形式的强制：存在着一条明显的分界线把物质环境和精神环境截然分开。前者是一个或若干肉体对其他肉体甚至意志施加的压力，后者则是集体意识对其成员的意识所施加的压力，这种压力源于集体意识对个体所具有的权威性。至于物质环境和由集体意识构成的精神环境之间具有相同的性质，只是因为它们两者都是实在的东西，所以我们对此不应该感到奇怪。

涂尔干最后总结说：上述所有这些争论（以及其他一些附带的争论）主要是由人们不能理解他提出的基本原理即社会事实具有客观实在性而引起的。涂尔干认为，最后的一切都要取决于和归结于这一原理，这也是他反复强调这一点的主要原因。"归根结底，关于社会事实的客观实在性的观点是全部社会学的出发点。其实，社会学只是在人们预感到社会现象虽然不是物质的，但不失为值得研究的实在的物时才诞生的。"[1]

## 三、实证主义社会学研究方法论

综上所述，在涂尔干看来，虽然社会现象是一种道德性质的精神存在，但它同时也是一种不同于个人意识的客观实在。涂尔干指出，对于这样一种像自然科学所研究的物质实在一样独立于/外在于个人主观意志的客观实在，当然也必须采用自然科学中已被证明行之有效的那种实证科学方法才能正确地加以探究。那么，在涂尔干看来，这套在自然科学中已被证明行之有效的实证科学方法具体应该是一种怎样的研究方法呢？在《社会学方法的准则》一书中，涂尔干对这种实证科学研究的基本程序、方法和准则进行了详尽的说明。我们可以简要地将其概述如下：

（1）要把社会事实当作客观事物进行客观观察。如前所述，按照涂尔干的理解，所谓的"物"，就是我们不能从自己的主观感受和意识出发

---

[1] 迪尔凯姆：《社会学方法的准则》，第20页。

加以想象,而是只有在摆脱自己主观意识的束缚,通过观察逐渐由最表面的、最容易看到的标志转向不易感知的、最深层的标志的条件下,才能最终理解的一切东西。既然社会现象和其他物质现象一样是一种外在于我们的客观实在,那么我们就"应该使社会现象与在头脑中把它们表象出来的主体分开,而对社会现象本身进行考察。我们要把社会现象作为外在的物从外部来研究,因为它们本来就是作为这样的东西呈现在我们面前的"[1]。可以说,当社会学方法的这一原理被普遍承认和加以实施时,社会学必将以一种无法想象的速度向前发展。而将这一原理贯彻落实到社会学研究实践中的第一步,就是要从社会现象的外部特征出发对社会现象进行客观的观察。

比较孔德和斯宾塞,我们可以发现,在科学发现问题上,孔德和斯宾塞等人并不完全排斥既有的理论观念在科学研究过程中的积极作用,而涂尔干则似乎完全忽视或排斥既有理论观念的这种作用。在孔德那里,我们看到他尽管反对神学和形而上学的认知方式,主张要将一切知识建立在对事物进行精确观察的基础之上,但还是承认"思辨观念"在科学研究过程(包括观察过程)当中的积极作用。他指出,"虽然现代人不得不明确宣布:除非有充分的适当观察作为辅助,不然就无法建立起任何坚实的理论,但同样不容置疑的是:如果缺乏某种既定的思辨观念作一贯的指引,那么人的才智就绝不可能组织,甚至不可能收集必不可缺的材料"[2]。社会学家并不是盲目搜集和观察任何一种社会事实,"一个社会事实只有用一种预备性理论同某一其他社会事实联系起来才具有科学意义"[3]。正因为如此,我们可以看到,在孔德的著作里理论思辨依然占据着非常重要的地位。斯宾塞在社会研究方面的理论和实践大体上也是如此。与此不同,涂尔干似乎有意或无意地否定和反对既有的理论观念在社会科学研究过程当中的这种积极作用,认为社会研究应该以纯事实性、纯客观性的外部观察即"客观性观察"为基础。而所谓"客观性观察",就是一种排除了一切

---

[1] 迪尔凯姆:《社会学方法的准则》,第47—48页。
[2] 孔德:《论实证精神》,黄建华译,商务印书馆,1996年,第4页。
[3] 转引自科瑟(科塞):《社会学思想名家》,石人译,中国社会科学出版社,1990年,第4页。

主观意识（既有的"成见"、观念、感情、个人想象等）、单纯从感觉出发来进行的观察。在《社会学方法的准则》一书中，涂尔干反反复复地告诫社会学研究者：在社会学研究过程中，"在着手研究事实时，要遵循这样一个原则：对事实的存在持完全不知的态度；事实所特有的各种属性，以及这些属性赖以存在的未知原因，不能通过哪怕是最认真的内省去发现"[1]。在观察和研究过程中，必须排除一切先入之见，不能在对事物进行观察和研究之前就形成关于研究对象的理论，"只有科学达到足够的高度时才能形成理论"[2]，因为理论只能来自对观察资料的归纳；尽管我们"可以认为，社会生活是某些观念的发展，但……人们不能直接获得这些观念，而只有通过表现这些观念的可感知的现实来获得。我们不能先验地知道反映着社会生活的各种不同的潮流，而只是沿着潮流上溯到源头以后，才能知道它们来源于什么观念和是否有这种观念"[3]；"原则上可以这样说：社会事实越是充分地摆脱体现它们的个体感受，就越能使人得到客观的表象"[4]；等等。

为了确保研究的客观性，涂尔干还提出了三个具体主张：第一，"必须始终如一地摆脱一切预断"。不能把在对某一社会事实进行科学研究之前就存在的有关它的观念作为研究的工具。"对于社会学家来说，无论是在确定自己的研究对象时，还是在进行论证的过程中，都必须绝对禁止使用科学之外的和不是为科学所需要而制造的概念。他们应该从支配群氓思想的明显谬误中解脱出来，彻底打破日积月累而最后套在他们脖子上的经验范畴的枷锁。"[5] 第二，不能根据人们的观念，而要根据社会现象固有的、可客观观察到的外部特征来对社会事实进行定义。定义所要研究的对象是科学研究的第一步。而"在刚刚开始研究的阶段，我们还没有对事实作任何分析时，我唯一能触及的事实的特点是那些只能直接观察到的外

---

[1] 迪尔凯姆：《社会学方法的准则》，第 7 页。
[2] 同上书，第 45 页。
[3] 同上书，第 47 页。
[4] 同上书，第 63 页。译文略有修改。
[5] 同上书，第 51 页。

在的特点"[1]。事物的内涵虽然是事物的基本构成部分,有待解释的价值更高,但因不容易直接见到,在研究之初是未知数,故此时若加以谈论,必是根据思维的概念想出来的。因此,我们给事物下定义时,除了根据它的外部特征之外,别无其他标准。第三,在把握事物外部特征时必须"只采用具有足够的客观性的感性材料为准则"[2]。由于我们对事物外部特征的把握只能通过感觉来进行,而感觉很容易受到个人主观感受的影响,从而产生错误的表象,因此,我们必须尽量设法消除这种主观性。消除这种主观性的最好办法就是将我们的观察点确定在那些比较固定的、始终如一的外部特征上,比如那些已经固定下来的社会事实,如法律条款、道德准则、民间格言、集体习性和社会结构等,而不是那些永远处在变化之中的个别事件或自由潮流。

(2)要正确区分正常现象和病态现象。涂尔干认为,按照上述准则对社会现象进行观察,会发现两种不同的社会事实:"一种是应该是什么就表现为什么的事实,另一种是应该是什么却未表现为什么的事实。前者为正常现象,后者为病态现象。"[3]涂尔干指出,社会学的研究对象主要是社会生活中的正常现象而非病态现象。那么,怎样来判断我们所观察到的现象是属于正常的还是属于病态的社会现象呢?涂尔干借对人们在判断个人机体健康状况时使用的标准进行辨析来回答这一问题。涂尔干说,人们通常会把是否疼痛,或是否能完全适应环境,或是否影响我们的生存机会等,作为判断个人机体健康与否的标准,但其实这些标准都不能真正帮助我们对身体的健康状况作出正确判断。例如,有些疾病并不会让人感到疼痛,同时也有些疼痛源自饥饿、疲劳、分娩等,并非疾病的表现;我们既不能将机体对环境的一切不适应状况都视为疾病,同时也难以确定机体到底处于何种状态才算是对环境的最佳适应状态;疾病确实可能影响机体的生存机会,但并非所有影响生存机会的现象都属于疾病现象(像生育、老化等现象就是如此)。其实,判断人类机体是否健康的有效标准只有一

---

[1] 迪尔凯姆:《社会学方法的准则》,第54页。
[2] 同上书,第62页。
[3] 同上书,第66页。

个,即这种状态是否相对普遍地存在于大部分人身上。在保持其存在的条件下,机体的生存形态只有两种:一种是普遍地存在于大部分人身上(当然会有差异但差异不大),另一种是只存在于少数人身上。涂尔干认为,我们只能称那些具有普遍形态的事实为正常现象,而将那些只存在于少数人那里的特殊事实称为病态现象。这一标准同样可以用来帮助我们判断一种社会现象是属于正常现象还是病态现象:所谓正常的社会现象,就是那些普遍地存在于同一类型社会当中的社会现象,反之则是病态的、反常的社会现象。

不过,涂尔干在这里作了三点重要的说明:

第一,在应用是否具有普遍性这一标准来对一种社会现象是否属于正常现象进行判断时,必须历史地加以考察,而不能抽象地加以判断。首先,"一个事实只有根据它与所规定的种的关系才能说它是病态的。健康和疾病的条件不能抽象地绝对地加以确定"[1]。对于软体动物来说是正常的现象,对于脊椎动物来说就不一定是正常的。每个动物种类都会有自己的健康或正常标准,社会现象也是一样:不能以为对于某一社会类型来说属于正常现象的某种制度、习俗或道德准则,对于任何社会类型来说就都是正常的。不同类型的社会可能有不同的用于判断社会现象正常与否的标准。其次,判断健康与否的标准不仅会随生物种类的变化而变化,而且会随同一种类自身的变化而变化。例如,对于儿童、成年人和老年人来说,健康与否的标准就不能是一样的。对于社会来说也是如此:说一个社会事实是正常的,只是对于处于特定发展阶段的特定社会类型而言的。因此,对于某种社会现象来说,"要想知道它有没有权利获得(正常现象)这个称呼,只观察它以何种形态出现在同属于这一类型社会的大多数中还是不够的,还必须仔细考察社会在该进化阶段的发展情况"[2]。

第二,在应用是否具有普遍性这一标准来对一种社会现象是否属于正常现象进行判断后,还必须对这一判断的可靠性进行检验。检验的标准是看我们判断属于正常现象的这一现象是否与其所属的社会类型及其社会

---

[1] 迪尔凯姆:《社会学方法的准则》,第 75 页。
[2] 同上书,第 75—76 页。译文略有改动。

发展阶段的存在条件在本质上相一致。若一致，则判断无误；反之则值得质疑。涂尔干认为，一般来说，对于特定发展阶段的特定社会类型来说，我们观察到的那些普遍存在于同一阶段的同一社会类型当中的"正常"社会现象，与处于该发展阶段的该类型社会的存在条件在本质上应该是一致的，即是有利于该发展阶段的社会类型的正常存在的，或虽然可能没有益处，但是属于它们正常存在之生存条件的必然结果。这和我们在生物机体那里观察到的情形是一样的：对于特定生物种类来说，最普遍的结构或形态从总体上来说也应该是最有利于该生物种类生存的，否则我们就难以解释这些结构或形态的普遍性了。因此，当我们得出某一社会事实属于某类社会在某一阶段的正常现象这一结论时，如果我们能够通过进一步的考察确认这一事实与该类社会在该阶段的存在条件相一致，我们的判断就应该是相对确切无疑了。

第三，我们还必须注意到这种情况的存在：某种社会类型正处于向一种新的社会类型进化的过渡状态，还没有定型。这个时候，我们在新社会类型中所观察到的一些普遍现象很可能属于旧的社会类型，因而与新的社会类型的生存条件是不相符的。涂尔干认为，这种现象的"正常性"只是一种虚假的标签而已，而非新社会类型当中真正的"正常"现象。而这只有通过上述检验方法才能判断出来。因此，对于这种处于过渡阶段的社会类型来说，上述检验过程更是必不可少的。

涂尔干总结说：只有把社会事实放在一定的社会类型下考察，才能确定它是正常的还是反常的。[1] 因此，社会学中必须有一个专门的领域来研究社会类型的构成及其划分，这就是社会形态学。[2] 涂尔干据此进一步批评了历史学家和哲学家的社会历史观。历史学家相信每个社会都有自己的特点，因此既不可将它们进行比较也不可对它们的特征进行概括。而孔德一类的哲学家则认为存在着支配每个社会历史发展的一般规律，不同社会的发展只是这些一般规律的具体表现而已，这样，不同民族的历史就被简

---

[1] 迪尔凯姆：《社会学方法的准则》，第93页。译文略有修改。
[2] 在《社会学方法的准则》一书中，涂尔干专辟一章来讨论社会类型划分标准的问题。限于篇幅，此处从略。

化和联结为一个单一的人类社会不断进步的过程。涂尔干指出,社会类型概念将社会历史的多样性和统一性结合了起来,既承认不同类型社会之间的异质性,又承认同类社会之间的同质性。只有这样,我们才有可能对社会事实进行归类概括,从而使对社会进行科学的研究成为可能。

(3)要用社会现象来解释社会现象。对社会现象进行客观的观察是社会研究的第一步,下一步则是要对观察所得的各种事实资料加以解释。在讨论解释社会现象的准则时,涂尔干首先区分了功能解释和因果解释这两种不同的解释方法。涂尔干指出,很多人在解释社会现象时,总以为事物存在的原因是它们对社会的效用,以为只要能够解释事物的实际效用或者说明事物的存在对于社会有什么重要性,就可以说是完全了解了这个事物。例如,对于劳动分工现象的出现,很多人往往是用分工的效用来加以解释。涂尔干认为这种解释方法是混淆了事物的存在和事物的效用这两个极不相同的方面。其实,"说明一个事实有何效用,并不等于说明这个事实是怎样产生的和为何成为现在这个样子的,因为事实产生的效用虽然要以事实的特有属性为前提,但效用本身并不能产生事实。我们对某些物的需求,并不能随心所欲地使这些物适合我们的要求,所以它也不能从无中创造出物来,使之存在。使物存在的是另外的原因"[1]。就劳动分工这种现象而言,它的出现就不是由于其所具有的功能,而是由于生存环境的变化导致人们之间的生存竞争不断加剧,人们为了适应新的生存环境自然而然地形成了分工这种新的生存途径。因此,我们在解释社会现象时,必须把这种社会现象产生的原因和它所具有的功能分开,用功能以外的因素来解释它的产生和变化。不仅如此,我们还应当把原因问题放在功能问题的前面去考察,因为只有这样才符合事物本身的次序,"应该先研究现象的产生原因,而后再设法探明它造成的结果。这种方法也是很符合逻辑的,因为第一个问题一经解决,往往有助于第二个问题的解决"[2]。

那么,怎样才能对社会现象的原因和功能作出恰当的解释呢?对此,涂尔干依据他对社会现象的性质所作的分析提出了这个基本准则:"一种

---

[1] 迪尔凯姆:《社会学方法的准则》,第107页。
[2] 同上书,第112页。

社会事实的决定性原因,应该到先于它存在的社会事实中去寻找,而不应到个人意识的状态之中去寻找。"[1]在涂尔干看来,这条准则不仅适用于解释社会现象的原因,而且同样适用于解释社会现象的功能,社会现象的功能也只能是社会性的功能,而不只是个人性的功能,因此,"一种社会事实的功能应该永远到它与某一社会目的的关系之中去寻找"[2]。

与上述关于社会类型的强调相呼应,在指明要用社会现象来解释社会现象的同时,涂尔干同样反复重申一个重要的观点,即要用社会形态学现象来解释其他社会现象。在《社会学方法的准则》一书中,涂尔干明确地说:"社会形态学事实在集体生活中,因而在社会学的解释当中起着重要作用。"[3]这是因为,一方面,既然我们已经承认社会各成分之间的"结合这一事实本身是决定社会现象的条件,那么,社会现象就应该随着这种结合的形式即社会各部分之间的合成方式的变化而变化"[4]。"社会现象不仅要因其构成因素的性质不同而变化,而且因其构成方式的不同而变化。"[5]另一方面,正如解剖学研究的机体各部分在空间里所占的位置构成机体的内部环境那样,各种性质不同的社会成分结合后形成的特定整体构成了社会内部的特定环境,这种社会内部环境对于一切重要的社会现象的产生都具有重要的影响。

涂尔干进一步分析说,社会内部环境的构成因素有两种,一种是人,一种是物。后者既包括与社会组织无关的一些物质,也包括以往社会活动的产物,如法律、风俗习惯、建筑、艺术等。涂尔干认为,"显而易见,无论哪一种物都不能产生决定社会变革的力量,因为它们没有任何驱动力"[6]。虽然我们在理解社会变革时,需要参考它们的状况(尽管它们没有决定社会变革的能力,但对社会变革的速度、方向等还是会有一定影响),但它们终归是没有活力的因素。社会生活和变革中的能动因素,只

---

[1] 迪尔凯姆:《社会学方法的准则》,第 125 页。
[2] 同上。
[3] 同上书,第 127 页。
[4] 同上。
[5] 同上书,第 102 页。
[6] 同上书,第 127 页。

能是人这一因素。人的结合构成了社会内部环境中的关键因素。它至少包括两个方面：一是社会容量，即结合在一起的群众数量；二是社会密度，即群众结合的程度。后者能够说明个人之间在精神（包括道德）上结合的紧密程度。"如果一些个人，或更确切地说，由个人组成的群体在精神方面空虚，他们的集合体就不可能有效果。纯物质的凝聚力不过是纯精神的凝结力的补充，但往往能帮助后者产生效果。"[1] 社会容量和社会密度的变化会改变社会存在的基本条件，是引起社会事实发生变化的主要根源。"在科学看来，一个事实能够相当普遍地解释大量的其他事实，才是第一事实。社会环境自然属于这类因素，因为社会环境中发生的变化，不管其原因如何，都要反映在社会机体的各个方面，并必然不同程度地影响社会机体的功能。"[2] 可以看到，涂尔干给"社会（内部）环境"这一因素赋予了极大的重要性，甚至将其视为解释社会现象产生和变化的根本原因。"这种视社会环境为社会进化的决定性因素的认识，具有极其重要的意义。"[3] 这是因为，如果没有这个认识，社会学就不能实现自己的目的。由此，所谓"用社会现象来解释社会现象"，在很多情况下就意味着要"用社会环境来解释社会现象"。不仅如此，我们"也应当从社会现象对社会环境的关系来评价社会现象的有用价值，即我们所说的社会现象的功能。在社会环境引起的变化中，只有适合社会环境所处的状况的变化才是有用的，因为社会环境是集体生存的根本条件"[4]。涂尔干认为只有这样，"才能解释社会现象的有用性何以不依人们的意志为转移而发生变化"[5]。而认识不到这一点，正是孔德、斯宾塞等人很少在社会研究中建立起一些真正的因果解释命题，只能简单地根据以往的历史发展趋势去推论未来进化的主要原因。

（4）用比较方法来检验、证明事实之间的因果关系。当我们提出一种社会现象是另一种社会现象的原因时，我们怎样才能检验我们的解释是否

---

[1] 迪尔凯姆：《社会学方法的准则》，第 128 页。
[2] 同上书，第 129—130 页。
[3] 同上书，第 130 页。
[4] 同上书，第 133 页。
[5] 同上。

正确或恰当呢？涂尔干明确指出："因为社会现象显然不能由观察者所左右，所以只有比较方法适合于社会学。"[1] 孔德曾经表明，除了比较法之外，社会学研究还应该采用历史方法作为补充。涂尔干认为，这与孔德将确定人类进化的方向而不是确定社会现象之间的因果关系作为社会学的主要目的有关。而一旦我们意识到社会学的主要任务是确定能够解释社会现象的因果命题时，历史方法就没有什么用处了，比较法由此成为社会学研究的主要方法。涂尔干还指出，在使用科学的比较方法，根据因果关系的原理去考察社会现象时，必须以这一命题作为比较的基础：事物的原因和结果总是一一对应的，同一种结果总是出于同一种原因。穆勒等人在讨论因果分析的方法时曾经提出，同样的结果不一定出自同样的原因，一件事有时出自这种原因，有时又出自另一种原因。涂尔干则表示，这种关于因果关系的学说"在使这种关系失去一切确定的意义的同时，还使它几乎不可能达到科学的分析"[2]，它不仅使要知道某种结果究竟出于哪种原因的分析变得难以实现，而且也与因果关系原理本身相冲突。按因果关系原理来看，"如果说它具有某种可理解性，那它就不可能是不确定的。如果说它是一种来自事物的本性的关系，则同一结果只能是一个原因的产物"，否认这一点，人们在科学研究中就只能得到一些不确定的、混淆的、空洞的结论。[3]

比较方法也有很多种，如剩余法、相同法、相异法和共变法等。涂尔干认为，在这些方法当中，共变法是最适于社会学研究的。因为前面几种方法都要求将研究对象的所有特征列举出来加以比较，这在社会学研究当中是很难做到的。"社会现象是十分复杂的，以致只有在一定情况下，才能从许多原因中准确地找出一个原因所造成的结果"[4]；同样，社会现象的复杂性，也使得"一切人为的实验都是不可能的。因为不能把在同一社会内部并存的一切事实，或在这个社会的发展过程中相继存在的一切事

---

[1] 迪尔凯姆：《社会学方法的准则》，第138页。
[2] 同上书，第139—140页。
[3] 同上书，第140页。
[4] 同上书，第142页。

实逐一列出（甚至是大致地），所以也就绝不可能（甚至是大概地）认定两个民族在任何关系方面都是相契的或相异的，除非它们本来就是一个民族"[1]。运用共变法来检验因果判断，情况就不一样了。"为使这种方法有证明力，并不必把所有与用作比较的变化所不同的变化一律排除。两种现象的变化表现出来的价值具有简单的并行关系，只要被足够数量的变化事例所证实，那就证明这两种现象之间具有联系。"[2]"共变（法）既不要求我们进行支离破碎的列举，又不要求我们作肤浅的观察。为使共变法得出正确的结果，只有几个事实就足够了。只要证明在多数情况下两个现象是共变的，就可能肯定其中有一个规律。社会学家运用共变法，无须很多的材料就可以进行选择并进而作细致的研究。"[3]

涂尔干还将比较研究大致分为三个系列。首先，是将一个单独社会中发生的各种事实（譬如自杀等现象），按照地区、职业阶层、城乡差别、性别、年龄、婚姻状况等进行分类比较，考察它们在不同人口、不同地点、不同时间的各种反映。其次，是对同一社会类型中各个社会的事实进行比较。例如，将一个社会的历史与其他社会的历史相对照，观察同一种现象在相同条件下，随着时间的推移而发生的演变情况，在各个社会中是否相同。还可以通过观察一种现象在各个社会中表现出来的差别去确定这种现象的形式等。最后，是将不同社会类型中各个社会所发生的事实进行比较。许多社会现象都是在以往那些与现在类型完全不同的社会中逐渐形成、发展和延续至今的，对于这样一些现象，只有突破同一社会类型比较的局限，研究不同社会类型中各个社会的状况，才能够加以解释。例如，要解释家庭、婚姻、所有权等社会现象的目前状况，就必须了解它们的起源和演变情况，因而也就必须追溯更远的历史，比较不同类型的社会。如此说来，比较社会学其实并非社会学的分支之一，而就是社会学本身。[4]

概括起来，涂尔干认为社会学研究方法具有以下特点：第一，社会学

---

[1] 迪尔凯姆：《社会学方法的准则》，第 143 页。
[2] 同上。
[3] 同上书，第 146 页。
[4] 同上书，第 150 页。

是一门独立的科学。社会学既不属于任何哲学学派（虽然它是从哲学中产生的），也不依附其他只讲改革、忽略解释的各种"主义"或学说。"社会学不理睬这些理论，不承认它们的科学价值，因为它们想直接做的不是说明事实，而是改造事实。……社会学……以直接接触事物的科学的态度来解决问题，以摆脱一切党派的束缚。实际上，只有社会学才能以尊重的态度，而不是以拜物教的态度来研究历史上形成的一切制度。"[1]第二，社会学研究方法具有客观性。它要求研究人员彻底摆脱个人的感情和成见，放弃那种不求证于事实、只依靠逻辑推理来了解事物的方法，力求应用客观的研究程序和方法来原原本本地认识事物。第三，社会学要求研究人员必须把社会现象当作客观的事物来看待，并且不是当作一般的事物，而是当作"社会的"事物来看待。它要求人们必须且只能用社会现象去解释社会现象，而不能用社会现象以外的因素（理性、心理、自然因素等）去解释社会现象。只有这样，社会学才可能最终成为一门真正独立的科学。

仔细审视涂尔干的实证主义思想与孔德、斯宾塞等人的实证主义思想，可以发现它们之间存在着诸多重要的差别，至少包括以下几个方面：（1）科学发现问题上的经验主义；（2）判断社会现象正常与否问题上的历史主义；（3）理论解释方面的社会形态决定论；（4）因果判断检验方面的反历史分析立场。正因为如此，在《社会学方法的准则》一书中，涂尔干才明确提出，"不要把我的实证主义与孔德和斯宾塞先生的实证主义形而上学弄混淆"[2]。他认为，虽然孔德、穆勒和斯宾塞等人都主张以实证主义的或科学的精神来研究社会现实，但实际上他们无一认真履行自己的主张。他们依然像传统的形而上学思想家一样，在没有对外部事实进行具体的观察之前，就凭抽象的、哲学式的推理提出一系列有关研究对象的观点（譬如孔德关于社会进步的原理、斯宾塞关于社会是由于协作而形成的原理等）。他们实际上并没有彻底摆脱传统形而上学方法的束缚。"这些大社会学家，对社会的本质、社会领域与生物领域的关系、社会进步的总进程的研究，都没有超出泛泛之论；就连斯宾塞

---

[1] 迪尔凯姆：《社会学方法的准则》，第154页。
[2] 同上书，法文第一版序言，第4页注释1。

先生的大部分社会学著作也只是以揭示如何把普遍的进化规律应用于社会为目的。"[1]。涂尔干指出，这表明直到他那个时代，人们对社会现象仍然缺乏真正实证的或科学的认知态度与研究方法。"人们不大习惯科学地看待社会事实"，社会学者"还太习惯于按照常识的指引来解决所有这些问题"。[2] 社会学从总体上说仍然处于所谓的"主观意识"阶段，人们依然像以往那样热衷于从各种观念乃至常识中推演出各种结论。实证科学精神仍然没有真正进入社会研究领域。涂尔干对此深感遗憾。他终生的学术追求之一就是要将他所理解的实证科学精神真正贯彻落实到社会学的研究当中。

## 四、涂尔干的社会学理论与古典马克思主义社会学理论之间的异同

如上所述，涂尔干的社会学理论反复申明社会现象是一种独立于/外在于社会成员个人意识、不以社会成员个人意识为转移的客观实在，提出要将社会现象当作"物"一样的客观实在来加以研究，这种观点与马克思、恩格斯提出的历史唯物主义理论强调社会现象是一种客观物质现象的观点表面上看有着相当一致的地方。因此，毫不奇怪，涂尔干发表了自己的上述理论之后，部分人很自然地将其与马克思、恩格斯的历史唯物主义等唯物主义社会学理论混同，认为涂尔干的社会学理论也是一种类似的唯物主义社会学理论。对此，涂尔干并不认同。为了说明自己的社会学理论与唯物主义社会学理论之间的区别，涂尔干在不同的场合多次对自己的理论立场进行了辨析。

正如我们在前面所概述的那样，虽然涂尔干反复强调社会现象是一种像"物"一样的客观实在，但他同样在许多地方反复说明他所谓像"物"一样的客观实在，仅仅是就社会现象具有和"物"一样的客观实在性质，

---

[1] 迪尔凯姆：《社会学方法的准则》，第21—22页。
[2] 同上书，法文第一版序言，第1页。

即外在于个人意识、不仅不以个人意识为转移还反过来决定个人意识这一性质而言的,这绝非意味着社会现实真的就像马克思主义者所说的那样是一种物质现实。在马克思看来,社会生活中最为根本的社会关系是生产关系,生产关系就是以人们对生产资料等物质资源占有方面的状况为基础而形成的。而在涂尔干看来,情况则完全相反。早在1885年,涂尔干就对德国社会学家沙夫勒在《社会体的构造与生活》一书中所表达的一个观点表示了赞同。按照沙夫勒的观点,"人类社会的成员并不是通过物质的关联,而是通过观念的纽带彼此联系起来的"[1]。之后,涂尔干更是反复强调,社会现象本质上是一种精神现象(或心理现象、意识现象),只不过是一种与个体精神(心理、意识)不同的集体精神(心理、意识)而已,是一种由个体及其意识作为基质而构成,但却具有独立于其构成成分的新性质的精神性现实。用涂尔干自己的术语来说就是,"举凡社会事物皆由表现构成,因之均为表现的产物","集体表现的生成和变化……正是社会学的题材"。[2] "从根本上说,社会生活显然是由表象构成的,只不过这些集体表象与个人表象特点不同罢了。"[3] 因此,涂尔干坚决拒斥把他的社会学理论立场称为"唯物主义"。在《社会学方法的准则》第一版序言中,涂尔干就明确地表示,与其将他的理论称为唯物主义,还不如给其以相反的称呼,即唯心主义。因为唯心主义的本质就是认为精神现象不能直接从脑神经物质的运动中派生出来,而他的社会学方法不过是把这一原理应用于社会现象而已。[4] 在该书的第二版序言中,涂尔干继续抱怨说:"我明确指出,并再三说明,社会生活完全是由它的一切表象所构成的,但人们却指责我从社会学中排除了精神要素。"[5] 本章第一部分的叙述可以充分证明,

---

[1] 涂尔干:《书评·阿尔伯特·沙夫勒,〈社会体的构造与生活〉(第一卷)》,载涂尔干:《乱伦禁忌及其起源》,第304页。借助这篇书评,我们可以推断:涂尔干的社会学理论在相当程度上受到沙夫勒这本书的影响。因为涂尔干社会学理论中的许多重要思想,如社会是一个由许多个体构成但又独立和反作用于这些个体的实体,社会成员是通过集体意识这种观念纽带联结起来的,个人意识只是集体意识的衍生物,在物和人这两种社会构成要素中人是更为积极的要素等,都可以在沙夫勒这本书中找到。

[2] 涂尔干:《乱伦禁忌及其起源》,第71页。

[3] 涂尔干:《自杀论》,第269页。

[4] 迪尔凯姆:《社会学方法的准则》,第3页。

[5] 同上书,第5页。

将涂尔干的社会学立场称为"唯物主义",的确是对他的一种"冤屈"。用我们习惯的术语来讲,称其为"唯心主义"应该是名副其实,但需要补充的是:我们所谓的"唯心主义",通常可以进一步区分为"主观唯心主义"和"客观唯心主义"两种。前者将一切现象(就社会学领域而言,是社会现象)都视为我们个人主观精神建构的产物,将社会现象视为以我们个人主观意志为转移的现象;后者则将一切现象视为某种客观精神(或集体精神)建构的产物,视为不以每个人的主观意志为转移,但却会以某种客观的集体意志(如涂尔干所谓"集体意识""集体表现"等)为转移的现象。毫无疑问,对于前者,涂尔干是深恶痛绝、坚决反对的。他的整个社会学理论最重要的论战对象之一,就是那些将社会现象视为个人主观意识之产物的心理学理论。但他并非像马克思、恩格斯等唯物主义者一样,是站在唯物主义的立场上来批评这种主观唯心主义的社会历史观,而是站在客观唯心主义的立场上来参与这场理论论争的。正因为如此,涂尔干才会一方面认为与其称他为"唯物主义者",还不如说他是"唯心主义者",但另一方面,大概他心目中的"唯心主义"正是我们上面所说的"主观唯心主义",他觉得自己似乎也不是这样一个("主观唯心主义"意义上的)"唯心主义者",因而紧接着又说,"认真说来,无论是唯物主义者还是唯心主义者,用在我头上都不准确,我唯一能接受的称号是理性主义者"[1]。不过,用我们的术语来说,涂尔干不折不扣正是一个客观唯心主义者。

除了强调社会现象的客观实在性这一点之外,涂尔干的社会学理论中还有一个和马克思的社会历史观非常相近的地方,这就是他的社会形态决定论。如前所述,涂尔干曾经将全部社会现象区分为"社会生活"(结合起来的集体行动者在集体意识的引导和约束下开展的社会活动本身)和"社会基质"("人"和"物"等社会及其活动过程赖以构成的各种基本元素,它们的结合形式及程度等;其中最主要的是"社会容量"和"社会密度")两个方面,将它们分别视为社会学的两大分支即"社会生理学"

---

[1] 迪尔凯姆:《社会学方法的准则》,第3页。

和"社会形态学"的研究对象，相应地将社会事实区分为"社会生理学事实"和"社会形态学事实"，并提出应该用后者来解释前者。涂尔干在《社会分工论》一书中对道德秩序变迁过程所作的研究，就是他尝试用"社会形态"因素来对"社会生活"进行解释的一个典型范例。在《社会分工论》中，为了解释道德秩序的变迁，涂尔干提供了一个多层次的理论解释模型。这个理论解释模型的底层是"社会容量"和"社会密度"等后来被称为"社会形态学"的因素，中层是由劳动分工水平的高低决定的社会团结（社会结构）类型，顶层则是法律/道德等社会集体意识及其规范。这三个层次之间的关系是：社会容量和社会密度等社会形态因素的变化决定社会团结类型的变化，社会团结类型的变化又决定了集体意识及其规范的变化。社会变迁的大致方向及机制是：随着社会容量和社会密度的逐渐增加，人们的生存竞争压力也逐渐增加；作为缓解竞争压力的一个结果，劳动分工逐渐由低到高发展起来，社会团结则从以机械团结为主转变为以有机团结为主；与这种转变相适应，社会集体意识及其规范也渐渐从以压制性法律和公民道德为主转向以恢复性法律和职业道德为主。在这里，我们看到，虽然道德/法律等社会集体意识及其规范对于特定的社会团结来说具有十分关键的作用，但其自身却并没有自主性，其存在和演变都是由社会团结乃至最终是由社会容量和社会密度一类的因素所决定的，需要用社会容量和社会密度等因素来加以解释。如此说来，在涂尔干的社会学体系中，虽然社会现象在本质上被视为一种道德性的精神现象，社会学的主要目标也是解释道德秩序的形成和变迁，但用来解释道德秩序形成和变迁的最终因素还是社会容量和社会密度一类社会形态因素。这同马克思主义者用生产力和经济基础一类物质因素的变化来解释法律、道德等社会意识现象以及政治制度等"上层建筑"现象变化的做法相比，就两者都是用物质性因素的变化来解释精神性现象变化这一点而言，本质上有什么根本区别呢？在此意义上，如果将涂尔干的社会学理论称为"唯物主义"的社会学理论，又有何不可呢？

对于始终忌讳别人将自己的理论视为一种唯物主义社会历史理论的涂尔干来说，上述问题的确是一道棘手的难题。为了解决这一难题，涂尔干先后也进行了不少的努力,但总的方向是:通过对自己的理论表述不断进行补充、修正,努力表明自己的理论并不像经济唯物主义者那样将本质上属于精神现象的社会生活简单、机械地直接还原为物质因素。

早期的涂尔干的确可以说是一个比较典型的社会形态决定论者。早在 1886 年发表的有关斯宾塞《教会制度:社会学原理》一书的书评中,涂尔干就已经开始使用生理学/形态学一类的类比来讨论对宗教现象的科学研究,提出了"宗教生理学"和"宗教形态学"的概念,前者研究宗教观念,后者研究宗教组织、制度及其存在环境等,并认为是后者的变化决定着前者的变化:"当宗教权威所管辖的社会制度发生变化时,其根源并不是通行的神的观念发生了变化。相反,如果这种观念发生了变化,是因为制度发生了变化,如果制度发生了变化,是因为外在环境已经不再是相同的环境了。符号的每一次变化,都以它所象征的事物的相应变化为前提。"[1]

涂尔干在《社会分工论》一书的第二部分中对社会/道德秩序的变迁所进行的解释,同样带有比较典型的"社会形态决定论"色彩,并由此导致该书第二部分和第三部分之间的逻辑矛盾。《社会分工论》的主旨,是要说明劳动分工本身具有明显的道德功能,甚至本身就构成了一种新的社会/道德秩序。为了说明这一点,涂尔干对社会/道德秩序的历史变迁过程进行了描述。他依据"社会团结"纽带的不同区分出两种团结类型:一种是"机械团结",另一种是"有机团结"。机械团结,指的是主要依靠强烈的"集体意识"(群体所有成员共同的道德信仰及情感)来把个体联结在一起的社会结合类型;有机团结,则指的是主要依靠劳动分工造成的相互依赖而将个体联结在一起的社会结合类型。虽然这两种不同的社会团结类型在任何社会里都可能存在,但它们在劳动分工程度不同的社会里却分别占据主导地位。在古代社会那种劳动分工水平低下的社会里,一方面人们之间在职能上的相互依赖程度不高,另一方面人们之间在劳动和生活方式以及生活经验方面的相似度却很高,因此只能是并且也能够借助共同

---

[1] 涂尔干:《书评:赫伯特·斯宾塞,〈教会制度:社会学原理〉(第六部分)》,载涂尔干:《乱伦禁忌及其起源》,第 128 页。

的集体意识将大家凝聚在一起，占主导地位的往往是机械团结。相反，在现代工业社会这种劳动分工水平较高的社会里，一方面，由于社会交往范围扩大，集体意识日趋理性化，以及之后的分工导致人们在劳动和生活方式以及生活经验方面的差异越来越大等，能够形成和共享的集体意识日益减少和薄弱，依靠集体意识来维持的社会团结必然日趋衰微，但另一方面，由于分工同时也加强了人们之间在职能方面的相互联系、相互依赖，使得人们必须紧密地结合在一起构成一个有机的整体，这就促使有机团结逐渐成为占主导地位的社会结合类型。依据涂尔干的这种描述，劳动分工确实具有和集体意识这类"共同的道德信仰及情感"相同或等值的社会功能，即构建社会团结的功能：正如在劳动分工水平低下的时代人们借助集体意识就可以将个体联结成一个"社会"一样，在劳动分工水平较高的时代人们借助劳动分工也可以将个体联结成一个"社会"。和集体意识一样，劳动分工本身就足以成为将个体联结在一起的一种纽带。在将个体联结成为一个社会整体这一点上，劳动分工等价于集体意识。若此，我们当然可以宣称：和集体意识一样，劳动分工单纯依靠自身就构成了一种新的道德秩序。

然而，令人困惑的地方在于，在《社会分工论》的第一卷第七章和第三卷第一章中，涂尔干又讨论了劳动分工与职业道德之间的关系，并据此提出了劳动分工的"正常形式"和"反常形式"的区分。对于斯宾塞等人认为现代工业社会里的社会团结是由无数自由追求个人利益的个体行动自发形成的，因而无须道德、法律等因素介入其中这一看法，涂尔干明确表示反对。涂尔干指出，任何时代的社会交往都需要一定的社会规范来加以约束和协调，"每个社会都是道德社会"[1]，现代工业社会也不例外。这是因为，只有有效的道德和法律规范才能使人们之间的每次交往都有规可循，不至于在每次新的交往中都重新费力来围绕双方的责任、义务等进行协商、谈判乃至斗争。这在以往以机械团结为主的时代是如此，在以有机

---

[1] 涂尔干：《社会分工论》，第185页。事实上，涂尔干在这本书开始处对压制性法律和恢复性法律两种法律规范的划分，就已经表达了任何社会都有与其相适应的行为规范的思想，因为这两种法律规范就是分别与机械团结和有机团结两种团结类型相适应的。

团结为主的工业社会里也是如此。涂尔干批评道："有人总喜欢把以共同信仰为基础的社会与以合作为基础的社会对立起来看，认为前者具有一种道德特征，而后者则只是一种经济群体，这是大错特错的。实际上，任何合作都有其固有的道德。"[1]只不过不同类型的社会所需要的道德和法律在内容和性质上有所不同罢了。在以机械团结为主的社会里，由于社会成员在生产和生活方式方面存在着高度的相似性，用来约束和协调内部社会关系的道德和法律规范在内容上也就各处大体相同、普遍适用。在以有机团结为主的社会里，发达的劳动分工使人们的生产和生活方式产生了很大的差异，用来协调不同职业领域社会关系的道德和法律规范在内容上就要有所差别。如果这些道德和法律规范付之阙如或未及完善，那么，劳动分工就不能正常开展，以劳动分工为基础的社会团结就将不断遭受破坏。涂尔干明确指出："有机团结的存在，单靠各个机构在相辅相成的过程中组成一个系统，并以此方式感受到了团结的存在是不够的。"如果缺乏与劳动分工及其形成的有机团结相应的道德和法律规范，参与到分工合作过程中的个体"双方的责任在每一种特殊情况下都需要重新调整"，"每次都必须进行一场新的争斗"，"那么所谓团结也只能是一个空洞的事实"。[2]涂尔干认为，在**正常**情况下，这些规范是从分工过程中**自然**产生的：随着分工合作过程的不断重复，各方的行为方式及其相互关系逐渐地具备了稳定性，变成了习惯，最终转变成为行为规范。[3]"就像社会相似性催生了法律和道德，并以此来保证这种相似性一样，分工也催生了各种规范，可以保证相互分化的各种功能进行稳定和正常的协作。"[4]但在某些情况（如各方联系不频繁、不确定等）下，这些规范的形成可能会遇到阻碍，致使劳动分工不能成为一种"正常的"分工，而变成一种病态的或"反常的"分工形式，一种不能产生团结因而有待矫正的分工形式。显然，这里的说法和前面关于劳动分工本身就具有道德功能甚至"就构成了社会和道德秩序

---

[1] 涂尔干：《社会分工论》，第185页。
[2] 同上书，第325页。
[3] 同上书，第326页。
[4] 同上书，第364页。

本身"的说法是不太一致的：按照这里的说法，劳动分工似乎只是为"有机团结"这种新的社会团结类型的形成提供了基础或条件，但本身还不足以构成这种新的社会团结；除了劳动分工的高度发达之外，要想完成社会团结从机械团结向有机团结的转变，还必须形成一种与劳动分工及其可能创造的有机团结相适应的道德和法律规范。缺乏后面这一因素，不但有机团结难以形成，而且劳动分工本身也无法正常开展。这样一来，劳动分工似乎就不能被认为"本身就构成了道德秩序"，而只能被认为是为一种新道德秩序的构成提供了基础。事实上，在该书结论一章中，涂尔干也明确说："分工不仅变成了社会团结的主要源泉，同时也变成了道德秩序的基础。"在这里，分工不再被表述为"道德秩序本身"或构成道德秩序的"纽带"，而只是道德秩序的"基础"。[1] 这种前后不一致的说法至少揭示了涂尔干《社会分工论》一书中存在的两个问题：第一，尽管劳动分工本身具有一定的道德功能，但劳动分工本身还不是道德观念及规范，不能被等同于道德观念及规范。按涂尔干的术语，劳动分工应该是属于社会形态/社会结构范畴（人这种社会构成要素的结合方式）而非社会生活本身。第二，即使将劳动分工归入社会形态范畴，将其确定为促使新道德观念及规范产生的直接因素，那么，从涂尔干的上述讨论中我们也可以看到，劳动分工的发展和新道德观念及规范的形成之间也并不存在机械的因果决定关系：劳动分工的发展并不能直接导致与其相适应的新道德观念及规范的诞生（否则便无法解释"失范的分工"这一现象的存在）；劳动分工充其量是与其相适应的新道德观念及规范形成和发展的必要条件（没有劳动分工的发展自然无须与其相适应的新道德观念及规范的形成和发展），但却并非充分条件；虽然劳动分工的发展要求有一种与之相适应的新道德观念及规范的产生和发展，但这种劳动分工的发展所需的新道德观念及规范是否能够顺应这种需要而及时地形成和发展，还取决于其他一些因素。不过，涂尔干并没有，或者说至少在《社会分工论》一书中没有明确意识到这两个问题，从而导致了其相关论述的前后不一致。也正因为如此，在随

---

[1] 涂尔干：《社会分工论》，第359页。

后几年发表的一些著述如《社会学方法的准则》当中，涂尔干依然重申了社会形态决定论。

不过，随着人们对其理论具"唯物主义"倾向的批评逐渐产生，涂尔干开始改变自己的表述，并明确地试图将自己的理论立场与"唯物主义"理论立场，尤其是与马克思那种被理解为"经济唯物主义"的理论立场区分开来。在发表于1897年的一篇关于意大利马克思主义者拉布里奥拉《论唯物主义的历史概念》一书的书评文章中，涂尔干就明确、系统地讨论了他的社会学理论观点与马克思的社会历史观之间的关系。他把马克思的社会历史观归结为这样一条历史原则，即"历史的发展归根结底取决于经济原因"，并将其称为"经济唯物主义"。[1] 他承认马克思的历史理论有一定的合理之处，这一合理之处也正是他的理论与马克思的理论共同的地方，即不能简单地从个人意识中去寻找推动社会历史变迁的原因，相反，必须从个人意识背后、比个人意识更为深层的社会状态中去寻找推动社会历史变迁的基本原因。"对社会生活的解释，必须依据人们意识不到的深刻原因，而不是那些参与社会生活的人们所创造的社会生活概念。"[2] 涂尔干认为，这种对社会历史变迁之深层原因的认识，其实是过去五十年中历史学和心理学运动合乎逻辑的发展结果。"长期以来，历史学家已经认识到，社会的发展具有记载历史事件的人们无法知晓的原因。""与此同时，个体心理学告诉我们，个体意识通常只能反映有机体的基本状态，我们的表现流是由主体意识不到的原因决定的。"[3] 因此，涂尔干声明："对我们自身来说，在我们了解马克思以前，就已经得出了这个命题，我们根本就没有受到过马克思的影响。"[4] 当然，这样一种声明对于回应人们的质疑来说并没有什么实质作用，因为在马克思的影响之外独立地形成一种与马克思相同的社会历史观，也并非一件不合逻辑的事情。因此，涂尔干还是将更多的精力用于对他和马克思两人的社会历史理论之间的差异进行辨析上。

---

[1] 涂尔干：《书评：安东尼·拉布里奥拉，〈论唯物主义的历史概念〉》，载涂尔干：《乱伦禁忌及其起源》，第337页。

[2] 同上书，第341页。

[3] 同上书，第341—342页。

[4] 同上书，第341页。

他指出，尽管存在着上述共同之处，但至少在以下几个方面，他的社会学理论和马克思主义的社会历史观是完全不同的：

首先，马克思将一切社会现象产生和变化的原因最终归结为经济因素，而这是他坚决反对的。他指出："对我们来说，正确的做法是从个体表现之外去寻找社会现象的原因"，但"如果认为社会现象最终可以还原为工业技术的形态，认为经济因素是进步的主要原因，那么这样的看法也是错误的"。[1] 在他看来，将一切社会现象产生和变化的原因最终归结为经济因素，这种规律是一种缺乏充分事实依据的"假扮的历史规律"。"为了说明这条规律，人们就得引入一些松散的、杂乱的事实，这些事实根本不能构成方法上的序列，也没有得到清晰的阐释：原始共产主义、贵族和平民的斗争、普通人和上等人的斗争，都被诉诸经济解释。"[2] 但其实这样一些随意列举的松散事实并不能够证明"经济因素决定论"的普遍适用性。此外，这条规律也只是指出了社会现象具有自己产生和变化的原因，而没有具体和明确地说明社会现象的起源。这是毫无意义的，因为它难以依据经验事实来加以检验。涂尔干认为，由集体表现构成的社会现象具有相对独立于经济因素的性质："社会学家和历史学家越来越倾向于确认：宗教是最原始的社会现象。通过持续不断的变化，集体活动的所有其他的形态都源于宗教：法律、道德、艺术、科学、政治形式等等。原则上说，一切事物都是宗教的。我们从来就不晓得把宗教还原为经济的方法，也不知道所有进行这种还原的尝试。没有人证明过，自然崇拜究竟受到过什么样的经济影响，才从图腾崇拜中产生出来，受到过什么样的技术调整，才在这里变成了耶和华的抽象一神论，在那里变成了希腊—拉丁的多神论；若有人真的做过这样的证明，那么我们会深表怀疑。一般而言，开始的时候，经济因素完全是初级的，相反，宗教生活却丰富多样，具有压倒一切的力量，这是无可辩驳的事实。后者怎么可能会源于前者呢，相反，难道

---

[1] 涂尔干：《书评：安东尼·拉布里奥拉，〈论唯物主义的历史概念〉》，载涂尔干：《乱伦禁忌及其起源》，第341页。
[2] 同上书，第343页。

不是经济取决于宗教吗？宗教怎么会取决于经济呢？"[1]

其次，马克思主义者将自己的社会历史观和社会主义运动联系起来，认为社会主义革命是生产技术和经济发展的自然结果，而涂尔干则认为他在社会历史解释领域所持的客观主义立场与社会主义运动之间没有任何逻辑上的关联。"我们没有……发现把它与社会主义运动联系起来的理由，相反，它是完全独立于社会主义运动的。"[2]"我们不可能发觉，我们目前亲眼目睹的剧烈阶级冲突在阐述和发展这种观念（客观主义）的过程中，究竟能够产生什么作用。无疑，只有具备了这种观念所必需的条件，它才会适时地产生出来。在过去的所有的时代里，都不可能会有这种观念。不过，问题在于了解这些条件到底是什么，拉布里奥拉断言，激发上述条件的，是'现代技术充分的、有意识的、持续的发展，是正在展现的新世界的必然构想'，他认为这个论题是不证自明的。社会主义能够赋予这个观念优先地位，可是，社会主义既没有创造这种观念，也没有蕴涵它的意义。"[3]人们往往可能假定，"既然这种客观历史概念与经济唯物主义的学说不分轩轾，既然后者肯定拥有社会主义的根源，那么人们就可以相信，前者是在同样的影响下构成的，是由同样的精神激发出来的。但是，这种融合缺乏基础，因而将其彻底抛弃掉，是非常重要的。这两种理论之间根本不存在相互依赖关系"[4]。如前所述，涂尔干提出，从个体意识之外去寻找社会现象形成和变迁的原因，并不等于要从生产技术和经济一类因素中去寻找这一原因。相反，社会现象的本质其实是集体表现（意识），而集体表现最初的形式是宗教。经济一类的因素不过是次要的、衍生出来的要素。"因此，本世纪发生的经济转型，即大规模的工业代替小规模的工业，根本没有必要推翻和更新社会秩序，甚至欧洲社会所罹患的疾病，也

---

[1] 涂尔干：《书评：安东尼·拉布里奥拉,〈论唯物主义的历史概念〉》, 载涂尔干：《乱伦禁忌及其起源》，第343—344页。
[2] 同上书，第341页。
[3] 同上书，第342页。
[4] 同上。

没有必要把这些转型当作它们的原因。"[1]

在《个体表现与集体表现》一文中，如前所述，涂尔干试图通过将"个体表现"和"集体表现"进行类比的方式，借助"由部分聚合而成的整体具有部分所不具有的独特性质"这一原理，对以"集体表现"为内容的社会现象的相对独立性作进一步说明。按照涂尔干的分析，就像在物理学、化学、生物学和心理学等学科中所发现的那样，许多以某种更低层次的元素为"基质"而构成的事物，都是一方面需要以这些"基质"为基础，因而也会在一定程度上受到这些基质的存在状况的影响，但另一方面又具有了相对独立于这些基质的新性质。这一点也完全适用于社会现象与其"基质"之间的关系：一方面，"社会对其基质来说，是一群相互关联的个体。通过统一在一起，他们形成了系统，系统根据他们的地理分布和交流渠道的性质和数量而变化，成为社会生活得以产生的基础"。[2]但另一方面，"尽管集体生活是通过集体基质与其余的世界发生联系的，但它并没有被吸纳进后者之中。它既依赖于后者，也与后者有所区别，……社会意识的基本物质与社会元素的数量及其组合和分配的方式等都密切相关——也就是说，这些都具有基质的性质。不过，一旦必不可少的表现由此产生出来，基于上述理由，它们会成为具有部分自主性的实在，具有自身的生活方式。它们具有彼此吸引和抵制的力量，它们自身之间会形成各式各样的合成，所有这些都是由它们天然的亲和性，而不是母体[3]的状况所决定的。结果，由这些合成形成的新的表现也具有了同样的性质；它们是通过其他表现间接引起的，而不是通过某种社会结构的特征"[4]。涂尔干认为，宗教这种集体表现的演化就为我们提供了一个这方面最明显的例子。尽管"除非我们去考察城邦的构成，原始氏族逐渐融合的方式，父权制家庭的组织形式，否则，我们也许不可能理解希腊或罗马的神殿究竟是怎样形成的"，但"宗教思想孕育而成的神话和传说、神谱和宇宙体系的

---

[1] 涂尔干：《书评：安东尼·拉布里奥拉，〈论唯物主义的历史概念〉》，载涂尔干：《乱伦禁忌及其起源》，第344页。
[2] 涂尔干：《个体表现与集体表现》，载涂尔干：《社会学与哲学》，第24页。
[3] 即基质。——作者注
[4] 涂尔干：《个体表现与集体表现》，载涂尔干：《社会学与哲学》，第30页。

繁荣，与社会形态的特性也不存在直接的关系"[1]，因此，宗教并不能单纯通过社会形态学的研究而得到充分解释。除了种种社会形态因素之外，我们还必须考察集体表现自身的逻辑对集体表现的形成和演化的影响。[2] 正是基于涂尔干对集体表现相对独立性的这种强调，《个体表现与集体表现》一文才被将该文收入文集《社会学与哲学》的编者布格勒认定为一篇明确地表露涂尔干反唯物主义倾向的作品。[3]

类似上述试图通过对集体表现之相对独立性的强调来明确地与"唯物主义"划清界限的声明，在更晚一些时候发表的《宗教生活的基本形式》一书中也一再出现。在该书第七章中，涂尔干在批评某些人因为宗教意识具有一定的迷狂色彩而将其斥为虚构假想甚至谵狂之语时，指出包括宗教意识在内的集体表现与其所表现的事物之间的关系并非简单的再现关系，而是带有一定的创造性，在表现被表现物的过程中添加了某些我们从被表现物那里感受不到的东西。例如，旗子自身只不过是一块布，但对于战士来说它却并不仅仅意味着一块布；一张盖销邮票可能非常值钱，但这也非源于这张邮票自身所包含的价值。"在一定意义上，我们对外部世界的表现无疑不过是一些幻觉的编织，因为物体的色、香、味都是我们加上去的，而不是物体确实具有的，或者至少不是像我们所感受到的那种样

---

[1] 涂尔干：《个体表现与集体表现》，载涂尔干：《社会学与哲学》，第31页。

[2] 涂尔干的分析其实存在着一定的逻辑缺陷：单纯借助"由部分聚合而成的整体具有部分所不具有的独特性质"这一原理，虽然确实可以证明以"集体表现"为内容的社会现象的相对独立性，但这种独立只是"整体"对组成整体的那些"个体"基质所具有的独立性，而非对那些个体基质之组合方式的独立性。相反，"整体"对"个体"的相对独立性与"整体"对"个体组合方式"的依赖性两者是完全可以并存的。或者说，"由部分聚合而成的整体具有部分所不具有的独特性质"这一原理与"由部分聚合而成的整体其性质可以随部分聚合方式的变化而变化"这一原理是完全相容的，化学里的"同分异构体"就是实例。若此，则像涂尔干在《社会学方法的准则》等处所做的那样，同时强调集体表现具有相对独立于组成它的那些个体基质的性质，与强调集体表现可以随个体基质的数量及结合方式（或用涂尔干的术语来说，即"社会容量"和"社会密度"）的变化而变化，两者之间并无矛盾。事实上，仔细品味涂尔干在《个体表现与集体表现》以及《宗教生活的基本形式》等著述中对集体表现具有相对独立于其构成"基质"之性质的论述，我们可以体会到，涂尔干想要论证的其实远超"由部分聚合而成的整体具有部分所不具有的独特性质"这一原理。涂尔干借助这一原理对集体表现之相对独立性所作论证想要表达的，其实是这样一种思想，即"由部分聚合而成的整体具有既不随部分的性质也不随部分聚合方式的变化而变化的独特性质"。只有这样一种表述，才能将其在《个体表现与集体表现》《宗教生活的基本形式》等著述中的理论立场与其在《社会分工论》《社会学方法的准则》等著述中的理论立场比较明显地区分开来，才能成为一种与其所理解的那种机械唯物主义立场有所不同的理论立场。

[3] 涂尔干：《社会学与哲学》，序言，第4页。

子。""但是,集体表现加在它所关注的事物上的是某些品质,其存在却往往超出了任何形式或任何程度。从最普通的对象中,它们能制造出最有力、最神圣的东西。"[1]不仅如此,这些看似虚妄的集体表现却具有像物质力那样的力量,反过来决定人的行动。"这样形成的力量,虽然纯粹是观念的,但却像现实一样在起作用;它们像物质力量那样,能够实实在在地决定人的举止表现。"[2]据此,涂尔干以注释的方式评论说:"这样,我们就明白了像拉策尔地理物质论那样的理论何其荒谬的原因了,这些理论想方设法要从(经济的或地域的)物质基础中推导出全部社会生活。他们所犯的错误和莫斯黎在个体心理学中所犯的错误如出一辙。正如莫斯黎把个体的所有心理生活都仅仅化约为生理基础的伴生现象一样,他们力图要把群体的全部心理生活归结为群体的物理基础。但是他们忘记了观念就是现实,就是力,忘记了集体表现是比个体表现远为强大的主动的力量。"[3]

在该书的结论部分,在陈述了主要研究结论即"宗教本质上是对社会生活的再现"之后,涂尔干紧接着又补充了一段说明:"我们必须避免把这种宗教理论看成是历史唯物主义的简单重复,那样做会对我们的思想造成极大的误解。我们说宗教本质上是社会的,并不意味着它只限于采用另一种语言来转述社会的物质形式及其迫切需要。的确,我们有理由认定,社会生活不仅是依赖于它的物质基础,而且还带有这种物质基础的标记,就像个体的精神生活依赖于他的神经系统和整个肌体一样。然而,集体意识不仅仅是其形态基础的附带现象,就像个体意识不仅仅是神经系统的简单刺激反应一样。为了使集体意识得以产生,还必须有一种对于各个特殊意识的自成一体的综合作用。这种综合能够从中分离出一个由概念、意象和情感组成的完整世界;这些概念、意象和情感一旦形成,就会完全按照自己的规律行事。它们相互吸引或相互排斥,相互联合或相互分离,并且不断得到扩充,而其组合不受任何潜在的现实条件的指挥和操纵。由此产生的生活甚至享有无与伦比的独立性,有时候,它会不带任何企图、不带

---

[1] 涂尔干:《宗教生活的基本形式》,第298—299页。
[2] 同上书,第299页。
[3] 同上书,第314—315页。

任何功利地任情放纵自己,而仅仅是为了感受自身存在的快乐。我们已经表明,仪式活动和神话思想通常恰恰就是这种情况。"[1]

由此可见,至少在"社会形态"事实与集体表现或"社会生理"事实两者之间的关系问题上,涂尔干的观点前后确实有一定的变化。努力使自己的观点与唯物主义观点切割,是推动涂尔干的观点发生这种变化的,即便不是唯一但也是最重要的目的或动机之一。

不过,必须指出,我们不能单纯只看到涂尔干上述思想倾向转变的一面,而必须看到这种转变所具有的限度:虽然涂尔干一再强调由集体表现构成的社会现象具有相对于"基质"(包括其数量及结合方式等"社会形态"因素在内)的独立性,但涂尔干从来没有把这种独立性夸张到绝对的地步。相反,他倒是多次提醒人们不要把集体表现的这种相对独立性理解为绝对的独立性,从这种相对独立性中引申出集体表现可以绝对独立于"基质"的错误结论。例如,在《个体表现与集体表现》一文中,在指出了表现(包括个体表现和集体表现)独立于基质的自主性后,涂尔干紧接着便补充说:"当然,它们的自主性只是相对的,根本就没有不与其他自然相接壤的自然王国。最荒唐的事情,莫过于把心理生活提升为一种既毫无来由,又与宇宙中的其他一切毫无联系的绝对。很明显,大脑的状况会影响到所有心智现象,是一些心智现象(纯粹感觉)的直接根源。"[2]集体表现与其基质之间的关系也是一样:尽管前者具有独立于基质的自主性,但也必须以后者为基础:"系统根据它们的地理分布和交流渠道的性质和数量而变化,成为社会生活得以产生的基础。"[3]在1906年的一次讨论会上,涂尔干认为必须根据当前的"社会状况"而非"社会舆论状况"来预见道德的变迁,而他所谓的社会状况就包括"日渐集中和统一的趋势,能够使社会不同部门发生关联从而使地方生活进一步纳入一般生活的沟通可能性的持续增多,工业强劲有力的增长,以及伴随着一切社会力的集中化

---

[1] 涂尔干:《宗教生活的基本形式》,第558页。陈涛在其所著《涂尔干的道德科学——基础及其内在展开》一书的第五章中,对涂尔干上述理论倾向的转变过程有一个深入细致的描述和分析,可供参考。
[2] 涂尔干:《个体表现与集体表现》,载涂尔干:《社会学与哲学》,第23页。
[3] 同上书,第24页。

所形成的个人主义发展，等等"[1]。在发表于1907年的一篇书评文章中，涂尔干更是继续宣称：若要发现道德观念产生的原因并"解释道德规范所经历的变化，我们还必须从社会环境的背景出发来考察，使这种规范得到阐明和转化。割断道德规范与社会环境之间的联系，就等于把道德与其得以形成的生命之源分割开来，从而使道德不可能得到理解"[2]。即使到了《宗教生活的基本形式》一书，涂尔干也还是坚持其在《原始分类》一书中的做法，将"社会组织"或"社会形式"这类属于社会形态学范畴的现象列为原始分类系统一类集体表现的原型或基础。[3]

因此，我们必须恰如其分地理解涂尔干前述思想倾向转变的意义。从矫正其早期"社会形态决定论"所具有的简单化、机械论色彩来说，这些转变是有意义的，因为它揭示了由集体表现构成的社会现象对"社会形态"因素所具有的相对独立性，告诉我们前者并不完全由后者直接决定，在前者和后者之间还存在着其他一些影响后者的因素。但从与"唯物主义"理论立场相切割这一目的来说，这些转变并无重要意义。涂尔干试图以突出集体表现对于包括社会形态因素等在内的"基质"所具有的相对独立性，来切割自己与包括马克思历史唯物主义等理论在内的"唯物主义"之间的关联，这种企图完全是建立在他以及当时许多人（包括反对历史唯物主义理论和许多自我认同于历史唯物主义的人）对"唯物主义"社会历史观所作的简单化、机械论解读之上的，正如他早期对自己的"社会形态决定论"所作的类似诠释一样。但事实上，时至今日，我们已经明白，这种对唯物主义社会历史观的简单化、机械论解读，并非唯物主义社会历史观本身内在固有的，而是在特定历史阶段人们对它的误解所致，因而完全是可以消除的。正如马克思的历史唯物主义理论后来的发展所展现的那样，唯物主义的社会历史观并不必然以否定集体表现一类精神现象的相对独立性和反作用为前提，而是完全可以在承认这种相对独立性和反作用的

---

[1] 涂尔干：《答复异议》，载涂尔干：《社会学与哲学》，第69页。
[2] 涂尔干：《书评：威斯特马克的〈道德观念的起源和发展〉》，载涂尔干：《职业伦理与公民道德》，渠东、付德根译，上海人民出版社，2001年，第323页。
[3] 涂尔干：《宗教生活的基本形式》，第188—195页。

前提下，坚持将这类精神现象视为社会生活的"上层建筑"，将生产力和经济结构一类涂尔干所谓的"社会形态"因素视为这些"上层建筑"赖以存在和变化的"基础"因素，用来作为解释这些"上层建筑"之形成和变化的终极或根本因素。就此而言，涂尔干的"社会形态决定论"，即使经过上述不断修正之后也仍然可以被解读为（或者改造为）一种即使不是唯物主义但也与唯物主义社会历史观具有高度相似性的社会历史理论。

那么，涂尔干的社会学理论与唯物主义社会历史观念之间是不是真的没有本质上的差异？笔者的回答是：有的。尽管在社会形态的决定作用方面涂尔干的理论与唯物主义的社会历史观之间存在着高度的相似性，因而难以与后者严格区别开来，但涂尔干的社会学理论本质上却仍然不是一种唯物主义的社会学理论，而是一种（客观）唯心主义的社会学理论。其原因就在于，涂尔干对社会现实之本质的理解与唯物主义社会历史观之间存在着根本的差异。如前所述，涂尔干自始至终都认为，社会现象本质上是一种精神现象而非物质现象，人们之间的社会关系本质上也是一种精神性的关系而非物质性的关系（虽然会有物质因素参与其中，但它们不具有本质意义）。这和马克思的历史唯物主义认为社会现象本质上是一种物质现象（围绕着物质生产过程而形成、由人们在物质生产过程中形成的关系为基础或决定）、社会关系本质上是一种物质关系（以生产资料的占有状况为基础而形成的关系）的观点是完全对立的。这种对立，进一步导致了涂尔干的社会学理论与马克思的历史唯物主义理论在关注焦点、主题选择和实践旨趣等方面的差异：马克思主义者将自己的关注焦点放在物质生产过程以及人们在物质生产过程中所结成的社会关系（生产关系）之上，主要致力于探讨"生产关系"形成和变迁的客观规律（虽然也会探讨宗教、法律、道德等意识形态因素的形成和变迁规律，但这主要是为探讨"生产关系"的形成和变迁过程服务的），实践旨趣则主要是推动"生产关系"的不断完善或变革（虽然也会促进意识形态等上层建筑的完善或变革，但这也是为"生产关系"的完善或变革服务的，其完善或变革的内容、方向要由"生产关系"完善或变革的内容、方向决定，以"生产关系"完善或变革的需要为基准）；涂尔干主义者则将自己的关注焦点放在宗教、法律、道德等"集体表现"之上,主要致力于探讨"集体表现"形成和变迁的客观规律(虽然也会探讨地理、经济、社会结构等"社会形态"因素的形成和变迁,但这也主要是为探讨"集体表现"的形成和变迁过程服务的),实践旨趣则主要是推动信仰、法律、道德等"集体表现"的不断完善或变革(虽然也会促进"社会形态"的完善或变革,但这也主要是为"集体表现"的完善或变革服务的,其完善或变革的内容、方向要由"集体表现"完善或变革的内容、方向来决定,以"集体表现"完善或变革的需要为基准)。笔者认为,也正是在社会现象本质观方面的这种差异,才构成了涂尔干一再坚持与马克思的历史唯物主义理论划清界限的主要动机。

## 结　语

法国著名思想家雷蒙·阿隆曾经称涂尔干为孔德的"忠实信徒"[1],认为"涂尔干以各种方式忠于实证主义创始人的思想"[2]。美国著名社会学家科塞也指出,"孔德著作和涂尔干著作的读者不可能不对他们思想的相似留下深刻印象"[3]。美国当代社会学家约翰逊也说:"虽然对当代社会学来说涂尔干的社会学分析比孔德的分析更精确更有意义,但涂尔干的观点不过是普遍地加强了'社会学之父'孔德的理论观点。"[4]综合上面的叙述,我们可以看到,这些评论大体上是可以接受的:尽管存在着一些不可忽视的差异,但从总体上看,涂尔干的确可以被视为孔德社会学实证主义结构论社会学的忠实继承者。首先,和孔德一样,涂尔干也将社会成员的共同意识("集体意识")视为社会生活赖以存在的最为根本和最为基础的因素,两人有所不同的地方在于:孔德侧重从知识的角度来理解和考察这种共同意识,而涂尔干则主要从道德的角度来理解和考察这种共同意识的内容。

---

[1] 阿隆:《社会学主要思潮》,葛智强等译,华夏出版社,2000年,第254页。
[2] 同上书,第252页。
[3] 科瑟:《社会学思想名家》,第169页。
[4] 约翰逊:《社会学理论》,南开大学社会学系译,国际文化出版公司,1988年,第213页。原文将"Durkheim"译为"迪尔凯姆",为与本书的译名一致,此处改为"涂尔干"。

其次，和孔德一样，涂尔干也认为主要以特定的共同意识（"集体意识"）为基础而建立起来的社会生活，是一种像自然现象或"物质"现象那样不以社会成员个人意志为转移，具有自身独立的结构、机制和规律的客观实在。因此，和孔德一样，涂尔干也坚定而又明确地宣称社会现象与自然现象本质上具有同一性。要想使社会生活有序运转，就必须像自然科学家对支配着自然现象的客观规律进行科学研究那样，对支配着社会生活的那些客观规律进行科学研究，然后按照这些规律来行动。最后，和孔德一样，涂尔干也从社会现象与自然现象本质上具有的同一性出发，确认了社会科学与自然科学在基本研究程序和方法论原则上的同一性，并且将在自然现象和社会现象的研究当中都应该加以采用的科学方法理解为实证科学方法，即以我们对特定现象的外部特征的客观观察所得到的经验资料为基础进行概括，形成关于该特定现象的解释命题。

当然，涂尔干并非只是对孔德实证主义社会学理论简单地加以继承而已。涂尔干既是孔德思想的忠实继承者，同时也是孔德思想的卓越发扬者。首先，在坚持道德一类的精神生活是社会生活之本质的基础上，借助"社会形态学"和"社会生理学"之间的区分，涂尔干尝试比孔德更为明确和清晰地将社会生活的精神层面和物质层面区分开来，认为前者才是社会生活的本质，后者只是社会生活得以运转的条件，虽然也很重要，但毕竟不是社会生活本身。通过这种方式，涂尔干试图更好地将自己所继承和发挥的社会学理论与马克思的历史唯物主义理论区别开来。其次，在明确地将社会生活的物质层面与精神层面区别开来、认定后者才是社会生活之本质的基础上，涂尔干又努力地对后一层面与"物质现象"之间所共同具有的客观性质进行了系统的说明，试图通过这种说明让自己继承和发挥的社会学理论既能与历史唯物主义相区别，又能与唯心主义社会理论相区别。最后，在坚持将"科学"理解为"实证科学"的基础上，涂尔干一方面对实证社会学的研究方法进行了比孔德更为详尽和系统的阐述，使得按照实证主义思路开展社会研究的学者在方法论方面更有章可循；另一方面，和孔德有所不同的是，涂尔干在经验和理论之间的关系问题上更为明确地阐述了理论只能形成于对经验事实进行观察之后、只能来自对经验事实的概括、在对经验事实进行观察时要尽可能地排除一切"先入之见"或"预断"等主张，从而将实证主义社会学研究方法论中的经验主义倾向发挥到一个更高的程度，使之成为实证主义社会学研究方法论的经典论述。正是涂尔干对孔德实证主义社会学理论的这种继承和发挥，才使社会学最终得到了当时以实证主义思潮为主流的科学界的认可，成为西方现代社会科学领域中的一个门类。

# 第三章　帕森斯的结构功能主义社会学理论

孔德、涂尔干开创的以客观唯心主义和实证主义为主要特征的社会学理论传统，在帕森斯那里得到了进一步的发展。帕森斯既坚持了涂尔干从孔德那里继承的客观唯心主义社会学理论立场，又从两个方面对涂尔干的社会学理论立场进行了修正：首先，在社会学实质理论方面，帕森斯对涂尔干那种让个体人格完全消融于集体表现之中的极端"社会学主义"立场进行了修正，建立了帕氏自己的社会行动理论和社会系统理论；其次，在社会学研究方法论方面，帕森斯也对涂尔干那种带有强烈经验主义色彩的实证主义理论进行了修正，用一种他称之为"分析的实在论"的方法论立场取而代之。通过这两个方面的修正，帕森斯将孔德和涂尔干开创的唯心主义结构论社会学理论传统发展到了一个新的阶段。

在《社会行动的结构》一书初版三十年后印行的平装本的序言中，帕森斯将自己近一生的学术生涯划分为四个阶段：第一个阶段以1937年出版的《社会行动的结构》为标志，主要成就是提出了一个关于"社会行动的结构"的一般理论；第二阶段以1951年出版的《走向行动的一般理论》和《社会系统》两书为标志，主要成就是形成了一个被称为"结构功能主义"的行动和社会理论体系；第三阶段以1953年出版的《行动理论研究报告》和1956年出版的《经济与社会》两书为标志，主要成就是其结构功能主义理论体系从"三系统范式"向"四功能范式"扩展；第四阶段是 20 世纪 60 年代之后，标志性成果包括 1966 年出版的《社会：进化的与比较的视角》和 1971 年出版的《现代社会体系》，主要成就是为其结构功能主义理论体系补充了一个可以用来描述和解释社会变迁的"社会进化理论"。[1] 他撰写这篇序言的时间是 1968 年，此时《现代社会体系》一书尚待出版，所以帕森斯在序言中提到该书时说"即将出版"。帕森斯 1979 年去世，故帕森斯对自己的总结没有把他在 20 世纪 70 年代的著述包括在内。我国学者赵立玮参照帕森斯自己的思想分期也将帕氏的思想历程划分为四个阶段：前三个阶段在标志性著述、主要成就的表述方面与上述帕森斯自己的表述相同，第四个阶段除了把时间线延长到 1979 年帕森斯去世时为止，标志性成果也改换为 1977 年出版的《社会系统与行动理论的进化》和 1978 年出版的《行动理论与人类状况》两书，主要成就也被认为是将结构功能主义理论进一步扩展到"人类状况"层次，形成了一个关于"人类状况"的分析范式。[2] 但不管对帕森斯的思想历程如何进行分期，我们都可以将帕森斯的理论分成三个部分来加以考察，即"社会行动理论"、"社会系统理论"和"社会进化理论"。以下我们即按这三个部分对帕森斯的主要理论观点作一个简要的概述和分析。但在这之前，我们要先简要介绍一下帕森斯在社会研究方法论方面的理论立场。

## 一、分析的实在论

《社会行动的结构》一书是帕森斯的成名作，也是其社会理论形成的起点。在这本书中，帕森斯首先提出了一个他自己称之为"分析的实在论"（analytical realism）的理论立场，并从这一理论立场出发来展开自己关于社会行动以及其他有关社会理论问题的科学研究。

顾名思义，"分析的实在论"是"实在论"的一种。所谓"实在论"，

---

[1] 帕森斯：《社会行动的结构》，张明德等译，译林出版社，2003 年，"平装本序言"，第 19—22 页。
[2] 赵立玮：《规范与自由：重构帕森斯社会理论》，中国社会科学院社会学研究所博士学位论文，2007 年。不过，作者在将博士论文修改后正式出版时提法略有改变（参见赵立玮：《规范与自由：帕森斯社会理论研究》，商务印书馆，2018 年，第一章）。

指的是这样一种哲学或认识论立场,即认为在我们的主观意识之外存在着一个不以我们的主观意志为转移的客观实在,我们的全部认识(包括科学理论在内)都只是这种客观实在的一种反映或再现。用帕森斯的话来表达就是:"存在着一个所谓经验实在的外部世界,这个外部世界不是个人精神的产物,也不能在哲学意义上归结为一种观念的东西。"各种科学理论体系"同外部实在是一种功用性的关系;对于一定的科学目的来说,它们是对于外部实在的成分描述"。[1] "实在论"有各种不同的类型,其中有一类被帕森斯称为"经验主义"的实在论。持这种观点的人主张,所谓"实在"应该指的是各种"具体实在",即那些具有独立存在的外观因而能让我们看得见、摸得着的个别事物或事件;我们的科学理论应该都是对这些"具体实在"的描述,最终都应该能够还原为它们所指涉的那些"具体实在";凡是最终不能还原为这样一些"具体实在"的理论,都不是对客观实在真正科学的、正确的认识。[2] 帕森斯指出,这是一种对客观实在和科学认识之间关系的错误理解,或者,至少是对"行动科学"领域中客观实在与科学认识之间关系的错误理解。帕森斯认为,他在《社会行动的结构》一书中所做的分析表明,在行动科学研究中,至少有某些一般性的、抽象的理论概念"不是与具体现象相对应,而是与具体现象中那些只能在分析上与其他成分分开的成分相对应"[3],但这些理论概念也不像韦伯的"理想类型"概念所说的那样只是一种对于现实的"虚构",而是充分把握了客观外部世界的某些方面的。而承认这样一种一般性理论概念的存在,就必须接受一种可以称作"分析的实在论"的理论立场。这种立场既承认

---

[1] 帕森斯:《社会行动的结构》,第850—851页。

[2] 帕森斯指出了三种有所不同的经验主义立场。第一种他称之为"实证主义的经验主义"。这种经验主义主张,凡是一个理论体系所指涉的具体现象,都应该能够根据该体系的各个范畴加以理解,或者只要我们了解了该体系各个变量的值,我们就必然能够预见这些具体现象当中所有将要发生的变化。第二种经验主义被称为"特殊主义的经验主义"。这种经验主义认为,"只有关于具体事物和具体事件的细节的知识才是客观知识。各种具体事物、各个具体事件之间根据一般概念可以加以分析的因果关系,是不可能建立起来的。对这种因果关系,只能描述,只能按时间先后顺序来排列"。第三种经验主义是"直觉主义的经验主义"。这种经验主义承认社会科学需要有理论或概念的成分,"但是认为这个概念性成分只能是一个个别化的成分,它一定要阐述诸如一个人、一个文化复合体等等具体现象的独特个性。如果把这种具体现象分解成能够纳入不管哪一类一般范畴的各个成分,都一定会抹杀这种具体现象的个性,得到的不是正确的知识,而是对于实在的歪曲"。参见上书,第822—824页。

[3] 同上书,第825页。

我们所有的认识都是对客观实在的一种把握（而非一种"虚构"），但又认为并非所有的理论概念都是对一些"具体实在"的描述（而是对客观实在中某些"分析性成分"的把握）。

帕森斯指出，在以人类行动一类的复杂事物为研究对象的研究领域，"分析的实在论"立场具有十分重要的作用。人类行动一类的复杂事物是一个有机整体。作为一个有机整体，它是由许多"单位"（如"单位行动"）或"成分"（如目的、手段、条件、规范等）构成的。但这些"单位"或"成分"并非真正完全独立存在的实体，而只是可以分析性地区别开来的组成要素。它们的性质以及它们所构成的整体的性质，都只有在它们组成的整体的层次上才能够得到适当的理解。如果只是单独对这些"单位"或"成分"进行概括和研究，就既不能对它们的性质也不能对它们所构成的整体的性质有真正确切的把握。例如，人类行动总是可以理解为一个由许多"单位行动"构成的体系。但一方面，"单位行动"并不是一种真正独立的存在（它只是一种理论上的抽象），另一方面，作为一个体系的人类行动总是具有"单位行动"所不具有的一些特性。"抛开与同一行动体系里面其他单位行动的各种联系，从任何一个单独的单位行动里面，也看不到行动体系的那些特性。直接地去概括单位行动的那些特性，不可能得出行动体系的特性来。"[1]但从理论上对行动加以分析，把行动最终在概念上分解为一些"单位行动"，又是我们理解人类行动过程的一种逻辑或科学上的必要步骤。此外，把单位行动进一步分解为目的、手段、条件和规范等不同成分，也只是这样一种理论上的抽象。一方面，被我们当作目的、手段、条件等的那些具体现象只有在与"行动"相联系，被看作"行动"的一个组成成分时，才具有所谓的目的、手段或条件的特性。否则的话，它就可能是一种与行动完全无关的实在。例如，在一桩从桥上跳水自杀的案例中，"桥"可以被看作自杀者用来达到目的的条件之一。但如果不把桥与自杀行动相联系，而是孤立地来看待桥，那么它就可能只是一种由桥楼、悬索，或者由组成钢筋、混凝土的分子、原子等成分构成的物理的或化学

---

[1] 帕森斯：《社会行动的结构》，第 834—835 页。

性质的存在物而已。另一方面,自杀行动也是一个由特定的目的、手段、条件和规范成分共同建构而成的过程,它具有其中任一成分所不能说明的整体性质,不把这些成分(譬如桥)放置于同自杀行动其他成分的整体联系当中,而是单独对这一成分(桥)本身进行观察和研究,并不能帮助我们理解自杀者的行动。"因此,在概念上把单位行动分离出来,或者把构成单位行动组合的其他部分分离出来,就是一种抽象的过程。"[1]

帕森斯认为,分析的实在论者特别强调理论在科学研究中的指导作用。这主要是因为,在分析的实在论者看来,复杂的事物总是包含许多内容和性质不同的层次与方面。这些内容和性质不同的层次与方面有许多并不能真正地从时间与空间上物理性地或经验性地分离开来(当然,也有一些是可以从时间与空间上物理性或经验性地分离开来的),而只能从理论上分析性地分离开来。因此,为了对特定层次与方面的内容和性质进行研究,我们就必须借助特定的理论或概念框架,从理论上对事物的结构进行抽象分析,将这个特定的层次与方面同其他层次与方面在概念上分离出来,这样才能对其内容和性质进行相对独立的研究。例如,人类的行动过程实际上涉及文化、社会、心理、生物、物理、化学、力学等许多十分不同的实在层次。我们前面所说的自杀行动过程就既是一个社会行动的过程,又是一个心理和物理的运动过程。这些不同层次的过程并没有在时间和空间上实际地分离开来,而只能在概念上分析性地区分开来。如果没有相关方面的理论和概念框架作指导,我们在对自杀过程进行观察和研究时就有可能陷入一种盲目的境地,有可能把在时间与空间上联系在一起的那些层次和方面都纳入我们的观察和研究范围,从而影响观察和研究活动的效率和效果。譬如,我们或许本来是要从社会学的角度(而不是从物理学或化学的角度),来对一个自杀过程进行研究的,但由于缺乏一种适当的有关自杀现象的社会学理论或概念框架作指引,我们进行了许多与自杀现象的社会学方面无关的观察,搜集了许多与自杀过程的社会学方面无关的资料(如河水的矿物质成分、自杀者头发的自然颜色、建造桥梁的混凝土

---

[1] 帕森斯:《社会行动的结构》,第835页。

的分子结构等),这就会使我们有关自杀现象的社会学研究在效率和效果上大打折扣。因此,为了减少科学研究的盲目性,一项科学研究就必须在一定的理论指引下进行。

正因为如此,帕森斯才将理论研究置于一个非常高的地位。[1] 帕森斯旗帜鲜明地反对这样一种观点,即"认为科学知识的进步主要是由于累计地'发现事实'的结果。知识被认为完全是一个量的问题。唯一重要的事情是已经观察到了以前从未观察到的事物。按照这种观点,理论势必仅仅意味着概括已知的事实,也就是表明已知事实能够证实什么样的概括陈述。理论的发展就将完全包含在修正这些概括陈述以考虑新发现的事实的过程之中"。而"发现事实的过程被认为基本上不依赖于现有的那些'理论',是'闲着没事干的好奇心'之类的种种冲动的结果"。[2] 帕森斯指出,这是一种完全错误的观点。他表示,第一,"科学'理论'(其最通常的定义是一套以经验为依据的、在逻辑上互有关联的'一般概念')在科学的发展过程中不仅是个依变项,而且是个自变项。毋庸置疑,一个理论要正确,就必须符合事实[3],但并不能够因此得出结论,单凭不依赖于理论而发现的事实就可断定理论将采取什么样的形式,也不能说在将要发现什么样的事实和决定科学研究将朝什么方向发展方面,理论不是一项决定因素"[4]。第二,理论不仅是个自变项,而且反过来还决定着"事实"对于我们所具有的意义。虽然,"一个理论命题只要在科学上有一席之地,它本身就或者是关于事实的陈述,或者是关于事实与事实之间有何种关系的陈述。……我们关于该方面事实的知识发生的任何重要的变化,必然会自行改变这个理论体系中至少一个命题的陈述,并由于这种变化的必然逻辑结果,在较大或较小程度上改变其他命题的陈述",至于什么事实是"重要

---

[1] 众所周知,帕森斯终其一生都将理论研究当作自己最重要的工作。他戏谑地说自己"是一个不可救药的理论家"(T. Parsons, *The Social System*, Routledge & Kegan Paul, 1951, 扉页题词)。
[2] 帕森斯:《社会行动的结构》,第7页。
[3] 在对"事实"一词的理解方面,帕森斯似乎也希望与经验主义立场划清界限。他明确地区分了"现象"和"事实"两个概念:"事实"是"依据一个概念体系对现象作出的在经验上可以验证的表述";"现象"则是"真正存在的有形的实体"。"一个事实本身决不是现象,而是关于一个或有关几个现象的命题。"参见上书,第46页。
[4] 同上书,第7页。

的"或"不重要的",却在很大程度上取决于理论视角本身。一项事实是否重要,恰恰取决于它对科学理论所可能产生的影响。"一项科学上不重要的发现,不管它多么真实和由于其他原因显得多么有趣,对于该领域内的科学家所关注的一种理论体系,却并不产生任何影响。相反,即使从任何其他观点看来都是最微不足道的观察结果(例如一颗星星被观察到的位置与预测位置发生极小误差)都可能不仅是重要的,而且具有革命性的重要意义,如果它对理论结构有着深远的逻辑影响的话。"[1] 第三,理论不仅受事实性知识的影响,理论本身也帮助预测一些未知的新事实。理论不单是陈述已经观察到的事实,以及这些事实同其他业已察到的事实之间在逻辑上的关系,而且会告诉我们,在特定情况下应该能观察到哪些新的事实。[2] 第四,理论还限制着人们对经验事实产生兴趣的方向。"一般说来,对经验事实产生兴趣的方向首先将受到理论体系的逻辑结构的制约。与事实有关的某些问题的重要性为该体系的结构所固有。什么事实与解决这些问题的方法有关,在经验方面的兴趣就将集中于这些事实上面。理论不仅阐述我们所知道的事实,而且还告诉我们,什么是我们想要知道的事项,即那些需要回答的问题。此外,理论体系的结构还告诉我们,在对一个特定问题的若干可能答案中,可以有什么样的选择余地。"[3]

帕森斯指出,所有可由经验加以验证的知识都或隐或显地包含某种自成体系的理论。常常有人宣称他们的理论旨在仅仅说明事实,"让事实为自己辩护"。这种话是决不可信的。它实际上掩盖了这些人在"说明"事实时所隐含的理论体系。我们绝"不能由于一个人否认自己在建立理论就相信他的话,而不去考察他的言论中所隐然地包含的理论。这一点是非常重要的,因为在各门科学里,这种意义的'经验主义'一直是一种非常普遍的方法论立场"[4]。

帕森斯还指出,科学的发展包含两个方面的内容或特征。一是有关经

---

[1] 帕森斯:《社会行动的结构》,第8—9页。
[2] 同上书,第9—10页。
[3] 同上书,第10页。
[4] 同上书,第12页。

验事实的知识的不断增长,二是对于经验事实的解释以及与之相连的理论体系在结构上的不断变化。"科学的发展在很大程度上就是这二者之间的相互影响和作用。二者之间的一方都不是另一方的'原因',二者处于一种紧密的相互依存状态。"[1]

综上所述,帕森斯提出了一种被他称为"分析的实在论"的理论立场,用来作为自己从事社会学研究的方法论基础。帕森斯一生所从事的社会学研究,都是建立在这样一种"分析的实在论"的理论立场之上。换言之,帕森斯为自己一生的社会学研究事业确定的目标,就是要提出一些可以用来指导社会学经验研究的分析性理论框架。我们下面所要梳理的社会行动理论、社会系统理论和社会进化理论都是这种分析的实在论意义上的理论框架。

## 二、行动结构的分析框架

可能是受到了韦伯等人的影响,作为一位社会学理论家,帕森斯终其一生都是将"社会理论"与"社会行动理论"或"行动理论"等同,以所谓一般"行动理论"的建构作为自己的学术使命。在帕森斯看来,社会学所谓的"社会现实"其实不过是诸多行动结合而成的"行动系统"而已,所谓的"社会秩序"也不过是这种"行动系统"的内在秩序。帕森斯之所以致力于建立"一般行动理论",主要目的有二:一是为了纠正早期美国社会学界重经验轻理论的研究倾向,为美国社会学界提供一个具有指导作用的一般理论框架;二是欲通过对社会行动之结构和体系的探讨去寻求"社会秩序何以可能?"这个古典社会学理论中心问题的答案。为了达到这两个目的,帕森斯从欧洲思想界汲取营养,试图通过对前人相关理论(主要是实证主义和唯心主义的行动理论)的发掘和综合,来建立一个更一般的行动理论范式。

帕森斯对行动理论的探索,是从对"社会行动结构"的研究开始的,

---

[1] 帕森斯:《社会行动的结构》,第13页。

其初步成果主要体现在《社会行动的结构》(1937)一书中。

按照帕氏的说法，行动理论的对象是"任何在经验基础上与一个可以认为是由……'单位行动'的各个单位组成的具体体系"[1]。简言之，行动理论的对象就是"行动系统"，而行动系统则是由许多从分析上来说可以被视为许多体系之最基本组成单位的"单位行动"构成的。因此，为了说明行动系统，我们必须首先对单位行动进行描述。

按照帕森斯的说法，一个单位行动包含以下基本成分：(1)一个当事人或行动者。(2)一项行动目标，即该行动过程所指向或力图加以实现的未来事态。(3)行动所处的情境，其发展趋势在一个或几个重要方面不同于该行动所指向的事态或目的。这一情境又可以分解为两类成分：一类是行动者所不能控制的，即不能根据自己的意志加以改变或者防止它们被改变；另一类是行动者能够控制的，用来实现自己的行动目的。前一类成分帕森斯称之为行动的"条件"，后一类成分则被帕森斯称为"手段"。(4)这些基本成分之间某种形式的关系，或者更为准确地说，是影响或引导行动者对达到目的的手段进行选择的"规范性取向"。帕森斯认为，对于我们理解行动过程以及行动理论来说，后面这一成分是非常重要的。因为"只要该处境允许对于达到目的的手段有所选择，在那种选择中就存在着行动的一种'规范性取向'。在行动者控制的范围内，所采取的手段一般说来不能被认为是随意挑选的，也不应该被认为完全取决于行动的条件，而是必然在某种意义上受一种独立的、明确的选择性因素的影响，而要想了解行动的具体过程，就必须先了解那种选择性因素"。因此，"对于行动概念来说，重要的是应当有个规范性取向，而不是它应当属于哪一特定类型"。[2] 如何区别规范性取向的各种可能的类型，正是行动理论研究所面临的最为重要的问题之一。

帕森斯进一步补充说：(1)行动总是一个通过一定的时间来达到特定目的的过程，总是包含着"努力"的成分。"目的这个概念总是带有一种将来的含义，指一种尚未存在以及如果没有行动者的努力就不会存在的状

---

[1] 帕森斯：《社会行动的结构》，第85页。
[2] 同上书，第50页。

态,或者指一种即使已经存在也不会保持不变的状态。"[1]（2）行动者的目的和手段都有可选择的范围,而这种选择总是在特定规范性取向的约束和引导下进行的,因此,这就意味着发生错误的可能性,即未能达到目的或未能选择"正确"手段的可能性。（3）对行动的考察可以有两种视角,一是行动者自己的"主观"视角,二是观察者的"客观"视角。上述行动概念主要是从行动者的主观视角出发来界定的,但这不妨碍行动科学家从观察者的视角将它们作为一种客观对象来加以考察。同时,还需要注意从主观视角来看的行动者不等于作为生物学家研究对象的"生物体":从前一种视角来看,行动者的生物体也是其行动情境的一部分。（4）行动情境包括自然环境和生物机体两部分,它们都可能包含可以用物理学、生物学加以研究的成分,行动科学家或许需要掌握这些方面的一定知识,但只要掌握到行动研究所需要的限度即可。

为了帮助读者理解行动理论中不同理论类型之间的关系,在《社会行动的结构》一书中,帕森斯以数学公式的形式对行动理论的一般框架和不同类型进行了表述。行动理论的一般框架可以表述如下:

设：$A=$ 一个单位行动,则它由以下成分组成：

$S=$ 一种情境。从其与行动的关联来看,一种情境又包括以下成分：$C=$ 条件; $M=$ 手段; $i=$ 规范性或观念性成分; $i_e=$ 规范性或观念性成分的符号表达。

当人们依据科学的方法论标志来对行动者的主观方面进行分析时,情境及其成分就可以被主观地表示为：

$T=$ 行动者所具有的科学的正确知识。它包括两部分：$F=$ 对可验证的事实的陈述, $L=$ 从 $F$ 得出的逻辑上正确的推论。

$t=$ 从观察者拥有的知识来看属于可以认为本来应该能够正确加以科学阐述,但实际上并未被正确加以阐述的成分,或不科学的成分。具体又包括：$f=$ 自称为事实的错误陈述, $l=$ 逻辑谬误, $ig=$ 无知及客观可知但无主观表现形式的成分。

---

[1] 帕森斯：《社会行动的结构》,第50页。

$r$ = 依据 $T$ 和 $t$ 所代表的成分随意变化的成分。

$E$ = 目的。

$N$ = 有关 $E$ 和 $S$ 的选择标准。

再设：$Z$ = 一个行动系统。

$R_{el}$ = 系统中单位行动之间的基本关系。

$R_I$ = 在复杂到如下程度的行动系统中所产生的关系：在这些行动系统中，单位行动组合在一起构成了一些更大的和有组织的单位（个体或行动者），但是从这些个体或行动者的相互关系中还没有产生出突生特性（emergent）。

$R_C$ = 在作为社会群体成员的诸个人之间的关系中形成的突生性关系。

则可以将行动理论的一般化公式表示如下：

$A = S(M [表现于 T, t, r] + C [表现于 T, t, r] + i_e [表现于 T, t, r]) + E + N（通过 T, t, r, i 或通过 i_e 来界定）+ r（起表现 i_e 的作用，不起表现 S 的作用）$

$$Z = (A_1 + A_2 + A_3 \cdots + A_n) + R_{el} + R_I + R_C$$

以上只是关于行动理论的一般化表述，它表达的其实是帕森斯自己心中对行动理论的设想，而非社会理论研究领域实际存在的各种行动理论的观点。正如帕森斯所说的那样，除了他自己所主张的唯意志论行动理论之外，他在《社会行动的结构》一书中所讨论的许多思想史上出现过的行动理论体系，"都明确地或隐晦地以一处或多种限制条件限定了这一公式的普遍性"[1]，或者说，都以这种或那种方式遗漏或忽略了上述公式中某一或某些成分在行动过程中的作用，从而偏离了上述一般公式。

在《社会行动的结构》一书中，帕森斯讨论了三种主要的行动理论类型，即实证主义的行动理论、唯心主义的行动理论和唯意志论的行动理论。参照以上行动理论的一般公式，可以将这三种行动理论以公式表示如下：

---

[1] 帕森斯：《社会行动的结构》，第87页。

(1）实证主义的行动理论可以表述为：

$$A = S（主观地表现于 T, t, r）+ E（T, t, i_r）+ N（T, t, i_r）$$
$$Z =（A_1 + A_2 + A_3 \cdots + A_n）+ R_{el} +（R_I）+（R_C）$$

按照帕森斯的解释，该公式所表达的含义是："如果某个理论把正确的科学经验知识作为行动者对于所处情境进行主观取向的唯一有意义的模式，那么这个行动理论就是实证主义的。"这里的"情境"主要指的是"行动者所在的和行动者可以取得其经验知识的'外部世界'的一部分"[1]，而不包含"规范性或观念性成分"$i$及其符号表达$i_e$在内。按照上述公式，可以看到，对于实证主义行动理论来说，行动者用来引导自己对于所处情境的主观取向、确定行动目的以及确定手段—目的关系之选择标准的意义成分，要么是以科学方法论标准来看具有正确性的经验知识$T$，要么是从人们拥有的知识来看属于可以认为本来应该能够正确加以科学阐述，但实际上并未被正确加以阐述的成分（不合科学方法论标准的知识成分）$t$，或者与知识$T$即涉及情境过去、现在和未来状况的知识有关的随意性成分$r$。按照这种行动理论，在单位行动中，影响行动者的主要是行动者可以科学方式取得其经验知识的那部分"外部世界"及其对这一"外部世界"的主观表达，而规范性观念及其主观表达对行动的影响则完全付之阙如。单位行动之间的关系虽然可能出现三种不同的形式，但后面两种形式所加的括弧表示在这两种形式中的突生性可能出现也可能不出现。

（2）唯心主义的行动理论可以表述为：

$$A = S（i_e, r）+ E（i, i_e, r）+ N（i, i_e, r）$$
$$Z =（A_1 + A_2 + A_3 \cdots + A_n）+ R_{el} + R_I + R_C$$

该公式表达的含义是：在这种行动理论中，作为"行动者所在的和行动者可以取得其经验知识的'外部世界'的一部分"的情境因素及它的科学表达（无论是正确的还是不正确的）对行动者的影响消失了，存在的主要是规范性或观念性成分对行动者的影响，就像在实证主义那里，存在的

---

[1] 帕森斯：《社会行动的结构》，第87页。

只是前者而没有后者一样。在这里,"行动"变成了规范性或观念性成分的自我表达过程而已。可见,实证主义行动理论和唯心主义行动理论代表了行动理论当中的两种极端立场。

(3)唯意志论的行动理论可以表述为:

$$A = S(T, t, i_e, r) + E(T, t, i, r, i_e) + N(T, t, i_e, i, r)$$
$$Z = (A_1 + A_2 + A_3 \cdots + A_n) + R_{el} + R_I + R_C$$

该公式表达的是:唯意志论行动理论既承认作为"行动者所在的和行动者可以取得其经验知识的'外部世界'的一部分"的情境因素及它的科学表达对行动者的影响,也承认规范性或观念性成分对行动者的影响。一方面,同实证主义理论相反,"唯意志论的行动理论的基本信条是,无论从积极方面说,还是从消极方面说,科学知识的方法论体系都未能全部囊括行动中所有重要的主观成分。就主观成分不能成其为正确知识中的成分而言,无论是以无知和谬误这样的范畴,还是以这些成分在功能上对于那些能用非主观方式表述的成分的依赖性,抑或是以那些与主观成分偶然相关的成分,都无法将它们囊括无遗"[1]。"唯意志论行动理论体系中明确地包含着具有规范特性的成分。"[2]另一方面,唯意志论行动理论也"绝不否认条件成分和其他非规范性成分的重要作用,但是认为它们与规范性成分是互相依存的"。"唯意志论类型的理论包括规范性成分和条件性成分的相互作用过程,而在唯心论的极端,条件成分的作用消失了,就像在实证主义的极端,规范性成分的作用也相应地消失了一样。"[3]就此而言,可以说唯意志论行动理论是对实证主义行动理论和唯心主义行动理论的一种综合。

按照帕森斯的说法,《社会行动的结构》一书的主旨,就是通过对社会理论史上一些作者的相关著述的考察,来说明这样一个事实:在近现代西方社会理论的演变史上,存在着一个殊途同归的发展过程,这一过程构成了对社会现象的科学分析中的一场重大革命,即从实证主义(主要或首

---

[1] 帕森斯:《社会行动的结构》,第90页。
[2] 同上书,第91页。
[3] 同上书,第90—91页。

先是功利主义的实证主义）行动理论和唯心主义行动理论这样两种比较片面、比较极端的行动理论，向唯意志论行动理论这样一种更为全面、更为完善的行动理论体系的转变。帕森斯主要通过对马歇尔、帕累托、涂尔干和韦伯四位理论家相关著述的研究来呈现这一转变。他认为，仔细审视这四位理论家的研究，我们可以看到现代西方社会理论思维结构上的一个主要运动，"与功利主义的实证主义和唯心主义这两种根本传统的背景相反，这一运动代表了关于人与社会问题的欧洲——在那个时候实际上就等于是西方——思想的一个全新的发展阶段"[1]。

帕森斯指出，在近代西方思想史上，首先形成并长期存在一种可以被称为"功利主义的实证主义行动理论"的体系。正是这种行动理论体系构成了上述理论转变过程的起点。如上所述，实证主义行动理论是帕森斯勾勒的三种主要行动理论体系中的一种，但它本身又可以进一步分为许多不同的亚类型。例如，从对单位行动的理解方面看，可以区分出"激进的实证主义"和"统计的实证主义"两种亚类型；前者还可以分为"激进理性主义的实证主义"和"激进反智主义的实证主义"两小类。从对行动系统的理解方面看，可以区分出"个人主义的实证主义"和"社会学的实证主义"等亚类型。将这两个层次上的亚类型结合起来，就可以形成一些更为复杂的分类。所谓"功利主义的实证主义"，就是将"理性主义"、"个人主义"和"统计的"实证主义混合起来的一种实证主义行动理论体系。作为一种"功利主义"行动理论，它的特点是："原子论"或"个人主义"倾向（将行动系统视为由各自独立的、在行动目的方面缺乏整合的、"原子化"的个人行动的简单集合）、合理性倾向（强调行动的合理性，但主要将这种合理性局限于对手段的评估）、经验主义倾向（强调根据可由经验科学知识证实的理由来评价行动手段的合理性）、目的随意性倾向（认为构成行动系统的每个行动目的是偶然、任意形成的）。作为一种"实证主义"行动理论，它的特点是：主要将可用来对行动手段之合理性进行评估的经验知识确定为以实证科学方法所获得的那些正确知识。[2]

---

[1] 帕森斯:《社会行动的结构》，第16页。
[2] 同上书，第56—75页。

帕森斯认为，功利主义的实证主义行动理论其实包含一些难以解决的内部矛盾。如上所述，按照功利主义的立场，在单位行动层面上，行动具有目的随意性和手段合理性特征。但从行动理论的构建来说，这两个特点都难以令人满意：首先，对"目的随意性"的强调实际上将对行动目的的研究排除在了科学研究的范围之外，构成了对行动进行科学研究的一种特别限制。这是包括实证主义者在内的行动理论家大多不能接受的。包括实证主义者在内的行动理论家必然试图摆脱这种限制。但是，在实证主义基础上，只有一个途径可以摆脱这种不能令人满意的限制。如果我们认为行动目的并不是随意确定的，那么，从实证主义的角度来看，只能是行动者对目的的选择可能基于对经验现实的科学了解，用对经验现实进行科学研究所得的知识来帮助自己确定行动目标。但这样一来，行动就变成完全由它周围的情境条件来决定的，行动成为一种合理地、被动地适应情境条件的过程。行动者在行动过程中的主观能动性完全消失，或者降低为了解情境和预测情境未来发展这样一种作用。由于构成行动情境的主要是遗传和环境两个方面，因此，如果行动主要是由情境决定的，那么，也就不需要了解主观因素在行动过程中的作用，用生物学理论就可以对人的行动作出科学解释，专门的行动理论也就完全没有存在的必要。这就形成了一个矛盾：要么坚持行动的随意性原则，从而在行动目的方面放弃实证主义立场，将行动目的排除在实证科学研究的范围之外，认为它是无法用实证科学方法加以把握的；要么放弃对目的随意性的强调，但却不得不将行动理解为完全由情境决定的，从而完全消除在生物学之外对行动过程进行专门科学研究的必要。其次，对"手段合理性"的强调也会引出类似的结论。从实证主义的立场来看，"手段合理性"的含义是，依据以实证科学方法获得的正确知识来对行动手段的合理性进行评估。这就导致两个结论：如果我们发现一项行动偏离了"合理性"标准，那我们只能将它归结为"无知"或"谬误"两个因素的结果，而无法作出其他解释；即使我们能够消除"无知"或"谬误"对行动的影响，那能够引导我们正确行动的知识也只能是关于行动情境（遗传和环境）因素的知识。因此，这意味着最终还是只能也只需要依据遗传和环境这样一些情境因素来对行动进行解释，而无须了解人的主观因素对于行动的影响；只能也只需要用生物学知识解释人类的行动，而没有对行动过程进行专门科学研究的必要。这样，对于功利主义的实证主义者来说，他也必然面临这样一个矛盾：要么放弃"手段合理性"这样一个功利主义的基本原则，要么放弃用科学知识来对手段合理性进行评估这样一个实证主义的基本原则。其实，功利主义的另外两个特点即对"经验主义"和"个人主义"的强调，与实证主义结合在一起的时候，同样也会引致上述困境：因为对于实证主义来说，经验知识就是关于情境即遗传和环境因素的知识；而对于原子化的个人而言，能够对他的行动直接产生影响的因素，也是遗传因素。

因此，功利主义的实证主义行动理论体系必然是一个缺乏内在稳定性的理论体系。虽然由于霍布斯、洛克等早期思想家的影响，它成为西方思想史上较早形成的行动理论体系，但其隐含的内在矛盾必然会推动从它出发的理论家逐渐形成偏离和超越它的理论立场。帕森斯从实证主义和唯心主义两种思想传统中都发现了这种偏离和超越功利主义实证主义行动理论体系的思想运动。对于帕森斯来说，最重要的一点是，源自两种不同思想传统的、偏离和超越功利主义实证主义行动理论的思想运动，其方向或效果却是一致的，即都以不同的方式促成了唯意志论这种更为完善的行动理论体系的出现。

在实证主义这一传统中，帕森斯以马歇尔、帕累托和涂尔干三位理论家为例来对这一思想运动进行描述和分析。他指出，作为一个经济学家，马歇尔理论的出发点自然是功利主义和实证/经验主义的。作为一个功利主义者，他也主要是以手段—目的图式为工具来描述和分析人们的经济行动。但马歇尔在对经济活动进行分析时，却发现了一些不能单纯用功利主义原则（如"手段合理性"）加以解释的事实。首先，马歇尔发现，人的需求并非完全独立自主的，也不是由遗传或环境决定的，有些需求，尤其是现代社会里观察到的许多需求实际上是由人们的经济活动本身创造出来的；其次，马歇尔发现，人们从事经济活动，也不单是为了获取财富来满足个人需求，更主要的是出于对人的一些具有高度道德价值的品质或美德（如活力、首创精神、进取心、合理性、节俭、勤奋、正当经营等；与之相反的品质是懒散、迟钝、屈从习惯、庸碌无为、奢华、铺张、浪费、言而无信等）的追求[1]，在现代社会中尤其如此。帕森斯认为，马歇尔"考虑和认可经济活动，更多地是把它们视为展现和发挥这些品质的方式，而不是获得最大满足的手段"。马歇尔之所以坚持自由放任原则，也是由于他相信"只有'自由企业'才能为展示他从道德角度加以珍视的那种品格特征提供适宜的场所"。因此，马歇尔实际上通过自己的经济活动概念"揭示出这样一个事实，即这一概念的核心是一种价值成分，一种直接体现在行动中的共同的终极价值观体系，由别的观点看来，那些行动同时也就是获取财富的行动"。[2] 帕森斯指出，"这些价值观念与韦伯所说的资本主义精神，特别是其禁欲主义方面中所包含的价值观念极其相似"[3]。甚至和韦伯一样，马歇尔也将这些价值体系视为社会进化的原动力。遗憾的是，马歇尔把经济学看作关于人类日常生活的百科全书式学科，从而没能超出经济学的限制去构建独立的社会行动理论。但他所发现的这些事实已经超出功利主义和实证主义所能解释的范围，从而朝着发现一种唯意志论行动理论的方向迈出了重要的一步。与此不同，同为经济学家，帕累托在这方面则超越了马歇尔。帕累托同样首先以手段—目的图式为基础来描述和分析人的行动，但帕累托在对经济行动进行研究的过程中也发现了一种与主要由经济行动的特性（可以用逻辑—实验科学知识将行动与其目的有逻辑地联系在一起）引申出来的"逻辑行动"性质不同的行动类型。对于这类行动，我们无法像逻辑行动那样用逻辑—实验科学知识，而只能用一些并非属于"无知"或"谬误"一类"不科学"范围的"非科学"知识（如关于某种终极价值体系的知识，这种知识主要是行动者内部情感世界而非外部客观世界的表现）将其与目的联系起来，并且，也只能用共同价值体系一类的"非科学"知识来解释一个集体中不同个体行动目的之间的整合。帕累托将这种行动称为"非逻辑行动"。这种"非逻辑行动"同样超出了功利主义和实证主义的解释范围。但和马歇尔不同，帕累托把后者从经济学

---

[1] 帕森斯：《社会行动的结构》，第 152 页。
[2] 同上书，第 505 页。
[3] 同上书，第 794 页。

中分离出来,将其作为一门新的学科即社会学的对象加以研究,这就使他有可能在朝着唯意志论行动理论的方向上取得更大的进展。尽管如此,帕累托仍然没有形成一个明确的唯意志论行动理论框架。与马歇尔和帕累托不同,涂尔干在其社会学研究活动的开端就对功利主义理论进行了明确的批判,指出功利主义的原子论个人主义、目的随意性等观念无法揭示社会秩序和社会整合问题,而必须将道德观念等他称之为"集体良知"或"集体表现"的因素引入对社会行动和社会秩序的解释框架。但由于他是站在实证主义的立场来进行这种批判的,因此在试图朝着偏离功利主义立场的方向前进时不可避免地要遭遇上述实证主义可能面临的困境(走向自然情境决定论、否认在生物学等自然科学之外对行动进行专门研究的必要性等)。为了走出这种困境,拒斥简单地用个人遗传或自然情境因素来揭示社会行动与社会秩序的立场,涂尔干不得不将道德观念等社会行动和社会秩序赖以维系的因素构想为一种与(源自自然科学的)传统实证主义所说的外部实在("自然实在")有所不同的外部实在,即"社会实在"。这种社会实在与自然实在一样,具有独立于个人意识的那种外在性、强制性,但在内容上却并非由自然物质所构成,而是由社会成员共享的情感、信仰、习俗、道德和法律观念等精神性或意识性成分所构成。由于这种"集体良知"或"集体表现"具有像自然事物一样的客观实在性,因此依然需要且可以借助实证科学的方法(而不能由行动者或观察者个人随意想象)来加以了解;又因为"集体良知"或"集体表现"的内容是精神性或意识性的,因此也不能从行动者个人的遗传禀赋或环境状况的研究当中推演出来,而必须借助一门对其进行专门研究的学科即"社会学"的研究来加以了解。涂尔干由此构建了一种与传统实证主义不同的"社会学实证主义"理论体系。帕森斯认为,涂尔干的"集体良知"或"集体表现"等概念实际上已经将作为唯意志论行动理论之核心概念的"共享价值体系"明确地表述出来,从而朝着建构唯意志论行动理论的方向迈出了更大的步伐。然而,同样遗憾的是,由于涂尔干自始至终坚守实证主义的方法论立场,在抛弃了功利主义立场的前提下,坚持认为行动者的行动(从目的的确定到对行动手段的选择等)完全都是由"集体良知"或"集体表现"构成的

"社会环境"（条件）决定的，从而意识不到他所称的"集体良知"或"集体表现"只是行动过程中的一个分析性成分（除此之外，还有条件、手段、人格、目的等其他成分），而非影响行动的唯一因素，更非独立于行动者行动过程的一种实体性存在（因而也不能用实证主义的经验主义方法来加以把握）。尽管如此，和马歇尔、帕累托一样，涂尔干的思想轨迹同样体现了行动理论从功利主义的实证主义向唯意志论方向转变的必要性和必然性。

在唯心主义这一传统中，帕森斯以韦伯为例来描述和分析同一思想运动。社会思想中唯心主义传统的主要特征是，强调观念才是人类生活中最根本的"实在"，是人类生活和行动的决定性因素。而且，对于唯心主义者而言，他们所说的作为人类生活和行动之决定性因素的观念主要是各种价值观念，而非科学理论一类的观念。作为一个深受唯心主义传统影响的学者，韦伯很自然地坚持上述观点，并将它用于对资本主义的起源和发展一类现象的研究，认为导致现代理性资本主义首先在西方国家形成和发展的主要原因是基督新教徒所信奉的那套与"资本主义精神"有着高度亲和性的宗教价值观念，正是这套宗教价值观念推动新教徒去积极从事符合理性资本主义精神的那些事业，从而促进了理性资本主义在西方世界的形成和发展。韦伯从唯心主义传统中继承来的这种用价值观念来解释社会行动和社会生活的立场，和唯意志论行动理论对"共有价值观念"在行动中之作用的强调是完全一致的。但更有意义的是，韦伯虽然是以唯心主义传统作为自己的出发点，但他并没有将自己局限于这一传统。相反，他从唯物主义和实证主义那里受到启发，认为对行动过程发生作用的不仅仅是观念因素，除了伦理价值等观念因素之外，其他一些非观念性的因素在行动过程中也具有一定的位置，只不过那些因素是作为机会、条件、结果、环境等来发生作用的。虽然"观念和与之相连的终极价值这两者的作用，对于韦伯的思想而言是根本性的。但是，同样重要的是，这些成分都不是孤立的，而是与其他独立因素处于复杂的相互关系之中。离开环境和遗传的独立性，离开终极价值、观念、态度、各种规范相互之间以及它们与遗传和环境之间的复杂关系，具体的社会生活和我们在经验上所了解与韦伯所研究的那样的行动，就是根本无从设想和不可思议的"[1]。这就使得韦伯的行动理论更加接近唯意志论行动理论的立场。可以说，唯意志论行动理论在韦伯这里已经呼之欲出，唯一遗憾的是，韦伯自己并未明确地意识到这一点，更未将这一行动理论体系明确地表述出来。

帕森斯认为，以上例举的四位作者虽然是分别从实证主义和唯心主义两种思想传统出发来对行动进行研究的，但却不约而同地以不同方式、在不同程度上转向了唯意志论的行动理论，这充分表明了唯意志论行动理论是一种能够对相关经验事实作出更好解释，因而有关行动的理论思考最终必然要趋近的行动理论体系，它应该成为我们对社会行动和社会生活进行研究的一个新的出发点。

## 三、行动系统的分析模型：早期模型

在《社会行动的结构》一书中，帕森斯虽然既讨论了"单位行动"的结构，又讨论了"行动系统"的结构，但大体上说其主要篇幅是在讨论"单位行动"的结构问题，对于"行动系统"的结构问题只是附带说说而已。但自此之后，按照帕森斯自己的追溯，他的主要研究兴趣便转向了后者。对"行动系统"及其结构，尤其是对作为行动系统之一的"社会系统"及其结构的探索，成为帕森斯20世纪40年代之后大部分著述的主要话题。而帕森斯在这方面所取得的初步成果，集中体现在1951年出版的《走向行动的一般理论》和《社会系统》两书中。

如前所述，行动系统是由许多单位行动构成的。从前述帕森斯关于行动系统的公式可以看到，在帕森斯看来，行动系统也有简单和复杂之分：简单的行动系统是由个体行动者的一系列逻辑上相互关联的单位行动构成的（帕森斯用符号 $R_{el}$ 来表示）；稍微复杂点的行动系统则是由个体行动者完成的所有单位行动构成的整体（帕森斯用符号 $R_I$ 来表示）；更为复杂的行动系统则是由两个及更多个体行动者的行动连接起来构成的（帕森斯用符号 $R_C$

---

[1] 帕森斯：《社会行动的结构》，第766—767页。

来表示）。不过，从社会学研究的角度来说，前面两种行动系统都不会导致社会关系的形成，只有最后一类行动系统才包含社会关系，才属于社会学研究的主要对象。当然，最后这一类行动系统也可以有简单与复杂之分：最简单的行动系统是由两个行动者的社会行动构成的；简单的行动系统复合，又组成了更为复杂的行动系统；复杂的行动系统又包括由众多个体行动者之间的互动构成的行动系统，及由集体行动者之间的互动构成的行动系统等。因此，帕森斯之后所研究的行动系统主要是这种包含着社会关系的行动系统。下面我们所说的"行动系统"也主要是指这一类行动系统。

就这类（包含着社会关系的——以下不再重复这些限定词）行动系统而言，无论它是简单的还是复杂的，都包括若干相互联系、相互影响的子系统。在《社会系统》和《走向行动的一般理论》两书中，帕森斯认为，这些作为行动系统之组成部分的子系统主要有三个，即人格系统、社会系统、文化系统。

按照帕森斯的界定，所谓人格系统，指的是一个行动者的行动取向及其伴随的行动动机的组织系统。所谓社会系统，指的是由多个行动者在一个共同的情境中通过互动而形成的各种社会关系所构成的组织系统。社会系统和人格系统之间存在着非常密切的关联，但它们既不能被混同，也不能被用来解释其中的另一方（就像我们在涂尔干那里曾经看到的那样）；社会系统绝不是一组人格的合成物。所谓文化系统，则指的是我们通常所说的价值、规范、符号等文化传统所构成的组织系统。同人格系统和社会系统不同，文化系统不是一种经验性的存在，且具有相对于人格和社会系统的独立性，既不能被还原为人格系统，也不能被还原为社会系统，或者被还原为这两者；文化传统既可以是行动取向的对象，又可以是行动取向的组成要素。因此，具体的行动系统具有心理、社会和文化三个面向。[1]

人格系统包括两方面的成分，即动机取向和价值取向。动机取向指的是行动者希望获得满足的各种需要或希望避免的各种损失；价值取向则指的是支配着行动者不同需要（目标）的优先性及其对满足需要（实现目

---

[1] T. Parsons, *Towards a General Theory of Action,* Chapter 1, Part 1, Harvard University Press, 1951.

标）的手段进行的选择的规范性准则。而无论是动机取向还是价值取向，又都可以进一步区分为三个方面，即认知方面、情感投注（cathectic）方面和评价方面。具体言之，动机取向的三个方面包括：（1）动机取向的认知方面。指行动者对其所处情境的认知，行动者据此对情境中的不同客体进行辨识和归类。（2）动机取向的情感方面。指的是行动者对情境或客体所作出的情感反应，这些反应与行动者的需要或目标相关。主要有积极反应或消极反应两种类型：一般而言，对于那些有益于其需要的满足或目标的达成的情境或客体会有积极的情感反应，反之则有消极的情感反应。（3）动机取向的评价方面。指行动者在不同认知或情感取向之间进行的选择。价值取向的三个方面包括：（1）价值取向的认知方面。指行动者用来对认知结果的有效性加以判断的规范性准则。（2）价值取向的鉴赏（appreciative）方面。指行动者对情感反应的适当性加以判断时所遵循的规范性准则。（3）价值取向的评价（道德）方面。指行动者依据特定行动和行动类型对其所在行动系统的效果，以及行动者对这些后果的责任，来对其加以评价时所遵循的规范性准则。毫无疑问，在人格系统的这两个方面中，从总体上看，是价值取向影响或决定着动机取向。[1]

价值取向归根结底来自文化系统。与价值取向的构成类似，文化系统在内容上也包括认知、鉴赏和评价三个方面。构成认知方面的是文化中的观念或信仰系统（systems of ideas or beliefs），构成鉴赏方面的是文化中的表达符号系统（systems of expressive symbols），构成评价方面的是文化中的价值取向系统（systems of value-orientation）。价值取向系统又可以进一步细分为认知规范、鉴赏规范和道德规范三个方面。以一种非常类似涂尔干的立场，帕森斯认为，文化系统的这三个方面，对于行动系统的组成来说，价值取向系统具有最为关键的或决定性的意义。而其中又以道德规范具有最为关键或决定性的意义，因为处于社会互动过程中的行动者正是依据它来界定各方的权利和义务。尽管如此，价值取向的三个方面在人们的行动取向中始终存在，而且在不同的行动过程中优先地位会有不同。根

---

[1] T. Parsons, *Towards a General Theory of Action,* Part 2.

据这种不同，我们就可以将行动区分为三种不同的类型，即认知取向的行动、表达取向的行动和道德取向的行动。

社会系统是由两个及两个以上处于互动过程中的个体行动者之间的关系构成的，但社会系统并非直接由这些行动者作为单位构成。[1]社会系统的基本构成单位是"角色"。[2]所谓"角色"，按照帕森斯的说明，指的是行动者取向中一个被组织起来的领域，它由一组行动者和其他互动参与者共同拥有的、与互动各方的行动相关且相互补充的"期待"所组成。正是这些期待构成并界定了行动者在互动过程中的参与行动。[3]因此，社会系统首先是由各种不同的"角色"构成的。一个人或一个集体通常可以担当几种不同的角色，如某个人既是教师，又是父亲、丈夫、独生子，还是某业余俱乐部的成员等。所谓互动，不是笼统地指人与人之间的互动，而是具体的角色与角色之间的互动。不过，从结构上看，角色的分配并不限于以"期待"为内容的角色本身的分配，除了角色的分配之外，在社会系统中还存在着与角色分配相应的其他要素的分配，主要包括三个方面：（1）人员的分配；（2）资源的分配；（3）报酬的分配。因此，从结构上看，社会系统包括了角色结构和分配结构两个方面。帕森斯还认为，一个社会系统由哪些不同类型的角色构成，一般说来取决于这个社会系统要正常存在有哪些功能需求必须得到满足。帕森斯提出，在社会系统中，行动者必须加以解决的问题主要有三大类：（1）工具性问题，即获取、加工和配置物质资源及收益的问题，这类问题需要由经理、工头和工匠等经济角色来解决；（2）表达性问题，即在行动者之间建立情感的问题，这类问题需要由

---

[1]　任何一组个体行动者的互动关系系统都是社会系统。所谓"社会"，不过是一种特殊的社会系统，这种社会系统将其持续存在所必要的前提包括了自身之内，从而成为一种自我维持的社会系统。这些必要前提有：围绕着领土性区域和亲属关系而组织起来；一个用于决策和分配资源及报酬的系统；控制那些分配和调节冲突与竞争过程的整合结构。（参见 T. Parsons, *Towards a General Theory of Action*, p.26。）

[2]　本书此处采用的是帕森斯在《走向行动的一般理论》一书中的说法。但在《社会系统》一书中，帕森斯对社会系统的基本构成单位有不同的说法。与在前一本书中将"角色"视为社会系统基本构成单位的说法不同，在后一本书中，帕森斯从四个不同层面提出了社会系统的四种不同构成单位：首先是"行动"，它是行动系统的基本单位，因而也是作为行动系统组成部分之一的社会系统的构成单位；其次是"地位—角色"，其中"地位"指行动者在被视为一个结构的关系系统中相对他人所处的位置，"角色"则是从对于社会系统所含功能意义方面来看行动者在与他人的关系中的行为；再次是"行动者"本人；最后是集体行动者。（参见 T. Parsons, *The Social System*, pp.24-26。）

[3]　T. Parsons, *Towards a General Theory of Action*, pp.23-24.

情人、母亲、艺人等表达性角色来解决；（3）整合性问题，即协调社会系统各成员或部分之间的关系使之成为一个团结的整体，这类问题需要由政治家、牧师、教师一类领导者角色来解决。而各种角色之间的互动模式都不能完全由互动双方任意确定，须有相对的稳定性。保证这种稳定性的机制就是角色互动模式的制度化。社会系统中的制度也有三种类型：（1）关系制度，即用来对互动双方的角色期待进行界定的制度。（2）调节制度，即用来从目标和手段方面对行动者个人利益之合法界限加以界定的制度。调节制度又包括用来对个人目标与共同价值观进行整合并对现代手段的合法性加以界定的工具性制度、用来对表达行动的适当性加以界定的表达性制度和用来对个人或集体的道德责任加以界定的道德性制度三类。（3）文化制度，即用来对行动者的信仰、符号和道德义务加以界定的制度。

帕森斯指出，行动系统的三个子系统之间是一种既相互独立又相互依存的关系。所谓相互独立，指的是人格系统、社会系统和文化系统是构成行动系统的三个不可或缺的部分，不能将它们当中的任何一个还原或归并为其他一个或两个。例如，不能将人格系统还原为社会系统或文化系统。虽然人格系统受到社会和文化系统的强烈影响，但由于行动者的遗传和所处环境的独特性，其人格系统总会具有一些不能用社会和文化因素来加以解释的独立性。或者反过来，也不能将社会系统还原为人格系统或文化系统，以及将文化系统还原为人格系统或社会系统。所谓相互依存，则指的是这三个子系统中的任何一个都不能离开其他两个子系统而独立存在。例如，离开了社会系统和文化系统，人格系统就成了一种纯生物意义上的存在；离开了人格系统和文化系统，发生在社会系统中的那些行动就失去了动机和价值方向；而离开了人格系统和社会系统，文化系统就失去了存在的经验载体。

由于行动系统三个子系统之间是一种既相互独立又相互依存的关系，因此，人格系统、社会系统和文化系统在内容方面必须相互协调、保持一致，行动系统才能正常运作。帕森斯明确指出，这三个子系统之间最低限度的协调一致，是行动系统和社会系统正常存在所必须要加以满足的功能性必要条件。帕森斯说："行动系统是围绕着个体行动者、互动系统和文化模式系统三个整合性焦点建构起来的。它们相互隐含，因而其中任何一个的变异性都受到它与其他两个子系统任何之一的功能状况维持最低限度相容性这一点的限制。"[1]

为了实现人格系统、社会系统和文化系统之间的这种协调一致，必须有一些机制来完成对这三个子系统的整合。这种整合机制主要包括人格系统中的学习/内化机制和社会系统中的制度化、社会化及社会控制机制。通过学习/内化机制，人格系统将文化系统中的特定文化模式内化，使之成为自身内部价值取向系统的内在成分。通过制度化机制，社会系统将文化系统中的特定文化模式贯彻到自身内部的角色（及其分配）结构中，使之成为角色互动模式的稳定成分。[2]通过社会化和社会控制机制，社会系统将在特定文化模式引导和约束下形成的角色期待及其互动模式转化为行动者人格的内在成分。

随着文化模式尤其是价值取向模式在社会系统中的制度化，在人格、社会系统和文化之间便形成了一个三重相互整合的循环机制。在这三个子系统中，对于我们分析和理解行动系统而言，文化系统是最为重要的。通过在社会系统中被制度化为合法的角色期望，以及通过在人格系统中被内化为行动者的人格动机，文化系统所包含的那些信仰、表达和价值取向模式既为行动目标的选择也为行动手段的选择提供了约束和指引。哈贝马斯曾经用下图来表述帕森斯的上述思想（见图3-1）：

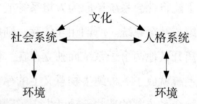

图3-1 人格、社会和文化系统整合的循环机制

---

[1] T. Parsons, *The Social System*, p.27.
[2] 角色的制度化的前提是互动双方对自己和对方的角色期待与主导的文化模式相一致。当角色期待与主导的文化模式相一致，并且是由与角色所在集体的成员共享的价值取向相一致的那些期待组织起来时，就会被制度化。"制度化一词既意味着集体成员对共同价值观的内化，也意味着对责任性角色位置的占据者之规定性或禁止性角色期望的表达。"（T.Parsons, *Towards a General Theory of Action*, p.203.）"相对于一组行动者的行动，只要与一种价值取向规范相一致，这种价值取向规范满足双重标准，即从系统中任意给定行动者的角度来看，既是其自身需求的一种满足模式，又是其他重要行动者反应的一种最优状态，这种规范就将被认为是'制度化'了。"（T.Parsons, *The Social System*, p.38.）

在《社会系统》一书中，帕森斯特别就社会系统如何保证自身稳定性的问题进行了说明。帕森斯指出，一个社会系统如果要保持自己的稳定存在，就必须使系统内承担各种角色的行动者在价值取向上保持协调一致，这种价值取向上的协调一致以及由此产生的互动过程的系统性稳定状态，用一个概念来表示，就是"均衡"。帕森斯认为，为了保持自己的稳定存在，一个社会系统的各种运行过程和机制总是要指向均衡这个目标状态的，总是以消除系统内部的不协调因素、维持或恢复系统均衡状态为基本内容的。社会系统的均衡问题，归根到底是角色之间关系的均衡问题。社会系统均衡状态的实现和维持，归根到底是要确保承担各种社会角色的个人的行为与社会系统的角色要求（或期望）相一致。帕森斯进一步说，所谓社会系统的均衡，就是每个人都知道社会系统期待他扮演的角色是什么，并且每个人都按照社会系统对自己的期待而行动。一言以蔽之，所谓社会系统的"均衡"，始终意味着行动与制度化的规范模式系统的整合。[1]

　　那么，怎样才能做到这一点呢？帕森斯认为，使个人行动（动机）与社会系统的角色期望相一致的途径主要有两种，即社会化和社会控制机制。

　　所谓社会化，就是个人通过"学习"社会已形成的、所需要的行为规范和价值观念，将这些行为规范、价值观念内化为自己的人格成分的过程，是未来社会角色的扮演者了解、学习与该角色相应的社会期望或要求的过程。家庭、教育机构等机构，其中尤其是家庭，是执行社会化这一功能的主要机构。在人的社会化的早期阶段，父母等亲属起着至关重要的作用；到了后来，教师等人的作用也日益明显。帕森斯指出，新生的社会成员具有可塑性和敏感性。儿童是一张白纸，一个空无一物的容器，它必然会被一种特定的文化价值观念和社会角色期望所填充。通过社会化，社会所要求的行为规范、角色期望就从一代人传给了下一代人，并内化为新一代人的个人人格，使他们自觉按照社会系统对他们的期待和要求去行动，满足社会系统的功能要求，从而使社会系统的均衡状态得以维持。

---

[1] T. Parsons, *The Social System*, p.250.

但是，社会化的过程并不是完全的、充分的。个人的需求倾向不可能与社会的角色要求和价值取向全然吻合，结果是部分个人行为背离社会角色要求、价值取向，导致越轨行为的出现。由于越轨行为会破坏已建立的社会系统的整合或均衡，而这些越轨行为又不可能单纯通过自觉社会化的过程来消除，因而必须用其他的社会机制来处理它们，这种机制就是社会控制机制。

按照帕森斯的说法，越轨和社会控制机制都可以从两个不同的角度加以定义。首先，从行动者的角度来看，越轨可以被定义为一种违反制度化的规范行为模式的动机倾向，社会控制机制则可以被定义为发生在该行动者和与之互动的其他行动者之间的一种趋于抵消该行动者违规倾向的过程。其次，从互动系统的角度看，越轨可以被定义为一个或多个行动者以一种扰乱互动均衡状态的方式行动，这种行动的结果要么是改变互动系统的现状，要么是借助反作用力达到一种新的均衡状态，这种反作用力就是社会控制机制。

帕森斯认为，产生越轨行为的一个主要原因是，系统均衡状态被任一因素扰乱，致使行动者对他人的期待未能在互动过程中实现，从而产生了紧张感或压力。帕森斯分析说，面对这种压力，行动者首先可以采用以下方法的一种或几种来加以纾解：一是重构自己的需求倾向，压制或放弃自己未能满足的需求；二是放弃现有的互动对象，寻找新的互动对象；三是重新界定或否定他人不再遵从的价值模式。若此，社会互动系统将取得一种新的均衡状态。当然，作为互动对象的他人也可能放弃自己改变了的行为。若此，社会互动系统旧有的均衡状态将得以恢复。但是，也可能出现这种情况，即由于这样或那样的原因，行动者无法放弃与现有互动对象的关系，或者无法放弃与现有互动对象原本共享（虽然后者已然不遵从）的价值模式。在这种情况下，行动者将形成一种矛盾的态度/动机结构。一方面，他不得不坚持与现有互动对象之间的互动关系，坚持与现有互动对象原本共享（但已被后者放弃）的价值模式。但另一方面，这两种坚持都已经和以前不一样了：在对现有互动对象的坚持中已经不能不包含一些对后者的负面或敌意态度，在对与现有互动对象原本共享的价值模式的坚持中也不能不包含对相关代价的不满或怨愤。这些矛盾都将使行动者陷入一种与互动对象乃至与自身人格某些方面的情感冲突。帕森斯将这种矛盾动机结构中的负面成分称为"偏离性需求倾向"（alienative need-disposition），正面成分称为"遵从性需求倾向"（conformative need-disposition）。面对这种矛盾的动机结构所产生的压力，行动者有两个基本的选择：一是将上述矛盾结构中的某一方面加以抑制，只允许另一方面得到公开的表达；二是寻找一种方式使相互矛盾的两个方面都获得满足。在前一种情况下，当行动者选择对负面成分强制性地加以抑制，从而使遵从性成分在动机结构中占据主导地位时，则可以将此时形成的动机/行为称为"强制性遵从"（compulsive conformity），反之则称为"强制性偏离"（compulsive alienation）。但无论是何种选择，都会造成互动中的恶性循环，从而导致身心疾患、犯罪或其他形式的越轨行为的发生。例如，行动者如果感到自己依据共享价值规范本应得到他人认可的行动没有获得他人的认可，就会对他人产生怨愤并表达出要从他人那里获得认可的强烈焦虑和渴望。这种焦虑和渴望反过来又会使他人感到更难对行动者的行动加以认可，因为行动者的焦虑和渴望可能使得与以前相同水平的认可已不足以满足行动者的期待。这将会促使他人提供更少的认可，从而进一步增加行动者的压力和怨愤，如此恶性循环，最终导致行动者发生越轨行为。帕森斯认为这是越轨行为发生的基本机制。[1]

从上面的叙述中可以看到，一方面，源自上述矛盾动机结构的越轨行为有源自遵从性成分主导的结构和源自偏离性成分主导的结构两种类型；另一方面，越轨行为的动机指向也有作为互动对象的社会客体和行动规范两个方面。此外，帕森斯认为，越轨行为可以从行动者是主动为之还是被动为之两方面加以区分。将这三个维度结合起来，可以形成以下这样一个越轨行为的分类模式[2]（见图3-2）：

---

[1] T. Parsons, *The Social System,* pp.252-256.
[2] Ibid., p.259.

|  | 积极 | | 消极 | |
| --- | --- | --- | --- | --- |
|  | 强制性表现 | | 强制性默许 | |
|  | 聚焦社会客体 | 聚焦规范 | 聚焦社会客体 | 聚焦规范 |
| 遵从性主导 | 主导性 | 强制性执行 | 服从 | 完美遵守（默顿的仪式主义） |
| 偏离性主导 | 反抗 | | 退出 | |
|  | 攻击社会客体 | 无可救药 | 强制性独立 | 逃避 |

图 3-2 越轨行为的分类模式

除了上述原因外，以下一些情况也会导致越轨行为的发生：角色期望模糊不清，使行动者无所适从，产生紧张；角色冲突，行动者因须扮演两种以上互有冲突的角色而产生挫折感，造成紧张。此外，角色期望与行动者个人意愿差距太大，也可能导致紧张的产生。帕森斯提出，有几种方式可以减轻紧张状态从而减少越轨行为：一是将必须承担的数种角色在时间上错开来分别扮演，如上午五点至九点扮演职业角色，下班回家后再扮演家庭主妇角色；二是把互相冲突的数种角色中的某一种角色隐藏起来，如既想学习成绩好又怕遭人嫉妒，则一种可能的反应是暗暗读书；三是对某些冲突的角色进行理性解释，使其不冲突。如果上述几种方式运用成功，紧张状态即可消除，越轨行为不致出现，否则就会产生越轨行为。

帕森斯认为，越轨行为可以发生在个人与集体两个层次上。集体越轨指多个行动者一起实施的越轨行为。这种集体越轨行为比个人越轨行为能更有效地反抗社会的惩处，而且越轨者因有同流合污者而能减轻罪恶感。此外，个人的越轨行为还可能因在所属团体内根本不算是越轨而被放纵。另一些集体越轨者则不仅破坏现有社会规范，而且还想另立规范。少数个人有越轨行为，社会系统的均衡状态尚能维持，但若大多数人乃至集体有了越轨行为，社会系统的均衡状态就可能遭受破坏。

帕森斯指出，既然均衡状态的存在是社会系统存在的必要条件，那么每一个社会系统都必然有一套能够用来反制越轨行为以保持和恢复社会均衡的机制。这套机制就是社会控制机制。社会系统中普遍存在一些可以用来减轻行动者各种紧张状态（如焦虑、幻想、敌意或侵略性的行为反应）

的途径,如对处于紧张状态的行动者予以特定的支持、允许行动者在特定范围内以特定形式(宗教仪式、亚文化等)满足某些通常不被认可的需求及限制他人对行动者在紧张状态的压力下作出的反应(焦虑、幻想、敌意、侵犯等)加以对等反应等,就是社会控制的一些措施,因为所有这些措施都具有打断导致越轨行为发生的恶性循环的效果。在制度化整合起来的正常互动过程中,制度化本身也是一种基本的社会控制机制。制度化的首要功能就是使各种不同的活动和关系能够有序地进行或形成,以便它们构成一种充分协调的、可管理的和冲突水平最低的系统。时间表和制度化优先权的确立是制度化得以发挥这种秩序构建功能的两个特殊机制:通过前者,各种不同的活动得以在时间(以及空间)方面有序地展开;通过后者,各种不同的需求也得以有序地获得满足。这些都有效地减少了人们之间发生冲突的机会。总而言之,在社会结构中存在诸多以潜移默化的方式发挥社会控制功能的机制,帕森斯将它们概括为三种类型:"一是那些趋于将各种强制性偏离动机在其尚未发展到导致恶性循环阶段时就消弭在萌芽状态的机制;二是那些将具有此类动机的行动者隔离起来使之不能对他人产生影响的机制;三是那些在不同程度上能够将恶性循环过程反转过来的'次级防卫'机制。"[1]

帕森斯明确说,由于导致越轨行为的各种因素总会存在,因此任何社会系统都不可能处于一种完美的均衡或整合状态,社会控制机制并不能将越轨行为完全消除,而只是用来预防、对冲和限制越轨行为。那些无法通过社会控制机制来处理的越轨行为,尤其是一些结构性的越轨行为,就构成了社会变迁的主要源泉。

由上可见,社会系统的均衡状态主要是通过社会化和社会控制这两种机制来实现的:社会化把由一定文化价值模式制度化而来的角色期望内化为个人人格,使互动系统能够达致均衡状态;社会控制则用反制手段抵消互动过程中产生的越轨行为之后果,从而保证这种均衡状态得以维护。这两种过程,第一,都得以一定的文化价值观念的存在为前提,没有一定文化价值观

---

[1] T. Parsons, *The Social System*, p.321.

念的存在，也就没有内化的对象；第二，都有个人人格的参与，否则内化过程就没有主体。因此，社会均衡的维持实际上要有文化系统、社会系统和人格系统这三个行动子系统的共同参与。社会化与社会控制，首先就是让文化、社会、人格三个行动子系统协调一致的过程。通过这种过程来使一定的文化价值观念转化为个人人格，从而使个人的人格与社会的角色期望相一致。在这里，文化、社会、人格三个行动子系统之间的协调一致或均衡（例如，文化系统中的价值取向与社会系统中角色期望的内容相一致）是社会系统内部角色关系协调一致或均衡的前提与基础；没有文化、社会、人格三者之间的协调一致或均衡（如文化价值观与社会角色要求不一致：社会要求发展工商业，文化价值观却宣扬"重农轻工商"等），就不可能有社会内部角色关系的协调一致或均衡。而文化、社会、人格之间的协调一致，归根结底是以行动者对价值观念的一致赞同为基础的。只有行动者价值观一致，行动者才可能认可共同的行动目标，并根据共同的目标确定一系列的角色期望及相应的行为规范。而只有在对价值观和角色期望产生共同认可的基础上，才谈得上社会化和社会控制的过程。因此，帕森斯认为价值观一致或"价值共识"是社会系统的均衡状态得以实现和维持的根本条件，这与前述帕森斯一般行动理论对价值观的重视是一致的。

此外，如前所述，面对行动所处的情境，行动者无论在动机还是在价值取向方面都面临着一些无法回避的选择。帕森斯指出，行动者在作出这些选择时并非漫无节制，而是有一定的限制范围。为了描述行动者在情境中可能进行的取向选择，在《走向行动的一般理论》一书中，帕森斯以二元论的方式提出了五对"价值取向的模式变项"，把行动者在任何情境中可能遭遇的价值选择归结为一些有限的模式，认为行动者只能在这些有限的，或者更明确地说，二元对立的选择中确定他们的行动取向。行动者正是通过这样一些选择，来确定情境中的那些客体（包括社会客体和非社会客体）对他所具有的意义。

帕森斯提出用来说明行动模式之不同类型的五对模式变项是：

（1）情感与情感中立：即在与他人的互动过程中是应该顺应个人的情感冲动，还是应该接受纪律对情感的约束。如果是前者，行动者在行动中情感高度投入，如热恋者之间或家庭成员之间，那么行动就是情感性的；如果是后者，行动者在行动中尽力遵从纪律约束避免情感投入，那么行动就是情感中立性的，如医生与病人之间。

（2）自我取向与集体取向：行动者的行动是为了实现自我的利益还是为了实现集体的利益。如是前者，即是自我取向性的；如果后者，则是集体取向性的。

（3）普遍主义与特殊主义：如果行动者以某种超出团体范围的普遍性原则来对待他人，则行动者与他人之间的互动是普遍主义的；如果行动者以各种不同的特殊原则来分别对待不同的人，则行动者与他人之间的互动就是特殊主义的。

（4）先赋性与自致性：是根据一个人的先赋背景或特征（如种族、性别、等级等）来对待他，还是根据一个人的现实表现来对待他？如是前者，则行动者的行动模式是先赋性的；如果后者，则是自致性的。

（5）专一性与扩散性：行动者之间的互动可能是全面的、牵涉到行动者的全部人格与生活的，如夫妻之间，这种行动模式是扩散性的；反之，如果行动者之间的互动只牵涉到很窄小的范围或某一方面，如医生与病人之间，那么行动模式就成为专一性的。

帕森斯认为，上述五对模式变项中的第一对涉及是否要对情境或客体进行评价；第二对涉及如果要进行评价的话道德标准的首要性，第三对涉及的是认知标准和情感标准两者的相对重要性，第四对涉及的是从客体自身的品质还是从其行动表现或结果来看待社会客体，第五对则涉及社会客体的意义范围。也可以说，前面三对涉及的是行动者自己对社会客体即他人的主观取向或态度，反映的是他的动机取向；后面两对涉及的则是行动者个人对社会客体即他人的认知和分类，反映的是他的价值取向。这些模式变项可以在四个层面上进入行动理论参考框架：首先，在具体行动层面上，作为行动者在行动之前可以进行的互无关联的选择；其次，在人格层面上，作为行动者的选择习惯进入行动系统；再次，在社会系统层面上，作为角色定义的不同方面进入行动系统；最后，在文化层面上，作为价值标准进入行动系统。因此，运用这些模式变项就可以对行动者在人格系统、社会系统和文化系统中的取向类型（需求取向、角色取向、文化取向）进行研究。

利用上述模式变项，可以对人们之间的社会关系进行分类研究。上述模式变项可以形成各种不同类型的组合。例如，将普遍主义—特殊主义和先赋性—自致性这两对变项相结合，就可以形成四种不同的社会关系类型，即普遍主义的自致性模式（如美国社会的主导模式）、普遍主义的先赋性模式（如德国和苏联社会的主导模式）、特殊主义的自致性模式（如古代中国社会的主导模式）、特殊主义的先赋性模式（如拉丁美洲社会的主导模式）等。从理论上说，上述五对模式变项可以交叉结合形成 32 种不同的模式类型，它们都有助于对社会关系类型的分析。此外，也可以根据上述模式变项的二元选择关系列出两种特别的模式变项组合。一组由情感、集体取向、特殊主义、先赋性、扩散性构成。另一组则由情感中立性、自我取向、普遍主义、自致性、专一性构成。帕森斯认为，前一模式变项组合反映了传统社会价值观的特点，后一模式变项组合则反映了现代社会价值观的特点。社会学家可以根据这两种特别的模式变项组合来对任何一种社会关系或社会行动系统的传统性/现代性进行判断。

前述人格系统、社会系统和文化系统三者之间的整合状况，也可以借三个子系统内部的需求取向、角色取向和文化取向在模式变项选择方面的整合状况体现出来：只有当三者取向一致时，三个子系统的整合一致才有可能；反之则不然。限于篇幅，不再赘述。

## 四、行动系统的分析模型：后期模型

20 世纪 50 年代初，由于受到其在哈佛大学的同事贝尔斯的影响，在 1953 年与贝尔斯和希尔斯合作出版的《行动理论研究报告》、1956 年与斯梅尔瑟合作出版的《经济与社会》，以及之后出版的《社会：进化的与比较的视角》等书中，帕森斯逐渐形成了一个新的行动系统理论模式。与之前的三系统模式相比，这个新的行动系统理论模式有一系列新的特点。

首先,在与贝尔斯合作开展小群体研究的过程中,帕森斯逐渐形成了一个后来被称为"四功能分析范式"的行动理论分析框架。帕森斯和贝尔斯"发现",任何一种行动系统,不论是简单的还是复杂的,为了自己的存在,都必须满足四种基本的功能要求或条件,即适应(adaptation)、目标获取(goal attainment)、整合(integration)、模式维护(latency;pattern maintenance)。简称 AGIL 四种功能要求或必要条件。具体说来,所谓"适应",即协调处理系统与周围环境之间的关系,包括系统对环境的顺应,也包括系统对环境的积极改造。所谓"目标获取",是指在系统的各种目标中确立优先顺序,并调动系统中的资源以实现这些目标。所谓"整合",即协调和处理系统内部各组成部分之间的相互关系,使之成为一个和谐的整体。所谓"模式维护",则是指根据一定的秩序和规则以确保系统中的行动的连续性。它包括两个方面:对行动模式的维持和对紧张状态的处理。前者涉及怎样确保系统内的行动者表现适当的特征(动机、需要、角色扮演技巧等)的问题;后者则是对系统中行动者内部的紧张和行动者之间关系的紧张状态采取措施,使之得以消除或减弱。任何一个行动系统如果要正常存在,就必须尽可能地满足这四个方面的基本功能要求;否则,行动系统就可能解体,行动过程就不可能正常运行。帕森斯认为,人们可以根据这种四功能分析范式来对行动系统进行描述和分析。

其次,按照结构功能主义的基本原理,系统正常存在必须加以满足的每一种功能需求都必须有相应的结构成分来负责。因此,"四功能需求"的说法就意味着每一个行动系统都必须在结构上具备四个基本的组成部分,分别对应上述四种基本功能需求。这也表明,原来在《走向行动的一般理论》和《社会系统》等著述中提出的三系统分析模式是一个不完善的行动系统理论,需要依据四功能分析范式的成果对其加以修改。帕森斯据此对行动系统的结构模式进行了补充修改,将原来的三系统模式扩展为一种新的四系统模式。在这个新的四系统模式中,原来的人格系统分解为行为有机体系统和人格系统两个子系统。行动系统在结构上也就从原来的由人格、社会和文化三个子系统组成,转变为由文化系统、社会系统、人格系统和行为有机体系统这四个子系统组成。其中,行为有机体系统是指人的生理系统,即人的物质方面,如人的体质、神经系统等;人格系统依然是个人的动机、态度等心理因素;社会系统也依然是指行动者个人或集体之间的互动系统,这里所说的行动者个人或集体之间的互动同样不是笼统地指人与人之间的互动,而是具体的角色与角色之间的互动;文化系统则仍旧是指各种符号或意义系统。和三系统模式一样,行动系统中的每个人,也并不是分别参与上述四个子系统,而是全部子系统的参与者。个人既是有机体、有人格,也是社会和文化系统的参与者。依据这一新的行动系统结构模式,行动系统正常存在所必须加以满足的四种功能需求,是由构成行动系统的四个子系统分别负责的:行为有机体系统发挥适应方面的功能,人格系统发挥目标获取方面的功能,社会系统发挥整合方面的功能,文化系统则发挥模式维护方面的功能。行动系统内部结构与功能之间的这种对应关系可以用图3-3来表示:

| （模式维护）L | A（适应） |
| --- | --- |
| 文化系统 | 行为有机体系统 |
| 社会系统 | 人格系统 |
| （整合）I | G（目标获取） |

图3-3　AGIL模式

只有行动系统内部的各部分相互协调、共同配合,才能使上述四种基本功能要求充分得到满足,整个行动系统才能生存下去。美国社会学家乔纳森·特纳曾经用一个公式来表达帕森斯的这种思想[1]:

具体的结构满足 ⟶ 对A、G、I、L的普遍的功能必要条件。这些功能必要条件的满足进而又决定了 ⟶ 行动系统的生存能力

再次,文化系统的性质及其与其他子系统之间的关系发生了一定的变化。文化系统现在被下降为一个与社会系统和人格系统地位相同的经验性行动子系统。与此相应,文化系统与其他系统之间的关系也发生了一定的变化:在原来的三系统模式中,人格系统和社会系统之间存在相互作用,但文化系统和人格系统、社会系统之间的作用却是单向的;人格系统通过

---

[1] 特纳:《社会学理论的结构》,吴曲辉等译,浙江人民出版社,1987年,第83页。

学习／内化机制从文化系统中获得为规范动机取向所需要的价值模式，社会系统则通过制度化机制从文化系统获得为规范角色期望所需要的价值模式，而文化系统却似乎并不需要从人格和社会系统获得什么内容元素。但在新的行动理论模式中，情况发生了变化：文化系统不仅为行为有机体系统、人格系统和社会系统三个子系统提供它们必需的内容元素，同时也从后面三个子系统那里获取一定的内容元素，从而与后面三个子系统一道，共同形成了一个货真价实的既相互独立又相互依存、相互渗透、相互作用的完整的功能性整体。如图3-4所示[1]：

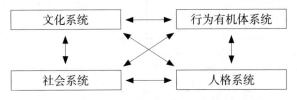

图3-4　四个子系统的关系

最后，帕森斯对模式变项的性质也有了新的理解。如前所述，模式变项系统原本包括五对变项，但现在帕森斯认为其中的"自我取向—集体取向"这对变项对于我们理解一个行动系统的特点来说已经没有多大的意义，因此可以忽略不要了。剩下的四对变项，在经过一番思考之后，帕森斯发现不仅在态度或动机性模式变项与认知或价值性模式变项之间存在着亲和性，例如情感与特殊主义之间、情感中立与普遍主义之间、专一性与自致性之间、扩散性与先赋性之间就存在着亲和性，而且它们与上述行动系统四功能需求／结构模式的类型划分恰好重合，例如承担适应功能的子系统与普遍主义／情感中立／专一性／自致性四个变项之间、目标达成子系统与情感／特殊主义／专一性／自致性四个变项之间、整合子系统与情感／特殊主义／先赋性／扩散性四个变项之间、模式维护子系统与普遍主义／情感中立／先赋性／扩散性四个变项之间就存在着亲和性。帕森斯指出，后面这一种亲和性在一定程度上反映了行动取向与行动系统功能—结构之间的逻辑关联，即特定的功能需求必须通过特定动机／价值取向的行动类型来加以满足。

---

[1] T. Parsons, *The Evolution of Societies*, ed. by Jackson Toby, Prentice-Hall, 1977, p.5.

帕森斯认为，他的这套分析模式可以用于说明任何层次上的行动系统。他进一步说，每一个层次上的行动系统都有 AGIL 四种基本的功能要求需要满足；为了满足这四种要求，总系统分成了四个子系统，每个子系统满足一项要求；而每个子系统本身也应该满足 A、G、I、L 四种基本功能要求，因而也应分成四个更小的子系统。以此类推，一级一级地分化下去。如图 3-5 所示[1]：

| A（适应） | | | （目标达成）G |
|---|---|---|---|
| A（a） | g | G | G |
| l | i | | |
| L | I | | |
| L | | | I |
| L（模式维护） | | | （整合）I |

**图 3-5 行动系统的不断分化**

如果我们将由行为有机体、人格、社会和文化四个子系统组成的行动系统称为一级行动系统，把四个子系统称为二级行动系统，那么，按照帕森斯后来的说法，我们可以将这两级行动系统的构成图示如下[2]：

| A（行为有机体系统） | | （人格系统）G | |
|---|---|---|---|
| A 大脑 | G 手 | A 本我 | G 自我 |
| L 基因 | I 性爱 | L 超我 | I 理想自我 |
| A 认知性符号 | G 表达性符号 | A 经济 | G 政治 |
| L 构成性符号 | I 道德评价符号 | L 信任 | I 社群 |
| L（文化系统） | | （社会系统）I | |

**图 3-6 行动系统总体的结构**

---

[1] 特纳：《社会学理论的结构》，第 84 页。
[2] T. Parsons and G. Platt, *The American University*, Harvard University Press, 1973, p.436.

帕森斯还认为，行动系统内部四个子系统不仅是相互联系的，而且这些联系从信息控制和能量流动的角度来看还形成一种等级结构。从信息控制方面来看，文化系统处于控制等级的最高层，往下依次是社会系统、人格系统、行为有机体系统。例如，文化价值观念方面的取向制约着或限制着社会系统中社会行为规范的内容与变化范围。这些规范作为对行动者的角色期望，又限制着人格系统的动机与目标形成过程。人格系统的动机与目标形成情况又将制约行为有机体的生物化学过程。反之，从能量流动方面来看，上述等级结构中的每一个系统都在为更高一级系统的活动提供必不可少的能量条件。例如，行为有机体为人格系统提供必要的能量，人格系统为社会系统提供能量条件，社会系统又为文化系统提供必不可少的条件。简言之，各子系统之间存在着相互性的信息与能量的输入—输出关系。信息等级高的系统控制着低一层次的系统对能量的利用，而低层次的系统又为高层次的系统的行动提供必要的条件或手段。这种结构被称为控制论的控制等级结构。见图 3-7[1]：

| 控制的等级系统 | 条件的等级系统 | 行动子系统 |
| --- | --- | --- |
| 信息流动 ↓ | 能量流动 ↑ | 文化系统<br>社会系统<br>人格系统<br>行为有机体系统 |

图 3-7　行动子系统之间的等级关系

图 3-7 似乎也进一步印证了下述看法，即帕森斯对文化子系统与行动系统中其他子系统之间的关系的描绘确实有了一些变化：文化子系统不仅如前所述在性质上变成了一个和其他子系统类似的经验性子系统，不再是单方面向其他子系统输出，同时也从其他子系统输入，而且从上述控制和制约等级关系的图示来看，虽然文化系统在信息流动方面处于等级的最高层次，但它最终也要从其他系统获取自身存在所必需的能量条件。因此，表面上看，似乎帕森斯现在处处强调的是包括文化子系统在内的各个子系

---

[1] T. Parsons, *Societies: Evolutionary and Comparative Perspectives,* Prentice-Hall, 1966, p.28.

统之间的相互作用，而再不像以前那样突出文化子系统在行动系统中的决定性作用了。不过，正如沃特斯所认为的那样，这只是表面现象而已，事实并非如此。正如沃特斯指出的那样，在帕森斯的控制等级系统中，虽然文化子系统在能量条件方面也受到其他子系统的约束，但由于是信息等级高的子系统控制着低一层次的子系统对能量条件的利用，因此，无论是从整个行动系统的运作过程来看，还是从最基本的行动者角色承担的过程来看，归根结底是文化子系统在控制着它们的展开。因此，帕森斯的文化决定论立场虽然有所缓和但并未完全放弃。正如帕森斯自己说的：由于仍然"强调控制论意义上处于最高层次的要素在模塑行动系统方面的重要性，就此而言，与其说我是个社会决定论者，不如说我是个文化决定论者。与此相似，我认为，在社会系统中，对社会变迁来说，各种规范性要素要比各构成单位的'物质利益'更具导向性。时间线越长，涉及的系统越广泛，处于相对较高层次的要素就越重要"[1]。

作为一个社会学家，帕森斯在《经济与社会》等著述中着重对行动系统四个子系统（行为有机体系统、人格系统、社会系统、文化系统）中的社会系统的结构—功能关系进行了分析。

帕森斯认为，与行动系统总体一样，作为其组成部分的社会系统也必须满足 A、G、I、L 四个方面的功能要求。与此相应，"整个社会趋向于分化为子系统（社会结构），它们分别按专门化分为四个主要功能"[2]。其中，专门满足社会适应功能要求的子系统是经济子系统。经济子系统的主要目标"是生产一般便利条件，以作为制造一切可能用品的手段。这种生产的重要特点不仅在于这些便利条件（'物质'意义上的）数量，而且还在于它们的一般性概括的可能性。例如，它们对不同用途的适应性"[3]。发挥社会目标获取功能的子系统是政治子系统。政治子系统的主要目标"是最大限度地发挥社会能力以完成系统目标，如集体目标"[4]。发挥社会整合

---

[1] T. Parsons, *Societies: Evolutionary and Comparative Perspectives*, p.234.
[2] 帕森斯、斯梅尔瑟：《经济与社会》，刘进等译，华夏出版社，1989年，第43页。
[3] 同上书，第44页。
[4] 同上。

功能的子系统是法律与社会控制等制度组成的子系统。它的主要作用是协调、控制社会系统中各子系统之间及个人与社会系统之间的关系，消除或缓解它们之间及其各自内部的矛盾冲突，使整个社会系统保持团结和统一。用帕森斯的话来说就是："使更大的社会系统免受不适当的内部冲击和其他协调失灵，并把价值模式与个体行动者的动机结构相联系。这些过程维护了价值模式的制度化。"[1] 发挥社会模式维护功能的子系统是由家庭、宗教、教育等制度组成的子系统。它的主要作用是维持社会公认的基本价值模式，并通过"社会化"的过程来培养符合社会规范期望的各种社会角色以及与之相应的行为动机。因为正如帕森斯所说："互动系统任一单位的功能发挥，最终依赖于参与单位的个人行动者的动机。"模式维护子系统的功能就是确保行动者的行为动机始终与社会系统正常运作所需要的价值模式相一致。社会系统的功能结构见图3-8[2]：

| （适应）A | G（目标获取） |
|---|---|
| 经济子系统 | 政治子系统 |
| 模式维护子系统<br>（家庭、宗教机构、教育机构等） | 整合子系统<br>（法律系统、社会控制、人际习惯和规范、宗教机构等） |
| （模式维护）L | I（整合） |

图 3-8　社会系统的功能结构

社会系统内部的各个子系统同样可以进一步划分为四个子子系统。如图 3-9 所示[3]：

---

[1] 帕森斯、斯梅尔瑟：《经济与社会》，第 45 页。
[2] 此处引用的是帕森斯在《经济与社会》一书中的表述。在后期的一些著述中，帕森斯所使用的社会系统四个子系统的名称有过一些变化。例如，在 *The American University* 一书中，帕森斯将承担整合功能的子系统称为"社群"（societal community，也译"社会共同体"等）子系统，将承担模式维护功能的子系统称为"信任"子系统。
[3] T. Parsons and G. Platt, *The American University*, p.428.

A（经济子系统）　　　　　　　　　　（政治子系统）G

| A 投资 | G 生产营销 | A 行政 | G 执行 |
|---|---|---|---|
| L 文化投入 | I 组织 | L 立宪司法 | I 立法 |
| A 理性 | G 目的 | A 忠诚 | G 集体联合 |
| L 意识形态 | I 道德 | L 执行 | I 团结 |

L（信任子系统）　　　　　　　　　　（社群子系统）I

**图 3-9　社会系统结构的进一步划分**

在社会系统这一层面，从具体的组织机构来说，经济系统的主要功能是由企业来承担的。但经济系统不等于企业系统，因为企业的首要功能虽然是执行经济功能，但经济功能并非企业的唯一功能。除了经济功能外，企业也对其他方面的功能如目标获取之类的政治功能发生作用。同样，政治系统也不等于政府，因为政府除了执行目标获取方面的政治功能外，也参与经济功能要求的满足过程。与此类似，模式维护系统的功能主要由家庭、宗教机构、教育机构等承担，但前后二者也不能等同。这个观点也适用于整合系统。简言之，每个功能子系统都以某种或几种组织机构为主要承担者，但又不限于这一种或几种组织机构。帕森斯说："原则上，每个具体组织在某种程度上都参与了全部四个功能子系统——其不同之处在于其相对首要功能的次序。"[1]

和行动总体系内部结构和功能关系一样，社会系统内部的四个子系统之间也是相互联系、相互作用，存在着活动条件与结果方面的输入—输出关系。

例如，从经济子系统和模式维护子系统间的关系来看，经济子系统向后者中的家庭等机构输出供生活消费用的商品和劳务，后者则向经济子系统输出具有合格动机和价值取向的劳动力。从经济子系统与政治子系统间的关系来看，后者向前者输出信贷形式的资本基金，前者则向后者输出一定的"生产率"作为回报。从政治子系统与整合子系统间的关系来看，政

---

[1] 帕森斯、斯梅尔瑟：《经济与社会》，第 55 页。

治子系统向后者输出所需的各种必要的协调措施，后者则向政治子系统输出一定的"社会支持"。从经济子系统与整合子系统的关系来看，整合子系统向经济子系统提供必要的"组织资源"（把经济子系统内各种生产要素有效组织起来的各种人力、物质、制度等资源），经济子系统则向整合子系统提供各种对社会整合具有象征性意义的新产品组合。从政治子系统与模式维护子系统之间的关系来看，前者向后者提供或分配各种形式的权力，后者则向前者提供各种形式的政治忠诚，等等。帕森斯描绘的社会系统内部各子系统间的这种相互输入—输出关系，可见图3-10[1]：

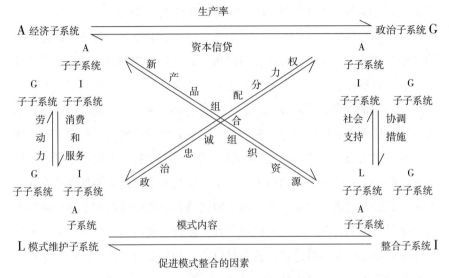

**图3-10 社会系统内部各子系统的关系**

图3-10除了表示四个子系统之间的输入—输出关系及内容外，还表示每个社会子系统（经济、政治、整合、模式维护）还可以分成A、G、I、L四个功能子子系统（各子系统内的L子子系统被省略掉了）。经济、政治、整合、模式维护四个子系统之间的输入—输出关系，都是在各子系统内同类子子系统之间进行的。如经济子系统与政治子系统间的输入—输出关系就是在各自的适应子子系统（A）之间进行的，依此类推。

帕森斯还指出，经济、政治、整合、模式维护四个系统之间的输入—输

---

[1] 帕森斯、斯梅尔瑟：《经济与社会》，第61页。

出关系并不是以"以物易物"(广义理解的"物")的方式来进行的,而是通过一定的一般性交换媒介来进行的。例如,作为模式维持子系统一部分的家庭与经济子系统之间的交换,就是通过货币这种符号化的一般性交换媒介来进行的。家庭向经济子系统中的企业输出劳务,但不是直接从后者换取消费品或服务,而是首先从后者获取货币,然后再与后者中的零售公司交换消费品与服务。同样,政治子系统与其他子系统之间的交换是通过权力这种一般性交换媒介来进行的;整合子系统与其他子系统的交换是通过影响或社会赞同这种一般性交换媒介来进行的;模式维护子系统与其他子系统的交换则是通过声望这种一般性交换媒介来进行的。

与行动总系统中各子系统间的关系一样,社会系统中各子系统之间在信息控制和能量流动方面也存在着层级关系。信息控制的方向是从模式维护子系统向整合、政治、经济子系统依次传递,形成一个由高到低的层次顺序。能量是由经济子系统向政治、整合、模式维护子系统依次流动,形成一种由低到高的层次顺序。换句话说,模式维护、整合、政治、经济四个子系统依次形成一个由高到低的层次结构,其中处于上层的子系统从信息方面控制下一层子系统的行为,处于下层的子系统则从能量流动方面为上一层的活动提供条件或手段。由于模式维护子系统的功能主要是确保来自文化子系统的各种符号模式的持续性,因此,参照前面对文化子系统与其他子系统之间关系的论述,我们可以说,帕森斯的文化决定论在这里也同样得到了体现。如图 3-11 所示[1]:

| 控制的等级系统 | 条件的等级系统 | 社会系统 |
|---|---|---|
| 信息流动 ↓ | 能量流动 ↑ | 维模子系统<br>整合子系统<br>政治子系统<br>经济子系统 |

图 3-11 社会系统内部各子系统之间的等级关系

---

[1] 参见 T.Parsons, *The Evolution of Societies*, p.21。

与行动总系统的存在条件一样，只有社会系统内部各个子系统之间相互协调、互相配合，形成一个和谐的整体，才能完全满足社会系统的四个基本功能需要，社会系统才能维持下去。

综上所述，按照新的系统模型，帕森斯关于社会结构的基本理论是：任何一个社会系统（无论是最简单的社会系统还是复杂的社会系统）都具有四种基本的功能要求，为了满足这四种基本的功能要求，就必须分化为四个子系统；而每个子系统本身也具有四种基本功能要求，因而也必须分化为四个子子系统。如此一级级分化下去，直至最后成分无法再构成社会系统时为止。在每一级上，组成母系统的四个子系统之间都存在着一定的输入—输出关系，由此把各个子系统结合成一个相互依赖、相互作用的整体。只有当这个整体中的各个子系统在功能上相互协调、互相配合时，这个整体的各种功能要求才能得到充分满足，整体本身才能维持其存在。

那么，整体中各成分之间的相互协调、配合一致是如何实现与维持的呢？在帕森斯新的社会结构理论中，社会系统是按照AGIL模式逐级分化的：社会系统分化为四个功能子系统，每个子系统又分化为更小的子子系统。每个子子系统进一步分化，直至"社会角色"这个最基本的社会元素或细胞为止。这个过程也可以反过来看：几种不同的社会角色组成最简单的社会系统，几个功能不同的简单社会系统又组成一个较复杂的更大的社会系统；如此结合下去，直至组成一个高度复杂的宏观社会系统。在这个多层次结构中，每一个层次都存在内部协调一致即均衡的要求，由此导致高一层次系统（母系统）的均衡以低一层次系统（子系统）的内部均衡为基础。例如，宏观社会经济、政治、整合、模式维护四个子系统之间的均衡要以这四个子系统各自内部的均衡为基础。因为只有这四个子系统各自内部实现均衡，它们才能保持自己的稳定性，才能顺利地执行自己的功能。如此类推，整个社会的均衡（协调一致）最终必须以各种社会角色之间关系的均衡（协调一致）为基础。这与前面三系统模型中所面临的情况是一样的，故不再赘述。

在后期的著述中，帕森斯进一步将其提出的四功能分析范式扩展运用于对所谓"人类状况"的分析，提出了一个用来描述和分析"人类状况"

的理论模式。见图 3-12[1]：

A（物理—化学系统）　　　　　　　　　（人类有机系统）G

| A<br>碳，新陈代谢，燃料，地 | G<br>氧化作用，复杂性，能量，火 | A<br>生态适应 | G<br>表型机体 |
|---|---|---|---|
| L<br>水，气体等 | I<br>氧，调节，信息，气体 | L<br>基因传承 | I<br>人口养育 |
| A<br>终极力量 | G<br>终极执行 | A<br>行为有机体系统 | G<br>人格系统 |
| L<br>终极根据 | I<br>终极秩序 | L<br>文化系统 | I<br>社会系统 |

L（目的系统）　　　　　　　　　　　　　（行动系统）I

图 3-12　人类状况的结构—模式

　　按此模式，人类生存的世界也可以视为一个由四个子系统构成的系统整体。这四个子系统就是物理—化学系统、人类有机系统、行动系统和目的系统（正如帕森斯所认为的，它们各自可以进一步层层划分为四个子子系统）。这四个子系统当中，物理—化学系统承担为人类生存提供物质基础的功能（适应功能），人类有机系统承担为人类生存提供目标组织方面的功能（目标达成功能），行动系统承担为人类生存提供符号化组织的功能（整合功能），目的系统（宗教或信仰）则承担为人类生存提供终极根据的功能（模式维护功能）。这四个子系统之间也是一种既相互独立又相互依存、相互作用的关系。例如，人类有机系统向行动系统输出有机能量，后者则向前者输出动机性组织；行动系统向目的系统输出信仰，后者则向前者输出"恩宠"；物理—化学系统向目的系统输出自然秩序，后者则向前者输出对自然的理解；人类有机系统向物理—化学系统输出对环境的适应性，后者则向前者输出适应能力；等等。这样一个高度抽象的理论模式，有学者认为已经不属于社会学理论范畴，而是一种形而上学的宇宙观，但也有学者认为这是理解帕森斯整个理论的一把钥匙。[2] 限于篇幅，对此也不再展开。

---

[1] T. Parsons, *Action Theory and the Human Condition*, Free Press, 1978, p.382. 此处对原图进行了简化。
[2] 参见赵立玮：《规范与自由：重构帕森斯社会理论》，中国社会科学院社会学研究所博士学位论文，2007年，"导论"部分。

## 五、社会进化的分析模型

20世纪60年代之前,虽然在《社会系统》等著作中帕森斯也会专辟一定的篇幅来讨论社会变迁问题,但总体上看,帕森斯的理论研究还是着重讨论相对稳定状态下社会系统的结构—功能关系及其均衡机制问题,这使得人们批评他忽视或轻视对社会变迁过程的研究。因此,帕森斯晚期逐渐把注意力转向对社会结构变迁过程的研究。其研究成果主要集中在《关于社会变迁理论的若干思考》《社会中的进化共相》等论文,以及《社会:进化的与比较的视角》(1966)和《现代社会系统》(1971)等书(这两本书后来由其弟子托比改编成一册,改名为《社会进化》于1977年重新出版)。

首先要说明一下这里使用的"社会"概念。如前所述,早在1951年出版的《走向行动的一般理论》一书中,帕森斯就对"社会系统"和"社会"的概念作了明确区分。按照帕森斯的界定,任何一组个体行动者的互动关系系统都是社会系统,但并非所有的社会系统都可以称为"社会"。所谓"社会",不过是一种特殊的社会系统,这种社会系统将维持其存在所必要的前提都包含在自身之内,从而成了一种自我维持的社会系统。在《社会进化》一书中,托比对帕森斯的这一看法作了进一步的复述。托比指出,"帕森斯将社会界定为一种特殊类型的社会系统,其特征是具有相对其环境(包括作为其环境的其他社会系统)而言最高程度的自足性"[1]。这意味着虽然社会依赖其环境,但相比于其他社会系统,它能够更为成功地控制其与环境之间的交换,从而促进其功能运作和生存。例如,相比于一个"家庭","美国社会"能够更好地控制和适应与其物质环境之间的关系,从而实现食物等物质资源供给方面的自足性,也能够更好地控制和构成其成员的人格,更好地确立和维护其文化和价值规范的正当性,等等。因此,帕森斯关于社会进化过程的讨论主要是以这种高度自足的"社会"为对象。

进化这一概念源自生物学,但帕森斯认为,既然人类社会是有机世界

---

[1] T. Parsons, *The Evolution of Societies*, p.6.

的一部分，那么用说明有机世界的进化原则来说明人类社会也是完全可以的。因此，进化论中的一些基本概念，如差异、选择、适应、分化、整合等，都可用于社会变迁的分析。帕森斯还明确提出，"进化"概念意味着一种与文化相对论相反的立场。后者将澳大利亚的阿伦塔社会和苏联这样的现代社会视为在所有方面都相等的两种文化，帕森斯则认为自己采纳的"进化"视角包含对进步的判断，例如中间社会要比原始社会更为进步，现代社会又比中间社会更为进步。而判断一个社会是否比其他社会更为进步的标准，与人们用来判断生物进化过程中一个物种是否比其他物种更为进步的标准是完全一样的，即一个社会是否比其他社会表现出更高程度的一般适应能力（genralized adaptive capacity），即社会克服环境的种种困难而达成各种目标的能力。

帕森斯认为社会变迁过程包括四个基本环节，即分化、适应性升级、包容和价值概化。

（1）分化（differentiation），可以定义为"社会中位置已经得到清晰界定的单位，或子系统分化成对于更大的系统来说具有不同结构和功能意义之单位的过程"[1]。如生产的结构与功能从家庭中分离出来，形成独立的生产企业；教育的结构与功能从家庭中分离出来，形成独立的教育机构；等等。分化可以发生在行动系统的任一层面。在一般行动系统层面上，社会变迁的总体趋势就是，由未曾分化或低度分化的扩散性结构来共同承担四种系统功能的状态逐渐转向由高度分化的专一性结构来分别承担四种系统功能的状态。如图3-13所示：

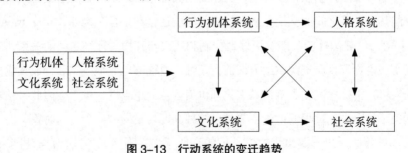

图3-13　行动系统的变迁趋势

---

[1] T. Parsons, *The Evolution of Societies*, pp.249-250.

在社会系统层面上，变迁的总体趋势也是如此。如图3-14所示：

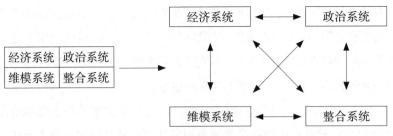

图3-14 社会系统的变迁趋势

这种结构分化的基本趋势当然也会发生在构成社会系统的各个子系统之中，兹不赘述。

（2）适应性升级（adaptative upgrading），含义是"将更广泛的资源用于社会单位，从而使社会单位的运行在一定程度上摆脱以前的限制"[1]。适应性的增长是分化的结果，因为分化使新形成的社会单位较少受原有的种种限制与束缚，能够更好地、更广泛地利用环境资源，从而增强了适应能力。"如果分化产生出进化程度更高的系统，那么，与从前专业化程度较低的功能履行能力相比，新分化而成的子系统必然会提高履行基本功能的适应力。"[2]例如，生产功能从家庭中分化出来，一方面增强了新形成的生产单位的效率，另一方面也使新形成的家庭能更好地履行照料孩子等功能。

（3）包容（inclusion），指扩大原有的社会组织和形成新的社会规则以容纳新形成的社会单位和结构。结构的分化导致了新的社会单位和结构的产生，打破了原有的结构—功能关系，威胁到社会的均衡和稳定，从而产生了对新的社会单位和结构之间的关系加以整合的必要性。例如，生产功能从家庭中分化出来，由专门的生产机构来承担，就打破了原来单一的由家庭来组织和履行生产、消费、抚育后代等功能的结构—功能关系，使得生产与消费、抚育后代成为两种相对独立的过程，家庭不再是生产过程的组织者。这样，如何把新形成的家庭和新形成的生产单位结合起来，就成为社会整合的一个新问题。例如，生产功能从家庭中分化出来后，生产过程便不再能由父亲这种原来基于亲属关

---

[1] T. Parsons, *The Evolution of Societies,* p.249.
[2] Ibid., p.250.

系的权威角色来组织和监督，而必须发展出一种不以亲属关系为基础的权威系统。此外，如何处理现在分别承担生产功能的机构和专门承担消费与抚育后代功能的家庭之间的关系，也成为一个新问题。只有扩大原有社会组织，建立新的调控机制和形成新的行动规范、规则来调控家庭与生产单位之间的关系，才能实现新的社会整合，使社会保持均衡和稳定。

（4）价值概化（value generalization），指社会文化价值观念对新出现的社会单位、社会组织和社会规则等现象加以承认和肯定，使之合法化；随着结构的分化以及社会组织和社会规则的改变，文化价值观念也必须作相应的变化，这样才能避免社会与价值观念之间的冲突，使社会保持均衡和稳定。正如帕森斯说的那样：一个正在经历分化过程的社会，必须解决这样一个问题，即"确立起一套与正在形成的新系统类型相适应的新的价值模式。既然这种类型比之前的类型要更为复杂，其价值模式就必须具备更高的概括性，以便对下属各子系统更加变化多样的功能和目标加以正当化"[1]。帕森斯指出，这种价值概化的过程并不一定能够顺利进行，经常会遭遇一些自称忠于概化水平更低的旧价值模式的"原教旨主义"团体的抵制，并因此引发严重的社会冲突。

帕森斯认为，上述四种过程实际上就是社会变迁过程的四个环节。结构和功能的分化是进化的最初特征；分化导致各个社会单位以及整个社会系统适应能力的增强；各个社会单位适应能力的增强提高了它们的相对独立性，改变了原有的社会结构和功能关系，导致了新的社会整合的必要性；新的社会整合的结果又必须以价值观念的新变化来使之合法化。这四个过程与帕森斯的 AGIL 模式具有一致性，如图 3-15 所示[2]：

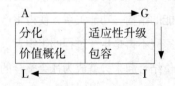

图 3-15　社会变迁过程与 AGIL 模式的对应关系

---

[1] T. Parsons, *The Evolution of Societies*, p.49.
[2] 蔡文辉：《行动理论的奠基者——派深思》，台湾允晨文化实业股份有限公司，1982 年，第 121 页。

这即是说，分化涉及社会适应功能的变化，适应性升级涉及目标获取功能的变化（分化导致出现许多分散的、相对独立的目标获取过程），包容过程涉及整合功能的变化，价值概化则涉及模式维护功能的变化。可见，每一次进化的过程，都涉及作为"社会"的社会系统在满足四种基本功能需求的各种结构及其相互关系方面的全面调整。经过一轮此类结构及其关系方面的全面调整，社会在四种功能的履行能力方面便达到了一个新的水平。在此意义上，我们可以说"社会"进化到了一个新的水平。

在上述过程中，分化是社会进化的起点，而价值概化则是社会进化成功的基础。价值概化把新的社会结构与行为模式纳入价值观体系，在分化的基础上重新建立价值观的一致性，为社会的新整合提供保证，使社会的均衡和稳定能在结构分化的条件下重新得到确立。如果价值概化不成功，新的整合就难以实现，社会的均衡与稳定就要被破坏，分化就会成为分裂，社会就会瓦解。与其理论发展之前各个阶段的讨论一样，帕森斯始终不渝地强调价值观一致对社会秩序存在与维护的重要性。

帕森斯还提出，在人类社会的进化过程中有一些关键性的重要突破，他将其称为社会进化过程中的"普遍项"。按照帕森斯的定义，所谓"进化的普遍项"，指的是"任何对于未来的进化过程来说具有充分重要性，因而并非仅出现一次，而是趋于被在不同条件下运作的各种系统不期而遇的那些组织性成就"[1]。帕森斯认为，之所以将这些成就视为社会进化过程中的重大突破，是因为每一项此类成就的取得都会使社会在总体适应能力方面提升到一个新的高度。换言之，社会进化的源泉主要就是人类社会在进化过程中所取得的一些具有突破性的重大成就。对于这些进化成就，帕森斯在不同的地方有略微不同的说法。

在《社会中的进化共相》一文中，他先是提出，包括原始社会在内的所有社会都必须具备四个基本普遍项，即宗教、语言、亲属系统和技术；然后描述了紧随具备这四项成就的原始社会之后，社会进一步取得的两项进化成就，即社会分层和文化的合法化。"阶层制度"即将一个社会的成

---

[1] T. Parsons, "Evolutionary Universals in Society," in T. Parsons, *Sociological Theory and Modern Society*, Free Press, 1967, p.491.

员分成在权威方面高低不同的层级的制度。帕森斯认为,人类最初只是以亲属关系网络作为自己的组织形式,但如果一个社会始终单纯以亲属关系网络作为自己的组织形式而缺乏阶层制度,那么该社会能够调度和利用的资源将受到极大的限制。由于处处受到亲属关系原则的限制,在遭遇战争一类的天灾人祸时,无人能具有充分的权威,尤其是基于普遍认可的能力的权威,来领导众人应对灾难。阶层制度的形成打破了这种源自亲属关系原则的限制,使得能力原则开始发生作用,经济、宗教和政治获得方面的权力、责任的分化与集中开始成为可能。这将使得各种资源的流动和集中程度远超过去,从而大大提升社会的适应能力。"文化合法性"即借助文化系统(尤其是文字符号系统)来为阶层制度及其导致的社会不平等现象提供合理的解释或说明,使之得到人们的认可。缺乏这种来自文化系统的合理性解释,阶层分化就难以稳定下来成为一种制度化的现象,社会进化就无法继续下去。

帕森斯接着描述了伴随现代社会的出现而取得的四项普遍成就,即科层制度、货币和市场、普遍主义取向的法律系统以及民主结社。"科层制度"是指将官僚职位从其他角色(尤其是亲属角色)中分化出来的一种制度。科层制度的功能与阶层制度类似,它的出现打破了之前基于生理或亲属关系等先赋性因素来分配权威的传统,使社会可以基于个体行动者是否具备有益于社会目标实现的能力来分配责任和权利,从而提高了社会的适应能力。货币和市场的历史作用也是如此。一个社会能用三种方式来动员可满足各项功能要求的人力和物力资源,即通过政治权力强制性地征集资源,通过特殊主义取向的团结或忠诚如族群、宗教或邻里关系等获取资源,通过普遍主义取向的利益诱导来调动资源。通过政治权力强制性地征集资源容易引起对抗,通过特殊主义取向的团结或忠诚来获取资源则逼迫人们在不同的关系或团体之间进行选择,这两种方式都可能导致社会分裂。而以货币为媒介的市场交换则既可以基于工具/目的理性原则来配置资源,又能避免造成社会分裂的困境,故而有利于提升社会适应能力。普遍主义取向的法律系统和民主政体的效果也是如此:普遍主义取向的法律系统正是因为其取向方面的普遍主义特征,同样让行动的规范从各种特殊主义的因素中独立出来，从而使得社会的功能运作更具效率；民主政体则是由于其广泛的政治参与，以及其公开、公平的特征，而能比其他政体更有效地取得政治共识，从而提升社会的适应能力。

以上述进化普遍项为依据，帕森斯从进化的角度将人类社会区分为三种主要类型：原始社会、中间社会和现代社会。这三类社会不仅在结构分化程度和整合水平上依次一个比一个高，而且在上述进化普遍项的取得方面也有差别。帕森斯认为，一般说来，原始社会只有前面说到的那四种最基本的普遍项，几乎没有后面的那些突破；中间社会则有了后面六项突破中的第一、二项突破；只有现代社会才积累了后面的那六种突破。帕森斯的这种看法后来成为不少现代化理论家用这六种突破作为指标来衡量社会现代化实现程度的重要理论依据。

不过，在《社会：进化的与比较的视角》《现代社会系统》以及两书的合成本《社会进化》中，帕森斯的说法似乎有所变化。除了上述四个基本普遍项和之后的六项突破性成就之外，帕森斯又提到了现代社会里两个新的标志性发展成就，即"抽象的知识标准"（科学）和"工业化"。在对帕森斯的说法略加调整（例如，将"货币和市场"和"普遍主义取向的法律系统"归并到中间社会应该取得的突破性成就目录当中，因为它们事实上是现代社会之前的各种中间社会所取得的成就）之后，沃特斯将帕森斯提到的这十二项文明成就重新分配到原始社会、中间社会和现代社会名下，每个阶段分别取得四项成就，并与帕森斯的四功能分析模式中的四种功能—结构一一对应，形成这样的社会进化过程[1]，见图3-16：

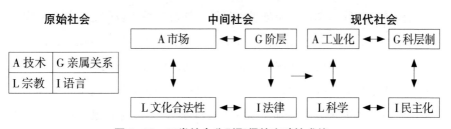

图3-16 三类社会分别取得的突破性成就

---

[1] 沃特斯：《现代社会学理论》，杨善华等译，华夏出版社，2000年，第329页。

帕森斯指出，他的社会进化论是一种与斯宾塞等人的旧进化论有所不同的新进化论，其新意主要在于既坚持社会历史是一个从较为低级的社会向更为高级的社会不断进步的过程，同时又认为社会进化的道路并非单一的而是多元的。例如，虽然阶层分化和文化合法性是中间社会得以形成的基本条件，但中间社会的来源却可以是多样的而非唯一的。此外，也并非所有社会都能够持续地取得上述各项突破性进化成就，从而得以实现从原始社会到现代社会的连续进化。有不少社会在进化过程的某个阶段就湮灭了，还有些社会长期停滞在某个相对落后的进化阶段。社会进化是社会系统中各种因素（经济、政治、人格、文化观念等）相互作用的结果，而非其中某一种因素所决定的。这些因素之间复杂的相互作用可以创造出非常多样的进化结果，很难仅用一种进化图式来加以描述和分析。

帕森斯进一步解释说，由于这些因素相互之间构成了条件和控制两个方面的等级关系，因此这些因素在社会进化过程中的作用当然是有所不同的。虽然在等级系统中处于较低层次的因素（如经济）是较高层次因素存在和进化的条件，但一方面处于较高层次的因素不仅在进化过程中具有自己的独立性，并不会因较低层次因素所提供的条件而自动进化（例如，较丰富的经济资源是分化型政府结构产生的必要条件，但丰富的经济资源并不会自动创造出分化型政府结构；大量人口的存在是先进社会组织产生的必要条件，但人口增加的压力也不会自动创造出更先进的社会组织等），另一方面，处于较高层次的因素的变化对于社会进化来说也具有更重要的意义（例如，在社会系统内，规范因素对社会变迁的导向力量就远远胜过各结构单位的物质利益；而且时间越长，涉及的系统越广泛，其重要程度就越高）。正是在这个意义上，帕森斯说他是一个文化决定论者，而非一个社会决定论者。但是，帕森斯又指出，高层次的发明创新也不一定自动决定相关系统的后续发展，以至于我们可以不用去考察其他因素的作用。相反，进化的每一步都依赖一系列的因素。为了确定稳定的具体行动模式，高层次的因素（例如社会系统中的规范因素）必须取得对相关条件因素的控制，以使那些条件因素能够以适当的结合呈现出来。如果没有较高层次的独立发明创新，这些条件因素自身绝不可能创造出一种新秩序。正是各种条件因素及其与文化或规范因素结合方式上的差异，解释了任何单线社会进化模式难以解释的大多数差异。但帕森斯紧接着说，进化过程的一个特征就在于，结构分化程度的提高逐渐将控制等级关系中处于较高层次的控制因素从处于较低层次的条件因素的特殊性中解放出来，从而使文化系统中的各种模式变得越来越具普遍性、客观性和稳定性，提升了后者的潜力并使之能够控制时空维度上更为广泛的条件因素。因此，文化发展乃是社会进化过程中一个具有实质性意义的重要因素。[1] 念念不忘文化因素在行动和社会进化过程中的重要性，的确是帕森斯社会理论自始至终的一个重要特征。

## 六、帕森斯社会学理论与涂尔干社会学理论之间的异同

出于本书的需要，在结束对帕森斯社会理论的回顾时，我们来对帕森斯的社会学理论和涂尔干的社会学理论作一个概略的比较。从上面的叙述中我们可以看到，帕森斯的社会学理论与涂尔干的社会学理论既存在着较大的差别，又存在着一定的连续性。

首先，从社会研究方法论方面来看，帕森斯明确地批评包括涂尔干在内的一些人主张的"经验主义实在论"，提出要以"分析的实在论"取而代之。与"经验主义实在论"不同，这种"分析的实在论"认为，在行为科学或社会科学领域中，有一些研究对象不是经验主义者想象的那种可以从经验上纯粹"客观地"加以观察的具体实在，而是一些必须在特定理论框架的引导下才能加以考察的分析性实在。例如，像"单位行动"以及构成单位行动的那些"成分"（目的、手段、条件、规范等），"行动系统"和构成行动系统的那些子系统（行为有机体系统、人格系统、社会系统、文化系统），以及无论是将四功能分析模式向下扩展所得到的各种不同层次的子子系统（如构成社会系统的经济系统、政治系统、整合系统和维模系统等）还是向上扩展所得到的一些更大的系统（如人类状况系统），都

---

[1] T. Parsons, *The Evolution of Societies*, pp.234-235, 240.

只是一些只有借助分析才能从本身具有物理或空间意义的具体实在（如个体行动／意识过程）中与其他成分（如物理、化学、生理、心理成分等）区别出来的研究对象，而非在物理或空间意义上具有自己独立实际存在的研究对象。帕森斯认为，涂尔干正是由于不懂得这一点，才会将它们与具体实在等同起来，误以为它们也是一些像具体的"物质"实在那样，是一种具有外在于／独立于个体行动／意识之"客观实在性"的具体实体，因而也可以像自然科学家那样，单纯通过对"客观"观察到的经验事实进行概括、提炼就可以获得解释它们的科学命题和理论。帕森斯认为，正是这种经验主义的实证主义立场使涂尔干陷入了一种理论逻辑上的矛盾：一方面，作为一个社会学家，涂尔干自然要强调社会现实与自然现实之间的区别，认为社会现实本质上是一种与物质性的自然实在不同的精神性的道德实在，但另一方面，作为一个实证主义者，他又必然要坚持认为这种精神性的道德实在具有与物质性的自然实在共同的基本特性，即相对于行动者个人的外在性和强制性，因而才可以且需要像后者一样采用实证科学的方法——对客观观察得到的"经验事实"进行比较分析的方法——来加以研究。但事实上，作为社会现象的"精神性的道德实在"是无法在经验层面上从个体行动／意识中分离出来直接加以观察的，在经验层面上能够直接加以观察的只能是劳动分工、法律制度、自杀率等作为精神性"道德实在"外部表现的东西。这就一方面使得涂尔干始终将自己的注意力集中在这样一些作为精神性道德实在之外部表现的事实上面（进而导致别人将他所谓的精神性"道德实在"批评为一种不能用科学方法加以考察的形而上学实体），另一方面则使得涂尔干始终难以合理地描述和说明个体表象／集体表象即个体与社会之间的关系，始终在"社会"因素到底是外在于还是内在于个体行动／意识这个问题上摇摆不定。帕森斯认为，其实只要我们意识到"社会"因素只是行动过程中的一种在分析的意义上才可以从行动中区分出来加以考察的东西，涂尔干所遭遇的那些矛盾就迎刃而解了。

　　如上所述，帕森斯明确批评涂尔干在方法论上的"社会学实证主义"立场，以自己的"分析的实在论"取而代之。那么，这是否意味着帕森斯的分析的实在论是一种与实证主义完全不同的方法论立场呢？在帕森斯自己看来，答案似乎是肯定的。但实际情况真的是如此吗？

笔者认为，虽然帕森斯对行动理论或社会理论研究中的实证主义立场进行了批评，但总体上看，帕森斯本质上还是一个实证主义者，只不过是一个与涂尔干等人有所不同的实证主义者而已。我们可以将帕森斯在方法论上的理论立场称为修正版的实证主义。

帕森斯和涂尔干等人在方法论立场上的不同主要表现在两个方面：一是强调分析性理论框架在科学研究中的重要性和优先性，指出如果没有一个分析性的理论框架作参考，单纯通过对经验事实的观察是无法对行动进行有效研究的；二是揭示了"规范性价值"在行动过程中的重要作用甚至支配作用，强调这些规范性价值只有通过"理解"而非"观察"的途径才能被把握。因此，我们必须同时借助观察和理解这两种途径来对行动加以研究。[1] 帕森斯的实证主义立场主要体现在以下几个方面：

一是像其他实证主义者一样，帕森斯依然强调理论要以观察到的经验事实为依据。他明确地说："毋庸置疑，一个理论要正确，就必须符合事实"[2]；理论"体系的各个命题都与经验事实的内容有关，否则那些命题就没有资格称为科学的命题。实际上，如果事实一词得到恰当的解释，那就可以说，一个理论命题只要在科学上有一席之地，它本身就或者是关于事实的陈述，或者是关于事实与事实之间有何种关系的陈述"[3]。因此，像所有的实证主义者一样，帕森斯也十分强调"验证"过程对于科学研究的重要性。他不仅提出"验证的过程对于科学来说是十分重要的"，而且具体解释说："如果以理论为根据的预期与所发现的事实相吻合，那么，在扣除'观察误差'之后，理论就得到了'验证'。"[4]

二是帕森斯对理论作用的强调与实证主义立场并无根本冲突。实证主义哲学的创始人孔德也明确表达过理论在科学研究过程中的重要性。帕森

---

[1] "行动科学的特点，从消极一面说是与空间参照系无关，从积极一面说则是手段—目的图式和主观方面之不可或缺，并且因而要采用理解的方法。""对于文化体系显然只有通过这个方法才能理解。在行动科学中，我们把理解与对于'行为'即事件的外部空间过程的观察二者结合起来。"（帕森斯：《社会行动的结构》，第862页、863页注35。）

[2] 同上书，第7页。

[3] 同上书，第8页。

[4] 同上书，第9页。

斯对理论之重要性的强调可能与涂尔干和逻辑实证主义一类的极端实证主义相异，但与孔德这位实证主义创始人的观点却并无本质差异。事实上，按照孔德的理解，"实证"只是意味着追求真实的、有用的、确定的、精确的知识。只要符合"实证"一词上述含义的知识都属于"实证科学"知识，而不管它对于经验和理论之间的关系怎么看待。

三是帕森斯的理论进步观与实证主义的理论进步观之间也存在高度一致性。帕森斯认为，"理论工作中有一种进步正在于从尚未说明的范畴中刻画出十分明确的概念，并在经验性研究中加以验证。因此，发展科学理论之显然无法达到但可以逐渐接近的目标，是从科学里面消除一切剩余性范畴，以便有利于产生意义明确的、能够凭经验加以验证的概念"。随着剩余性范畴被转变为得到明确界定的范畴，理论本身也就得到改造。与原有体系的明确范畴相联系的那些经验事实，也将以不同形式重新表述出来。这样，随着科学的进步，一方面是理论结构的变化，另一方面则是关于事实的知识的量的积累。"只要验证是正确的和完善的，这种变化也会留下正确经验的持久不变的沉淀物。陈述的形式很可能有所改变，但实质将依然存在。一般说来，旧的陈述将表现为新的陈述的一种'特殊情形'。"[1] 显然，这是一种典型的实证主义知识累积进步观念。

其次，从对"社会"与"个人"之间关系的理解方面来看，帕森斯则明确反对涂尔干的"社会决定论"，提出了一种与涂尔干的社会决定论有较大差异的行动系统及社会系统的理论。在涂尔干那里，"集体良知"、"集体表现"、宗教信仰、习俗、道德规范、法律、行为方式或行为准则、思维方式、社会制度、社会团体、社会组织、社会潮流等概念或现象经常被混淆，被笼统地视为"社会事实"的不同内容。所谓的"社会事实"，被等同于所有独立于/外在于个人行动/意识，同时又对个人行动/意识具有强制性的那些集体表象或"事实"；或者反过来说，所有那些被认为独立于/外在于个人行动/意识，同时又对个人行动/意识具有强制性的集体表象或"事实"，都被涂尔干纳入"社会事实"的外延。因此，对于涂尔

---

[1] 帕森斯：《社会行动的结构》，第22页。

干来说，除了自然环境之外，影响个人行动/意识的唯一因素就是"社会事实"了。与涂尔干不同，帕森斯则依据在行动系统当中所起的作用或功能方面的差异而将被涂尔干涵盖在"社会事实"概念之下的那些内容区分开来，具体划分为行为机体、人格、社会、文化等不同方面，将它们视为行动系统的不同子系统，并认为它们之间的关系是既相互独立又相互依存的关系，而非像涂尔干所认为的那样是单方面由"社会"因素来决定的。这导致了一系列不同的理论后果：

一是"社会"因素的内涵与外延发生了变化，变得比在涂尔干那里更小了：在帕森斯这里，"社会"子系统只包括制度化了的角色期望和互动模式，既不包括宗教信仰、文字符号系统、共有价值取向等内容（后面这些内容现在被划归"文化"范畴，构成行动系统中与"社会"范畴相对的一个子系统），也不包括被内化到个人人格当中的那些动机取向或价值取向（这些内容现在被划归"人格"范畴，构成行动系统中与"社会"范畴相对的另一个子系统）。

二是决定行动者行动过程的因素变得更为复杂了，或者说对行动过程的分析变得更加精细了。由于原来在涂尔干那里被笼统地归入"社会"范畴的那些因素被划归"人格""文化"等不同范畴，行动者的行动过程不再被笼统地说成是由"社会"因素决定的，"社会"因素由行动的决定性因素变成只是影响行动过程的一个方面，只是整个行动系统当中的一个子系统。除了"社会"因素之外，行动过程还受到了"行为机体"、"人格"和"文化"以及非社会性情境因素的影响。因此，为了更好地分析或理解行动过程，必须更为细致地去考察"行为机体"、"人格"、"社会"和"文化"这几个因素或子系统之间的相互关系，对它们之间的相互作用作出更为具体的分析。

三是同样由于原来在涂尔干那里被笼统地归入"社会"范畴的那些因素被划归"人格""文化"等不同范畴，原来在涂尔干那里被含糊不清地加以表达的客观唯心主义社会学立场现在却得到了更为清晰的表达。如我们在涂尔干那一章中所述，涂尔干的社会学理论是一种不折不扣的客观唯心主义社会学理论，这种理论强调个人行动既不是由个人心理或个人意识决定（而是由某种外在于个人意识的客观因素所决定），也非由遗传和外部自然环境等非"社会"因素所决定，而是由"集体良知""集体表现"等被称为"社会"因素的集体性道德观念/规范所决定。但由于在涂尔干那里，集体性道德观念的不同形式如观念形式、制度化形式、机构形式等不仅被笼统地混合在一起，并且在变化演进方面还存在着与所谓"社会形态学"因素之间纠缠不清的关联，这使得涂尔干的这种"社会决定论"（实为"客观精神决定论"）的思想没有得到足够清晰的表述。然而，在帕森斯这里，情况便有了很大的改观：由于无论在涂尔干那里还是在帕森斯这里实际上都被视为个体行动及其规范秩序之决定性因素的那些因素，如共有价值观念等，被细致地从"人格"（内化为个体人格中的价值取向）、"社会"（制度化的价值取向）中分析性地区别出来，被单独归入"文化"范畴，这就使得帕森斯可以比涂尔干更为清晰地表明，对于理解行动过程及其规范秩序来说，在被涂尔干笼统地归入"社会"范畴的那些因素中，其实"文化"因素才是更为根本的因素。正是基于这样一种看似微小但却意义重大的改变，帕森斯才底气十足地宣称自己是一个"文化决定论"者。但也正是因为如此，我们同样可以底气十足地宣称：尽管存在着上述这些改变，帕森斯的社会学理论立场与涂尔干的社会学理论立场在本质上依然是同一的，即帕森斯依然是一个客观唯心主义社会理论家，只不过是一个比涂尔干更为典型和更为精致的客观唯心主义社会理论家而已。

再次，从研究策略或路径方面来看，帕森斯选择从"行动"入手，而非像涂尔干等人那样从"社会"或"社会事实"本身入手，来对社会现实进行研究。帕森斯将科学研究区分为历史科学和分析性科学两大类：历史科学的目标是"尽可能地充分理解一类具体历史个体或其中之一"，而不管所研究的历史个体是自然物还是事件、个人、社会等；分析性科学的目标则是"发展一般分析性理论的逻辑连贯的体系"。显然，社会学的理论研究属于分析性科学的范围。他又认为，无论是在对自然现象的研究中还是在对社会现象的研究中，人们都可以用不止一个分析性理论图式来陈述同一种事实，"这些图式之间的关系不仅意味着一个图式是另一图式比较狭隘的特殊事例，而且意味着它们是互相交叉的"。例如，对与处于社会中的人相关的同一些事实，就可以用社会行动、社会关系、社会群体、社会人格四种不同的图式来加以描述和分析。[1] 这些不同的分析图式只是为我们观察、描述和分析与社会人相关的那些事实提供了处于不同层面的路径，它们之间虽有差别但并不相互矛盾，因为它们以及它们各自所描述和分析的那些事实之间的差异只是分析性的而非具体性的，是从不同分析角度考察同一种事实所看到的内容而已，它们之间是相互补充的。尽管如此，帕森斯还是认为，在这些不同的分析图式中，"社会行动"图式具有更为根本的意义。因为无论是社会关系、社会群体还是社会人格，都不过是"包含着许多个人以及他们的许多行动的行动体系的一个描述性方面"[2]，因此，最终都可以从行动这个层次去加以描述和分析。例如，"人格不过就是置于与单个行动者相关的背景下来描述的、可以观察到的单位行动之总和"；"群体的特性没有不能归结成行动体系的特性的，对群体加以分析的理论也没有不能以行动理论去表述的"。[3] 正因为如此，帕森斯才明确地选择从"行动"这个层面入手来对社会现实进行描述和分析，将"行动图式"作为自己理论建构的目标。就此而言，这与涂尔干直接从独立于/外在于个人行动的"社会事实"入手、将对"社会事实"的解释作为自己理论建构目标的做法的确是非常不同，这种不同表面上隐含的似乎是我们通常所谓的"社会唯实论"与"社会唯名论"（或本书所谓"结构论"与"建构论"）之间的差异甚至对立，让我们以为帕森斯似乎会成为一个要将一切社会现实最终都还原到"行动"层面（尽管只是"分析性"的）的社会唯名论者。然而，我们所看到的事实却完全相反：尽管帕森斯选择从"行动"层面入手来对社会现实进行描述和分析并非完全是一种表面文章，确实有一定的实质性意义（如促使人们意识到行动图式与群体图式、结构图式之间的差异乃至对立，以及去思考这些图式及其所描述的那些现实层面之间的关系等），但正如许多人所指出的那样，帕森斯最终却不仅没有走向社会唯名论的理论立场，相反，他为我们提供的事实上还是

---

[1] 帕森斯：《社会行动的结构》，第33页。
[2] 同上书，第841页。
[3] 同上书，第842、843页。

一个偏向"社会唯实论"（或结构论）的理论立场。帕森斯的社会理论虽然号称是"行动理论"，虽然是从行动入手来描述和分析社会现实，但他并没有真的像社会唯名论（或建构论）者那样将一切社会现实都还原为"行动"，认为在社会世界中除了行动之外别无他物。相反，他一而再、再而三地告诫我们，行动是一个由不同成分结构而成的系统，当这种系统复杂到是由两个及两个以上行动者的行动结合而成时，就会产生一些不再能由单位行动或个体行动者的性质来加以解释的"突生性质"，因而需要对这种系统本身的结构和机制进行研究，才能把握这些突生性质，对行动系统作出恰当的描述解释。同样，帕森斯也没有像多数社会唯名论（或建构论）者那样突出强调个体行动者的主观能动性，相反，他完全继承了涂尔干（按他的说法还有韦伯等人）的传统，自始至终强调共同价值取向在行动或互动过程中对于行动者的动机和价值取向以及角色期望和互动模式的约束和引导作用，强调文化系统在整个行动系统中的控制作用，致力于去描述和分析社会系统用来对个体行动者的行动进行引导和控制的过程和机制。其实，和涂尔干的社会学理论一样，帕森斯的行动理论目标明确，就是为了反对和批评那些个人主义社会理论而生的。虽然帕森斯的理论与涂尔干的理论有着前述种种不同，但在强调个体行动者的行动归根结底受到某种"结构"的约束和控制，行动或社会秩序是由诸多行动者的行动所形成的结构或系统本身的某些机制构造，而非行动者自发行动的结果这一点上，帕森斯和涂尔干之间绝无二致。就此而言，许多帕森斯的评论者认为他的行动理论最终仍是一种偏重结构、偏重客观的社会理论，并无不妥之处。也正因为如此，我们才把帕森斯的社会学理论和孔德、涂尔干的社会学理论放在一起，视其为客观唯心主义社会学理论的主要范例之一。

## 结　语

如上所述，一方面，可能是受到了韦伯等人的影响，帕森斯认为我们通常所说的"社会"其实就是诸多行动结合而成的"行动系统"，"社会秩序"就是"行动系统"的内在秩序，因而不仅从"行动理论"开始自己的社会理论研究，而且终其一生都将"社会理论"与"行动理论"等同，以一般"行动理论"的建构作为自己的学术使命。但另一方面，帕森斯又并没有像韦伯那样由于认识到社会是由诸多行动结合而成的"行动系统"而走向将包括"社会"在内的"行动系统"还原为个体行动的社会唯名论，而是延续和继承了孔德、涂尔干等人的唯心主义结构论理论传统，既将文化及其包含的价值共识视为使各级各类行动系统得以均衡存在和运行的根本因素，又将这种在文化及其价值共识导控下存在和运行的"行动系统"看成是一种外在于社会成员个体主观意识、有着自己独特功能需求和结构机制的存在，因而一开始就将行动系统及其结构作为自己的研究对象，并且，在后续的理论发展过程中，对这种唯心主义结构论理论传统进行了多方面的修正，使之变得越来越精致，逐步将这种理论传统发展到一个新的阶段。

# 第四章　列维-斯特劳斯的结构主义社会人类学理论

列维-斯特劳斯的结构主义社会人类学理论是另一种值得我们关注的西方结构论社会学（及人类学）理论。虽然列维-斯特劳斯的结构主义理论通常被视为一种人类学理论，但事实上，他本人不仅常常把人类学视为社会学的一个领域，而且一贯将自己视为涂尔干相关研究及其思想的继承者，将自己的结构主义社会人类学理论视为以语言学等学科中的结构主义理论和方法对涂尔干的社会学加以批判性继承的结果。因此，我们完全有理由将列维-斯特劳斯的结构主义社会人类学理论视为西方结构论社会学理论的一个特定类型。此外，哲学社会科学研究领域中的结构主义和后结构主义思潮也与列维-斯特劳斯的结构主义社会人类学理论有着非常重要的关联，在某种程度上可以被看作对后者加以继承和发挥的结果。对列维-斯特劳斯的结构主义社会人类学理论进行梳理，不仅对于我们更完整地理解结构论社会学理论，而且对于我们理解第四卷中要梳理的、作为后现代主义思潮重要组成部分之一的后结构主义思潮，具有重要的意义。鉴于这些理由，在本章中，我们就来对列维-斯特劳斯结构主义社会人类学理论的主要内容作一简要的勾勒。

## 一、对社会学、人类学中相关理论立场的批评

在结构主义被引入被列维－斯特劳斯视为社会学分支部门的人类学或民族学研究领域之前，在这些领域已经存在一些影响比较大的理论，譬如进化论、传播论、历史主义和功能论等。列维－斯特劳斯对这些理论都表示出了自己的不满。在《结构人类学》一书的绪论部分，列维－斯特劳斯比较集中地陈述了自己对这些理论的批评。他在这方面所作的论述本身篇幅并不大，但不仅对于我们理解列维－斯特劳斯本人的理论，而且对于理解整个人文社会科学领域的结构主义思潮具有重要意义，因此值得我们比较仔细地加以叙述。

列维－斯特劳斯是从人类学或民族学所面临的一个内在矛盾入手，来展开自己对上述理论之批评性分析的。这个内在矛盾就是人类学家或民族学家所持有的理论抱负与他们所采用的民族志田野调查方法之间的矛盾：人类学家或民族学家一直希望自己可以像历史学家那样通过对不同时代的人类社会或文化类型进行综合、比较，来归纳、概括出一套适用于人类社会一切时代的普遍结论，但人类学家或民族学家以民族志方法所获得的田野资料又不足以使他们实现这样一种理论抱负，因为前者需要大量有关民族过去的资料，而民族志方法提供的却只能是有关民族当前的资料。这一矛盾长期困扰着人类学或民族学的发展。

这一矛盾首先在持进化论和传播论这两种人类学或民族学早期理论的学者那里表现出来。列维－斯特劳斯指出，人类学或民族学领域中的进化论理论主要来源于生物进化论（虽然从历史上看其实社会进化论先于生物进化论出现）。按照进化论，"西方文明仿佛是人类社会进化的最先进的表现，原始群体却成为早期阶段的一些'遗存'，其逻辑分类反映了它们出现的时间顺序"[1]。然而，列维－斯特劳斯立即说，这种理论得不到经验事实的支持。从人类学通过田野调查所获得的经验资料来看，事情并非像

---

[1] 列维-斯特劳斯：《结构人类学》(1)，张祖建译，中国人民大学出版社，2006年，第6页。

进化论所说的这样简单。实际上，人类社会是由许多不同的方面或成分构成的，田野调查资料则显示，出于这样或那样的原因，这些不同的方面或成分在同一个社会体系内部的发展或"进化"程度并非完全一致。例如，"爱斯基摩人（现称因纽特人）都是能工巧匠，但在社会组织方面却极其贫乏。澳大利亚土著的情况则刚好相反"[1]。这类例子还可以举出很多。因此，如果我们想要从整体上对人类历史上存在过的不同社会类型进行比较，想要判断它们当中哪一种类型在进化程度上相对处于更高的水平，哪一种处于更低的水平，然后再按照进化水平的高低将它们连接起来构成一个由低到高的进化链条，以此来说明人类社会演变的过程和规律，那么，我们就会遇到逻辑上的困难。这是因为，这些不同的社会类型从构成它们的不同方面或成分来观察的话，其实是处于不同的进化水平，并非在某一方面或成分来看处在较高进化水平的社会从其他方面或成分来看也处在大体相同的进化水平，反之亦然。这样，如果我们想要把不同类型的社会当作各种整体性的存在来进行比较，就必须对构成它们的那些方面或成分加以综合，再以综合所得的进化状况为据来进行比较。但这样一来，就存在着选择哪些方面或成分作为元素来加以综合的问题。如同当今社会在建构各种多因素统计指标体系的时候所遇到的困难一样，进化论学者在从事这类综合工作时，也会发现，无论是采用定性还是定量的方法，综合评价的结果都会随先前所选方面或成分的不同而有所不同。"选用的标准如果没有限制，可以建立的系列也就会无限多，而且各不相同。"[2]有些进化论者，如莱斯利·怀特（Leslie A. White）意识到了这种困难，曾经试图用一个被认为能够综合性地反映某一社会进化程度的单一指标，即每个社会的人均可利用的能量，来衡量各个社会的进化水平，以摆脱上述困难。但列维-斯特劳斯指出，这一方法也并不能真正克服上述困难。他认为，怀特提出的新标准，"虽然能够反映在西方文明的某些时期和某些方面得到认可的一种理想状况，但是，我们看不出绝大多数人类社会如何能够满足这种规定性"。对于"绝大多数人类社会"，列维-斯特劳斯说，怀特"提

---

[1] 列维-斯特劳斯：《结构人类学》（1），第6页。
[2] 同上。

出的范畴对它们来说显得毫无意义"[1]。

面对这种困境,有人便后退一步,尝试在不同社会或文化类型的同一成分——譬如弓箭、弄扁婴儿头骨的习俗、十进位制等——之间,而非不同社会或文化整体之间进行比较,以此为基础来"建立起一些像古生物学家在物种进化过程中所发现的那一类继承性的和逐渐分化的关系"[2]。然而,列维-斯特劳斯认为,这种做法也充满了误解事实的危险。因为它犯了将自然现象与人类社会或文化现象混淆看待的错误。在自然科学中,人们之所以可以将结构和形态方面类似的生物联系起来归并为一个物种,然后对属于同一个物种的不同亚类型进行考察,根据它们进化水平的高低连接成一个前后相继的进化链条,以此来说明它们之间的关系,主要是因为这些生物亚类型之间确实可能存在着遗传上的前后联系:"马确实能生马,现代单趾马的确是古代三趾马历经多代的真正后裔。说到底,博物学家的重建活动的历史有效性是靠生物学的繁殖链得到保证的。"但是,人类社会中的情况却有所不同。在人类社会中存在的许多结构或形态上类似的事物,却并不存在现代单趾马和古代三趾马之间实存的那种生物遗传性质的联系:"一柄斧头却生不出另一柄斧头。两件相同的工具,或者两件虽然不同但形状非常相似的工具,在它们之间存在着而且永远会存在着显著的非连续性。"[3]之所以会有这样一种差别,"其根源就是[人类社会中结构或形态相似的两件事物之间]此一件并非产生于彼一件这一事实;它们每件其实都是一个表象系统的产物。因此,欧洲人的餐叉与波利尼西亚人用于礼仪性餐宴的餐叉不属于同一类别,正如消费者在咖啡馆的露天座位上饮柠檬用的麦管、饮巴拉圭茶用的'邦比拉'、美洲一些印第安部落用于巫术的饮管都不是一回事一样。社会建制方面的情形也是同一个道理:出于经济理由杀死老人的习俗跟为了不使老人耽误享乐而成全他们早归另一个世界的习俗,两者不可归于同一个名下"[4]。因此,即使以人类社

---

[1] 列维-斯特劳斯:《结构人类学》(1),第6页。
[2] 同上。
[3] 同上书,第6—7页。
[4] 同上书,第7页。

会或文化中的某一个方面或成分进行比较为据来维护社会或文化进化论，从逻辑上说也是不可行的。

再来看传播论。传播论常被视为一种与进化论不同的人类学或民族学理论。但传播论其实并不完全否认人类社会或文化存在着进化的历史倾向，传播论和进化论之间的区别主要在于如何解释这种进化的过程和机制。进化论者一般认为，每个社会或文化体系自身都存在着进化的倾向，只不过由于这样或那样的原因，在实际的进化过程中有些进化得快些，有些进化得慢些，从而使在世界历史的不同时段有些社会或文化体系会呈现出相对较高的进化水平或者说处于相对较高的进化阶段，另一些社会或文化体系则会呈现出相对较低的进化水平或处于相对较低的进化阶段。因此，进化论者关注的主要是各个社会或文化体系内部的进化过程和机制，倾向于用这些内部的过程和机制来解释各个社会或文化体系的演化状况。与此不同，传播论者则认为，从整体上看人类社会或文化确实存在着从低级形态向高级形态进化的趋势，但这种进化并非孤立地发生在各个社会或文化体系内部的过程，而是一个借助传播来进行的过程。我们在人类历史的不同时段所观察到的许多处于相对较高进化水平的社会或文化体系，其进化的成就并非都是自身内部进化过程的结果，而是由某个作为源头的社会或文化体系以主动或被动的方式将自己在进化过程中先行取得的某项文明成就向外传播或扩散的结果。因此，传播论者更多地将自己的注意力置于对文明传播过程和机制的考察，更倾向于以这种传播的过程和机制来解释特定"文化圈"的形成和变化状况。对于传播论者的这种做法，列维－斯特劳斯同样表示了质疑。他认为，虽然传播论可以比进化论更好地解释实际存在的某些社会或文化体系，但它和进化论一样面临着有些类似的难题。这个难题就是：它的那些有关文化通过传播而演化的论断同样难以得到田野资料的支持。列维－斯特劳斯说：虽然"传播论者能够打破比较论者建立起来的物种，用一些来自不同范畴的片段重新构拟个体。但是，它们重建的始终不过是虚假的个体，因为时空坐标取决于成分的取舍和组合的方式，而不是把一个真实的整体赋予对象。跟进化论者的'阶段'一样，传播论者的所谓'圈'或者文化'复杂体'的概念都是抽象活动的产物,永远得不到见证人的证实。他们重建的历史仍然属于推测性的、意识形态化的"[1]。列维-斯特劳斯认为,即使对于传播论者取得的那些比较严谨的研究成果来说,这些批评也是同样适用的。这并非因为这些研究就某些文化特征的分布、起源和扩散过程所作的描述和分析一定是不可靠的,而是"因为关于那些反映在或个体或集体的具体经验当中的有意识或无意识的过程,它们并没有告诉我们任何知识"[2]。譬如,从未有过某种制度的人们通过此类有意识或无意识的过程获得了这种制度,要么借助发明创造,要么通过改变旧制度,要么从外部输入。但传播论者对于这些具体的过程却不可能给出任何确切的说明。

　　面对这种困境,人类学家或民族学家分别提出了两种不同的应对方式。一种是由博厄斯的历史主义理论提供的。这一理论认为,单纯基于民族志提供的资料,我们无法为人类社会建立起一种普遍的进化规律,因为若要建立这样一种规律,"就必须能够证明 [ 在人类学家通过田野调查所发现的那些社会或文化类型之间 ] 某一类型比别的类型更为原始;而且,原始的类型一经建立,就必然向其他类型演变;最后,还必须证明这条规律在核心区域的作用要比在周边地区更为彻底"[3]。而这事实上是做不到的。同样,传播论的观点通常难以获得证明,因为在许多情况下,我们也很难将在不同民族那里重复出现的相似习俗或制度视为它们之间有过接触的证据,"除非出现了一条由同类现象组成的连续不断的链条,通过一连串中间环节将处于两极的现象连接起来"[4]。因此,我们只能暂时放弃这些试图对较大时空范围内的社会或文化演变过程进行概括性描述和解释的理论抱负,而将自己的概括限定在比较小的、民族志资料相对足以支撑的时空范围内,以扎实的经验资料构拟出一种尽管在时空范围上有限但相对比较有根据的微观历史。另一种应对方式则是由马林诺夫斯基等人的功能主义理论所提供的。和博厄斯及其追随者不同,功能主义者选择了完全放弃理解

---

[1] 列维-斯特劳斯:《结构人类学》(1),第8页。
[2] 同上。
[3] 同上书,第10页。
[4] 同上书,第9页。

和建构普遍历史过程这一理论抱负的道路,转而走向一条新的构建普遍规律的道路,即通过对所观察到的社会或文化体系内部构成成分之间的功能关系进行共时分析,来理解和解释这些成分以及由它们构成的社会和文化体系的存在和运作。对这两种应对方式,列维-斯特劳斯都提出了批评。他认为博厄斯的历史主义理论将会导致一种唯名论,这种唯名论若推至极端将完全否定对社会或文化历史进行理论概括的可能性。马林诺夫斯基的功能主义则是试图以一种通过闭门自省的方式得出的普遍真理来对所有社会或文化现象加以解释,从而使他们有关社会或文化现象的解释常常变为一种无意义的废话:由于完全放弃了对历史的把握,他们往往忘记了以下区分,"然而这一区分却十分重要:一方面是满足社会组织的某种当前的需要的主要功能;另一方面是仅仅由于群体拒不放弃某种习惯而获得维持的次要功能。……说一个社会具备功能,这是不言自明的;而如果说一个社会中的一切都具备功能,那就是无稽之谈了"[1]。

可见,人类学或民族学领域现有的理论都存在着一定的局限性。有的理论,譬如进化论、传播论和功能主义,拥有为不同的人类社会或文化类型提供普遍规律的理论抱负,但却缺乏基于扎实的民族志资料来实现这一抱负的恰当方法和道路;有的理论,譬如历史主义,虽然可以将自己的研究结论建立在扎实的民族志资料基础之上,但却放弃了为人类社会或文化的演变建构宏大历史图景、寻找普遍规律的理论抱负,从而可能使自己变成一种纯经验和微观性质的研究。那么,有没有可能找到一种与上述这些理论和方法有所不同,使人类学或民族学既能够为不同的社会或文化类型提供普遍规律,又能够将这些普遍规律建立在扎实的民族志资料基础之上的理论和方法呢?列维-斯特劳斯指出,这样一种理论和方法是存在的,它就是结构主义的理论和方法。

---

[1] 列维-斯特劳斯:《结构人类学》(1),第16页。

## 二、结构主义的理论和方法

结构主义是在语言学研究领域首先形成和发展起来的一种理论和方法。和在人文社会科学的其他领域相似，在语言学领域，长期流行的也是那些通过对特定语言之历史演变或传播过程的追溯，来达到对该语言系统之特征及其与其他语言系统之间关系的理解的研究方法，只是到了20世纪初期才逐渐产生了一种与此有所不同的新式研究方法。这种新的研究方法首先在音位学领域由雅各布森、特鲁别茨柯伊等语言学家尝试和发展起来。这些语言学家将语音作为语言构建的基本成分，把语言看成一个由有限的语音元素在某些基本结构性规则的约束下以各种方式组合而成的系统。通过对语音之间组合关系的分析，就可以将语言的结构性规则揭示出来，从而获得对不同语言系统进行比较及对它们之间的关系加以理解进而作出解释的基础。按照列维-斯特劳斯的叙述，特鲁别茨柯伊在一篇纲领性论文中曾经把音位学的研究方法归结为四条基本原理："第一，音位学透过无意识的语言现象进入语言现象的有意识的深层结构；第二，音位学拒绝把语音单位看成独立的实体，而是把它们之间的关系当作分析的基础；第三，音位学引进了系统的概念：'当前的音位学并不止于宣布音位永远是一个系统的成员，它还指出具体的音位系统并阐明它们的结构'；第四，音位学的目的在于揭示普遍法则，要么通过归纳的方法，要么……逻辑地推演出来，从而赋予这些法则以绝对的性质。"[1]特鲁别茨柯伊将这种方法称为"结构主义和彻底的普适主义"，而将以前在语言学领域同样流行的那种以"历时研究去揭示共时现象"的方法称为个人主义或"原子主义"。[2]

参照特鲁别茨柯伊的表述，我们可以看到，除了具体理念和方法上的特点（由其表述的第一、二、三点构成）之外，首先在音位学领域中形成和发展起来的这种新式研究方法还具有一个之前以"历时研究去揭示共

---

[1] 列维-斯特劳斯：《结构人类学》（1），第36页。
[2] 同上书，第38页。

时现象"的个人主义或原子主义研究方法所不具备的重要特点,即它能够通过归纳或演绎的方式从有限的经验资料中推演出具有"绝对性质"的"普遍法则"。用列维－斯特劳斯的话来说就是:结构主义"希望从观察和描述那些永远无法囊括无遗的丰富多彩的经验事实当中,把反复出现在不同时间和不同地点的一些恒常量提取出来"[1]。列维－斯特劳斯认为,正是以这样一种具有"彻底普适主义"性质的"结构主义"分析方法为基础,音位学才在社会科学中第一次"做到了把一些必然的关系明确建立起来"[2]。"因为音位学能够透过语言的那些始终处于表面的有意识的和历史的表现,触及客观的现实性。这些客观的现实性是关系组成的系统,本身也是精神的无意识活动的产物。"[3]列维－斯特劳斯进一步认为,音位学所取得的这种科学成就不能不给包括社会学(以及作为其分支的人类学或民族学)在内的相邻学科带来启示,不能不促使它们去思考音位学所采用的这种结构主义方法是否也适用于自己所研究的那些现象。而只要社会学家这样去思考,尤其是去思考跟亲属关系有关的问题,就会发现"自己所处的局面跟音位学家十分相似,因为表达亲属关系的词项跟音位一样,都是意义成分,它们照样必须归入系统才能获得意义。'亲属关系的系统'跟'音位系统'一样,都是头脑在无意识思维的阶段建立起来的;最后,重复出现在世界上相距遥远的不同地区和迥异的社会里的那些亲属关系的形式、婚姻规则、某些类型的亲属之间同样必须谨守的态度等,都使我们相信,这些可以观察到的现象无一例外地全都来自一些普遍的隐性法则的作用"。因此,可以说,"亲属关系诸现象是在另一范畴内的现实当中跟语言现象同类的现象"。若此,那么,社会学家很自然地就会提出这样一个问题:如果社会学家也放弃之前的那些研究方法,而"利用跟音位学所使用的方法形式上相似的方法(如果不是在内容上相似的话),社会学是否能够取得跟语言学新近取得的相似的进步呢?"[4]

---

[1] 列维－斯特劳斯:《结构人类学》(1),第 88 页。
[2] 同上书,第 36—37 页。
[3] 同上书,第 63 页。
[4] 同上书,第 37 页。

对于这个问题，列维－斯特劳斯在几个不同的地方都给出了肯定的回答。列维－斯特劳斯认为，我们首先可以基于语言与文化之间的关系来探讨这一问题。语言与文化之间存在着十分复杂的关系：语言不仅可以被视为文化的产品，因为一个社会所使用的语言是整个文化的反映。语言也可以被视为文化的一部分，是文化的构成成分之一。语言还可以被视为文化的一个条件，这一方面是因为我们需要通过语言来学习自己的文化，另一方面是因为语言因其与文化之间的同构性而成为后者的"地基"："文化的建构跟语言的建构十分相似，两者都是通过对立的关系和关联建立起来的，换句话说，都是靠逻辑关系建立起来的。因此，我们可以把语言视为一座地基，专门用来承受那些虽然有时比它更复杂，然而跟它的自身结构同属于一个类型的结构，这些结构正好对应于我们从不同侧面看待的文化。"[1] 所有这些似乎都可以让我们相信在语言和文化之间存在着高度的一致性，我们完全可以参照在语言学中形成和发展起来的结构主义方法来研究人类社会或文化的其他现象。但是，列维－斯特劳斯指出，我们之所以可以这样做，更为根本的原因可能还是在于这样一个事实：无论是语言还是文化，其实都是一种对两者来说具有更为根本性质的活动，即人类无意识心智活动的产物；无论是语言还是文化的其他部分，其实都是人类心智结构的不同表现而已。首先在语言学中形成和发展起来的结构主义方法（不是通过这种方法揭示的那些具体内容）所揭示的，其实正是在包括语言在内的人类文化不同部分背后共同存在的那一无意识的心智结构。这一无意识的心智结构既支配着语言，也支配着文化领域的其他部分。因此，首先由语言学家采用的结构主义方法，自然就是一种既可适用于语言学也可适用于其他社会或文化领域的科学方法。例如，我们可以像语言学家分析语言结构那样，对一个社会的烹饪艺术进行结构分析：我们可以将一个社会的烹饪艺术看成一个由某些基本构成成分——列维－斯特劳斯认为可以称之为"烹饪要素"——按照某些对立和关联的结构组合而成的系统，进而对它们的构成规则进行分析。"譬如，我们可用三组对立来区分英国

---

[1] 列维-斯特劳斯：《结构人类学》（1），第74页。

烹饪和法国烹饪：土生/外来（即自产原料对引进原料），中心/外缘（即主要食品对佐餐食品），带标记/不带标记（即鲜美可口对味道寡淡）。随后便可以制出一张表，分别用正号和负号表示每组对立是否适用于被考察的系统。"[1] 这个图式的内容和结构如下：

|  | 英国烹饪 | 法国烹饪 |
| --- | --- | --- |
| 土生/外来 | + | − |
| 中心/外缘 | + | − |
| 带标记/不带标记 | − | + |

上图的含义是："英国的烹饪使用本地原料制成寡淡无味的主要菜肴，佐以一些本属外来的、其全部区别性价值均带有强烈标记的佐餐食品（茶、水果糕点、橘子酱、波尔图葡萄酒）。相反，对法国烹饪来说，'土生/外来'这组对立变得十分微弱甚至消失，而且，无论是中心还是外缘位置，同样带标记的烹饪要素都组合起来了。"[2] 如果根据情况再添加一些对立，如甜/酸、烤/煮、热食/冷食、奶类饮料/酒类饮料、鲜水果/发酵水果等，就可以用来对中国、巴西等更多不同地区的烹饪系统进行结构分析。

列维-斯特劳斯指出，正因为如此，我们才可以看到，在一些远离语言学的研究领域中进行研究的学者确实发现了一些语言学家用结构主义方法揭示出来的相似规律。例如，对于一种服饰为什么会让我们喜欢或者会过时这一点我们很少有清楚的了解。然而，一位叫克鲁伯的学者在对此类时尚现象进行了研究之后发现，"这种表面上看起来任意的演变其实有规律可循，但这些规律单靠纯粹的经验观察是得不到的，单靠对各种时尚现象的直觉理解也不行。只有当我们对服装的各种构成元素之间的一组关系做出了评估的时候，这些规律方可彰显。这些关系可以通过数学函数的形式得到表达，针对特定时期计算出来的函数值可以为预测时尚提供一个基础"[3]。

---

[1] 列维-斯特劳斯：《结构人类学》（1），第 91 页。
[2] 同上书，第 92 页。
[3] 同上书，第 64 页。

列维－斯特劳斯进一步提出，我们在以上述方式对一个社会的烹饪系统或时尚系统进行结构分析之后，甚至可以对该社会的其他领域进行结构分析，以考察我们在烹饪或时尚系统中所发现的结构及其规则在该社会的其他领域中是否也存在。这样，我们就可以像马克思所做的那样，对一个社会不同领域之间的结构性关系进行考察。"如果我们发现许多领域都存在此类结构，我们就有理由下结论说，我们获得了能够反映一个或数个社会的无意识态度的一种有重要意义的价值。"[1]

那么，如何将结构主义的方法应用于社会学、人类学或民族学的研究呢？对于这个问题，如果简要回答，那就是：像语言学家那样，尝试从社会学家、人类学家或民族学家通过田野调查等方式所观察到的"那些永远无法囊括无遗的丰富多彩的经验事实当中，把反复出现在不同时间和不同地点的一些恒常量提取出来"，然后用由这些恒常量组成的"社会结构"来对所观察到的相关经验事实加以解释。为了更好地说明这一点，在《民族学中的结构概念》一文中，列维－斯特劳斯对作为社会学、人类学或民族学研究对象的"社会结构"概念进行了仔细的讨论。

首先需要对"社会结构"概念的性质和内涵作出清晰的界定。列维－斯特劳斯指出，需要明确的一点是，"结构"不是一个可以用来直接描述或指涉某些经验事实，而是只能用来描述或指涉有关某些经验事实之理论模型的概念。列维－斯特劳斯说：我们必须明确的"一条根本的原则是，社会结构的概念跟经验现实毫无联系，而是跟在后者基础上建立起来的模型发生联系"。为了说明这一点，有必要区分"社会结构"和"社会关系"两个概念。"社会关系是用来建立能够显现社会结构本身的模型的原材料。因此，社会结构在任何情况下都不可归结为可在一个既定社会里观察到的社会关系的总和。"[2]所谓"社会结构"，只是一种用来对经验的社会现实进行结构分析的模型。

"结构"只是一种关于某些经验事实的模型，但并非所有关于经验事实的模型都可以称为"结构"。那么，什么样的模型才能称为"结构"

---

[1] 列维-斯特劳斯：《结构人类学》(1)，第92页。
[2] 同上书，第297页。

呢？列维-斯特劳斯认为，一种模型只有在满足了以下条件时，才可以被称为结构：

首先，一个结构表现出系统的特征。对它的某一组成成分作出任何变动都会引起其他成分的变动。

其次，任何一个模型都隶属于一组变化，其中每一种变化都对应于同类模型内的一个模型，以至于所有这些变化加起来便构成一组模型。

再次，上述特质使我们能够预见，当模型的某一成分被更改的时候，该模型会如何反应。

最后，构拟一个模型应当使其运行能够揭示全部被观察到的事实。[1]

尽管作为对经验事实进行结构分析的一种模型，"结构"不是对经验事实的直接描述或指涉，而只是对经验事实当中所包含的，或者说在经验事实的后面支配着经验事实的那些基本构成性成分及其关系的一种构拟，但"结构"的构建还是必须建立在由准确和客观观察所获得的相关经验事实基础之上，而不能随心所欲地加以构建。在坚持观察的客观性这一点上，列维-斯特劳斯和涂尔干的意见似乎是高度一致的。他说："在观察层次上，核心的规则——甚至可以说是唯一的规则——就是，所有的现象都应当得到准确的观察和描述，不允许任何理论上的先入之见去改变它们的性质和重要性。"[2]

对于必须将作为模型的"社会结构"建立在客观观察到的经验事实基础之上这一点，有人可能会提出质疑说："民族志方面的观察总是具体的和个别化的，而结构研究通常被认为具有抽象和形式化的特点，这两者之间是否存在矛盾，以致从前者过渡到后者会遇到争议呢？"对于这种质疑，列维-斯特劳斯回应说："在民族志描写所特有的细节关注和我们要求根据这种描写构建起来的模型所具备的效力和普适性之间，不但没有矛盾，而且有直接的关联。"[3] 为了说明这一点，列维-斯特劳斯进一步将结构模型区分为机械模型和统计模型，前者是其"构成成分……在规模上跟

---

[1] 列维-斯特劳斯：《结构人类学》（1），第298页。
[2] 同上。
[3] 同上书，第299页。

[所模拟之]现象的规模相等"的那些模型,后者则是其"构成成分和规模不一样"的那些模型。例如,在物理学中,如果被观察的物体为数甚微,那么用来模拟物体运动的模型就是我们在力学中见到的那种机械模型,如果被观察的物体数量增加并超出了一定规模,那就采用我们在热力学中见到的那种统计模型来进行模拟。类似地,在人文社会科学中,通过个案分析我们就可以建立起有关自杀的机械模型,"其构成成分来自死者的个性类型、本人历史、他所隶属的核心群体和外围群体的特点,等等",而通过一个社会或群体的自杀率,我们就可以建立起有关自杀的统计模型。列维-斯特劳斯指出,对于机械模型而言,只要我们选出来作为模型构建基础的经验案例具有足够典型的意义,能够帮助我们作出决定性的判断,那么,基于这一个或几个案例构建出来的模型就会具有普遍的有效性。列维-斯特劳斯引用涂尔干说过的一句话来为自己辩护,这句话是:"一条法则一旦通过一次成功的实验的检验,这条法则便是放之四海而皆准的。"[1]列维-斯特劳斯也引用高尔施坦的一段话来为自己的见解作注,这段话是:"如果积累事实的方法不完善,那么即使是建立大量的事实也终归枉然,它们永远不能达到符合事物的实际情况的知识……应当只选择那些可以让我们做出决定性判断的案例。这样一来,能够在某一案例中成立的东西对于其他案例将同样有意义。"[2]因此,只要我们构建的是有关经验现象的机械模型,那么通过对少数案例的精研得出的结构模型就会具有普遍意义。"就建立机械模型而言,涂尔干和高尔施坦的见解无懈可击。"[3]那些担心从有限的经验事实中构建起来的结构模型可能不具有普适性的意见,更多是混淆了机械模型和统计模型的结果。

在以经验事实为基础构建结构模型的过程中,可能出现的另一个问题是:不同的研究人员在以同一组经验事实为依据构建结构模型时,由于这样或那样的原因,可能会构建出不同的结构模型。当这种情况出现时,我们要怎么在这些不同的结构模型之间进行取舍呢?对此,列维-斯特

---

[1] 列维-斯特劳斯:《结构人类学》(1),第306页。
[2] 同上。
[3] 同上书,第307页。

劳斯明确回答说："为了描述和解释某一组现象，人们确实可以出于不同理由，构想出许多模型，这些模型各个不同，但运用起来很方便。但是，最优秀的模型永远是那个真实的模型，即那个不仅最简单的，而且能够满足以下双重条件的模型：只利用被考察的现象，同时又能够说明全部现象。"[1]由此可见，在坚持理论模型只是对经验事实的再现和反映，因此只有最为准确地反映和再现了全部经验现实的那一个理论模型才是最真实、最优秀，才是唯一可取的理论模型这一点上，列维-斯特劳斯和包括涂尔干在内的所有结构论社会学家也是完全一致的。

在此基础上，列维-斯特劳斯又从"社会形态学或群体结构""社会静力学或沟通结构""社会动力学或从属结构"三个方面进一步讨论了社会结构模型的建构问题。

列维-斯特劳斯所用的"社会形态学"概念与涂尔干使用的同一概念相似，主要指的也是人们的社会关系和社会生活借以存在和展开的外部形态。社会形态可以从时间和空间两个维度来加以刻画。当然，这里说的时间和空间指的是"社会的"时间和"社会的"空间，而非纯自然的时间和空间。不同的社会具有不同的时间。例如，从时间方面看，时间连续体可以表现为或是可逆的或是定向的，或是无限的或是有限的，或是可进一步解析成部分的或是不可解析的，等等。研究人员在建构有关这些社会的形态学结构分析模型时，可以根据需要选取"具有最大策略价值的不同层次"。从空间方面看，情况也是类似：不同的社会可能具有不同的空间维度。列维-斯特劳斯特别指出，社会结构和社会的空间形态之间可能存在密切的关联。例如，"大平原印第安人营地的形状是根据每个部落的社会组织而变化的。在巴西东部和中部的格族人村落里，茅舍也出于同一道理呈环形分布的"[2]。当然，情况也并非总是如此，且不说现代社会的结构和形态之间可能存在的复杂关系，即使是处于部落时代的社会，那里出现的也可能是另一种情况。比如，"博罗罗人村落的平面图所反映的并非一种真正的社会结构，而是一个存在于土著人意识里的模型，尽管它的性质纯

---

[1] 列维-斯特劳斯：《结构人类学》(1)，第299页。
[2] 同上书，第310页。

属虚幻，而且与事实不吻合"[1]。

一个社会总是由相互沟通的个人和群体组成的。对个人和群体借以组成社会的沟通结构进行考察，就可以建构出一个社会的静态结构模型，或者说"社会静力学"或"沟通结构"模型。在这方面，结构分析方法可以为社会研究带来一种新的成就。列维-斯特劳斯认为，"就任何一个社会而言，沟通活动至少发生在三个层次上：女人的沟通、货物和服务的沟通、信息的沟通"[2]。这些不同层次的沟通活动以前是分别由不同的学科加以研究的，如作为亲属关系系统之基础的女人的沟通主要由人类学研究，作为经济系统之基础的货物和服务的沟通主要由经济学研究，作为语言系统之基础的信息的沟通则主要由语言学研究。但是，现在，借助结构分析的视角和方法，我们可以发现它们三者之间在形式方面具有高度一致性，因而可以将它们合并而获得一个统摄性的概念即"沟通"。这样，我们一方面可以利用这个概念，把原来分别由不同学科研究的内容统合到一个学科之内，使这些内容整合为一个学科；另一方面则不仅可以将不同学科中形成和发展起来的一些理论和方法结合起来，对沟通结构进行研究，而且可能形成一些新的理论和方法。

一个社会可能是由诸多个人和群体以不同的地位次序结合而成的，其中有些人处于主导地位，有些处于从属地位，由此形成了社会的从属结构。对一个社会的从属结构进行分析性建构，无论对于我们理解它的运行状况还是其变化状况都具有重要的价值，因此成为对其进行结构分析的重要组成部分。不过，在从事这项工作时需要注意的是，一个社会可能并非只存在一种从属结构，而是存在一组从属结构，它们分别从不同维度、以不同的规则来对个人的地位进行安排，从而形成了不同的社会秩序。例如，"亲属关系制度提供了可以根据某些规则安排个人位置的一种手段；社会组织是另一种手段；社会阶层或经济阶层的区分则提供了第三种手段"[3]。因此，我们在建构社会从属结构模型时，还需要对不同从属结构之间的关

---

[1] 列维-斯特劳斯：《结构人类学》（1），第311页。
[2] 同上书，第315页。
[3] 同上书，第333页。

系进行探讨。而"只要阐明将这些秩序的结构联系在一起的是什么关系,以及它们在共时层次上如何相互作用,那么所有这些秩序的结构本身也可以有序化"。由此,我们便可以"成功地建立起一些将各种特殊模型(亲属关系、社会组织、经济关系等)的特点尽行囊括的归纳式模型"。[1]

以上构成了列维 – 斯特劳斯在试图将结构主义方法应用于人类学或民族学研究时对这一方法所作的理论思考。对这些思考作此简要梳理,应该会有助于我们理解列维 – 斯特劳斯应用结构主义方法在社会人类学领域所从事的具体经验研究。在下一部分,我们就从列维 – 斯特劳斯的这些经验研究工作中选择几例进行浏览,这可能会让人们对列维 – 斯特劳斯的结构主义社会人类学理论有一种更为具体的领悟。

## 三、对亲属关系系统的结构主义分析

列维 – 斯特劳斯早期应用结构主义方法所从事的一项研究工作即是对亲属关系结构的研究。他在这方面的研究成果主要呈现在其早期的代表作《亲属关系的基本结构》一书,以及《语言学和人类学中的结构分析》《关于亲属关系的原子的思考》等相关论文中。

在以结构主义方法阐释亲属关系结构的研究过程中,列维 – 斯特劳斯发现,在将语言学中的结构主义方法应用于亲属关系结构之类的研究课题时,不能简单地将语言学中的具体结构分析方法生搬硬套到后一过程中。例如,在对亲属关系进行结构分析时,人们通常可能简单地将亲属关系系统与语言中的音位系统进行类比,进而单纯模仿音位学家的做法,将亲属关系系统中的"亲属称谓语"混同于语言系统中的"音位",通过对亲属称谓语进行分析,得到一些"区别性成分",用来作为构成亲属关系结构的"原子",再用这些原子作为基本成分来重建和解释亲属关系系统。结构主义语言学家正是把音位解析为语言系统中的"区别性成分",进而把它们分成一组或数组以"两个对立项"(如元音/辅音等)的方式组织起

---

[1] 列维 - 斯特劳斯:《结构人类学》(1),第 333 页。

来，构成特定的语言结构模型。"社会学家对于一个特定的亲属关系的系统里的称谓语，可能也会利用相似的办法试着分解。例如，在我们的亲属关系的系统里，父亲这一称谓语在性别、相对年龄和辈分等方面具有正面的含义，……我们于是可以追问，对于每个系统来说，哪些关系已经得到了表达？在辈分、外延、性别、相对年龄、亲缘关系等方面，这个系统内部的每一个称谓语拥有什么样的含义——正面的也好？负面的也好？就像语言学家在'深层音位'阶段发现了他们的规则那样，或者像物理学家在微分子阶段即原子层次上所做的那样，我们也希望在这一'微观社会学'的阶段找到结构方面的最普遍的规则。"[1]然而，当我们真的去这样做时，我们就会发现一些困难。例如，在音位学里通过音位分析得到的区别性成分的总数小于用它们组合而成的音位的总数，利用这些区别性成分我们可以理解并重建和解释语言系统，而我们使用相同的方法去对亲属称谓语进行分析，得到一些区别性成分后，却达不到理解、重建和解释亲属关系系统的效果。列维-斯特劳斯认为，之所以会如此，其原因就在于将音位学的结构分析方法生搬硬套到了亲属关系系统的结构分析中。而之所以会将音位学的结构分析方法简单照搬于亲属关系系统，又在于人们对于亲属关系系统的特征没有作出切合实际的恰当分析。

列维-斯特劳斯指出，实际上，和语言系统相比，亲属关系系统有着自己独有的特点，这就是亲属关系系统并非仅仅是由亲属称谓语系统所表述的那一类现实所构成，而是由两类不同的现实所构成。除去由亲属称谓语系统所表述的那一类现实之外，亲属关系系统还涵盖了由可称之为"态度系统"的表征系统所表述的一类现实。列维-斯特劳斯写道："实际上，通常所谓'亲属关系的系统'涵盖着两类迥然不同的现实。首先是那些表达不同类型的家庭关系的称谓语。然而，表达亲属关系并非只靠一套词汇。使用称谓语的个人或者团体感到（或者感觉不到，依情形而定）彼此被维系在某种行为规范当中，例如尊敬或亲昵、权力或义务、友爱或敌视。因此，除了我们建议叫作称谓语系统（严格地说，它形成一个词汇系

---

[1] 列维-斯特劳斯：《结构人类学》（1），第38—39页。

统）的东西以外，还存在着另外一个同属心理和社会性质的系统，我们不妨称之为态度系统。"[1]不过，更为重要的是，这两个系统之间并不存在一致性或协调性："在称谓语系统和态度系统之间，我们看到了一种深刻的不同。"[2]拉德克利夫－布朗（A. R. Radcliffe-Brown）等人曾经以为态度系统不过是称谓语系统在情感方面的表达或流露，列维－斯特劳斯对此看法明确表示"不敢苟同"，指出已有大量的例证表明亲属关系方面的称谓并不能准确地反映家庭成员之间的态度，反之亦然。例如，从父亲、母亲、丈夫、妻子、舅舅、外甥以及兄弟姐妹等称谓上，我们完全无法推知人们对于这些称谓所指涉的那个家庭成员的态度：对于一个被称为"父亲"的家庭成员，人们可能会以敬而远之的态度待之，但也可能会以亲密无间的态度待之，单从"父亲"这个称谓上，我们并不能推知其他家庭成员对他所可能持有的态度。而且，即使是态度，也还可以进一步区分为两种类型，一是"那些分散的、未定型的、尚未制度化的态度，可视之为称谓语在心理上的反映或者衍生物"，二是"一些风格固定、非有不可的态度，它通过禁忌或特权得到规定，通过固定化的礼仪得到表达。这一类态度往往并非自动地反映全套称谓语，它们往往表现为事后修正，用于排解和克服称谓语系统的内在矛盾和不足"。[3]这就使事情变得更加复杂。因此，我们完全有必要将这两种系统当作不同的对象来加以处理。这就意味着，对亲属关系系统的结构分析不能像对音位系统的分析那样，单纯以对亲属称谓语系统进行分析所得到的"区别性成分"为元素来构建相关的结构分析模型，而必须将对构建亲属关系系统的结构模型所需之基本元素的探寻扩展到对称谓语系统的解析范围之外，将上述两种不同系统的内容都涵盖进去。

列维－斯特劳斯以人类学或民族学研究中受到普遍关注的"舅甥关系"问题为例来说明这一点。人类学家曾经在许多原始社会里都观察到舅甥关系的重要性，并且将其解释为母系社会的遗存。但已经有人指出这一解释经不起推敲，因为有证据表明舅甥关系既跟母系制度有关也跟父系制度有关，甚

---

[1] 列维-斯特劳斯：《结构人类学》（1），第40—41页。
[2] 同上书，第41页。
[3] 同上。

至在一些既非母系也非父系制度的社会里也能看到。此外，人们也发现在不同的社会（包括实行母系继嗣制度或者父系继嗣制度的社会）中，舅甥关系往往跟不同的态度相结合：在有的社会里舅甥处于一种严肃甚至对抗的关系当中，另一些社会里舅甥则处于一种无拘无束的亲密关系之中。那么，为什么会有这样一些差别呢？在不同的群体中，人们在处理舅甥关系时采用不同的态度的理由何在？这有哪些规律可循？列维－斯特劳斯综合人类学的诸多资料，对此进行了探讨。通过对美拉尼西亚的特洛布里恩诸岛等六个原始社会中舅甥关系及其态度状况的比较，列维－斯特劳斯得到了一些有意义的发现。他将其中最重要的一些发现绘制成图（见图4-1）：

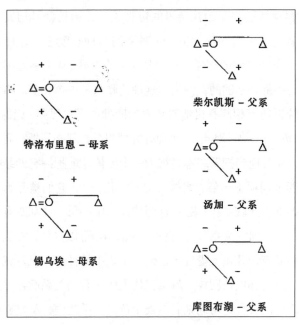

图 4-1　舅甥关系及相应的态度状况[1]

图 4-1 中符号 △ 和 O 分别表示男人和女人，△=O 表示丈夫和妻子，△−O 表示兄弟和姊妹，符号 + 表示相互之间的关系相对比较亲密，符号 − 则表示相互之间的关系相对比较疏远。依图 4-1 所示，我们可以看到：

首先，舅甥关系的形式跟继嗣关系到底是母系继嗣还是父系继嗣无

---

[1] 列维－斯特劳斯：《结构人类学》（1），第48页，图1。

关,"不同的舅甥关系完全可能跟同一继嗣关系的类型共存,无论这种关系是母系还是父系"[1]。反过来,不同的继嗣制度也可以跟相同的舅甥关系共存。例如,从图4-1可以看到,特洛布里恩诸岛土著社会和布甘维尔的锡乌埃人社会实行的都是母系继嗣制度,但其舅甥关系却完全相反:在前者那里,舅甥处于一种明显对抗性质的关系之中;而在后者那里,舅甥则处于一种"互相依赖的关系"之中。类似地,高加索地区的柴尔凯斯人、波利尼西亚群岛的汤加人和新几内亚库图布湖畔的土著人实行的都是父系继嗣制度,但它们的舅甥关系也不一样:柴尔凯斯人和汤加人的舅甥之间充满温情,库图布湖土著人的舅甥则处于一种严肃和隔膜的关系之中。

其次,要理解这些原始社会里的舅甥关系,单是就舅甥关系来理解舅甥关系,或者是像发现在甥对舅、子对父的两种态度之间存在着关联性的拉德克利夫-布朗所做的那样,单是从父/子、舅/甥两种态度之间的关联来理解舅甥关系都是不够的,因为"这种关联只是一个完整的系统的一个侧面,这一系统里还有相互有机地联系着的四种关系:兄弟/姐妹,丈夫/妻子,父/子,舅/甥"[2]。因此,"要理解舅甥关系,就必须把它看成系统内部的一种关系,而且应当把系统本身视为一个整体才能把握它的结构。这一结构的基础是四个词项(兄弟、姐妹、父亲、儿子),它们被互为关联的两组对立关系以如下方式联系在一起:这两代人当中的每一代都既有一种正面的关系,又有一种负面的关系"[3]。例如,从图4-1可以看到,在五个社会中,就同代人关系而言,凡是夫妻处于正面关系之中的社会,兄妹就必然处于负面关系之中,反之亦然;同样,就第二代人所具有的关系而言,凡是父子处于正面关系之中的社会,舅甥则必然处于负面关系之中,反之亦然。[4]

---

[1] 列维-斯特劳斯:《结构人类学》(1),第47—48页。
[2] 同上书,第46页。
[3] 同上书,第49页。这里所谓"正面的关系"意指亲密、融洽、温情、友爱一类的态度关系,"负面的关系"则意指疏远、对抗、敌视、严肃一类的态度关系。
[4] 列维-斯特劳斯补充说,这种将家庭成员的态度区分为正负两种的做法有过于简单之嫌。"实际上,最基本的态度系统至少应该包含四个词项:亲情、温情和率直的态度;来源于馈赠与回赠的互惠性交换的态度;除了这些涉及双方的态度外,还有两种单方面的态度:其一相当于债权人的态度,其二相当于负债人的态度。……在许多系统里,表达两个人之间的关系往往并不是一种态度,而是几种态度,从而可以说形成了一束态度(例如,在特洛布里恩群岛的夫妻之间便可以看到互助加互惠)。"(同上书,第53页。)

据此，列维-斯特劳斯得出一个结论：这种由四个词项（兄弟、姐妹、父亲、儿子）或四种关系（兄弟/姐妹、丈夫/妻子、父/子、舅/甥）以互为关联的两组对立关系连接而成的亲属关系结构，"既是人们所能想象的，又是可能存在的一种最简单的亲属关系的结构"[1]。列维-斯特劳斯认为，这一结构正是我们所要寻找的亲属关系结构模型的"原子"。"这一产生于四个词项之间的确定关系的基本结构乃是真正的亲属关系的原子。低于这个基本要求便无法想象或者给出任何存在。另一方面，它是构成其他更复杂的结构的唯一材料。原因在于，另外确实还有更复杂的结构；或者更准确地说，建立任何亲属关系的系统都以这样的一个基本结构为基础，或自我重复，或通过吸收新的成分得到扩展。"[2]列维-斯特劳斯指出，这样一个结论可以从以下这样一个逻辑的论据来获得支持："一种亲属关系的结构的存在必须同时包括人类社会始终具备的三种家庭关系，即血缘关系、姻亲关系、继嗣关系；换言之，它们是同胞关系、夫妻关系和亲子关系。不难看出，基于最省力原则，我们正在考虑的结构正好能够满足这三方面的要求。"[3]

列维-斯特劳斯依此对拉德克利夫-布朗作出了批评，因为后者将一对夫妻及其子女所构成的、天然的"基本家庭"视为亲属关系结构的基本单位，将基本家庭内部存在的亲子关系、同胞关系和夫妻关系视为"第一亲等关系"，将两个基本家庭通过一个共同成员发生的关系视为"第二亲等关系"，如此推至第n亲等关系。列维-斯特劳斯认为，这种流传甚广的看法其实主要是将自然的血缘关系视为亲属关系的基础，而其实，"一个亲属关系的系统的本质并不在于那种人与人之间在继嗣上或血缘上的既定的客观联系，它仅仅存在于人的意识当中，它是一个任意的表象系统，而不是某一实际局面的自然而然的发展"。对于人类社会的存在和发展来说，一个具有决定意义的现象是："在人类社会里，亲属关系必然依赖于并且通过明确界定的婚姻方式才会得到承认、建立和延续。换句话说，拉

---

[1] 列维-斯特劳斯：《结构人类学》（1），第49页。
[2] 同上书，第52页。
[3] 同上书，第49页。

德克利夫－布朗按照'第一亲等关系'处理的那些关系取决于并且依赖于那些被视为第二亲等和派生的关系。人类亲属关系的首要特点便是要求他所称为'基本家庭'的单位之间发生联系，这是它们存在的条件。所以，真正'基本的'的东西不是家庭，（它们只是独立的词项）而是这些词项之间的关系。"[1]在《亲属关系的基本结构》一书中，列维－斯特劳斯细致地分析和说明了导致这一现象产生的根本原因。列维－斯特劳斯指出，使"在基本家庭之间发生联系"这一点成为人类亲属关系之首要特点和存在条件的直接原因，是乱伦禁忌制度的普遍建立以及由此导致的外婚制。而促成乱伦禁忌这一社会制度普遍建立的，则并非像人们通常以为的那样是出于原始民族为避免内婚制可能在遗传方面带来的灾难性后果这种优生学动机，而是出于各个群体的男子为了获得通过和另一群体结盟才能获得的那些利益（相邻群体的和平共处、与自然或敌对群体对抗能力的增强等）而相互交换女子这一行为。[2]列维－斯特劳斯认为，正是乱伦禁忌以及由此导致的外婚制，推动人类社会从动物界进入文化界，也使得人类的亲属关系从此超越了在动物界中普遍存在的那种单纯由血缘关系来限定的约束，进而使得"基本家庭之间的联系"成为人类亲属关系的首要特点和存在条件，使得由兄弟／姐妹、丈夫／妻子、父／子、舅／甥四种关系连接而成的亲属关系结构（而非由亲子关系、同胞关系和夫妻关系组成的"基本家庭"）成为"最简单的亲属关系结构"。

## 四、对神话系统的结构主义分析

用结构主义的方法对人类早期的神话系统进行分析，是列维－斯特劳斯学术活动中另一个重要的方面，也是帮助列维－斯特劳斯的结构主义社会人类学取得广泛而又重要的影响的领域之一，其代表性作品包括四卷本的《神话学》等。我们在这里对列维－斯特劳斯的相关学术思路作一简要

---

[1] 列维-斯特劳斯：《结构人类学》（1），第54—55页。
[2] C. Lévi-Strauss, *The Elementary Structures of Kinship*, Beacon Press, 1969.

梳理。

在《神话的结构》一文中,列维-斯特劳斯对其写作此文时西方人类学或民族学界的神话研究提出了批评。他指出,在当时的神话研究领域,人们要么是将神话还原为一个群体或社会成员的情感活动,将神话理解为爱情、仇恨、复仇一类人类共通情感的表达;要么将神话还原为一些自然现象,将神话理解为古人对天文、气象等方面令人费解之现象的解释;要么将神话还原为社会现象,将神话理解为对某些社会现象的折射,"假如有一个神话系统赋予某种人物,譬如说一位坏心肠的外祖母以重要的地位,人们就会对我们解释说,这个社会里的外祖母对孙辈全都不怀好意;神话因而被认定是社会结构和人与人之间的关系的一种折射。假如观察结果跟这种假设不符,人们马上就会变换说法,说什么神话的真正对象是为真实而受压抑的情感提供一次分流"[1]。列维-斯特劳斯抱怨说,这样一些研究并没有取得什么被公认为有价值的成果,实际上不过是使神话研究沦为一些随便玩玩的游戏或者怎么说都有理的哲学思辨。

列维-斯特劳斯进一步指出,实际上,如果我们仔细分析各种神话系统,我们就会发现,尽管出现在世界各地的神话看上去非常随意和多样,但它们总是会有一些同样的人物甚至细节。这就启示我们去追问一个问题:为什么会有这样一些相似性?而如果我们发现语言学里曾经存在过类似的矛盾,如表面上随机多样的语言系统中却总是会有一些相同的语音群,我们才能进一步意识到:语言学家后来用于解决这个矛盾的方法或许就是我们可以用来解决此问题的办法。列维-斯特劳斯说,早期的学者们注意到,"在每一种语言里,有些语音群与一些特定的意义相对应,他们于是殚精竭虑地力图弄懂什么样的内在必然性能够把这些意义和这些声音联系在一起"。但他们所做的这种努力是徒劳无功的,因为人们发现"相同的语音同样出现在别的语言里,但跟完全不同的意义联系起来";而"只有当人们终于意识到语言的表意功能并非直接跟语音,而是跟语音之间的组合方式相联系时,这个矛盾才得到了解决"。[2] 列维-斯特劳斯认

---

[1] 列维-斯特劳斯:《结构人类学》(1),第222页。译文略有修改。
[2] 同上书,第222—223页。

为，神话学中存在的许多困扰实际上也正是出于语言学中存在过的上述类似困扰，即将系统结构中某个符号元素（如语音）与其所表达的意义之间的联系视为必然的，因此，神话学家也可以从语言学家后来的做法中获得启发，用语言学家后来采用的思路或方法，即结构主义的思路和方法来化解自己面临的相似困惑。按照这种结构主义的思路和方法，符号元素与其意义之间的联系不是必然的而是偶然的，符号元素的意义不是取决于它跟所指之间的联系，而是取决于其与所在系统结构中所有其他符号元素之间的差异关系——在语言学中，索绪尔被公认为使这种见解得到广泛接受的标志性人物，尽管对索绪尔的说法还可以作一些检讨和修正。

索绪尔曾经将语言行为区分为"言语"和"语言"两个层面。其中，"言语"即为人们在语言行为中实际言说和可以意识到的那些内容，是随时随地变化着的东西，因而具有时间性和情境性；而"语言"则是语言行为中潜藏在人们言说的东西背后以无意识的方式支配着人们的言说行为的那些结构性的规则，它不随时间和情境的变化而变化，因而在时间上具有可逆性。列维-斯特劳斯认为，神话其实是人类语言行为的一部分，但可以说是语言行为中在言语和语言之外、兼具这两者属性的另一个特殊层面。神话是一种特殊的话语系统，它的基本特征是，以过去的事件来指涉无论在过去、现在还是将来都永远有效的某种意义："神话永远涉及过去的事件，不是'开天辟地之前'，就是'人类最初的年代'。总之是'很久很久以前'。但是，人们赋予神话的内在价值根植于这一事实：被视为发生在某一时刻的事件同样形成了一种长期稳定的结构。后者跟现在、过去和将来同时都有联系。"[1] 换言之，神话是要以语言行为在言语层面所具有的那种历时性、随机性的方式，来表达在语言层面所具有的那种共时性、规范性结构。作为人类语言行为的一部分，神话和人类语言行为的其他部分一样，不仅都是由一些结构成分组成的，而且其意义也不在于这些作为组成部分的孤立成分，而在于这些成分的组合方式。作为一种特殊的话语系统，神话的组成成分又会呈现出特殊的性质：虽然音素、语素、义

---

[1] 列维-斯特劳斯：《结构人类学》（1），第224页。

素等一般语言中的构成成分也会出现在神话中,但构成神话的基本成分却是高于这些一般语言成分的东西,列维-斯特劳斯将这种东西或"纯属神话的大构成单位"称为"神话素",神话素不是某些孤立的词句,也不是某些孤立的片段,而是一些由具有相关性的语句或片段所组成的"关系束"。神话的"构成成分只能以这种关系束的组合的形式才能获得表意功能"[1]。在一段对于关系束的说明中,列维-斯特劳斯用乐谱中"写在竖行里的[组成一段和声的几行]全部音符"来比喻这种关系束。列维-斯特劳斯说:"让我们想象一下有那么一天,所有人类生命已经从地球上消失了,几位来自别的星球的考古学家在我们留下的一个图书馆的遗址上展开发掘工作。他们一点也不懂我们的文字,但试着破译它。这项工作首先要求了解我们的字母是从左到右、从上到下阅读的,正如我们在印刷文字时那样。然而,有整整一类的书卷无法照这个样子读通。那是一些保留在音乐类图书中的乐谱。我们的考古学家自然一部接着一部地努力阅读谱表,从每一页上端开始,连续地读下去;不久他们发觉,有些相同的音符每隔一段就重新出现,不是原封不动地再现,就是部分地重复,还有一些调式虽然相隔甚远,却显示出相似性。于是,他们就开始琢磨:或许这些调式不应依次地连续读下去,而应当视为一个整体的组成成分,从整体上把握吧?此时,他们就掌握了我们所说的和声:因为一部交响乐曲必须沿着一条中轴线(即一页接一页,从左到右地)历时地阅读,但同时又必须沿着另一条从上到下的中轴线共时地去读,方才有意义。换句话说,写在竖行里的全部音符组成一个大的构成单位,一个关系束。"[2]

列维-斯特劳斯进而以俄狄浦斯神话为例来展示如何用上述方式对神话进行结构分析。列维-斯特劳斯说,我们将按照上述考古学家研究交响乐谱的方式来研究神话:先把它们以一个连续调式的方式一部接一部地誊写下来,就像有人向我们展示出一组整数,如1,2,4,7,8,2,3,4,6,8,1,4,5,7,8,1,2,5,7,3,4,5,7,8。然后,我们把所有的1放在一起,所有的2放在一起,所有的3放在一起,等等,结果便得

---

[1] 列维-斯特劳斯:《结构人类学》(1),第226页。
[2] 同上书,第226—227页。

到以下数字表（见表 4-1）：[1]

表 4–1 假定的一组数字

| 1 | 2 |   | 4 |   |   | 7 | 8 |
|---|---|---|---|---|---|---|---|
|   | 2 | 3 | 4 |   | 6 |   | 8 |
| 1 |   |   | 4 | 5 |   | 7 | 8 |
| 1 | 2 |   |   |   | 5 | 7 |   |
|   |   | 3 | 4 | 5 |   | 7 | 8 |

以同样的方法来对各种不同版本的俄狄浦斯神话进行处理，通过反复尝试，最终得到一个符合"解释的简洁性，解决办法的完整性，利用片段复原整体的可能性"这几条标准的结果。假定表 4-2 所示的就是一个符合这样一些标准的处理结果：

表 4–2 对俄狄浦斯神话的分析

| | | | |
|---|---|---|---|
| 卡德摩斯寻找被宙斯掠走的妹妹欧罗巴 | | | |
| | | 卡德摩斯杀死凶龙 | |
| | 斯巴达人自相残杀 | | |
| | 俄狄浦斯弑其父拉伊奥斯 | | 拉布达科斯（拉伊奥斯的父亲）＝跛足（？）<br>拉伊奥斯（俄狄浦斯的父亲）＝左脚站立（？） |
| | | 俄狄浦斯祭杀斯芬克斯 | |
| | | | 俄狄浦斯＝"肿足"（？） |
| 俄狄浦斯娶其母伊俄卡斯特 | | | |
| | 厄忒俄克勒斯弑兄波吕尼克斯 | | |
| 安提戈涅不顾禁令安葬其兄波吕尼克斯 | | | |

---

[1] 列维-斯特劳斯：《结构人类学》（1），第 228 页。

表 4-2 由四个纵栏组成，其中每一栏即是栏中上下的几项关系合并而成的"关系束"。列维-斯特劳斯解释说，如果我们的任务是要讲述俄狄浦斯这个神话，我们就只能从左到右、从上到下地阅读；但是如果我们的任务是理解这个神话，那么，"历时关系的一半（从上到下）就会丧失功能性价值，阅读就应从左至右逐栏进行，把每个纵栏当作一个整体"[1]。归入每个栏目的那些关系都有一个共同特点。例如，左边第一栏各项的共同特点是"被高估的亲属关系"，因为这一栏内的所有事件都涉及血缘亲属，且它们之间的亲密关系都被夸大了，即这些亲属都得到了超过社会规范所允许的亲密程度的对待。第二栏中各项的内容也是表现亲属关系，但其共同点则正好与第一栏相反，即"被贬低或贬值的亲属关系"。第三栏各项的内容与杀死怪兽有关：其中第一项中被杀死的是来自地狱的怪兽凶龙，只有杀死它人类才能从大地孳生；第二项中被杀死的是专取无辜人类性命的怪兽斯芬克斯，这一项可以视为对第一项的复制，它与第一项合起来的共同特征是"对人类的原地孳生性之否定"。第四栏各项的内容则涉及俄狄浦斯父系中的人名，其共同点是"它们都带有臆测性的含义，而且都与难以直立行走有关"[2]，而这一点则意味着"固守人类的原地孳生性"，因为在神话中常见的情形是：作为大地之子的人类在初创时期往往不会行走或者只能蹒跚而行。经过如此诠释之后，我们就能发现，俄狄浦斯神话其实是对"人类到底是生于一（大地）还是生于二（父母）"这个问题的探索，"它表达了一种不可能性：一个宣扬人类孳生于原地的社会无法从这种理论过渡到承认我们每个人其实都产生于一男一女之结合这一事实"。[3] 通过将两组矛盾（过高估计血亲/低估血亲，努力逃避原地孳生性/这一逃避之不可能性）关联起来，俄狄浦斯神话实际上体现了人们用社会生活的经验来验证宇宙秩序的一种尝试。

列维-斯特劳斯进一步讨论说，一个神话可能会有许多不同的变体，对于这些变体我们应该一视同仁地进行上述结构分析，并为每一种变体制

---

[1] 列维-斯特劳斯：《结构人类学》(1)，第229页。
[2] 同上书，第230页。
[3] 同上书，第231页。

做一张表格，罗列出其中每一种成分，然后对它们进行比较。这样，我们就能够在它们所呈现出来的差别中发现一种有意义的关联，并对由这些变体组成的整体进行逐步简化的操作，最后发现这一神话整体在结构上的规律性。"只要系统地运用这种结构分析方法，我们就能够做到将一个神话的所有已知变体归入一个系列，形成某种意义上的一组置换，其中位于这个系列的两个极点的变体相对地形成了一种对称而相反的结构。这样一来，我们就在原本是一片混沌当中引进了一点点秩序"；此外，我们还可以获得一个"附带的好处"，这就是"可以提取出若干逻辑运作，它们本是神话思维的基础"。[1] 例如，通过考察神话不同变体之间的转换逻辑，我们就可以发现，"任何一种神话（作为所有变体的集合）都可以还原为一条标准关系式：$F_x(a):F_y(b) \simeq F_x(b):F_{a-1}(y)$"[2]。

在《神话学》一书中，列维-斯特劳斯就是采用结构主义的方法，对在美洲地区流传的近千种神话进行了分析。通过这种分析，列维-斯特劳斯发现，所有这些神话实际上都可以被视为一个原初神话（列维-斯特劳斯称为参考神话）的不同变体。列维-斯特劳斯应用上述方法对同一神话主要变体的结构成分进行了详细分析，揭示了这些神话共有的结构模式及其不同变体之间的转换规律，充分展示了结构主义方法在神话研究方面所具有的巨大效力。[3]

通过对神话结构所进行的研究，列维-斯特劳斯进一步确认了一个非常重要的认识，这就是：尽管各种神话在内容和寓意等方面可能有所不同，但在所有神话的背后实际上有着一个共同的因素在起作用，这就是人类共同具有的一种永恒不变的心智结构或基本思维模式。通过对神话进行结构分析，我们实际上可以把握到包括原始人类在内的这种人类永恒不变的心智结构或基本思维模式。这种心智结构或基本思维模式的基本内涵就是：对立面（高/低、天/地、水/火、生/死、自然/文化等）的形成及其调和。用列维-斯特劳斯的话来说就是，"神话思维总是从对某些对立有所意识，然后

---

[1] 列维-斯特劳斯：《结构人类学》（1），第240页。
[2] 同上书，第245页。
[3] 列维-斯特劳斯：《神话学》（四卷本），周昌忠译，中国人民大学出版社，2012年。

发展到对这些对立逐步进行调和"[1]。神话就是原始人类用来表达自己在生活中所感受到的各种对立，以及用来在意识层面上解决这些对立的一种工具。但神话并非这种以对立统一为原则的心智结构或思维逻辑唯一得到体现的地方，这种心智结构或思维逻辑实际上贯穿包括科学思维在内的人类所有思维活动。列维-斯特劳斯明确地写道：这种以对立统一为基本原则的思维逻辑"可以说是一切思维最低限度的共同特征，……是一种原初的逻辑，是心灵结构（在心灵背后，也许是大脑的结构）的直接表达，而不是以变换不定的意识为基础所形成的环境作用的惰性结果"[2]。

列维-斯特劳斯进一步指出，正是这种永恒的心智结构或者基本思维/概念图式支配着人的思想和实际行为（les pràctiques）。人们通常以为，自己的思想和行为是直接由所处的存在境况决定的。古典马克思主义则认为，人们的思想和行为是由其所处社会的经济基础决定的。但列维-斯特劳斯指出，人们的思想和行为并非由其所处的存在境况或者经济基础直接决定，在人们的思想、行为与其所处的存在境况或经济基础之间，存在着一个中间环节，这就是人们的心智结构或基本思维模式。列维-斯特劳斯说："如果我们肯定，概念图式支配和规定着各种实际行为，这是因为它们作为人类学家的研究对象，以各种离散的现实的形式出现，并位于时空中，具有不同的生存方式和文明形式，因而不应把各种实际行为与实践（praxis）相混淆。实践是构成人的科学的基本整体性。马克思主义，如果不是马克思本人的话，屡次推断说，实际行为似乎是直接来自实践的。我并不怀疑基础结构的毋庸置疑的优先性，我相信，在实践与实际行为之间永远存在着调节者，即一种概念图式，运用这种概念图式，彼此均无独立存在的质料与形式形成为结构，即形成为既是经验的又是理智的实体。正是对马克思极少触及的这一有关上层结构的理论，我想试图有所阐发。"[3]

列维-斯特劳斯还以此为据对涂尔干的相关思想进行了批评。在《原始分类》和《宗教生活的基本形式》等书中，涂尔干在讨论原始人类的分

---

[1] 列维-斯特劳斯：《结构人类学》（1），第240页。
[2] 列维-斯特劳斯：《图腾制度》，渠敬东译，商务印书馆，2012年，第110页。
[3] 列维-斯特劳斯：《野性的思维》，李幼蒸译，中国人民大学出版社，2006年，第142页。

类即认知体系时，曾经认为原始人类的分类体系是对生活于其中的部落社会内部分类模式的反映。列维-斯特劳斯对此进行了反驳，认为事实其实正好相反，不是人们的分类体系反映了人们的社会结构，而是人们的社会结构再现和反映了人们的分类体系。在《图腾制度》一书中，列维-斯特劳斯指出，虽然涂尔干的一些论述有时也让人觉得他认为"一切社会生活，甚至是基本的社会生活，都以人的心智活动为前提，所以，人的形式属性无法反映具体的社会组织"[1]，但在许多时候他却表达出一种相反的观点，试图证明"社会先于心智"。而柏格森却想要表明，原始人实际上是先在对动物、植物及其他事物进行感知的过程中形成了"类"的范畴和对立的观念，然后再以这些范畴和观念作为知觉的直接材料，来构成自己的社会秩序。列维-斯特劳斯说，"柏格森的立场比涂尔干的更为恰当"[2]，因为涂尔干在论证范畴和抽象观念来源于社会秩序的时候只能诉诸集体情感和情绪感染一类不稳定的因素，而柏格森则可以诉诸心智结构一类更为稳固的因素。

## 结　语

列维-斯特劳斯曾经多次承认，除了博厄斯等美国人类学家之外，涂尔干的社会学、人类学研究对于他有着重要的启示作用，尽管这一启示作用是借莫斯这一中介来发挥的。因此，在一定的意义上可以说，列维-斯特劳斯的社会人类学和涂尔干的社会学之间存在着一定的继承关系。鉴于此，在结束对列维-斯特劳斯社会人类学理论的扼要梳理之际，我们来对列维-斯特劳斯的社会人类学理论和涂尔干的社会学理论进行一个同样简要的比较。

和涂尔干的社会学理论相比，列维-斯特劳斯的结构主义社会人类学理论既有一定的共同之处，又有一定的不同之处。简要说来，共同之处主

---

[1] 列维-斯特劳斯：《图腾制度》，第120页。
[2] 同上。

要在于：

首先，和涂尔干一样，列维－斯特劳斯也十分明确地将作为自己研究对象的社会现实看作一种不以社会成员个体的主观意志为转移的、有着自己独立结构和机制的、以整体性或者说系统性方式存在的客观实在。因此，我们将列维－斯特劳斯的结构主义社会人类学理论毫不犹豫地归入本书所称的结构论社会学理论范畴。

其次，和涂尔干一样，列维－斯特劳斯也将作为自己研究对象的社会现实视为一种精神性的客观实在，而非像马克思主义者那样将其视为一种物质性的客观实在。用我们熟悉的哲学术语来说，和涂尔干的社会学理论一样，列维－斯特劳斯在社会研究方面的理论立场同样应该归入"客观唯心主义"这一范畴。因此，在本书所采用的社会学理论分类模型中，列维－斯特劳斯的社会人类学理论和孔德、涂尔干、帕森斯的社会学理论一样，均属于本书所称"非马克思主义结构论社会学理论"的范畴。

至于两者的不同之处，列维－斯特劳斯本人已经说过不少，譬如和涂尔干或者至少是早期涂尔干的社会研究相比，列维－斯特劳斯或者说所有的社会人类学研究都更加注重民族志的具体经验研究等。从本书正在进行的考察来说，笔者认为，尽管同属于非马克思主义的结构论社会学理论阵营，但若要论及列维－斯特劳斯的社会人类学理论与涂尔干的社会学理论两者之间的不同之处，则至少有两个方面的差异需要明确指出：

首先，虽然涂尔干和列维－斯特劳斯都将社会现实视为一种客观精神性质的实在，但在具体关注的维度方面，我们可以看到，涂尔干更多地关注这种客观精神性实在的道德性内容，将其理解为一种道德性的精神性实在，侧重考察和揭示它的道德意涵、功能及机制；而列维－斯特劳斯则更多地关注这一客观精神性实在的认知性内容，将其理解为一种虽然也具有道德意涵，但更主要的是一种具有认知意涵的实在，侧重考察和揭示它的认知（包括逻辑）意涵、功能和机制。

其次，虽然涂尔干和列维－斯特劳斯都将社会现实视为一种不以社会成员个人意志为转移的客观实在，但在其客观性来源问题上，涂尔干更多地将这种客观性归结到其作为集体意识的结晶而对集体成员所具有的外在性和强制性,因而致力于考察和探索集体意识的形成及作用于集体成员个体思想、情感和行为的机制和规律,以这种机制和规律来解释社会现实所具有的客观性;与此不同,列维-斯特劳斯则更多地将这种客观性归结到人类个体在心智结构或基本思维模式方面的共同性或一致性,因而致力于考察和探索人类个体共同具有的心智结构的构成机制和演变(转换)规律,以此来解释社会现实所具有的客观性。

由此可见,列维-斯特劳斯的社会人类学理论既是一种结构论的社会学理论,又是一种与涂尔干以及帕森斯的社会学理论(在关于社会现实之客观性来源的问题上,帕森斯和涂尔干之间具有更多的一致性,而与列维-斯特劳斯则有着较大差异)有着相当区别的结构论社会学理论。正是基于这些同和异,我们才将列维-斯特劳斯的社会人类学理论作为非马克思主义结构论社会学理论的主要样本之一,置于该类理论的范畴来加以梳理。

# 下编

# 马克思主义结构论社会学理论

# 第五章　马克思与历史唯物主义

在前面四章中，我们以孔德、涂尔干、帕森斯和列维－斯特劳斯四人的思想为样本，对唯心主义结构论社会学理论进行了概括性的梳理和分析。在本章，我们要来对这种唯心主义结构论社会学理论的对立面——马克思、恩格斯创立的历史唯物主义社会理论的古典形态作一个初步的梳理和分析。

所谓历史唯物主义社会理论的"古典形态"，意指这种理论在它的创始人马克思、恩格斯的著作中所呈现出来的那种形态。这种古典形态的历史唯物主义社会学理论，与以孔德、涂尔干、帕森斯和列维－斯特劳斯为代表的客观唯心主义社会学理论相比，在以下两个方面持有完全对立的理论立场：首先，在社会本体论方面，马克思、恩格斯持有一种与孔德、涂尔干和帕森斯等人所代表的客观唯心主义完全对立的唯物主义立场；在某种程度和范围内，我们可以说，马克思、恩格斯著作中所呈现出来的那种历史唯物主义理论，正是被涂尔干和帕森斯在其著述中列为主要批评对象的那种功利主义社会理论的样本之一。其次，在研究方法论方面，马克思、恩格斯持有的也是一种既与孔德、涂尔干和帕森斯反历史主义的实证分析方法完全不同，也与列维－斯特劳斯等人同样反历史主义的结构分析方法完全不同的辩证分析方法。这种辩证分析方法，如果用孔德的术语来表达的话，虽然其基本方法论原理来源于黑格尔哲学这种形而上学系统，但在经过马克思站在唯物主义立场对其所作的改造之后，就成了一种与孔德等人倡导的实证科学方法和列维－斯特劳斯等人倡导的结构分析方法都不同的现代科学方法。作为一种现代科学方法，它与实证科学方法一样，主张要将科学知识建立在经验事实的基础之上，因而既与神学相对立也与形而上学相对立；但作为一种与实证科学方法不同的现代科学方法，它又具有一套与实证科学方法完全不同的对于"科学"及其方法论的理解，以至于马克思、恩格斯将其视为真正的"科学"方法。

尽管存在着上述两个方面的基本对立，马克思、恩格斯的历史唯物主义社会理论与孔德、涂尔干、帕森斯和列维－斯特劳斯等所代表的唯心主义结构论社会学理论之间也存在着一个基本的共同点，即强调社会现实是一种虽然来自无数个体的行动，但却具有自己不以个体行动者的主观意志为转移的结构特性及发展规律，反过来还要对个体行动者的行动施加约束和限制的客观实在。正是这样一种共同点，使我们可以将它们共同归于"结构论社会学理论"这样一个范畴。以下我们便首先来对马克思著作中的历史唯物主义论述作一简要叙述。

## 一、早年的思想历程：从青年黑格尔主义走向历史唯物主义

和西方历史上几乎所有伟大的思想家一样，马克思的思想前后也经历过一番变化过程。早期的马克思并不是一个历史唯物主义者，而是一个黑格尔式的历史唯心主义者。从 1842 年到 1845 年，马克思的理论与方法论立场经历过一个重要的转变过程。

马克思在柏林大学学习的时候，深受黑格尔哲学的影响，并一度成为"青年黑格尔派"[1]的重要一员。作为一个青年黑格尔主义者，马克思在很

---

[1] 青年黑格尔派是 19 世纪 30 年代从黑格尔学派当中分离出来的一个哲学和政治流派。青年黑格尔派和黑格尔派一样都把理性、精神看作世界和历史的本质，但他们反对黑格尔把宗教和理性、哲学混为一谈，主张对宗教采取一种批判的态度。青年黑格尔派在哲学上强调自我意识的作用，在政治上反对黑格尔把普鲁士王国看作绝对观念在国家中的最高发展阶段的说法，主张改变普鲁士封建专制制度，建立自由民主的新社会。青年黑格尔派的主要代表人物有鲍威尔、施特劳斯、施蒂纳、卢格等。马克思也一度成为这个学派的一员，尽管他的思想和鲍威尔等人一开始就有所区别。

大程度上接受了黑格尔的那一套唯心主义的社会理论。按照黑格尔的这一套理论，社会现象的本质是伦理理性，而伦理理性的真谛是自我与他人、个人与社会、特殊利益与普遍利益的统一（因为只有这种统一才能确保社会的存在和秩序），家庭、市民社会和国家都只是伦理理性的表现或自身发展的几个逻辑环节。从家庭到市民社会再到国家，是伦理理性自身从肯定到否定再到否定之否定的不断发展、不断完善的一个过程。家庭是伦理理性的肯定阶段：在家庭里，父母子女通过自然亲属之间的爱形成了自我与他人的直接统一，这是伦理理性的直接、自然的存在形态。但在家庭阶段，个人和社会之间的关系尚未展开，这种关系只有在市民社会阶段才能存在。市民社会是由无数既相互独立又相互依赖的个人或家庭相联结而形成的。在市民社会中，虽然人们的需要能够因社会体系的形成而得到更好的满足，但不同个人、家庭以及等级之间的利益是分裂的，普遍利益和特殊利益之间是相互对立的，每个人都只以自己为目的，以他人为手段。其结果是，市民社会中充满了特殊利益之间的矛盾和冲突，使市民社会成为一切人为了自己的私利而反对其他一切人的战场。因此，在市民社会阶段，伦理理性似乎丧失了自己的本质。只有到了国家阶段，伦理理性的本质才得以重新回归。国家没有自己的特殊利益，"国家的目的就是普遍的利益本身"[1]。但国家所体现的这种普遍性并不排斥特殊性，而是普遍性和特殊性的统一。国家既采取各种措施来实现社会成员的普遍利益，又通过各种手段来调和市民社会中个人或等级之间的特殊利益，从而维护市民社会的秩序和稳定。只有在国家中，个人的自由及利益才能够得到更好的保证。只有在国家中，自我与他人、特殊利益与普遍利益才在一种新的基础上重新获得了统一。因此，黑格尔认为，国家是理性的最高体现，"国家的根据就是作为意志而实现自己的理性的力量"[2]。年轻的马克思在较长的一段时间里，都是从黑格尔这一套社会理论出发来理解和分析包括个人行为和国家运作等在内的各种社会现象，将理性视为个人、社会和国家的本质，认为在正常情况下，它们都应该且会依照理性来行动或运作，否则便

---

[1] 黑格尔：《法哲学原理》，范扬、张企泰译，商务印书馆，1982年，第269页。
[2] 同上书，第259页。

属于应该消除的反常情况。但在《莱茵报》工作期间的经历，很快使马克思对黑格尔的上述理论产生了严重的怀疑。

1842年初，马克思在获得博士学位后，进入一家由莱茵省的激进资产阶级分子集资创办的报纸《莱茵报》工作，先是充当报纸的固定撰稿人，很快便成为报纸的主编。根据马克思自己后来的回顾，在这家报纸工作期间，他遇到了一个以前不曾遇到的"难题"，即必须就当地发生的一系列涉及不同社会等级之间利益关系的具体社会事件发表意见。这些社会事件当中最典型的包括以下几个：（1）关于要求出版自由的斗争。当时莱茵省的许多城市都发生了要求制定一项以出版自由为原则的出版法来代替既有的书报检查制度的请愿活动。请愿者要求省议会就此进行辩论，并将辩论情况公开。莱茵省议会对此进行了辩论，但否定了请愿者的要求（包括公开辩论记录）。（2）关于林木盗窃法的辩论。1842年莱茵省议会召开会议时，部分林木占有者代表提出议案，要求制定一项法律，将贫苦农民到森林里捡枯枝的行为算作盗窃林木加以惩处。莱茵省议会竟然同意了这一要求。（3）摩塞尔地区的许多农民向《莱茵报》投信，反映他们那里农民生活的悲惨状况以及官僚压迫及高利贷盘剥情况。《莱茵报》就此发表了两篇实地采写的通讯，但却被莱茵省总督冯·沙培尔怒气冲冲地指责为"恶意造谣中伤"。作为报纸的主要撰稿人或主编，马克思必须对这些事件进行评论。在这一过程中，马克思逐渐感觉到自己原来信奉的那一套黑格尔主义的哲学与社会理论同现实生活存在着比较大的差距和矛盾。

按照黑格尔的说法，国家是理性的最高体现，以普遍利益本身为目的，然而现实生活中的普鲁士国家机构却是处处站在封建贵族等有产阶级的立场上，体现后者的意志，维护后者的利益（维护对有产阶级有利的书报检查制度、赞同对捡枯枝的贫苦农民进行惩罚的立法、对摩塞尔地区农民的疾苦漠不关心且蓄意掩盖等）。这是为什么呢？是普鲁士的社会现实发生了错误（国家本应该从理性精神出发来代表和维护社会的普遍利益，但由于某些并非必然的原因事实上没有做到），还是黑格尔的社会理论发生了错误（国家原本就不是黑格尔所说的那种东西）？在起初的一段时间内，马克思似乎倾向于前一个答案。例如，他认为莱茵省议会反对取消书报检查制度这一做法是违反"国家本性"的，摩塞尔等地农民的贫困状况则"给我们揭示出现实和管理原则之间的矛盾"等。但马克思很快就对这种答案感到不满，开始意识到黑格尔的社会理论可能存在问题，需要认真加以分析和批判。带着这种疑问，马克思对包含上述黑格尔社会理论的《法哲学原理》一书重新进行了批判性的研究。通过批判性的分析，马克思意识到现实生活与黑格尔的理论其实完全相反：在现实生活中，不是国家决定家庭和市民社会，而是家庭和市民社会决定国家。他指出，在黑格尔那里，"理念变成了独立的主体，而家庭和市民社会对国家的现实关系变成了理念所具有的想像的内部活动。实际上，家庭和市民社会是国家的前提，它们才是真正的活动者；而思辨的思维却把这一切头足倒置"[1]。是家庭和市民社会以自身的特殊逻辑在规定着自身的活动及国家的活动，因此，要理解家庭、市民社会和国家的运动及其相互之间的关系，就必须从把握家庭和市民社会自身的特殊逻辑入手，而不是相反。正是这样一种思路，逐渐把马克思引导到从物质的生活关系中去理解整个社会历史发展这样一种观念上去。正是通过对市民社会及其特殊逻辑的进一步探讨，马克思逐渐意识到，国家也好，法律关系也好，"既不能从它们本身来理解，也不能从所谓人类精神的一般发展来理解，相反，它们根源于物质的生活关系，这种物质的生活关系的总和，黑格尔按照18世纪的英国人和法国人的先例，概括为'市民社会'，而对市民社会的解剖应该到政治经济学中去寻求"[2]。

对国家和市民社会之间关系的重新认识也进一步深化了马克思对"自由"、"平等"和"解放"等启蒙观念的理解。十七八世纪，许多思想家就"自由""平等"等观念展开的争论，多数都是围绕着现代社会中政治权利的分配这一焦点。财产关系问题及其经济与社会后果尽管也曾进入他们的视野，但始终不是讨论的中心。只有在一些所谓的"空想"社会主义或共产主义者那里，情况才正好相反。如上所述，马克思在自己思想历程的最初阶段（在大学学习和在《莱茵报》工作初期）也是从理性是社会生活的本质、理性的发展决定社会的发展这样一种黑格尔主义的观点出发，

---

[1] 马克思:《黑格尔法哲学批判》,《马克思恩格斯全集》第1卷，人民出版社，1956年，第250—251页。
[2] 马克思:《〈政治经济学批判〉序言》,《马克思恩格斯选集》第2卷，人民出版社，2012年，第2页。

把思想自由、政治自由看作"自由主义"的核心要求。对国家和市民社会之间关系的重新认识，使马克思意识到这样一种理解的局限性。马克思逐渐感觉到，仅仅在政治学的范围内来谈论"人权"、"自由"和"平等"是远远不够的，对"人权"、"自由"和"平等"的探求和追索必须扩展到政治领域之外。马克思在这方面的探索结果明确表达在《德法年鉴》上发表的几篇文章中。在《论犹太人问题》一文中，马克思明确地提出了"政治解放"和"人类解放"这两个概念，指出它们之间存在着重要的区别。所谓的"政治解放"，指的是国家从宗教的约束中解放出来、"市民社会"和包含在"市民社会"中的个人从专制国家的统治中（或从"直接地具有政治性质"的状态中）解放出来，以及个人的政治权利从财产权的传统约束中解放出来。政治解放是法国大革命等资产阶级革命的成就："旧的市民社会直接地具有政治性质，就是说，市民生活的要素，如财产、家庭、劳动方式，已经以领主权、等级和同业公会的形式升为国家生活的要素"，而资产阶级"政治革命打倒了这种专制权力，把国家事务提升为人民事务，把政治国家确定为普遍事务，即真实的国家；这种革命必然要摧毁一切等级、公会、行帮和特权，因为这些都是使人民脱离自己政治共同体的各种各样的表现。于是，政治革命也就消灭了市民社会的政治性质"。[1]然而，政治解放并没有带来人的彻底解放。从"直接地具有政治性质"的状态中解放出来的市民社会，乃是一个充斥着特殊性、利己主义和个人主义的社会，是一个特殊性和普遍性相分离、人的现实存在与其类本质相分离的社会。在这样的一种"市民社会"中，所谓的"自由""平等""安全"等"人权"都带有极大的局限性：例如，"自由这一人权的实际应用就是私有财产这一人权"；"私有财产这项人权就是任意地、和别人无关地、不受社会束缚地使用和处理自己财产的权利；这项权利就是自私自利的权利。……这种自由使每个人不是把别人看做自己自由的实现，而是看做自己自由的限制"；这种自由实际上不过"是作为孤立的、封闭在自身的单子里的那种人的自由"；"平等无非是上述自由的平等，即每个人都同

---

[1] 马克思:《论犹太人问题》，《马克思恩格斯全集》第1卷，第441页。

样被看做孤独的单子";安全则也不过是把保证每个社会成员的人身、权利及私有财产的不受侵犯作为整个社会的目的;因此,"所谓人权无非是市民社会的成员的权利,即脱离了人的本质和共同体的利己主义的人的权利";"任何一种所谓人权都没有超出利己主义的人,没有超出作为市民社会的成员的人,即作为封闭于自身、私人利益、私人任性、同时脱离社会整体的个人的人"。[1] 在这种情况下,形式上平等的个人之间仍将形成实质上的不平等,人和人之间仍将充斥为了追逐个人的私利而展开的激烈竞争和冲突,压迫和反抗压迫仍将是最基本的社会景观。因此,就真正实现人的解放这一目标来说,政治解放是远远不够的:"政治解放本身还不是人类解放。"[2] 所谓"人类解放",就是人与其类本质的重新统一,个人利益与社会整体利益的重新统一,是不仅在政治领域中,而且在经济、社会等各个领域中,全面、真正、彻底地实现"人权"、"自由"和"平等":"只有当现实的个人同时也是抽象的公民,并且作为个人,在自己的经验生活、自己的个人劳动、自己的个人关系中间,成为类存在物的时候,只有当人认识到自己的'原有力量'并把这种力量组织成为社会力量因而不再把社会力量当做政治力量跟自己分开的时候,只有到了那个时候,人类解放才能完成。"[3]

在这一时期,马克思开始明确地意识到,实现人类解放的重要前提就是废除私有财产,因为正是私有财产把人变成了一个个"孤立的"、"封闭的"、"脱离了人的本质和共同体的利己主义的人",造成了人的特殊性与普遍性之间的分裂、人的现实存在与其类本质之间的分裂,导致了人与人之间的种种矛盾和冲突。在《〈黑格尔法哲学批判〉导言》一文中,马克思还明确提出了无产阶级和人类解放之间的关联性。他认为,这样一种以废除私有财产为前提的人类解放运动是不可能再由曾经实现政治解放的资产阶级来完成的,而只能由另一个新的社会阶级即无产阶级来完成。因为只有无产阶级才是一个其利益与人类的解放密切相连的阶级。即使对于德

---

[1] 以上引文见马克思:《论犹太人问题》,《马克思恩格斯全集》第1卷,第437—439页。
[2] 同上书,第435页。
[3] 同上书,第443页。

国这样一个资本主义尚不发达的国家来说，人类解放的实际可能性也"就在于形成一个被戴上彻底的锁链的阶级，一个并非市民社会阶级的市民社会阶级，形成一个表明一切等级解体的等级，形成一个由于自己遭受普遍苦难而具有普遍性质的领域，这个领域不要求享有任何特殊的权利，因为威胁着这个领域的不是特殊的不公正，而是普遍的不公正，它不能再求助于历史的权利，而只能求助于人的权利，它不是同德国国家制度的后果处于片面的对立，而是同这种制度的前提处于全面的对立，最后，在于形成一个若不从其他一切社会领域解放出来从而解放其他一切社会领域就不能解放自己的领域，总之，形成这样一个领域，它表明人的完全丧失，并因而只有通过人的完全回复才能够回复自己本身。社会解体的这个结果，就是无产阶级这个特殊等级"[1]。

　　正是由于上述对国家和市民社会之间关系的重新认识，以及由此进一步意识到政治解放与人类解放之间的区别、意识到私有财产的废除与人类解放之间的逻辑联系，马克思才将自己一生的注意力投注到对社会经济运动过程的分析上，试图从对社会经济运动过程的分析中找出理解人类社会变迁之谜的答案，以及引导人们最终实现彻底的"自由"和"解放"的理论指南。马克思对社会经济运动过程进行探索的最初结果包含在《1844年经济学哲学手稿》这部著作中。不过，在这部著作中，马克思探索到的理论结果还不是人们后来称为"历史唯物主义"的那样一套观点，而是一种带有强烈人道主义色彩的理论体系。在这部手稿中，马克思虽然已经摒弃黑格尔主义从伦理精神（理性）的逻辑运动中去探求社会运动之奥秘的做法，开始从对人的物质生产活动即劳动过程的分析来理解人类社会的运动，理解现代资本主义社会所隐含的内在矛盾以及向共产主义社会转变的必然性，但马克思此时在很大程度上依然是从某种抽象的人性（或人的本质）出发来理解人的行动和社会历史运动，依然是像当时的许多思想家那样，用"人性的存在—人性的丧失（异化）—人性的复归"这样一种以抽象人性为基础的人道主义公式来描述和解释社会历史的运动过程。和绝大多数人道主义者一样，马克思依然

---

[1] 马克思:《〈黑格尔法哲学批判〉导言》，《马克思恩格斯选集》第1卷，人民出版社，2012年，第15页。

认为人类有一种永恒的、抽象不变的本质，只不过这种永恒的、抽象不变的本质不是一般人道主义者所说的人的理性或情欲，而是一种更具物质性的活动，一种"自由自觉的活动"，即劳动。这种永恒的、抽象不变的本质是与人类一道形成的，是人类的活动与动物的活动相区别的根本点，人就是通过这种"自由自觉的"劳动而诞生、而生存，在这种"自由自觉的"劳动中肯定自己、满足自己、发展自己。与多数人道主义者一样，马克思也认为，在进一步的社会历史运动中人类也逐渐丧失掉了自己的这种本质。在私有制条件下，人类虽然还在劳动，但这时的劳动已经不再是一种"属人的""自由自觉"的活动，而是一种"非人的""异化劳动"。这种异化劳动在资本主义条件下达到了顶峰。在这种"异化劳动"中，劳动不但不能使劳动者得到肯定、满足和发展，反而成为劳动者一切痛苦和不幸的根源。因此，这种劳动不是自觉自愿，而是被迫的，是非人性的。和多数人道主义者一样，马克思也认为，现实社会的不合理性就是在于它的这种"非人性"。社会运动的理想目标就是要推翻现存的社会，废除资本主义私有制，建立一个与人类本性更相符的新社会，使人类劳动"自由自觉"的本质复归。这种新社会就是"共产主义"社会。在此时的马克思看来，共产主义就是"对私有财产即人的自我异化的积极的扬弃，因而是通过人并且为了人而对人的本质的真正占有；因此，它是人向自身、也就是向社会的人即合乎人性的人的复归"；"这种共产主义，作为完成了的自然主义，等于人道主义，而作为完成了的人道主义，等于自然主义，它是人和自然界之间、人和人之间的矛盾的真正解决，是存在和本质、对象化和自我确立、自由和必然、个体和类之间的斗争的真正解决。它是历史之谜的解答，而且知道自己就是这种解答"。[1]马克思的这种人道主义理论框架与彼时他对人类解放的终极关怀是完全一致的。

只有随着马克思对社会经济运动过程分析的进一步深入，到了《德意志意识形态》，以及后来的其他一些著述如《共产党宣言》《〈政治经济学批判〉序言》《资本论》中，马克思对社会历史运动过程的认知、对资本主义内在矛盾的分析和对共产主义的论证方法才有了比较大的变化，人

---

[1] 马克思：《1844年经济学哲学手稿》，《马克思恩格斯文集》第1卷，人民出版社，2009年，第185—186页。

们后来称之为"历史唯物主义"的那样一套理论观点才逐渐成形。随着这套观点的逐渐成形,马克思不再把人性看作某种抽象不变的东西,而把它理解为由历史地变化着的社会关系所决定,因而本身也是历史地变化着的东西;不再从人的现实存在与其抽象本质之间的矛盾中,而是从具体社会存在中几个现实的方面即生产力和生产关系之间以及"经济基础"和"上层建筑"之间的内在矛盾运动中,来理解社会运动和变迁的过程;不再把社会历史过程理解为人性的形成、丧失再重新复归的过程,而是理解为一个随着生产力的不断发展,人性和社会不断由低级到高级提升的永无止境的进步过程。在这些著述中,"人"(主要是以"类"或集体形式存在的"人")虽然依然是社会过程的主体,但他的全部活动都要受到特定历史阶段的物质生产力水平所能提供的具体历史条件的制约;对人性和人类解放的关怀虽然依然存在,但对发展"生产力"的关注、对"客观规律"或"历史必然性"的探讨在马克思的社会理论中逐渐占据一种中心地位,生产力和生产关系之间、经济基础和上层建筑之间、社会存在和社会意识之间的矛盾运动开始更多地成为马克思著作中理论分析的焦点。[1] 例如,马克思对资本主义社会的注意,一方面仍然集中在这一社会制度的非人性质上,集中在由资本主义生产方式的发展造成的社会分化以及给无产阶级和广大下层人民带来的痛苦与不幸上,集中在私有财产制度的存在给"自由"和"平等"等所谓"人权"施加的实际限制上;但另一方面,马克思也更多地集中观察和分析资本主义生产方式在继续推动生产力发展方面所具有的内在缺陷或困境,开始从资本主义生产方式与生产力之间的内在矛盾出发来解释资本主义制度下的种种问题与危机。马克思对资本主义所作的批判,不再仅仅是出自一种对"人类解放"的人道主义诉求,而且是或更多的是出自一种对"客观历史规律"的"科学"揭示,出自对资本主义继续作为一种社会生产方式之缺乏效力的"科学"判断。"共产主义"也不再仅仅是作为"人类解放"的一种手段,而且是并更多的是作为组织社

---

[1] 即使是对人类解放的关怀也不再是建立在人本主义而是建立在唯物主义和历史主义的理论基础之上——换句话说,之所以要去争取实现人类的解放、实现人类个体之间真正平等的自由,不再是因为这种自由是人类的"类本质",而是因为它是社会历史运动发展到现代阶段所产生的一种普遍的人类理想。

会生产过程的一种新方式而得到论证。只是到了这样一个时期,才出现了被后人称为"历史唯物主义"的这样一套社会理论系统。

## 二、马克思的社会理论:历史唯物主义

涂尔干和帕森斯之所以在社会本体论方面持一种客观唯心主义的理论立场,很大程度上是因为他们反对自近代以来在西方流传甚广的那种单纯以个人利益作为人们行动的目的或动机、将各种社会现象的产生和变化主要视为人们追求个人利益之行动结果的功利主义(经济学、社会学、政治学等)理论,认为这种功利主义理论无法充分解释,甚至无法解释由无数个体行动者的行动结合而成的行动系统,或社会系统何以有序形成和维系。例如,在《社会分工论》中,涂尔干明确地反对那种认为劳动分工的产生和发展主要是因为它能提高劳动效率、给人们带来更多的财富、实现人们更多利益的看法,提出必须从道德社会学的角度将劳动分工的产生和发展当作一种道德事实来考察。帕森斯也明确指出,如果不考虑共有文化/价值模式对个体行动者行动取向的引导和约束,单纯将个体行动者自然形成的个人利益视为行动者的行动目的或动机,那么就难以解释个人自由与社会秩序之间的关系问题:要么将社会秩序解释为国家强制的结果,从而难以解释社会现实中实际存在个人自由这一事实;要么为了解释后一事实而将个人解释成可以自由选择行动目的(甚至包括手段)的行动者,从而又难以合理解释社会秩序的形成和维持。然而,毫不奇怪的是,如前所述,作为唯心主义结构论社会学理论的对立面,马克思、恩格斯创建的历史唯物主义社会理论在一定意义上正是涂尔干和帕森斯所反对的这种功利主义社会理论之一,只不过是一种与边沁等资产阶级思想家的功利主义不同的功利主义理论。依据前述,马克思之所以从一个青年黑格尔主义者逐渐转变为一个历史唯物主义者,一个很大的原因就是他通过对现实问题的研究发现了利益(首先是物质利益)因素在人的行动和社会历史进程当中所具有的关键作用。在马克思于《莱茵报》工作期间就莱茵省议会关于出版自

由的辩论结果所撰写的论文中，马克思就开始意识到黑格尔从人的理性本质出发来理解人的行动这种观点与社会现实之间的矛盾，因为在现实生活中人们的行动并不是从理性出发而是从自身的利益出发，"人们奋斗所争取的一切，都同他们的利益有关"[1]。只不过此时马克思并不认为这种现象符合人的本质。但随着马克思的思想逐渐向历史唯物主义方向转变，他对利益因素在人的行动和社会历史进程中所起作用的态度便逐渐从否定转向了肯定。到了《德意志意识形态》等书中，利益已经成为马克思和恩格斯用来解释个人行动和社会历史进程的一个关键词。

利益源自人的需要，而人的需要则源自人作为一种有生命的个体存在本身。马克思、恩格斯明确指出，"全部人类历史的第一个前提无疑是有生命的个人的存在"[2]。没有这些有生命的个人的存在，自然也就不会有人类和人类社会的历史。有生命的个人为了维持自己的存在，就必须持续满足自己作为一个有生命的存在所必须满足的一切生活需要，而对于人类来说，这只有通过创造满足这些需要的物质生活资料的生产劳动过程才能达到。在马克思、恩格斯看来，通过生产劳动过程来实现人与自然之间的物质变换、创造出一定的物质生活资料来满足自己的生存需要，而非简单、被动地从自然界获取维持自身生命存在所需要的资料，是人和动物之间的根本区别。马克思、恩格斯说："可以根据意识、宗教或随便别的什么来区别人和动物。一当人开始生产自己的生活资料，即迈出由他们的肉体组织所决定的这一步的时候，人本身就开始把自己和动物区别开来。"[3]据此，又可以推出一切人类生存的第一个前提，即"人们为了能够'创造历史'，必须能够生活。但是为了生活，首先就需要吃喝住穿以及其他一些东西。因此第一个历史活动就是生产满足这些需要的资料，即生产物质生活本身，而且，这是人们从几千年前直到今天单是为了维持生活就必须每日每时从事的历史活动，是一切历史的基本条件。……因此任何历史观

---

[1] 马克思：《第六届莱茵省议会的辩论（第一篇论文）关于出版自由和公布等级会议记录的辩论》，《马克思恩格斯全集》第1卷，第82页。
[2] 马克思、恩格斯：《德意志意识形态》，《马克思恩格斯文集》第1卷，第519页。
[3] 同上。

的第一件事情就是必须注意上述基本事实的全部意义和全部范围,并给予应有的重视"[1]。而"已经得到满足的第一个需要本身,满足需要的活动和已经获得的为满足需要而用的工具又引起新的需要",这种新的需要的产生就是"第一个历史活动"。[2]所谓利益,可以说就是人们各种需要的满足(包括为了满足需要所必须的各种手段或条件的获得)。人类的一切行动,归根结底,就是为了实现或者获得一定的利益,即为了使自己作为一种有生命的存在而必须满足的某种需要得到满足。正是在这个意义上,马克思、恩格斯对人们追求利益的行为表示了充分的肯定。

为了满足自己的生存需要,人们必须从事生产劳动。但是人们的生产劳动过程从来都不是由每个人孤立地进行的,而是由许多个人以特定的方式结合起来进行的。正像马克思、恩格斯说的那样:"生产本身又是以个人彼此之间的交往为前提的。"[3]"生命的生产,无论是通过劳动而生产自己的生命,还是通过生育而生产他人的生命,就立即表现为双重关系:一方面是自然关系,另一方面是社会关系;社会关系的含义在这里是指许多个人的共同活动,不管这种共同活动是在什么条件下、用什么方式和为了什么目的而进行的。"[4]"人们在生产中不仅仅影响自然界,而且也互相影响。他们只有以一定的方式共同活动和互相交换其活动,才能进行生产。为了进行生产,人们相互之间便发生一定的联系和关系;只有在这些社会联系和社会关系的范围内,才会有他们对自然界的影响,才会有生产。"[5]人们在从事物质生产活动时所结成的这些社会联系或关系,马克思称之为"生产关系"。[6]在马克思、恩格斯看来,人们之间的社会联系或社会关系,首先就是出于共同进行物质生产的需要或者说以物质生产过程中

---

[1] 马克思、恩格斯:《德意志意识形态》,《马克思恩格斯文集》第1卷,第531页。
[2] 同上书,第531—532页。
[3] 同上书,第520页。
[4] 同上书,第532页。
[5] 马克思:《雇佣劳动与资本》,《马克思恩格斯选集》第1卷,第340页。
[6] 在《德意志意识形态》一书中,马克思、恩格斯交换使用了"交往""交往关系""生产关系"等概念来表述人们在物质生产过程中所形成的社会关系。但在后来的著述中,他们更多地使用了"生产关系"这个概念。为简单方便也为与现有马克思主义研究文献相一致起见,本书统一使用"生产关系"这个概念。

的合作为纽带而形成的。马克思、恩格斯写道:"由此可见,人们之间一开始就有一种物质的联系。这种联系是由需要和生产方式决定的,它和人本身有同样长久的历史;这种联系不断采取新的形式,因而就表现为'历史',它不需要用任何政治的或宗教的呓语特意把人们维系在一起。"[1]人们之间形成这种社会关系是为了以合作方式开展物质生产,最终又是为了满足参与合作生产的人们的生存需要。因此,对于马克思、恩格斯来说,生产关系本质上就是利益关系。正如恩格斯表述的那样:"每一既定社会的经济关系首先表现为利益。"[2]

人们在生产过程中所发生的生产关系并非固定不变的,而是随着生产力等因素的发展而变化的。所谓"生产力",是指人们在物质生产过程中改造自然、从自然界获取物质生活资料的能力。马克思、恩格斯认为,决定生产关系具体形式的主要因素是生产力。在任一时代,人们为共同开展物质生产劳动所结成的生产关系,都必须与这一时代的物质生产过程所具备的劳动生产力状况相适应。在《德意志意识形态》一书中,马克思、恩格斯以一种不太准确和清晰的方式对这一思想进行了表述。他们提出:"各民族之间的相互关系取决于每一个民族的生产力、分工和内部交往的程度。这个原理是公认的。然而不仅一个民族与其他民族的关系,而且这个民族本身的整个内部结构也取决于自己的生产以及自己内部和外部的交往的发展程度。一个民族的生产力发展的水平,最明显地表现于该民族分工的发展程度。任何新的生产力,只要它不是迄今已知的生产力单纯的量的扩大(例如,开垦土地),都会引起分工的进一步发展。"[3]在致

---

[1] 马克思、恩格斯:《德意志意识形态》,《马克思恩格斯文集》第1卷,第533页。

[2] 恩格斯:《论住宅问题》,《马克思恩格斯文集》第3卷,人民出版社,2009年,第320页。

[3] 马克思、恩格斯:《德意志意识形态》,《马克思恩格斯文集》第1卷,第520页。这段话可能显得有点令人费解。笔者的理解是:这里说的"各民族之间的相互关系"以及"民族本身的内部结构"并不是指民族之间或民族内部的生产关系,而是泛指民族之间或民族内部的社会关系;"每一个民族的生产力、分工和内部交往程度"则可以分解为"生产力"和"分工和内部交往程度"两个因素,"分工和内部交往程度"相当于马克思、恩格斯说的人们在物质生产过程中形成的社会关系即"生产关系"。因此,所谓"各民族之间的相互关系取决于每一个民族的生产力、分工和内部交往的程度",意指"各民族之间的相互关系"取决于各民族内部的生产力和生产关系。而"一个民族的生产力发展的水平最明显地表现于该民族分工的发展程度"一说中的"分工的发展程度"也是指"生产关系","表现于"则是被反映、被再现的意思。全句换个顺序表达为"一个民族的生产关系表现该民族的生产力发展水平",即是以一种稍许含糊的方式表明"生产力决定生产关系"这一意义。

帕·瓦·安年科夫的一封信中，马克思则以一种相对更为清晰的方式反复写道：人们不可自由地选择生产关系，"在人们的生产力发展的一定状况下，就会有一定的交换和消费形式"[1]；"人们在发展生产力时，即在生活时，也发展着一定的相互关系；这些关系的形式必然随着这些生产力的改变和发展而改变"[2]。"人们借以进行生产、消费和交换的经济形式是暂时的和历史性的形式。随着新的生产力的获得，人们便改变自己的生产方式，而随着生产方式的改变，他们便改变所有不过是这一特定生产方式的必然关系的经济关系。"[3]在《雇佣劳动与资本》一书中，马克思也多次强调说："生产者相互发生的这些社会关系，他们借以互相交换其活动和参与全部生产活动的条件，当然依照生产资料的性质而有所不同"；"各个人借以进行生产的社会关系，即社会生产关系，是随着物质生产资料、生产力的变化和发展而变化和改变的"。[4]马克思、恩格斯关于生产关系和生产力之间关系的这一看法，后来就被人们概括为"生产力决定生产关系"或者"生产关系必须与生产力的状况相适应"这一原理，并被视为历史唯物主义理论的一个基本原理。

从马克思、恩格斯在《德意志意识形态》等处所作的论述来看，人们在物质生产过程中所形成的社会关系即生产关系至少包括两个方面，一是劳动职能方面的分配关系即分工关系，二是生产资料（劳动工具和材料等）及其产品的分配关系即所有制关系。马克思、恩格斯说："与……分工同时出现的还有分配，而且是劳动及其产品的不平等的分配（无论在数量上或质量上）；因而产生了所有制。"马克思、恩格斯认为，这两者其实是一件事情的两个方面："分工和所有制是相等的表达方式，对同一件事情，一个是就活动而言，另一个是就活动的产品而言。"[5]"分工从最初起就包含着劳动条件——劳动工具和材料——的分配，也包含着……所有制

---

[1] 马克思：《马克思致帕维尔·瓦西里耶维奇·安年科夫（1846年12月28日）》，《马克思恩格斯选集》第4卷，人民出版社，2012年，第408页。
[2] 同上书，第413页。
[3] 同上书，第410页。
[4] 马克思：《雇佣劳动和资本》，《马克思恩格斯选集》第1卷，第340页。
[5] 马克思、恩格斯：《德意志意识形态》，《马克思恩格斯文集》第1卷，第536页。

本身的各种不同的形式。"[1] 因此,"分工的各个不同发展阶段,同时也就是所有制的各种不同形式。这就是说,分工的每一个阶段还决定个人在劳动材料、劳动工具和劳动产品方面的相互关系"[2]。在《德意志意识形态》中,马克思、恩格斯依据他们当时所拥有的历史知识,首先列举了资本主义所有制产生之前的三种所有制形式,即"部落所有制"、"古典古代的公社所有制和国家所有制"及"封建的或等级的所有制"。其中,"部落所有制"被认为是人类历史上的第一种所有制形式:"这种所有制与生产的不发达阶段相适应,当时人们靠狩猎、捕鱼、畜牧,或者最多靠耕作为生";"在这个阶段,分工还很不发达,仅限于家庭中现有的自然形成的分工的进一步扩大。""古典古代的公社所有制和国家所有制"被认为是第二种所有制形式:"这种所有制首先是由于几个部落通过契约或征服联合为一个城市而产生的","在这种所有制下仍然保留着奴隶制",但动产和不动产的私有制已经发展起来,"公民仅仅共同拥有支配自己那些做工的奴隶的权力"。"封建的或等级的所有制"则是第三种所有制形式:"封建时代的所有制的主要形式,一方面是土地所有制和束缚于土地所有制的农奴劳动,另一方面是拥有少量资本并支配着帮工劳动的自身劳动。这两种所有制的结构都是由狭隘的生产关系——小规模的粗陋的土地耕作和手工业式的工业——决定的。"由于封建所有制是随着日耳曼人对罗马帝国的征服而形成的,这种征服对生产力造成了极大的破坏,社会分工也降到一个很低的水平。"在封建制度的繁荣时代,分工是很少的。每一个国家都存在着城乡之间的对立;等级结构固然表现得非常鲜明,但是除了在乡村里有王公、贵族、僧侣和农民的划分,在城市里有师傅、帮工、学徒以及后来的平民短工的划分之外,就再没有什么大的分工了。"[3] 除了这三种所有制形式之外,再加上该书后文所分析的资本主义所有制形式,以及作为资本主义所有制形式之替代的共产主义所有制形式,一共是五种所有制形式。它们构成了后来人们所说的马克思历史唯物主义理论"五形态模式"的雏形。

---

[1] 马克思、恩格斯:《德意志意识形态》,《马克思恩格斯文集》第 1 卷,第 579 页。
[2] 同上书,第 521 页。
[3] 参见上书,第 521—523 页。

由于人们的生产劳动总是在特定生产关系的形式下进行的,因此,特定生产关系的维系便成为人们在任何时候顺利开展物质生产的基本前提。但生产关系并不能单纯依靠自身内部的过程和机制来加以维系,而是像涂尔干在《社会分工论》一书中对劳动分工关系如何加以维系这一问题进行分析时所指出的那样,需要借助生产关系以外的一些力量,即一些政治的、法律的和观念的力量来加以维系。也就是说,任何以社会结合的形式来开展的社会生产,都必须有一定的政治、法律设施以及相应的思想观念来配合之、服务之,使之能够以某种特定方式稳定地、持续地进行。关于这一点,恩格斯曾经有过比较明确的解释。他写道:"在社会发展的某个很早的阶段,产生了这样一种需要:把每天重复着的产品生产、分配和交换用一个共同规则约束起来,借以使个人服从生产和交换的共同条件。这个规则首先表现为习惯,不久便成了法律。随着法律的产生,就必然产生出以维护法律为职责的机关——公共权力,即国家。随着社会的进一步的发展,法律进一步发展为或多或少广泛的立法。……随着立法进一步发展为复杂和广泛的整体,出现了新的社会分工的必要性:一个职业法学家阶层形成了,同时也就产生了法学。"[1]由于这些特定的政治、法律设施及其意识形式(或意识形态)(如法学观念)都是在特定的生产关系基础上建立起来并为后者服务的,所以,马克思、恩格斯就将任一时代人们在物质生产过程当中所发生的"生产关系"的总和称为该社会的"经济基础",而将在该社会的经济基础之上建立起来并为之服务的所有政治、法律设施及其意识形式称为社会的"上层建筑"。

特定类型的经济基础与在其之上建立起来并为之服务的全部政治、法律设施及其意识形式的有机统一,就构成了特定类型的"社会形态"。和喜欢在一般意义上使用"社会"这个词的孔德等非马克思主义社会学家相比,马克思更喜欢使用"社会形态"这个词。在马克思看来,与笼统意义上的"社会"一词相比,"社会形态"一词更好地表明了"社会"的具体历史性质。马克思认为,并不存在什么一般的、抽象意义上的"社会",

---

[1] 恩格斯:《论住宅问题》,《马克思恩格斯文集》第3卷,第322页。

存在的只是各种特定类型的"社会形态"。我们能够加以谈论、加以研究的也只是这样一些特定类型的"社会形态"。

因此，在马克思、恩格斯的社会理论中，社会形态在结构上就是由"经济基础"和"上层建筑"两个层次构成的。两个层次的关系，正如它们的名称已经指出的那样：前者是政治、法律设施和社会意识形式等其他结构要素赖以存在和发展的"现实基础"，是后面这些被称为"上层建筑"的因素得以形成和变化的"根源"；后者则是"竖立"在前者之上并与前者"相适应"的，是前者"制约"或"决定"着后者，而不是相反（正如黑格尔和施蒂纳等人所认为的那样）。对此，马克思、恩格斯有过许多明确的阐述。例如，在《德意志意识形态》中，马克思、恩格斯说："由此可见，事情是这样的：以一定的方式进行生产活动的一定的个人，发生一定的社会关系和政治关系。经验的观察在任何情况下都应当根据经验来揭示社会结构和政治结构同生产的联系，而不应当带有任何神秘和思辨的色彩。社会结构和国家总是从一定的个人的生活过程中产生的。"当然，这里所说的个人不是他们自己或别人想象中的那种抽象的个人，而是现实中的个人，"也就是说，这些个人是从事活动的，进行物质生产的，因而是在一定的物质的、不受他们任意支配的界限、前提和条件下活动着的"。[1] 在《资本论》中，马克思也明确写道："任何时候，我们总是要在生产条件的所有者同直接生产者的直接关系——这种关系的任何当时的形式必然总是同劳动方式和劳动社会生产力的一定的发展阶段相适应——当中，为整个社会结构，从而也为主权关系和依附关系的政治形式，总之，为任何当时的独特的国家形式，发现最隐蔽的秘密，发现隐藏着的基础。"[2] 观念也是如此，"思想、观念、意识的生产最初是直接与人们的物质活动，与人们的物质交往，与现实生活的语言交织在一起的。人们的想象、思维、精神交往在这里还是人们物质行动的直接产物。表现在某一民族的政治、法律、道德、宗教、形而上学等的语言中的精神生产也是这样。人们是自己的观念、思想等等的生产者，但这里所说的人们是现

---

[1] 参见马克思、恩格斯：《德意志意识形态》，《马克思恩格斯文集》第1卷，第523—524页。
[2] 马克思：《资本论》第3卷，《马克思恩格斯文集》第7卷，人民出版社，2009年，第894页。

实的、从事活动的人们，他们受自己的生产力和与之相适应的交往的一定发展——直到交往的最遥远的形态——所制约。意识在任何时候都只能是被意识到了的存在，而人们的存在就是他们的现实生活过程。如果在全部意识形态中，人们和他们的关系就像在照相机中一样是倒立成像的，那么这种现象也是从人们生活的历史过程中产生的，正如物体在视网膜上的倒影是直接从人们生活的生理过程中产生的一样"。由此，马克思、恩格斯甚至认为，思想观念没有自己独立的历史："道德、宗教、形而上学和其他意识形态，以及与它们相适应的意识形式便不再保留独立性的外观了。它们没有历史，没有发展，而发展着自己的物质生产和物质交往的人们，在改变自己的这个现实的同时也改变着自己的思维和思维的产物。不是意识决定生活，而是生活决定意识。"黑格尔等（现在我们可以加上孔德、涂尔干、帕森斯等）唯心主义者在对思想意识进行考察时，总是"从意识出发，把意识看做是有生命的个人"，而历史唯物主义者则"从现实的、有生命的个人本身出发，把意识仅仅看做是**他们的**意识"。[1] 费尔巴哈虽然主张对思想观念的形成和变化作唯物主义的理解，认为人的思想观念是对外部感性世界的反映，但他所说的"外部世界"是脱离了人的生产劳动实践、在人的生产劳动实践过程之外独立存在的东西，因此依然不能理解思想观念形成和变化的真正基础，即人们的物质生产劳动及人们在生产劳动过程中所结成的生产关系。"他没有看到，他周围的感性世界决不是某种开天辟地以来就直接存在的、始终如一的东西，而是工业和社会状况的产物，是历史的产物，是世世代代活动的结果，其中每一代都立足于前一代所奠定的基础上，继续发展前一代的工业和交往，并随着需要的改变而改变他们的社会制度。甚至连最简单的'感性确定性'的对象也只是由于社会发展、由于工业和商业交往才提供给他的。"[2] 因此，"上层建筑"的

---

[1] 参见马克思、恩格斯：《德意志意识形态》，《马克思恩格斯文集》第1卷，第524—525页。
[2] 同上书，第528页。正是基于这种将人们的生产劳动实践（及人们在生产劳动过程中结成的生产关系）视为思想观念形成和变化之真正基础的观点，马克思、恩格斯才将自己的唯物主义立场称为"实践的唯物主义"，以和费尔巴哈的"直观的唯物主义"相区别。需要特别提醒的是，马克思、恩格斯所说的"实践"主要是指人们的生产劳动实践，而非当代"实践社会学"所谓一般意义上的、以身体运动为主要含义的"实践"。

内容和状况也不是抽象的、永恒不变的,而是随着"经济基础"的变化而历史性地变化着。例如,在以"部落所有制"生产关系为基础的社会形态中,由于"分工还很不发达,仅限于家庭中现有的自然形成的分工的进一步扩大",因此,"社会结构只限于家庭的扩大:父权制的部落首领,他们管辖的部落成员,最后是奴隶"。在以"古典古代的公社所有制和国家所有制"生产关系为基础的社会形态中,由于"动产私有制以及后来的不动产私有制已经发展起来",建筑在部落所有制生产关系"基础上的整个社会结构,以及与此相联系的人民权力,随着私有制,特别是不动产私有制的发展而逐渐趋向衰落";同时由于分工已经比较发达,城乡对立、国家对立和阶级对立也都已经出现。而在以"封建的或等级的所有制"生产关系为基础的社会形态中,由于"比较广大的地区联合为封建王国,无论对于土地贵族或城市来说,都是一种需要。因此,统治阶级的组织即贵族的组织到处都在君主的领导之下"。[1]

除了以"部落所有制"生产关系为基础的社会形态和尚待实现的共产主义社会形态之外,迄今为止人类历史上的绝大部分时期都属于由不同阶级结合而成的"阶级社会"。所谓"阶级",按照马克思、恩格斯的说法,是从劳动分工这种生产关系当中形成的那些具有共同利益的社会群体。如前所述,分工本身既包含劳动职能的分配,又包含生产资料(劳动工具和材料等)及其产品的分配,因此,分工所引发的直接社会后果就既包含人们在劳动职能(用帕森斯的话来说即"角色")方面的分化,也包含人们在利益方面的分化,导致了私有制的出现。这种利益分化当然首先是发生在单个人或单个家庭之间,以及单个人或单个家庭的利益与"所有互相交往的个人的共同利益"之间[2],但同时也是发生在由具有同样利益的个体聚合而成的不同社会群体即阶级之间[3]。阶级关系就是源于分工关系

---

[1] 参见马克思、恩格斯:《德意志意识形态》,《马克思恩格斯文集》第1卷,第521—523页。

[2] 同上书,第536页。

[3] "单个人所以组成阶级只是因为他们必须为反对另一个阶级进行共同的斗争;此外,他们在竞争中又是相互敌对的。""这些人可以发现自己的生活条件是预先确定的:各个人的社会地位,从而他们个人的发展是由阶级决定的,他们隶属于阶级。这同单个人隶属于分工是同类的现象,这种现象只有通过消灭私有制和消灭劳动本身才能消除。"(同上书,第570页。)

而形成的不同社会群体之间的利益关系。毫无疑问，分工产生的利益分化不仅会导致个人或家庭利益之间的矛盾和冲突，以及个体或家庭的特殊利益与所有社会成员共同利益之间的矛盾和冲突，也会催生不同阶级利益之间的矛盾和冲突，以及各个阶级的特殊利益与所有社会成员共同利益之间的矛盾和冲突。马克思、恩格斯指出，自原始公社解体以来的全部历史其实"都是阶级斗争的历史。自由民和奴隶、贵族和平民、领主和农奴、行会师傅和帮工，一句话，压迫者和被压迫者，始终处于相互对立的地位，进行不断的、有时隐蔽有时公开的斗争"[1]。"一切历史上的斗争，无论是在政治、宗教、哲学的领域中进行的，还是在任何其他意识形态领域中进行的，实际上只是各社会阶级的斗争或多或少明显的表现。"[2] 这些利益之间的矛盾、冲突，尤其是各阶级之间的矛盾和冲突，如果得不到妥当的处理，势必对现存社会形态的稳定产生巨大的威胁。这正是霍布斯、孔德、涂尔干、帕森斯等人在"社会秩序何以可能"的标题下讨论过的相同问题。面对这个问题，霍布斯指出只有依靠国家的强制力才有可能约束不同个体或群体之间的利益冲突，避免人们陷入"一切人反对一切人的战争"状态，使人们生活在和平有序的社会状态之中。孔德、涂尔干、帕森斯则认为单纯依靠国家的强制力并不能建立稳定有序的社会状态，要想避免社会陷入失序或解体，除了要有来自国家的强制性约束之外，更主要的是必须有一套由所有社会成员共同信奉的价值取向，通过这套共享的价值取向来约束和协调人们的行动和互动，使之不至于因为每个个体行动者不受约束地追求自己的特殊利益而损害共同利益。那么，马克思、恩格斯又会如何来回应这一问题呢？

在这个问题上，马克思、恩格斯的理论立场在一定程度上毫无悬念地与霍布斯相一致。与霍布斯一样，马克思、恩格斯明确地认为，在阶级社会中，既定社会形态的存在和稳定，主要是占据统治地位的阶级依靠一整套与阶级社会的经济基础相适应的上层建筑（政治、法律设施及其意识

---

[1] 马克思、恩格斯：《共产党宣言》，《马克思恩格斯选集》第1卷，第400页。
[2] 恩格斯：《卡·马克思"路易·波拿巴的雾月十八日"一书德文第三版序言》，《马克思恩格斯全集》第21卷，人民出版社，1965年，第291页。

形态）来加以实现的。而在这套与阶级社会的经济基础相适应的上层建筑当中，国家的强制力量处于核心地位，无论是法律也好，还是意识形态也好，都是以国家的强制力量为依托，为国家的强制力量服务，用来表现国家意志的。不过，马克思、恩格斯在这个问题上和霍布斯的共同之处也仅限于此。在国家的强制力以什么为基础这一问题上，马克思、恩格斯与霍布斯则持有完全不同的理论立场。霍布斯虽然认为只有借助国家的强制力才能建构出和维持社会秩序，但在他的理论体系中，国家的建立和维系依然是以通过社会契约形成的社会共识为前提或基础的。从这个意义上说，霍布斯和孔德、涂尔干甚至帕森斯这些人的观点没有什么根本区别，因而依然是一个马克思、恩格斯心目中的历史唯心主义者。马克思、恩格斯则不同。从上述"经济基础决定上层建筑"或"上层建筑一定要与经济基础相适应"的历史唯物主义基本原理出发，马克思、恩格斯明确指出，在阶级社会中，国家的强制力以及统治阶级对国家力量的运用，并不是建立在什么社会共识的基础之上，而是建立在统治阶级在生产过程中所处的优势地位之上。马克思、恩格斯认为，阶级关系虽然起源于生产过程，但绝不可能只限于生产过程。如上所述，形成于生产过程的各阶级，尤其是占据统治地位和不占据统治地位的各阶级之间，为了本阶级的利益必然会经常发生矛盾和冲突。一般来说，在既定的阶级性生产关系中，占据统治地位的阶级在利益分配中总是处于优势地位，而处于被统治地位的阶级则总是处于劣势地位。为了维护自己的优势地位，在生产过程中占据统治地位的阶级，必然要把自己的统治从单纯的经济统治上升到政治、法律和思想统治的高度，而这只有借助国家这种暴力工具对政治、法律和思想等上层建筑实行单方面的垄断才可能实现。因此，马克思、恩格斯指出，在阶级社会中，国家、法律和思想等上层建筑其实都只是也必然是统治阶级用来实行阶级统治的工具。例如，国家就"一直是一种维护秩序、即维护现存社会制度从而也就是维护占有者阶级对生产者阶级的压迫和剥削的权力"[1]。"国家是社会在一定发展阶段上的产物；国家是承认：这个社会陷入了不

---

[1] 马克思：《法兰西内战二稿》，《马克思恩格斯全集》第17卷，人民出版社，1963年，第643页。

可解决的自我矛盾，分裂为不可调和的对立面而又无力摆脱这些对立面。而为了使这些对立面，这些经济利益互相冲突的阶级，不致在无谓的斗争中把自己和社会消灭，就需要有一种表面上凌驾于社会之上的力量，这种力量应当缓和冲突，把冲突保持在'秩序'的范围以内。"[1] "由于国家是从控制阶级对立的需要中产生的，由于它同时又是在这些阶级的冲突中产生的，所以，它照例是最强大的、在经济上占统治地位的阶级的国家，这个阶级借助于国家而在政治上也成为占统治地位的阶级，因而获得了镇压和剥削被压迫阶级的新手段。因此，古希腊罗马时代的国家首先是奴隶主用来镇压奴隶的国家，封建国家是贵族用来镇压农奴和依附农的机关，现代代议制的国家是资本剥削雇佣劳动的工具。"[2] 法律也是如此，"占统治地位的个人除了必须以国家的形式组织自己的力量外，他们还必须给予他们自己的由这些特定关系所决定的意志以国家意志即法律的一般表现形式"[3]。统治阶级主要是以自己在物质生产过程中取得的物质财富占有方面的优势为基础，来维护自己的政治和法律统治，但为了更好地维护自己的政治和法律统治，统治阶级在一定程度上也需要在思想方面实现自己的统治。因此，在阶级社会中，"统治阶级的思想在每一时代都是占统治地位的思想。这就是说，一个阶级是社会上占统治地位的物质力量，同时也是社会上占统治地位的精神力量。支配着物质生产资料的阶级，同时也只支配着精神生产的资料，因此，那些没有精神生产资料的人的思想，一般地是隶属于这个阶级的"[4]。为了缓解被统治阶级的不满和反抗，统治阶级总是将自己的统治说成是为了维护各阶级的普遍利益，甚至将自己的利益说成是社会的普遍利益。当然，为了维持现存社会形态和自己的长远利益，统治阶级也确实需要在一定程度上利用自己掌握的国家机器来维护社会的普遍利益。这种普遍利益以前是依靠家庭集团或部落集团的力量来加以维护的，现在由于各个人、各个家庭、各个阶级之间的利益对抗，而必须

---

[1] 恩格斯：《家庭、私有制和国家的起源》，《马克思恩格斯文集》第4卷，人民出版社，2009年，第189页。
[2] 同上书，第191页。
[3] 马克思、恩格斯：《德意志意识形态》，《马克思恩格斯全集》第3卷，人民出版社，1960年，第378页。
[4] 马克思、恩格斯：《德意志意识形态》，《马克思恩格斯文集》第1卷，第550页。

"通过国家这种虚幻的'普遍'利益来进行实际的干涉和约束"[1]。马克思、恩格斯的这种看法，给我们提供了一套迄今为止最具唯物主义色彩的社会整合理论。

马克思、恩格斯对于经济基础和上层建筑之间关系的上述思想，后来被人们称为"经济基础决定上层建筑的规律"或"上层建筑必须与经济基础的状况相适应"的原理。这一原理被视为马克思、恩格斯创立的历史唯物主义理论的另一个基本原理。一些人将马克思、恩格斯表述的历史唯物主义理论称为"经济决定论"，也主要是以马克思、恩格斯对这一原理的阐述为依据的。这一原理和前述"生产力决定生产关系"或"生产关系必须与生产力的状况相适应"的原理，即是历史唯物主义的两大基本原理。这两大基本原理构成了我们将历史唯物主义理论纳入结构论社会学理论这一范畴的基本理论依据：根据这两大原理，我们可以意识到，尽管社会是人们为了满足自己的生存需要而建立起来的，但它一旦建成，就不仅有自己独特的结构（经济基础和上层建筑）、机制（生产关系与生产力之间、上层建筑与经济基础之间必须相适应等）和规律，而且反过来还对生活于其中的个人产生强制性的约束作用。

以上述两条基本原理为基础，就可以提出一个用来对人类社会的历史演变过程作出概括性描述和分析的社会变迁理论框架。如前所述，对于马克思、恩格斯来说，不存在什么一般意义上的"社会"，存在着的只是一些由特定经济基础及其上层建筑结合而成的暂时的、历史性的"社会形态"，人类社会的历史就是诸社会形态在上述社会发展基本规律的作用下依次更替的过程。马克思主义社会理论的重要内容之一，就是要以上述原理为依据对这种以社会形态的依次更替为形式的社会变迁过程进行理论上的描述和说明。

如上所述，任何一个时代的社会形态都是特定经济基础及其上层建筑的统一体。其中的上层建筑部分在性质和内容上是由其需要为之服务的经济基础的性质和内容所决定的，而其需要为之服务的经济基础的性质和

---

[1] 马克思、恩格斯：《德意志意识形态》，《马克思恩格斯文集》第1卷，第537页。

内容又是由其作为形式而使之得以进行的物质生产过程所具有的劳动生产力状况所决定的。按照上述历史唯物主义的基本原理,生产关系的状况一定要与生产力的状况相适应,上层建筑的状况一定要与经济基础的状况相适应,因此,只有当特定社会形态内部的生产关系状况与在该社会形态之下进行着的物质生产过程的生产力状况相适应,同时该社会形态内部的上层建筑状况也与其生产关系("经济基础")状况相适应时,这一社会形态才会处于一种相对稳定和相对协调的运行过程之中。一旦生产关系与在它之下发展的生产力状况不再相适应,或者上层建筑与它所赖以存在的经济基础状况不再相适应,那么生产力—生产关系—上层建筑之间的协调关系便受到了破坏,社会形态稳定、协调运行的条件便不复存在。这个时候,改变现存的生产关系以及相应的上层建筑便成为生产力和整个社会生活重新回复到稳定、协调发展状态的必要前提。由此可见,导致社会历史变迁的,不是别的什么,而正是由生产关系与生产力之间以及上层建筑和经济基础之间出现的不相适应的情况,引发的"生产力"与"生产关系"之间的矛盾或冲突,以及"经济基础"和"上层建筑"之间的矛盾或冲突。

按照马克思的上述论述,在"生产力与生产关系之间的矛盾"和"经济基础与上层建筑之间的矛盾"这两对矛盾中,好像存在着某种发生学上的先后关系:似乎一般说来,是生产关系与生产力之间先产生矛盾,由此引发了改变现存生产关系的必要性;然后才引发了进一步改变旧上层建筑的必要性。那么,生产力和生产关系之间又为什么会发生矛盾呢?原本与生产力状况相适应的生产关系为什么会变得与生产力不相适应?对于这个问题,马克思并未作过明确、具体的回答。但从马克思的有关论述来看,马克思似乎是认为在生产力和生产关系两者中,生产力是一个更加活跃、更易变化的因素。"一个社会不能停止消费,同样,它也不能停止生产。"[1]只要社会不停地进行生产,它的生产力就必然处于不断进步和变化之中。相反,作为生产的形式,生产关系则是相对稳定不变的。这样,随着时间的推移,当生产力发展到一个新的水平时,就可能导致原本与生产

---

[1] 马克思:《资本论》第1卷,《马克思恩格斯文集》第5卷,人民出版社,2009年,第653页。

力状况相适应的生产关系逐渐变得与生产力不再适应，导致生产关系与生产力之间的矛盾和冲突，并推动进一步的社会变革。

因此，可以认为，在马克思那里，"生产力"状况的变化是引发整个社会形态变化的最终因素。按照马克思的论述，社会变迁的逻辑似乎是：生产力发展—生产关系变革—上层建筑变革—生产力发展……由此可以自然得出的一个逻辑推理就是，判断一个社会形态是否或者应否发生改变的根本标准，只能是看它是否符合生产力进一步发展的要求。只有当某个社会形态不再适应生产力进一步发展的要求时，改变社会形态的社会变革才会真正发生；反之，社会形态的真正变革是不会也不应该发生的。因此，马克思明确地宣称：社会形态的发展是一个"自然史的过程"。[1]

当然，无论是生产关系还是上层建筑，在它们需要发生变革的时候，都不会自动地发生变革。社会生活中的任何变革都需要通过人的行动来实现："'历史'并不是把人当做达到自己目的的工具来利用的某种特殊的人格。历史不过是追求着自己目的的人的活动而已。"[2] 在阶级社会中，变革社会的活动则是由组成为不同阶级的那些人之间的斗争即阶级斗争来实现的。当现存的生产关系（以及建立于其上的上层建筑）变得与生产力的进一步发展不相适应因而需要加以变革时，新旧生产关系（以及与此相连的新旧上层建筑）之间的更替能否顺利实现，直接取决于代表新旧生产关系（和上层建筑）的那些阶级之间的冲突和斗争的结果。没有代表新旧社会形态的那些阶级之间的激烈冲突和斗争，没有代表新社会形态的阶级对代表旧社会形态的阶级的胜利，新旧社会形态之间的更替就不可能完成。因此，尽管推动社会形态发生更替的最终因素是生产力的发展，但在阶级社会中，阶级斗争是推动历史进步的直接力量。马克思在一封信中明确地说："将近四十年来，我们都非常重视阶级斗争，认为它是历史的直接动力，特别是重视资产阶级和无产阶级之间的阶级斗争，认为它是现代社会

---

[1] 马克思：《资本论》第1卷，第一版序言，《马克思恩格斯文集》第5卷，第10页。
[2] 马克思、恩格斯：《神圣家族》，《马克思恩格斯全集》第2卷，人民出版社，1957年，第118—119页。

变革的巨大杠杆。"[1] 尽管如此，在马克思、恩格斯看来，单个人也好，组织成为阶级的人类集体也好，他们的历史作用都永远不能超过生产力的发展水平所限定的可能性范围。"不管个人在主观上怎样超脱各种关系，他在社会意义上总是这些关系的产物"[2]；"一个社会即使探索到了本身运动的自然规律，……它还是既不能跳过也不能用法令取消自然的发展阶段"[3]。

有史以来，人类社会经历了怎样一个变迁过程？形成过哪些不同的社会形态？未来又将朝什么方向发展？马克思在不同地方对此作过一些不尽相同的回答。

如前所述，在《德意志意识形态》一书中，马克思和恩格斯曾经提出在资本主义之前和之后人类社会已经经历或将要经历的五种所有制形式，这五种所有制形式的生产关系及建立在其之上的上层建筑有机结合起来，就可以构成一种以五种社会形态的相继更替为内容的人类社会演进模式。但如此构成的五种社会形态，与人们后来通常说的"五种社会形态"不尽相同：虽然第二至四种形式大体上相当于"五形态说"中的奴隶社会、封建社会、资本主义社会和共产主义社会，但其中所讲的以"部落所有制"为基础的社会形态却还不是后来所讲的"原始社会"，而只是原始社会末期的社会形式（不过马克思、恩格斯当时并未意识到这一点，因为他们对于原始社会的情况尚缺乏足够的知识）。此外，马克思、恩格斯的上述描述也主要是以西欧社会的历史资料为基础的。因此，它是否适用于西欧以外的社会也还是一个潜在的问题。19世纪50年代初，马克思开始研究东方社会，发现东方社会具有许多"西方社会"所不具有的特点，如没有土地私有制、自给自足的农村村社、公共水利工程的重要性、专制政府以及长期停滞等，第一次提出了"亚洲式的社会"[4] 或"亚洲社会"的新概念。随着研究的进一步深入，马克思试图将东、西方社会的历史资料加以综合，提出了"亚洲社会"只是资本主义以前三种"原始所有制"形

---

[1] 马克思、恩格斯：《马克思和恩格斯致奥古斯特·倍倍尔等人（1879年9月17—18日）》，《马克思恩格斯全集》第34卷，人民出版社，1972年，第383—384页。
[2] 马克思：《资本论》第1卷，第一版序言，《马克思恩格斯文集》第5卷，第10页。
[3] 同上书，第9—10页。
[4] 马克思：《不列颠在印度统治的未来结果》，《马克思恩格斯选集》第1卷，第857页。

式("亚细亚的所有制形式"、"古代的所有制形式"和"日耳曼的所有制形式")之一的看法。马克思认为,这三种形式既有一些共同点,如劳动者和劳动条件直接结合在一起,劳动条件不是劳动的结果而是由自然界直接提供的,个人与土地的关系是以其隶属于一定的共同体为前提或媒介的(离开了这个共同体个人就无法存在)等,但也有着一定的差别。其中最主要的差别是土地所有制以及个人对共同体的依赖有所不同:在亚细亚的所有制形式下,土地完全属于公社或更大的共同体所有,个人只有土地的使用权而没有所有权,个人对共同体的依赖性最强;在古代的(如罗马人的)所有制形式下,存在着公有地和私有地以及公共经济和私有经济两种经济成分的并立,但个人也只有作为公社或更大共同体的成员才有资格获得一份私有土地,个人对共同体的依赖虽依然存在但已有所削弱;在日耳曼的所有制形式中,虽然也有公有地与私有地之分,但公共经济已不再是一种独立的经济成分,公有地只是作为私有地的附属物,以猎场、牧场等形式供各个家庭单独使用,在这里共同体是松散的,个人对共同体的依赖程度很小。[1] 马克思似乎还认为,这三种所有制形式曾经都只是某种更原始的所有制形式发展到一定阶段的并列产物,但在以后的历史进程中却发生了不同的演变:先是从古代的所有制形式中派生出了奴隶社会,后来又从日耳曼的所有制形式中演变出了封建社会,只有亚细亚的所有制形式发生的变化最小。这样,亚细亚社会、古代社会、封建社会似乎就代表了资本主义社会之前人类经历过的三种社会形态。19世纪六七十年代,马克思陆续发现在欧洲也曾经存在过与"亚细亚的所有制形式"类似的原始公有制形式(如德国的"马尔克"等),因而提出了"欧洲各地的亚细亚的所有制形式"这种说法[2],从而使"亚细亚的所有制形式"成为一个超地域的概念,实际上成了原始公社所有制的代名词。后来,恩格斯依据摩尔根《古代社会》一书的研究成果确认原始公社所有制是原始社会的最后阶段。这样,人类最初的社会形态似乎应该是"原始社会"而不是"亚

---

[1] 马克思:《政治经济学批判》,《马克思恩格斯全集》第46卷上册,人民出版社,1979年,第470—498页。
[2] 马克思:《马克思致恩格斯(1868年3月14日)》,《马克思恩格斯全集》第32卷,人民出版社,1974年,第43页。

细亚社会"。由此便逐渐衍生出后来人们熟知的从"原始社会"经过奴隶社会、封建社会、资本主义社会再到"共产主义社会"的社会演进"五形态说"。

在写于1845—1846年的《德意志意识形态》一书中，马克思、恩格斯如此总结他们提出的历史唯物主义理论："这种历史观就在于：从直接生活的物质生产出发阐述现实的生产过程，把同这种生产方式相联系的、它所产生的交往形式即各个不同阶段上的市民社会理解为整个历史的基础，从市民社会作为国家的活动描述市民社会，同时从市民社会出发阐明意识的所有各种不同理论的产物和形式，如宗教、哲学、道德等等，而且追溯它们产生的过程。""这种历史观和唯心主义历史观不同，它不是在每个时代中寻找某种范畴，而是始终站在现实历史的基础上，不是从观念出发来解释实践，而是从物质实践出发来解释各种观念形态。""这种观点表明：历史不是作为'源于精神的精神'消融在'自我意识'中而告终的，历史的每一阶段都遇到一定的物质结果，一定的生产力总和，人对自然以及个人之间历史地形成的关系，都遇到前一代传给后一代的大量生产力、资金和环境，尽管一方面这些生产力、资金和环境为新的一代所改变，但另一方面，它们也预先规定新的一代本身的生活条件，使它得到一定的发展和具有特殊的性质。由此可见，这种观点表明：人创造环境，同样，环境也创造人。每个个人和每一代所遇到的现成的东西：生产力、资金和社会交往形式的总和，是哲学家们想象为'实体'和'人的本质'的东西的现实基础，是他们加以神化并与之斗争的东西的现实基础，这种基础尽管遭到以'自我意识'和'唯一者'的身份出现的哲学家们的反抗，但它对人们的发展所起的作用和影响却丝毫也不因此而受到干扰。各代所遇到的这些生活条件还决定着这样的情况：历史上周期性地重演的革命动荡是否强大到足以摧毁现存一切的基础；如果还没有具备这些实行全面变革的物质因素，就是说，一方面还没有一定的生产力，另一方面还没有形成不仅反抗旧社会的个别条件，而且反抗旧的'生活生产'本身、反抗旧社会所依据的'总和活动'的革命群众，那么，正如共产主义的历史所证明的，尽管这种变革的观念已经表述过千百次，但这对于实际发展没有任何意义。"[1]

  1859 年，在经历了 14 年左右对社会现实的进一步观察和理论研究方面的深入思考之后，在为自己撰写的《政治经济学批判》一书所写的序言中，马克思又以寥寥千字的篇幅将自己的社会理论进行了概括，并以一种更为明确的方式对"生产力决定生产关系""经济基础决定上层建筑""社会存在决定社会意识"等历史唯物主义基本原理进行了表述。马克思说："我在巴黎开始研究政治经济学，后来因基佐先生下令驱逐而移居布鲁塞尔，在那里继续进行研究。我所得到的，并且一经得到就用于指导我的研究工作的总的结果，可以简要地表述如下：人们在自己生活的社会生产中发生一定的、必然的、不以他们的意志为转移的关系，即同他们的物质生产力的一定发展阶段相适合的生产关系。这些生产关系的总和构成社会的经济结构，即有法律的和政治的上层建筑竖立其上并有一定的社会意识形式与之相适应的现实基础。物质生活的生产方式制约着整个社会生活、政治生活和精神生活的过程。不是人们的意识决定人们的存在，相反，是人们的社会存在决定人们的意识。社会的物质生产力发展到一定阶段，便同它们一直在其中运动的现存生产关系或财产关系（这只是生产关系的法律用语）发生矛盾。于是这些关系便由生产力的发展形式变成生产力的桎梏。那时社会革命的时代就到来了。随着经济基础的变更，全部庞大的上层建筑也或慢或快地发生变革。在考察这些变革时，必须时刻把下面两者区别开来：一种是生产的经济条件方面所发生的物质的、可以用自然科学的精确性指明的变革，一种是人们借以意识到这个冲突并力求把它克服的那些法律的、政治的、宗教的、艺术的或哲学的，简言之，意识形态的形式。我们判断一个人不能以他对自己的看法为根据，同样，我们判断这样一个变革时代也不能以它的意识为根据；相反，这个意识必须从物质生活的矛盾中，从社会生产力和生产关系之间的现存冲突中去解释。无论哪一个社会形态，在它所能容纳的全部生产力发挥出来以前，是决不会灭亡的；而新的更高的生产关系，在它的物质存在条件在旧社会的胎胞里成熟以前，是决不会出现的。所以人类始终

---

[1] 马克思、恩格斯：《德意志意识形态》，《马克思恩格斯文集》第 1 卷，第 544—545 页。

只提出自己能够解决的任务,因为只要仔细考察就可以发现,任务本身,只有在解决它的物质条件已经存在或者至少是在生成过程中的时候,才会产生。大体说来,亚细亚的、古希腊罗马的、封建的和现代资产阶级的生产方式可以看做是经济的社会形态演进的几个时代。资产阶级的生产关系是社会生产过程的最后一个对抗形式,这里所说的对抗,不是指个人的对抗,而是指从个人的社会生活条件中生长出来的对抗;但是,在资产阶级社会的胎胞里发展的生产力,同时又创造着解决这种对抗的物质条件。因此,人类社会的史前时期就以这种社会形态而告终。"[1]

## 三、马克思的社会研究方法论:辩证的、历史的思维方式

如上所述,马克思、恩格斯的社会理论是一种与我们在前面几章叙述的唯心主义结构论社会学非常不同的唯物主义结构论社会学理论。这种唯物主义的结构论社会学理论,反对将任何思想观念性质的东西视为人类社会的本质或基础,认为人类社会的本质和基础是物质生产过程及人们在物质生产过程中所建立起来的生产关系,主张要从物质生产过程及人们在物质生产过程中所建立起来的生产关系出发去理解各种政治、法律和观念现象的产生和发展,而不是像客观唯心主义社会学家主张的那样从相反的路径去理解社会现实。这种唯物主义立场和唯心主义立场之间的对立,是马克思、恩格斯的社会理论与以孔德、涂尔干、帕森斯为样本的客观唯心主义社会学理论之间的首要对立。但是,这并不是它们之间的唯一对立。正如列宁后来所特别强调指出的,马克思、恩格斯的唯物主义并不是一种与他们之前的那些唯物主义类似的与形而上学思维方式结合在一起的唯物主义,而是一种与源自黑格尔但被马克思从唯物主义立场改造过的辩证的、历史的思维方式结合在一起的**辩证的**、**历史的**唯物主义。[2] 这种**辩证的**、

---

[1] 马克思:《〈政治经济学批判〉序言》,《马克思恩格斯选集》第 2 卷,第 2—3 页。
[2] "马克思和恩格斯在他们的著作中特别强调的是**辩证**唯物主义,而不是辩证**唯物主义**,特别坚持的是**历史**唯物主义,而不是历史**唯物主义**。"(列宁:《唯物主义和经验批判主义》,《列宁专题文集(论辩证唯物主义和历史唯物主义)》,人民出版社,2009 年,第 115—116 页。)

**历史**的唯物主义最主要的一个特点，就是反对以一种形而上学的思维方式，把本来处于具体历史情境中的各种社会现象（如个人、社会、自杀、犯罪、道德、法律、思想观念等）看作一些可以从具体历史情境中孤立出来，能够进行超历史的比较、概括的同质事物，从中抽象出一些可以适用于任一历史时代的普遍性质的概念和规律；认为所有的社会现象，无论是生产关系还是政治、法律、观念等上层建筑，以及具体的个人、事物、事件等，都是一些建立在特定物质生产条件基础上、其性质和存在状况随物质生产条件的变化而变化、因而具有特殊历史性质的现象，所以只有将它们置于它们所处的特定历史情境中加以考察，才能对它们的性质和存在状况有最真实的理解。无论是对于马克思、恩格斯来说，还是对于列宁等诸多后来的马克思主义者来说，这种对马克思主义之辩证的、历史的思维方式的强调，同对马克思主义之唯物主义立场的强调，对于理解马克思主义来说具有同等重要的意义。

马克思、恩格斯对上述辩证、历史思维方式的强调，至少可以从以下几个方面来考察。

首先，我们可以看到，虽然马克思主义者和实证主义者都承认社会现实是在特定规律的支配下存在和变化的，但对于支配社会现实存在和变化的那些规律的性质，马克思主义者和实证主义者也有着非常不同的理解。无论是在自然科学领域还是在社会科学领域，实证主义者都把探求那种"放之四海而皆准"的普遍规律当作科学研究的使命。而对于马克思主义者而言，这种"放之四海而皆准"的普遍规律在自然界也许还存在，但在社会历史领域当中就完全是一种虚构。在社会历史领域当中存在的，或者说，支配着社会现象的那些"规律"，本身都具有历史性，都只是在特定的社会历史阶段起作用的规律。

我们可以人口规律为例对此作一个说明。站在实证主义的立场上，很容易像马尔萨斯那样，承认存在着一些永恒不变的人口规律，比如人口的增长永远会超过生活资料的增长、人口过剩在任何社会条件下都将周期性地复现等（虽然马尔萨斯并不是通过实证主义的研究方法得到这些"规律"的，但一个实证主义者相信可以通过实证主义的研究来获得这样一类永恒不变的普遍规律）。对此，马克思明确地予以批驳。马克思认为，根本不存在什么永恒不变的人口规律和人口过剩现象，在不同社会形态之下，人口运动会受不同规律的支配。资本主义社会中出现的人口过剩现象，就是资本主义社会形态下特殊经济社会规律起作用的结果，而不是什么永恒不变的人口规律起作用的结果。马克思具体分析说，在资本主义社会，一方面，由于追求更高的剩余价值率是资本主义经济的绝对规律，在这一规律的作用下，资产阶级会不断地提高劳动生产率；在生产的规模不能随劳动生产率的提高而同步扩大的情况下，劳动生产率的提高势必会减少对劳动者的需求。但另一方面，由于妇女以及越来越多的农民和破产的中小企业主加入劳动力队伍，劳动力的供应并不会随劳动生产率的提高而同步减少。这两方面因素作用的结果，就是大量过剩人口的形成。因此，资本主义社会中的人口过剩，并不是由"人口增长超过生活资料增长"之类的普遍规律导致的绝对人口过剩，而只是一种相对的人口过剩，是因为资本主义经济运动规律而产生的一种特殊历史现象。只要消灭了资本主义社会，这种相对人口过剩现象就会立即消失。

马克思曾经借一位俄国评论家对他在研究社会现象时所用方法的叙述和评论来解释自己的上述思想。这位俄国评论家写道：

> 有人会说，经济生活的一般规律，不管是应用于现在或过去，都是一样的。马克思否认的正是这一点。在他看来，这样的抽象规律是不存在的……根据他的意见，恰恰相反，每个历史时期都有它自己的规律。……一旦生活经过了一定的发展时期，由一定阶段进入另一阶段时，它就开始受另外的规律支配。总之，经济生活呈现出的现象和生物学的其他领域的发展史颇相类似……旧经济学家不懂得经济规律的性质，他们把经济规律同物理学定律和化学定律相比拟……对现象所作的更深刻的分析证明，各种社会有机体像动植物有机体一样，彼此根本不同……由于这些有机体的整个结构不同，它们的各个器官有差别，以及器官借以发生作用的条件不一样等等，同一个现象就受完全不同的规律支配。例如，马克思否认人口规律在任何时候在任

何地方都是一样的。相反的,他断言每个发展阶段有它自己的人口规律……生产力的发展水平不同,生产关系和支配生产关系的规律也就不同。马克思给自己提出的目的是,从这个观点出发去研究和说明资本主义经济制度,这样,他只不过是极其科学地表述了任何对经济生活进行准确的研究必须具有的目的……这种研究的科学价值在于阐明支配着一定社会有机体的产生、生存、发展和死亡以及为另一更高的有机体所代替的特殊规律。马克思的这本书确实具有这种价值。[1]

马克思评论说:"这位作者先生把他称为我的实际方法的东西描述得这样恰当,并且在谈到我个人对这种方法的运用时又抱着这样的好感,那他所描述的不正是辩证方法吗?"[2]

其次,马克思不仅反对存在永恒不变的社会历史规律的思想,而且反对存在着永恒不变的社会历史范畴的看法。像孔德这样的实证主义者,虽然和古典政治经济学家有着不少分歧,但在以下这一点上他们却是相同的,即他们都相信在社会历史领域中存在着永恒不变的概念或范畴。譬如,他们都认为存在着永恒不变的"社会""资本""财产"等概念或范畴,并使用这样一些永恒不变的普遍范畴来描述和分析社会现实。马克思则认为,这是一种完全错误的做法。和社会规律一样,社会生活中的一切现象也都具有历史性。从自然属性方面看完全相同的现象,在不同的社会形态之下则会具有完全不同的社会性质。譬如,黑人就是黑人,只有在特定的社会形态之下他才会成为奴隶,或成为雇佣劳动者;砂糖就是砂糖,它只有在特定社会形态下才会成为商品;工具就是工具,它也只有在特定社会形态下才会成为"资本"。我们不能像实证主义者或其他"资产阶级学者"那样,把原始人使用的棍棒和资本家掌握的机器混为一谈,统统称为"资本"。因为"资本"只是能够用来生产剩余价值的价值,它只有在资本主义这种商品和价值都获得了充分发展的社会形态下才有可能出现。因此,像"资本"这样的范畴,只能用于描述和分析资本主义经济运动,

---

[1] 马克思:《资本论》第1卷,第二版跋,《马克思恩格斯文集》第5卷,第21页。
[2] 同上。

而不能用于描述其他社会形态下的生产过程。

据此，马克思、恩格斯对实证主义进行了严厉的批评。他们认为，实证主义者完全不懂社会现象的社会历史性质，将社会现象从其所处的社会历史情境中孤立和抽象出来，泛泛地讨论什么一般的"社会""财产""所有制""人性"及其相互之间的因果关系，以及各种所谓的人类社会和精神运动的"永恒规律"等，因而他们也就完全不能理解现存资本主义制度的历史过渡性质，"不能理解工人为什么要否定这种制度"，不能理解"工人阶级企图实现的社会变革正是目前制度本身的必然的、历史的、不可避免的产物"；"因为在他们看来，他们的财产的现今的阶级形式——一种过渡性的历史形式——就是财产本身，因而消灭这种财产形式就是消灭财产"。[1]

马克思指出，对于孔德派而言，"正像他们现在为资本统治和雇佣劳动制度的'永恒性'进行辩护一样，如果他们生在封建时代或奴隶制度时代，他们也会把封建制度和奴隶制度当作符合事物本性的制度、当作自发地成长起来的自然产物而加以保卫；他们也会猛烈抨击这些制度的种种'弊端'，但同时他们会由于自己极端无知而用什么这些制度是'永恒的'，是可通过'道德节制'（'限制'）加以纠正的说教，来反驳这些制度将被消灭的预言。"[2]

马克思认为，与实证主义者相反，马克思主义者倡导一种本质上是"批判的和革命的"[3]社会历史学说和社会研究方法，这种社会研究方法的核心是以唯物主义精神改造过的有关社会历史过程的"辩证法"。这种辩证法"在对现存事物的肯定的理解中同时包含对现存事物的否定的理解，即对现存事物的必然灭亡的理解；辩证法对每一种既成的形式都是从不断的运动中，因而也是从它的暂时性方面去理解；辩证法不崇拜任何东西"[4]。和孔德等人倡导的那种"实证科学"方法不同，它"公开认为自己

---

[1] 马克思：《法兰西内战》，《马克思恩格斯文集》第3卷，第214页。
[2] 同上。
[3] 马克思：《资本论》第1卷，第二版跋，《马克思恩格斯文集》第5卷，第22页。
[4] 同上。

的任务"不是通过对各种从特定历史情境中孤立和抽象出来的社会现象进行"观察、实验和比较",然后归纳出一些"永恒性"或"普遍性"因果规律,而是要"揭露现代社会的一切对抗和剥削形式,考察它们的演变,证明它们的暂时性和转变为另一种形式的必然性"[1]。正因为如此,马克思主义的社会理论才会被后来的霍克海默等人称为"批判理论"。

再次,上述有关社会规律之性质的分歧,也影响了马克思主义者和实证主义者在社会研究程序和方法方面的看法。

实证主义者用来研究社会现实的具体方法主要是归纳—演绎方法,基本原理就是通过对尽可能多的、可反复观察到的客观经验事实进行归纳概括,获得关于某个研究对象的普遍规律性知识。具体研究程序有两种:一是先对研究对象进行客观观察,在获得了有关研究对象的大量观察资料(经验事实)之后,通过对这些观察资料的归纳概括得到关于对象的普遍性命题,然后再从这些普遍性命题中演绎出一些经验陈述,将其与后续观察到的经验事实相对照,来进一步检验这些普遍性命题的可靠性。这种程序被称为经验主义的研究程序。二是先形成一些有关研究对象的公理或假设,从这些公理或假设中演绎出有关对象的普遍性命题,然后再从这些普遍性命题中演绎出一些经验陈述,将其与后续观察到的经验事实相对照,来检验这些普遍性命题的可靠性。这种程序被称为理性主义的研究程序。前一种程序是先观察后归纳,后一种程序是先演绎后归纳,但基本原理是一致的。

马克思主义者在研究社会的过程中,当然也会用到归纳和演绎这两种研究方法。例如,马克思在对人类社会进行研究时,也会对不同时代、不同地区的一些现象进行归纳概括,得出一些一般性概念(如劳动、生产力、经济基础、上层建筑等)和结论。马克思在对资本主义生产过程进行研究时,也会对不同企业、不同地区、不同部门的资本主义生产过程进行归纳概括,以得到一些普遍适用于资本主义生产过程的概念(如资本、剩余价值等)和结论。但对于马克思主义者来说,归纳和演绎决不是最重要

---

[1] 列宁:《什么是"人民之友"以及他们如何攻击社会民主党人?》,《列宁专题文集(论辩证唯物主义和历史唯物主义)》,第213页。

或最主要的研究方法，最重要或最主要的研究方法是分析和综合。归纳和演绎至多只是一种从属性的研究方法。

所谓分析，就是用抽象思维的方式对作为研究对象的某一社会形态从理论上加以分解，从而得到一些可以用来描述和理解这一社会形态内部结构、运行机制及其规律的简单和抽象程度不同的范畴；所谓综合，就是对通过分析得到的这些简单和抽象程度不同的范畴按照一定的逻辑重新加以整合，使之成为一个能够帮助我们完整描述和理解作为研究对象的这一社会形态之内部结构、运行机制和规律的理论体系。

马克思明确区分了社会研究中的两个阶段，即研究和叙述。所谓研究，就是对某一社会形态进行考察，以得到关于这个社会形态的内部结构、运行机制及其规律的抽象认识。马克思将这一过程称为"从具体到抽象"的过程。分析方法，就是在研究阶段运用的方法。而所谓叙述，就是将在研究阶段得到的关于这个社会形态内部结构、运行机制及其规律的认识以理论体系的方式表达出来。马克思将这一过程称为"从抽象到具体"的过程。综合方法，就是在叙述阶段运用的方法。

马克思曾经将自己在研究资本主义经济过程时所运用的方法简要表述如下：

> 当我们从政治经济学的角度考察某一国家的时候，我们从该国的人口，人口的阶级划分，人口在城乡、海洋、在不同生产部门的分布，输出和输入，全年的生产和消费，商品价格等等开始。
>
> 从实在和具体开始，从现实的前提开始，因而，例如在经济学上从作为全部社会生产行为的基础和主体的人口开始，似乎是正确的。但是，更仔细地考察起来，这是错误的。如果我，例如，抛开构成人口的阶级，人口就是一个抽象。如果我不知道这些阶级所依据的因素，如雇佣劳动、资本等等，阶级又是一句空话。而这些因素是以交换、分工、价格等等为前提的。比如资本，如果没有雇佣劳动、价值、货币、价格等等，它就什么也不是。因此，如果我从人口着手，那么，这就是关于整体的一个混沌的表象，并且通过更切近的规定我

就会在分析中达到越来越简单的概念；从表象中的具体达到越来越稀薄的抽象，直到我达到一些最简单的规定。于是行程又得从那里回过头来，直到我最后又回到人口，但是这回人口已不是关于整体的一个混沌的表象，而是一个具有许多规定和关系的丰富的总体了。

第一条道路是经济学在它产生时期在历史上走过的道路。例如，17世纪的经济学家总是从生动的整体，从人口、民族、国家、若干国家等等开始，但是他们最后总是从分析中找出一些有决定意义的抽象的一般的关系，如分工、货币、价值等等。这些个别要素一旦多少确定下来和抽象出来，从劳动、分工、需要、交换价值等等这些简单的东西上升到国家、国际交换和世界市场的各种经济学体系就开始出现了。

后一种显然是科学上正确的方法。具体之所以具体，因为它是许多规定的综合，因而是多样性的统一。因此它在思维中表现为综合的过程，表现为结果，而不是表现为起点。虽然它是现实的起点，因而也是直观和表象的起点。在第一条道路上，完整的表象蒸发为抽象的规定；在第二条道路上，抽象的规定在思维行程中导致具体的再现。[1]

马克思还指出，在对通过分析得到的各个范畴进行综合时，不能简单地根据范畴指称的社会现象在实际历史中发生的顺序来安排范畴，而必须根据它们在某一社会形态当中的逻辑关系来安排范畴的顺序。例如，在对通过分析得到的那些反映资本主义经济过程各个方面的范畴进行综合时，马克思就明确地说："把经济范畴按它们在历史上起决定作用的先后次序来安排是不行的，错误的。它们的次序倒是由它们在现代资产阶级社会中的相互关系决定的，这种关系同表现出来的它们的自然次序或者符合历史发展的次序恰好相反。问题不在于各种经济关系在不同社会形式的相继更替的序列中在历史上占有什么地位，……而在于它们在现代资产阶级社会内部的结构。"[2] 例如，在叙述资本主义经济过程时，"从地租开始，从土

---

[1] 马克思：《〈政治经济学批判〉导言》，《马克思恩格斯选集》第2卷，人民出版社，1995年，第17—18页。
[2] 同上书，第25页。

地所有制开始，似乎是再自然不过的了，因为它是同土地，即同一切生产和一切存在的源泉结合着的，并且它又是同一切多少固定的社会的最初的生产形式，即同农业结合着的。但是，这是最错误不过的了。在一切社会形式中都有一种一定的生产决定着其他一切生产的地位和影响，因而它的关系也决定着其他一切关系的地位和影响。这是一种普照的光，它掩盖了一切其他色彩，改变着它们的特点。这是一种特殊的以太，它决定着它里面显露出来的一切存在的比重。以游牧民族为例（纯粹的渔猎民族还没有达到真正发展的起点）。他们偶尔从事某种形式的耕作。这样就规定了土地所有制。它是共同的，这种形式按照这些民族保持传统的程度而或多或少地保留下来，斯拉夫人中的公社所有制就是个例子。在从事定居耕作（这种定居已是一大进步），而且这种耕作像在古代社会和封建社会中那样处于支配地位的民族那里，连工业、工业的组织以及与工业相应的所有制形式都多少带着土地所有制的性质；或者像在古代罗马人中那样工业完全附属于耕作；或者像在中世纪那样工业在城市中和在城市的各种关系上模仿着乡村的组织。在中世纪，甚至资本——不是指纯粹的货币资本——作为传统的手工工具等等，也具有这种土地所有制的性质。在资产阶级社会中情况则相反。农业越来越变成仅仅是一个工业部门，完全由资本支配。地租也是如此。在土地所有制居于支配地位的一切社会形式中，自然联系还占优势。在资本处于支配地位的社会形式中，社会、历史所创造的因素占优势。不懂资本便不能懂地租。不懂地租却完全可以懂资本。资本是资产阶级社会的支配一切的经济权力。它必须成为起点又成为终点，必须放在土地所有制之前来说明。分别考察了两者之后，必须考察它们的相互关系"[1]。

最后，马克思主义和实证主义在研究方法方面的差别，导致了两者最终形成的科学理论在逻辑结构方面的差别。实证主义者的科学理论，在结构上遵循的也是归纳—演绎的逻辑，即整个理论体系表现为一个由概括程度不同的各类命题组成的逻辑整体，其中概括程度较高的命题以概括程度

---

[1] 马克思：《〈政治经济学批判〉导言》，《马克思恩格斯选集》第2卷，第24—25页。

较低的命题作为自己的逻辑基础，而概括程度较低的命题则可以从概括程度较高的命题中演绎出来。与此不同，马克思主义者的科学理论，在结构上则是遵循上述从抽象到具体的逻辑，即整个理论体系表现为由一个最简单、最抽象的范畴和诸多具体程度不等的范畴（及反映这些范畴运动的理论命题）组成的逻辑整体，其中那个最简单、最抽象的范畴构成整个理论体系的起点，其余范畴则在各自内在矛盾的推动下（而不是在归纳—演绎逻辑的引导下），形成一个由较为抽象的范畴向更为具体的范畴逐渐演进或展开的逻辑过程。马克思在《资本论》一书中所建构的关于资本主义经济运行的理论体系，就是以这种方式来构成的马克思主义科学理论的一个典范。

了解了上述这些差别的存在，我们就不仅可以非常清楚地理解马克思和恩格斯等人为什么会反对孔德的实证主义哲学和社会学，而且可以清楚地理解为什么无论是马克思本人还是后来那些自认为是马克思主义者的人（如法兰克福学派）都称自己的学说为"批判理论"了。

## 四、资本主义及其内在矛盾

马克思、恩格斯曾经多次申明，"历史唯物主义"不是一套现成的理论教条，而是一种用来指导具体历史研究的方法。他们创立"历史唯物主义"的最终目的，就是要用它来分析人类社会从古迄今的历史运动，尤其是现代社会产生和发展的历史运动。上述一般社会理论观点的形成，只是为马克思分析现代社会的产生和发展提供了一个方法论上的前提。因此，正如马克思自己所说的，他一旦得到了上述基本观点，就立即将其运用于自己对现代资本主义历史运动的研究工作，从而得出了一套与以往及同时代的其他人都很不相同的有关现代社会的理论分析框架。

与前面我们讲的孔德、涂尔干、帕森斯等人迥然不同，马克思从生产关系或财产关系是全部社会关系当中最核心、最基础的部分这一"历史唯物主义"的基本观点出发，将"现代社会"主要理解为以资本主义生产关系为基础而建立起来的社会，即"资本主义社会"或"资产阶级社会"。在马克思看来，"现代社会"最基本的特征就是它的资本主义制度。广泛的社会分工也好，生产与人口的集中也好，官僚体制也好，全球化也好，或者人们所认为的属于"现代社会"的诸多其他特征，最终都可以看作资本主义制度的产物。如果没有资本主义制度，所有这些"现代"社会现象都不会出现。从"资本主义"生产方式这个维度来看待和理解"现代"社会，这就是马克思主义为我们提供的一种观察"现代"社会的理论视角。

按照马克思的分析，作为历史上最新出现的一种社会形态，资本主义社会也是先前的历史时代即封建时代末期生产力与生产关系以及相应的上层建筑之间矛盾运动的必然结果，是作为一种比封建社会更能与新的生产力状况相适应的社会形态、一种封建社会的替代物而出现的。马克思、恩格斯写道："资产阶级赖以形成的生产资料和交换手段，是在封建社会里造成的。"[1] "从中世纪的农奴中产生了初期城市的城关市民；从这个市民等级中发展出最初的资产阶级分子。"[2] 在这些最初的"资产阶级分子"的推动下，社会生产力以一种以往不曾有过的势头迅速发展起来。新大陆的发现，"东印度和中国的市场、美洲的殖民化、对殖民地的贸易、交换手段和一般商品的增加，使商业、航海业和工业空前高涨"[3]；市场不断地扩大，需求不断地增加，一方面促使工业生产逐渐从过去那种分散的个体化生产方式转变为工场手工业的集中化生产方式，另一方面也推动生产和交换不断突破原有的地域限制，使越来越广大的地区结合成一个相互依赖的经济实体。这就使得生产和交换过程与封建时代的那些体制和规则（封建特权、行会体制、人身依附等）之间产生了尖锐的矛盾。"在这些生产资料和交换手段发展的一定阶段上，封建社会的生产和交换在其中进行的关系，封建的农业和工业组织，一句话，封建的所有制关系，就不再适应已经发展的生产力了。这种关系已经在阻碍生产而不是促进生产了。它变成

---

[1] 马克思、恩格斯：《共产党宣言》，《马克思恩格斯选集》第1卷，第405页。
[2] 同上书，第401页。
[3] 同上。

了束缚生产的桎梏。它必须被炸毁。"而它最终果然被炸毁了。[1] "起而代之的是自由竞争以及与自由竞争相适应的社会制度和政治制度、资产阶级的经济统治和政治统治。"[2]

然而，马克思、恩格斯认为，"现在，我们眼前又进行着类似的运动。资产阶级的生产关系和交换关系，资产阶级的所有制关系，这个曾经仿佛用法术创造了如此庞大的生产资料和交换手段的现代资产阶级社会，现在像一个魔法师一样不能再支配自己用法术呼唤出来的魔鬼了"；"资产阶级用来推翻封建制度的武器，现在却对准资产阶级自己了"。[3] 资本主义生产关系及与之相连的上层建筑现在也开始与在它之下形成和发展起来的生产力相冲突、相矛盾了，开始成为生产力进一步发展的障碍，变得与生产力进一步发展的要求不相适应了。

在《资本论》一书中，马克思详尽地分析了资本主义生产关系同物质生产力之间的相互作用，分析了资本主义生产关系如何有力地推动生产力不断地向前发展，但最终又如何同它所创造出来的生产力产生尖锐的矛盾和冲突，从而将它自己的变革提上了议事日程。

如前所述，在对资本主义经济过程进行分析时，马克思严格地遵循了分析和综合相结合的方法。通过对资本主义社会表面上可以直接观察到的那些具体现象（人口，人口的阶级划分，人口在城乡海洋的分布、在不同生产部门的分布，输出和输入，全年的生产和消费，商品价格等）进行分析，马克思最终得到了一个资本主义生产方式最为抽象也最为简单的元素，即"商品"。马克思认为："资本主义生产方式占统治地位的社会的财富，表现为'庞大的商品堆积'，单个的商品表现为这种财富的元素形式。"[4] 在通过分析得到了这么一个资本主义生产方式最为抽象、最为简单的元素之后，马克思便转向综合，从这个最为抽象、最为简单的元素出发，依据从抽象到具体以及逻辑和历史相一致等原则，试图从理论上将资

---

[1] 马克思、恩格斯：《共产党宣言》，《马克思恩格斯选集》第1卷，第405页。
[2] 同上。
[3] 同上书，第405—406页。
[4] 马克思：《资本论》第1卷，《马克思恩格斯文集》第5卷，第47页。

本主义生产方式的整个逻辑结构及其运行机制和规律逐步展现出来。

马克思认为，商品具有二重性：首先，商品必须具有使用价值，能够用来满足人们的一定需要；其次，商品还必须具有交换价值或者说价值，能够被人们用来与他人交换其他商品。只有同时具有这两重属性的物品才能被称为商品。商品的二重性是源于生产商品的劳动的二重性：对于生产某种商品的劳动过程来说，从具体形式（目的、对象、工具、方法和结果等）上看，它与生产其他种类商品的劳动都有所不同；但从抽象角度看，它又和所有生产其他商品的劳动一样，本质上不过是人类一定量劳动力的消耗或支出。商品的使用价值是由生产商品的各种具体劳动形成的，商品的价值则是由生产商品的抽象劳动形成的。商品的价值本质上不过是其所包含的抽象劳动量（说得更准确点，是其所包含的社会必要劳动量）而已。

因此，所谓商品，就是一种既具有使用价值又具有交换价值或价值的劳动产品：不具有使用价值的劳动产品当然不能成为商品，但只具有使用价值却不具有交换价值或价值的劳动产品也不能成为商品。一种劳动产品要具有使用价值，只要其在功能方面能够满足人们的某种需要即可；但一种劳动产品要具有交换价值或价值，则必须符合这样的条件，即这种劳动产品的使用价值不在于用来满足劳动者自身而是用来满足他人的某种需要，而且这种产品的使用价值必须通过与他人进行交换的方式而到达他人手里。因此，使用价值是商品的自然属性，而价值则是商品的社会属性，体现的是人们之间的社会联系。这也意味着，只有在特定社会关系条件下，劳动产品才会成为商品。这种社会关系条件就是：首先，存在着社会分工，使许多劳动者不是为了满足自身而是为了满足他人的需要而从事生产劳动；其次，存在着生产资料私有制，使每个劳动者的劳动产品必须通过市场交换过程才能够到达需要他的人手中。这两个条件缺乏其中的任何一个，劳动产品都不会成为商品。因此，商品生产是人类社会发展到出现了社会分工和私有制的阶段之后的产物。

在社会分工程度相对不高的阶段，由于商品交换的数量和环节不多，人们可以采用以物易物的方式进行交换。随着分工程度的不断提高，商品交换的数量和环节不断增加，从商品中就逐渐产生了一种被视为所有其他商品的一般等价物，因而可以用来与所有其他商品进行交换的特殊商品，这种特殊商品就成了所谓的货币。货币这种一般等价物的出现，逐渐开启了这样一种可能性，即生产者生产商品的最终目的不是用具有一种（他人所需）特定使用价值的商品去交换具有另一种（生产者自己所需）特定使用价值的商品，而是用自己生产的具有特定使用价值的商品去换取货币这种一般等价物。随着社会分工程度日益提高，以获取货币这种一般等价物为目的的生产者也日益增加，最终促成了资本主义生产方式的形成。

马克思指出，资本主义是商品生产的最高阶段。在纯粹的资本主义社会中，一切生产过程都被纳入商品生产过程，成为整个商品生产体系的组成部分。作为商品生产发展的最高阶段，资本主义生产就是以获取包含在商品当中且以货币形态表现出来的剩余价值为最终目的的。依靠对生产资料的占有从劳动者身上获取剩余劳动或剩余产品这种现象早已存在，但在资本主义以前的阶级社会中，由于剩余劳动或剩余产品是以使用价值的形式存在，这就使得剩余劳动要"受到或大或小的需求范围的限制，而生产本身的性质就不会造成对剩余劳动的无限制的需求"[1]。资本主义生产则不同。在资本主义生产中，由于剩余劳动是以货币价值这种一般等价物的形式存在，所以资本家对它的追求是无限制的。这种对剩余价值永无止境的追逐，决定着资本主义生产方式的一切主要方面和主要过程。"生产剩余价值或赚钱，是这个生产方式的绝对规律。"[2]

马克思指出，资本家之所以能够通过生产和交换过程得到一定的剩余价值，是因为他在市场上买到了一种非常特殊的商品——劳动力。与一般的商品不同，这种特殊商品的使用价值就是能够创造出新的价值，并且能够创造出比自己的价值要更多的价值。资本家正是因为买到了劳动力这样一种特殊的商品，并将其投入生产过程，使之与其他生产资料相结合，生产出具有比所花费的劳动力价值更多价值量的商品，而获得了一定量的剩余价值。因此，资本家只有通过不断地购买和使用劳动力来进行生产，才能够不断地创造出新的剩余价值。除此之外，剩余价值别无来源。正因为

---

[1] 马克思：《资本论》第 1 卷，《马克思恩格斯文集》第 5 卷，第 272 页。
[2] 同上书，第 714 页。

如此，资本家对剩余价值的无限追求才转化为对生产过程的无限关怀，资本主义生产过程才由此获得了无限扩张的基本动力。

资本家通过生产和交换过程所能获取的剩余价值的数量，主要取决于他所雇佣即剥削的工人的人数和他对工人的剥削程度。在特定的时间内资本数量的有限性，决定了资本家在一定时间内所能雇佣的工人人数也必然是有限的。因此，资本家总是尽量设法通过提高对工人的剥削程度即提高剩余价值率来增加剩余价值量。马克思将资本家用来提高对工人剥削程度的方法主要概括为两种，即绝对剩余价值的生产和相对剩余价值的生产。所谓绝对剩余价值，指的是在生产工人的劳动力价值所需的必要劳动时间既定的情况下，通过将劳动日绝对地延长到必要劳动时间以外而生产的剩余价值。相对剩余价值，则是指在劳动日长度既定的情况下，通过缩短生产工人的劳动力价值所需的必要劳动时间，相对地延长剩余劳动时间所生产的剩余价值。绝对剩余价值的生产是通过绝对延长工人劳动日长度来实现的，它只同劳动日的长度有关，不必通过生产技术和组织的变革来取得。因此，绝对剩余价值的生产构成资本主义生产的起点，也"构成资本主义制度的一般基础"[1]。但由于工人劳动时间的绝对延长受到工人生理条件的天然限制，因而绝对剩余价值的增加有一个绝对的终点，不可能无限制增长。剩余价值率的提高，更主要依靠的是相对剩余价值的增长。而必要劳动时间的不断缩短即相对剩余价值的不断增加，则主要依赖生产劳动的技术过程和社会组织不断地发生"彻底的革命"[2]。要取得相对剩余价值，"必须变革劳动过程的技术条件和社会条件，从而变革生产方式本身，以提高劳动生产力，通过提高劳动生产力来降低劳动力的价值，从而缩短再生产劳动力价值所必要的工作日部分"[3]。在《资本论》第一卷中，马克思曾详细地考察了相对剩余价值生产的三种特殊方法或三个发展阶段（即简单协作、工场手工业和机器大工业），从而为我们描述了一幅像机器大工业这样的生产技术方式是如何在资本主义生产关系的推动下逐步产

---

[1] 马克思：《资本论》第1卷，《马克思恩格斯文集》第5卷，第583页。
[2] 同上。
[3] 同上书，第366页。

生和发展起来的历史图景。而随着机器大工业的诞生，整个社会的生产力也就被提高到了一个新的水平。对此，马克思和恩格斯在《共产党宣言》中发出由衷的赞叹："资产阶级在它的不到一百年的阶级统治中所创造的生产力，比过去一切世代创造的全部生产力还要多，还要大。自然力的征服，机器的采用，化学在工业和农业中的应用，轮船的行驶，铁路的通行，电报的使用，整个整个大陆的开垦，河川的通航，仿佛用法术从地下呼唤出来的大量人口，——过去哪一个世纪料想到在社会劳动里蕴藏着这样的生产力呢？"[1]

随着机器大工业的诞生，整个社会的组织形式也逐步发生了重大的变革。以手工业分工为基础的协作关系逐渐消失，生产过程开始大规模地集中到工厂这种新型的生产组织当中；原来分散的人口开始日益向工业化的城市集中，大量的工业化城市逐渐诞生；由于生产操作过程对工人体力和技巧的依赖程度大大降低，童工和女工被大规模地吸收到工厂中来，成为劳动力的重要来源，成年男性工人在生产过程中的主导地位便开始逐渐丧失；随着儿童和妇女大批进入工厂劳动，家庭的功能进一步削弱，传统的父权制家庭关系也逐步开始瓦解；劳动时间和生产操作过程以至整个社会的日常生活过程日益标准化、同步化；劳动变换、职业更替的频率以及社会流动的程度空前提高；等等。所有这些，都促使社会的结构及其运行机制逐步发生根本的变化，使资本主义社会具有了一种与先前手工业时代完全不同的外观。涂尔干以及后来那些工业化理论或现代化理论家所描述的那个以工业化、城市化等为特征的"现代社会"，正是在资本主义生产方式发展的这个阶段才出现的，正是作为资产阶级对提高剩余价值率这个目标不懈追求的一个结果、作为资本家获取相对剩余价值的技术手段不断发展的一个历史产物而出现的。所以，对马克思来讲，要想描述和理解"工业社会"或"现代社会"，就必须首先描述和理解资本主义生产关系。

然而，马克思认为，资本主义生产关系虽然创造了机器大工业这种新型的生产技术方式，但它也为后者的存在与发展施加了重大的限制。尽管

---

[1] 马克思、恩格斯:《共产党宣言》,《马克思恩格斯选集》第 1 卷，第 405 页。

像许多工业社会的理论家所说的那样,机器大工业及其组织形式有着自己内在的逻辑,但在资本主义条件下这种逻辑受到了另一种比它更强大有力的逻辑即资本主义生产关系内在逻辑的约束和限制。资本主义生产关系,以其特有的内在逻辑规范和控制着机器大工业的运行和发展,使后者的逻辑只能在有限的范围内即在不损害资本主义生产关系基本内核的范围内展开。这也就为机器大工业的运行和发展设置了一种制度上的障碍,从而使得机器大工业及其组织形式在进一步提高生产力以及促进人类普遍自由发展方面所蕴涵的巨大潜力不能得到充分利用和开发。曾经以自己内在的逻辑极大地推动了生产力发展的资本主义生产关系,而今在同一逻辑的作用下却成了生产力进一步发展的障碍。

马克思在《资本论》中详尽地分析了以机器大工业为技术基础、以资本主义私有制为财产形式的资本主义生产过程的运行机制以及它所带来的社会后果,阐释了以机器大工业为技术基础的生产技术过程同资本主义生产关系之间的矛盾和冲突,并指示性地提出了解决这些矛盾和冲突的办法或途径,从而使之成为一代社会主义者的经典读物。

马克思指出,作为商品生产的一种特殊历史形式,资本主义生产过程或者说剩余价值的生产过程实际上包含两个既互相分离又相互联结的过程,即剩余价值的直接生产过程和剩余价值的实现过程。前一个过程是通过工厂中的生产过程来完成的,后一个过程则是通过市场中的交换过程来完成的。在工厂生产过程中,资本家将购买到的生产资料和劳动力相结合,通过后者的劳动过程创造出包含一定量剩余价值的劳动产品。"一旦可以榨出的剩余劳动量对象化在商品中,剩余价值就生产出来了。但是,这样生产出剩余价值,只是结束了资本主义生产过程的第一个行为,即直接的生产过程。……现在开始了过程的第二个行为。总商品量,即总产品,无论是补偿不变资本和可变资本的部分,还是代表剩余价值的部分,都必须卖掉。如果卖不掉,或者只卖掉一部分,或者卖掉时价格低于生产价格,那么,工人固然被剥削了,但是对资本家来说,这种剥削没有原样实现,这时,榨取的剩余价值就完全不能实现,或者只是部分地实现,资本就可能部分或全部地损失掉。"[1] 由于获取剩余价值是资本家进行生产的唯一目的，所以，如果包含在产品中的剩余价值不能在市场上得到实现，生产对于资本家来说就毫无意义，生产过程就将被迫停止。而如果实现剩余价值的困难不只存在于某个企业或某个生产部门，而是存在于社会生产的整个领域或大部分领域，那么，整个资本主义社会的生产过程就将陷入困境或危机。因此，无论是剩余价值直接生产过程的普遍正常进行，还是剩余价值实现过程的普遍完成，都是资本主义整体经济秩序得以正常维持的基本条件。

然而，马克思指出，这种资本主义整体经济秩序得以正常维持所需条件的周期性被破坏，正是资本主义生产过程所必然面临的遭遇。在《资本论》的后两卷（以及被称为《资本论》第四卷的《剩余价值理论》一书）中，马克思至少指出过导致资本主义经济秩序周期性被破坏的三种主要因素。这三种因素既可以分别也可以结合起来对资本主义生产过程发生作用[2]：

（1）社会生产各部门之间的比例性要求与整个社会生产的无政府状态之间的矛盾。现代大工业生产过程是一个由许多内容不同但又相互联系的生产部类及生产部门所构成的有机整体，在这个整体的各个生产部类及其部门之间都存在着一定的实物和价值上的比例关系。只有当这些比例关系能够得到维持的时候，整个社会的生产和再生产过程才能够正常进行；反之，社会的生产和再生产过程就会经常遇到障碍。在资本主义社会中，由于生产资料归各个资本家私人所有，各个企业的生产决策由每个资本家独立作出，整个社会生产处于一种无政府状态，因此社会生产各部类及各部门之间的比例关系经常遭到破坏，导致局部甚至大量生产过程的停顿和危机。[3]

---

[1] 马克思：《资本论》第 3 卷，《马克思恩格斯文集》第 7 卷，第 272 页。
[2] 应该说，《资本论》第 2、3 卷和《剩余价值理论》等著作均属于未完成的手稿，马克思在其中对资本主义生产方式内在矛盾或经济危机原因所作的论述并不是十分清晰，存在着许多含混之处。以下所述只是笔者根据自己对马克思有关原著所作的理解并参照后人对马克思有关思想的研究成果而作的一种概括，并不一定符合马克思的原意。关于学者们在理解马克思有关资本主义经济危机理论方面所产生的分歧，可参见孟德尔：《〈资本论〉新英译本导言》，伍启华、杜章智译，中共中央党校出版社，1991 年，第 133—138 页、第 172—185 页。
[3] 参见马克思《资本论》第 2 卷（《马克思恩格斯文集》第 6 卷，人民出版社，2009 年）的相关论述，以及《剩余价值理论》第二册（《马克思恩格斯全集》第 26 卷第二册，人民出版社，1973 年）第 588—590 页、595—598 页。

（2）资本家对剩余价值的追求与平均利润率不断下降的趋势之间的矛盾。剩余价值的一般等价物形式，使得资本家对剩余价值的追求永无止境。争夺市场和利润方面的竞争，迫使每个资本家一方面不断扩大生产规模，另一方面不断改进生产技术。随着生产技术的不断改进、劳动生产率的不断提高，资本的有机构成（由生产的技术水平决定的生产资料和劳动力之间的比例及其价值表现即不变资本与可变资本之间的比例）则会不断提高，进而导致平均利润率不断下降。在一定时期内，当平均利润率下降到一定程度时，进一步的资本投资就不再能够为资本家带来与以前同等的利润率。由于资本家是以追逐利润而不是以真正满足人民群众的需要等作为自己生产的目的，因此，当平均利润率下降到不再能够为资本家带来与以前同等利润率水平的地步时，资本家就会普遍缩减投资，并进一步导致收入、销售和就业的缩减，从而引发经济危机。[1]

（3）生产的无限扩大趋势与社会有支付能力的消费需求相对不断趋于缩小之间的矛盾。在资本主义社会中，一方面，由于资本家对剩余价值永无止境的追求，以及来自市场生存竞争的压力迫使资本家不得不不断地去占有更多剩余价值以增强自己的竞争实力，资本主义的生产过程具有无限发展的动力和趋势。然而，另一方面，这种发展在很大程度上又是通过不断改进生产技术、提高劳动生产率的手段来实现的。劳动生产率的不断提高意味着资本有机构成的不断提高，资本有机构成的不断提高则意味着在社会总资本中资本家用来购买劳动力（以工资形式支付给劳动者）的那部分资本的比重不断减小，意味着在社会有支付能力的总需求中，作为其主体的工人阶级所占的比重不断缩小。这就将使许多已经生产出来的产品的剩余价值最终得不到实现。当这种矛盾积累到一定程度，生产和消费之间的差距变得很大，大量产品的剩余价值得不到实现时，资本主义生产过程就会陷入普遍生产过剩的危机。[2]

马克思认为，上述矛盾的存在明确地意味着资本主义私有制已经从促

---

[1] 参见马克思：《资本论》第3卷，《马克思恩格斯文集》第7卷，第十五章（尤其是第279—289页）。
[2] 参见上书，第272—273页；《剩余价值理论》第二册，《马克思恩格斯全集》第26卷第二册，第598—611页。

进生产力发展的生产形式转变为阻碍生产力发展的生产形式。"几十年来的工业和商业的历史，只不过是现代生产力反抗现代生产关系、反抗作为资产阶级及其统治的存在条件的所有制关系的历史。只要指出在周期性的重复中越来越危及整个资产阶级社会生存的商业危机就够了。在商业危机期间，总是不仅有很大一部分制成的产品被毁灭掉，而且有很大一部分已经造成的生产力被毁灭掉。在危机期间，发生一种在过去一切时代看来都好像是荒唐现象的社会瘟疫，即生产过剩的瘟疫。社会突然发现自己回到了一时的野蛮状态；仿佛是一次饥荒、一场普遍的毁灭性战争，使社会失去了全部生活资料；仿佛是工业和商业全被毁灭了。这是什么缘故呢？因为社会上文明过度，生活资料太多，工业和商业太发达。社会所拥有的生产力已经不能再促进资产阶级文明和资产阶级所有制关系的发展；相反，生产力已经强大到这种关系所不能适应的地步，它已经受到这种关系的阻碍；而它一着手克服这种障碍，就使整个资产阶级社会陷入混乱，就使资产阶级所有制的存在受到威胁。资产阶级的关系已经太狭窄了，再容纳不了它本身所造成的财富了。资产阶级用什么办法来克服这种危机呢？一方面不得不消灭大量生产力，另一方面夺取新的市场，更加彻底地利用旧的市场。这究竟是怎样的一种办法呢？这不过是资产阶级准备更全面更猛烈的危机的办法，不过是使防止危机的手段越来越少的办法。"[1]要使社会生产力继续顺利发展，就必须改变现存的经济制度，将其从资本主义转变为社会主义。这是马克思在进入"成熟"时期之后认为资本主义制度必然要为社会主义制度所取代的一个重要理论依据。

马克思进一步指出，机器大工业的资本主义形式，不仅导致了上述资本主义生产过程的内在矛盾，为生产的进一步发展设置了难以逾越的障碍，而且导致了许多不良的社会后果。

首先，资本主义生产关系阻碍了机器大工业条件下劳动过程的合理化趋势。资本主义作为一种以剥削工人阶级创造的剩余价值为目的的生产方式，其早期建立在工场手工业基础之上的劳动过程从人道主义的立场来讲

---

[1] 马克思、恩格斯：《共产党宣言》，《马克思恩格斯选集》第1卷，第406页。

本来就有许多不合理性，如：工人的技巧和能力甚至身体的生理结构只得到畸形或片面的发展；与独立生产者相比，工场手工业工人的智力相对来说变得比较迟钝；在工人之间形成了严格的等级制度；由于工人无法独自完成一件成品，削弱了工人摆脱资本家剥削的能力；等等。社会生产力发展到机器工业时代，本来已经为克服手工业时代的生产技术给工人带来的种种不良后果、为生产过程的更加人性化创造了技术方面的条件，然而，机器大工业生产的资本主义形式却给这些技术前提的充分使用设置了巨大的障碍，从而阻碍了劳动过程的合理化趋势，使得手工业分工所具有的许多弊病在机器大工业时代依然存在。譬如：(1) 机器的出现本来使旧的分工制度从技术上说已经变成多余和没有必要，但由于这种制度有利于资本家对工人进行剥削，因此就"被资本当做剥削劳动力的手段，在更令人厌恶的形式上得到了系统的恢复和巩固"[1]。(2) 机器的出现本来为减轻劳动强度、缩短劳动时间、获取更多自由时间提供了技术条件，但这种可能性在资本主义制度下却难以变成现实；相反，由于机器的使用，工人更加变成一种无生命的存在。(3) 机器生产的资本主义形式使得资本家对工人的剥削更加难以摆脱。因为生产变得越来越依赖机器，工人变得越来越缺乏劳动知识和技能，等等。对生产过程合理化进程的这种阻碍作用表明，资本主义制度已经成为实现人类解放的障碍，人类的彻底解放必须以资本主义制度的消除为前提。

其次，机器大工业的资本主义形式，还导致了社会日益两极分化以及工人阶级的普遍贫困化趋势。一方面，随着大工业的发展，资本主义生产方式迅速占领社会生产的各个领域，社会成员日益朝两极分化，越来越多的人被甩进工人阶级的行列，工人阶级队伍的人数由此迅速增加；另一方面，由于机器生产在技术革新方面所具有的优越性，在无限追求剩余价值这个目标的推动下，资本主义生产技术得以不断创新，劳动生产率不断上升，资本有机构成不断提高，资本家对劳动力的需求不断减少。两种对立趋势发展的结果是资本主义社会所特有的相对人口过剩，导致大量失业

---

[1] 马克思：《资本论》第 1 卷，《马克思恩格斯文集》第 5 卷，第 485—486 页。

人口或马克思所称的资本主义"产业后备军"的存在。这类人口的存在又对在业工人施加极大的竞争压力，使资本家可以更苛刻的条件来对待他们，迫使他们不得不从事过度劳动，接受极低的工资，从而使工人阶级普遍陷入贫困境地。马克思将这种趋势称为工人阶级的贫困化趋势，并将这种趋势概括为资本主义积累的基本规律。他说："不管工人的报酬高低如何，工人的状况必然随着资本的积累而恶化。……这一规律制约着同资本积累相适应的贫困积累。因此，在一极是财富的积累，同时在另一极，即在把自己的产品作为资本来生产的阶级方面，是贫困、劳动折磨、受奴役、无知、粗野和道德堕落的积累。"[1] 马克思断言，随着社会两极分化的日益扩大，工人阶级贫困化程度的日益加深，工人阶级必将起来反抗，进行各种形式的斗争，最终推翻资本主义制度，将资本主义私有制转化为公有制。而"资产阶级无意中造成而又无力抵抗的工业进步，使工人通过结社而达到的革命联合代替了他们由于竞争而造成的分散状态"[2]，工人阶级因此逐步具有了推翻资产阶级统治的政治能力："随着……资本巨头不断减少，贫困、压迫、奴役、退化和剥削的程度不断加深，而日益壮大的、由资本主义生产过程本身的机制所训练、联合和组织起来的工人阶级的反抗也不断增长。……资本主义私有制的丧钟就要响了。剥夺者就要被剥夺了。"[3] 可见，对马克思来说，资本主义制度的灭亡，社会主义制度的建立，不仅是生产力进一步发展的必然要求，同时也是资本主义社会中阶级矛盾和阶级冲突的必然结果。"资产阶级不仅锻造了置自身于死地的武器；它还产生了将要运用这种武器的人——现代的工人，即无产者。"[4] "随着大工业的发展，资产阶级赖以生产和占有产品的基础本身也就从它的脚下被挖掉了。它首先生产的是它自身的掘墓人。资产阶级的灭亡和无产阶级的胜利是同样不可避免的。"[5]

---

[1] 马克思：《资本论》第1卷，《马克思恩格斯文集》第5卷，第743—744页。
[2] 马克思、恩格斯：《共产党宣言》，《马克思恩格斯选集》第1卷，第412页。
[3] 马克思：《资本论》第1卷，《马克思恩格斯文集》第5卷，第874页。
[4] 马克思、恩格斯：《共产党宣言》，《马克思恩格斯选集》第1卷，第406页。
[5] 同上书，第412—413页。

## 五、"社会主义"或"共产主义"社会及其实现途径

那么,什么是马克思所设想的"社会主义"或"共产主义"社会呢?怎样才能实现从资本主义向社会主义(或共产主义)社会的历史性转变呢?

对于"社会主义"或"共产主义"社会以及从资本主义向社会主义(或共产主义)转变过程的细节,马克思和恩格斯没有作过很详细的说明。他们指出,社会主义(或共产主义)者不是算命先生,不可能对未来社会及其实现过程的所有细节都作出很准确的预测,"在将来某个特定的时刻应该做些什么,应该马上做些什么,这当然完全取决于人们将不得不在其中活动的那个既定的历史环境。……如果一个方程式的已知各项中不包含解这个方程式的因素,那我们就无法解这个方程式"[1]。我们现在能够做的只是对这个未来的"社会主义"或"共产主义"社会及其实现过程作一种粗略的讨论,提出一些原则性的设想,勾画出它们的基本轮廓。

综合起来,马克思和恩格斯对"社会主义"或"共产主义"社会的勾画大体上包括以下内容:

(1)消灭了生产资料的资本家私人所有制,生产资料及其劳动产品归全体社会成员共同所有,由社会根据全体成员生产和生活的需要共同加以支配。在《共产党宣言》中,马克思、恩格斯明确地宣称:"共产党人可以把自己的理论概括为一句话:消灭私有制。"[2]在《资本论》中,马克思则沿用了他和恩格斯在《德意志意识形态》一书中的术语,将未来设想为一个"自由人联合体"。在这个"自由人联合体"中,人们"用公共的生产资料进行劳动,并且自觉地把他们许多个人劳动力当做一个社会劳动力来使用";"这个联合体的总产品是一个社会产品。这些产品的一部分重新用做生产资料。这一部分依旧是社会的。而另一部分则作为生活资料由联

---

[1] 马克思:《马克思致斐迪南·多梅拉·纽文胡斯(1881年2月22日)》,《马克思恩格斯选集》第4卷,第541页。
[2] 马克思、恩格斯:《共产党宣言》,《马克思恩格斯选集》第1卷,第414页。

合体成员消费"。[1] 如前所述，在马克思、恩格斯看来，资本主义社会的一切危机和弊端均源于生产资料的资本家私人所有制，源于生产资料资本家私有制与高度社会化的社会生产力之间的矛盾和冲突，因此，用生产资料的公共所有制来取代生产资料的资本家私人所有制就是历史发展的必然逻辑，是未来社会主义或共产主义社会最基本的特征。

（2）消费资料按照每个社会成员的实际需要进行分配。

（3）商品经济以及与此相连的货币制度和市场体制也都将消失。人们将直接以社会必要劳动时间来度量、计算和分配劳动成果，对社会生产过程进行有计划的安排、管理和调控。马克思在《资本论》中写道：可以假定，在未来的社会中，"每个生产者在生活资料中得到的份额是由他的劳动时间决定的。这样，劳动时间就会起双重作用。劳动时间的社会的有计划的分配，调节着各种劳动职能同各种需要的适当的比例。另一方面，劳动时间也是计量生产者在共同劳动中个人所占份额的尺度，因而也是计量生产者在共同产品的个人可消费部分中所占份额的尺度。在那里，人们同他们的劳动和劳动产品的社会关系，无论在生产上还是在分配上，都是简单明了的"[2]。在马克思看来，商品经济及其货币制度和市场体制的消失，实际上是实行生产资料公共所有制的必然结果。

（4）消灭了固定的劳动或职业分工。马克思认为，机器生产的出现本来已经使旧的分工制度从技术上说成为多余和没有必要："机器生产不需要像工场手工业那样，使同一些工人始终从事同一种职能，从而把这种分工固定下来。"这一方面是因为"工厂的全部运动不是从工人出发，而是从机器出发，因此不断更换人员也不会使劳动过程中断"；另一方面是因为和手工业相比，操作机器所需要的技巧很简单，"年轻人很快就可以学会使用机器，因此也就没有必要专门培养一种特殊的工人成为机器工人"。尽管如此，由于这种以固定分工为特点的传统分工制度有利于资本家对工人进行剥削——例如它可以"使工人自己从小就转化为局部机器的一部分。这样，不仅工人自身再生产所必需的费用大大减少，而且工人终于毫无办法，只有依

---

[1] 马克思：《资本论》第1卷，《马克思恩格斯文集》第5卷，第96页。
[2] 同上书，第96—97页。

赖整个工厂，从而依赖资本家"——它就"被资本当做剥削劳动力的手段，在更令人厌恶的形式上得到了系统的恢复和巩固"。[1] 生产资料资本家私有制的消灭和公共所有制的建立，将使这种传统的固定分工制度彻底消失，代之以一种灵活的劳动制度。"在共产主义社会里，任何人都没有特殊的活动范围，而是都可以在任何部门内发展，社会调节着整个生产，因而使我有可能随我自己的兴趣今天干这事，明天干那事，上午打猎，下午捕鱼，傍晚从事畜牧，晚饭后从事批判，这样就不会使我老是一个猎人、渔夫、牧人或批判者。"[2] 阶级社会中普遍存在的那种"异化劳动"现象也将因此而消失，每个人都将根据自己的特点和兴趣全面地、自由地得到发展。

（5）消灭了阶级和阶级对立，以及与此相连的工农对立、城乡对立，每个社会成员地位平等；虽然还存在着统一的社会管理机构，但已经没有了国家这样的暴力性阶级统治机构，对人的统治将由对物的管理和对生产过程的领导所替代。"当阶级差别在发展进程中已经消失而全部生产集中在联合起来的个人的手里的时候，公共权力就失去政治性质。原来意义上的政治权力，是一个阶级用以压迫另一个阶级的有组织的暴力。如果说无产阶级在反对资产阶级的斗争中一定要联合为阶级，通过革命使自己成为统治阶级，并以统治阶级的资格用暴力消灭旧的生产关系，那么它在消灭这种生产关系的同时，也就消灭了阶级对立的存在条件，消灭了阶级本身的存在条件[3]，从而消灭了它自己这个阶级的统治。代替那存在着阶级和阶级对立的资产阶级旧社会的，将是这样一个联合体，在那里，每个人的自由发展是一切人的自由发展的条件。"[4]

如何才能实现从资本主义社会向共产主义社会的转变？马克思指出，从资本主义社会转变为社会主义或共产主义社会，虽然是历史发展的必然，但它和阶级社会中历次社会形态的更替一样，在多数情况下都不会是一个和平的、一帆风顺的过程。相反，它需要通过无产阶级对资产阶级的激烈斗

---

[1] 马克思：《资本论》第1卷，《马克思恩格斯文集》第5卷，第484—486页。
[2] 马克思、恩格斯：《德意志意识形态》，《马克思恩格斯文集》第1卷，第537页。
[3] "消灭了阶级本身的存在条件"一句，在1872年、1883年和1890年德文版中是"消灭了阶级本身"。
[4] 马克思、恩格斯：《共产党宣言》，《马克思恩格斯选集》第1卷，第422页。

争、通过无产阶级推翻资产阶级统治的暴力革命来完成。这是因为，从资本主义向社会主义或共产主义的转变从根本上触及了资产阶级的既得利益，资产阶级通常要利用它作为统治阶级所能够获得的一切力量来坚决抵制这样一种转变。如果不通过激烈的阶级斗争和暴力革命来推翻资产阶级的统治，就难以甚至基本上不可能实施任何真正彻底的带有社会主义或共产主义性质的制度变革。因此，"革命之所以必需"，一个重要的原因就是"没有任何其他的办法能够推翻统治阶级"。[1] 马克思在一次对荷兰公众的讲演中说："我们也不否认，有些国家，像美国、英国，——如果我对你们的制度有更好的了解，也许还可以加上荷兰，——工人可能用和平的手段达到自己的目的。但是，即使如此，我们也必须承认，在大陆上的大多数国家中，暴力应当是我们革命的杠杆；为了最终地确立劳动的统治，总有一天正是必须采取暴力。"[2] 在一次答美国《世界报》记者有关能否不用暴力革命而用多数赞同的方法在英国实现社会转变这一问题时，马克思又说："我在这一点上不像您那样乐观。英国资产阶级，只要它还垄断着表决权，总是表现得很愿意接受多数做出的决定。但是，请注意，一旦它在自己认为是生死攸关的问题上遭到多数否决，我们在这里就会看到一场新的奴隶主战争。"[3]

马克思、恩格斯认为，推翻资产阶级的统治、建立社会主义（或共产主义）社会的历史任务只有无产阶级才能够担当。这是因为，在他们看来，"在当前同资产阶级对立的一切阶级中，只有无产阶级是真正革命的阶级"[4]。首先，在同资产阶级对立的那些阶级中，只有无产阶级才是资本主义生产方式本身的产物，才会随着资本主义生产方式的不断发展而不断发展和壮大，其余的阶级（小工业家、小商人、手工业者、农民等）则都将随着资本主义生产方式（尤其是大工业）的发展而日趋没落和灭亡，不可能担当推翻资本主义社会的历史使命。其次，在同资产阶级对立的那些阶级中，只有无产阶级的阶级利益才是与社会主义革命完全一致的，其

---

[1] 马克思、恩格斯：《德意志意识形态》，《马克思恩格斯文集》第1卷，第543页。
[2] 马克思：《关于海牙代表大会》，《马克思恩格斯全集》第18卷，人民出版社，1964年，第179页。
[3] 马克思：《卡·马克思同〈世界报〉记者谈话的记录》，《马克思恩格斯文集》第3卷，第617页。
[4] 马克思、恩格斯：《共产党宣言》，《马克思恩格斯选集》第1卷，第410—411页。

余的那些阶级则不然,"他们同资产阶级作斗争,都是为了维护他们这种中间等级的生存,以免于灭亡。所以,他们不是革命的,而是保守的。不仅如此,他们甚至是反动的,因为他们力图使历史的车轮倒转"[1]。而无产阶级的阶级解放和根本利益则只有通过彻底消灭资本主义制度,乃至消灭一切私有制、实行社会主义制度才能够获得。"无产者只有废除自己的现存的占有方式,从而废除全部现存的占有方式,才能取得社会生产力。无产者没有什么自己的东西必须加以保护,他们必须摧毁至今保护和保障私有财产的一切。"[2] 最后,随着大工业的发展,无产阶级的力量也将不断增强,从而有能力推翻资产阶级的统治,完成社会主义革命的历史使命。"随着工业的发展,无产阶级不仅人数增加了,而且结合成更大的集体";"无产阶级内部的利益、生活状况也越来越趋于一致";"工人的整个生活地位越来越没有保障";工人的组织化程度愈来愈高,"单个工人和单个资产者之间的冲突越来越具有两个阶级的冲突的性质";[3] 无产阶级的阶级意识和理论教养也愈来愈高;等等。所有这一切,都使得无产阶级的力量日益增长,使得他们最终有能力起来推翻资产阶级的统治。

马克思和恩格斯所设想的社会主义(或共产主义)社会,是作为资本主义条件下生产力与生产关系之间矛盾冲突的一种解决方案而提出的,因此,一个合逻辑的推论便是:社会主义革命应该且只能首先在发达资本主义国家中发生。马克思曾经说:"彻底的社会革命是同经济发展的一定历史条件联系着的;这些条件是社会革命的前提。因此,只有在工业无产阶级随着资本主义生产的发展,在人民群众中至少占有重要地位的地方,社会革命才有可能。"[4] 此外,马克思、恩格斯还认为,这种革命还应该差不

---

[1] 马克思、恩格斯:《共产党宣言》,《马克思恩格斯选集》第1卷,第411页。
[2] 同上。
[3] 参见上书,第409页。
[4] 马克思:《巴枯宁"国家制度和无政府状态"一书摘要》,《马克思恩格斯全集》第18卷,第695页。列宁后来修改了马克思的这一结论,认为由于资本主义各国之间经济和政治发展的不平衡,社会主义革命有可能首先在一国或几个国家里获得胜利。但他依然坚持马克思、恩格斯关于在一国之内不可能建成社会主义社会的观点。列宁在这方面的相关论述,可参看列宁《论欧洲联邦口号》(《列宁选集》第2卷,人民出版社,1995年)、《无产阶级革命的军事纲领》(《列宁选集》第2卷)、《谈谈不幸的和约的历史》(《列宁选集》第3卷,人民出版社,1995年)等文献。

多是在各个发达资本主义国家里同时发生。他们说,"共产主义只有作为占统治地位的各民族'一下子'同时发生的行动,在经验上才是可能,而这是以生产力的普遍发展和与此相联系的世界交往为前提的";如果不是这样,那么"(1)共产主义就只能作为某种地域性的东西而存在;(2)交往的力量本身就不可能发展成为一种普遍的因而是不堪忍受的力量:它们会依然处于地方的、笼罩着迷信气氛的'状态';(3)交往的任何扩大都会消灭地域性的共产主义"[1]。因此,"联合的行动,至少是各文明国家的联合的行动,是无产阶级获得解放的首要条件之一"[2]。恩格斯在《共产主义原理》一书中回答"这种革命能不能单独在一个国家发生"这一问题时,更是明确地说:"不能。单是大工业建立了世界市场这一点,就把全球各国人民,尤其是各文明国家的人民,彼此紧紧地联系起来,以致每一国家的人民都受到另一国家发生的事情的影响。此外,大工业使所有文明国家的社会发展大致相同,以致在所有这些国家,资产阶级和无产阶级都成了社会上两个起决定作用的阶级,它们之间的斗争成了当前的主要斗争。因此,共产主义革命将不是仅仅一个国家的革命,而是将在一切文明国家里,至少在英国、美国、法国、德国同时发生的革命。……共产主义革命也会大大影响世界上其他国家,会完全改变并大大加速它们原来的发展进程。它是世界性的革命,所以将有世界性的活动场所。"[3]

从"社会主义(或共产主义)社会是解决资本主义条件下生产力与生产关系之间矛盾冲突的一种方案"这一论点中,可以推出另一个逻辑结论:如果孤立地看,没有经过资本主义制度或正在经历资本主义制度但生产力水平尚不发达的国家,不应该也不可能发生社会主义革命和建立社会主义社会。在这样的国家里,单从这个国家本身来看,既不存在建立社会主义的必要(生产过程没有发展到需要和能够由国家来统一占有和管理),也不存在发生社会主义革命的阶级基础(没有其利益与社会主义紧密相连的无产阶级)。但马克思、恩格斯认为,在发达资本主义国家能够

---

[1] 马克思、恩格斯:《德意志意识形态》,《马克思恩格斯文集》第1卷,第538—539页。
[2] 马克思、恩格斯:《共产党宣言》,《马克思恩格斯选集》第1卷,第419页。
[3] 恩格斯:《共产主义原理》,《马克思恩格斯选集》第1卷,第306页。

爆发社会主义革命的背景下，情况就可能不同了。在这种情况下，发达国家胜利了的无产阶级就可以利用自己国家已经取得的物质条件，去帮助那些落后国家尽快地获得建立社会主义社会所需要的生产力水平，从而使这些国家的发展跳跃过资本主义的"卡夫丁峡谷"。

不过，即使是在发达资本主义国家，马克思、恩格斯也并不认为无产阶级在推翻了资本主义社会后，能立即建立起前面所勾画的那种社会主义（或共产主义）社会。他们其实很早就意识到，社会主义（共产主义）社会的建成是一个循序渐进的过程，而并非像许多人所以为的那样只是到了晚年（《哥达纲领批判》）才意识到这一点。早在《共产党宣言》中，马克思、恩格斯就提出了从无产阶级革命到共产主义社会的建立需要经过一系列步骤：首先，"是使无产阶级上升为统治阶级，争得民主"；随后，"无产阶级将利用自己的政治统治，一步一步地夺取资产阶级的全部资本，把一切生产工具集中在国家即组织成为统治阶级的无产阶级手里，并且尽可能快地增加生产力的总量"；只有当生产力进一步发展，达到这样一个水平，使得"阶级差别在发展进程中已经消失而全部生产集中在联合起来的个人的手里的时候，公共权力就失去政治性质"，最终形成这样一个联合体，"在那里，每个人的自由发展是一切人的自由发展的条件"。[1] 到了《哥达纲领批判》，马克思更明确地提出了无产阶级革命胜利之后的社会发展至少需要经过几个阶段：（1）从资本主义社会向共产主义社会转变的"革命转变时期"。"同这个时期相适应的也有一个政治上的过渡时期，这个时期的国家只能是无产阶级的革命专政。"（2）"共产主义社会的第一阶段"。在这一时期，虽然生产资料已经归劳动者共同占有，生产过程也不再是通过市场规则而是根据社会的需要以劳动时间为尺度有计划地加以调节，但由于生产力的发展尚不充分等缘故，消费资料还不能按照每个社会成员的实际需要来进行分配，而只能根据每个成员所贡献的社会必要劳动的数量来进行分配。因此，"这里所说的是这样的共产主义社会，它不是在它自身基础上已经发展了的，恰好相反，是刚刚从资本主义社会中

---

[1] 参见马克思、恩格斯：《共产党宣言》，《马克思恩格斯选集》第1卷，第421—422页。

产生出来的,因此它在各方面,在经济、道德和精神方面都还带着它脱胎出来的那个旧社会的痕迹";"显然,这里通行的就是调节商品交换(就它是等价的交换而言)的同一原则","平等的权利总还是被限制在一个资产阶级的框框里"。在这里,由于劳动者在体力、智力与家庭状况等方面的不同,在劳动成果的分配乃至社会经济地位上必然出现不平等。这是"共产主义社会第一阶段"所具有的一些弊病,"但是这些弊病,在经过长久阵痛刚刚从资本主义社会产生出来的共产主义社会第一阶段,是不可避免的。权利决不能超出社会的经济结构以及由经济结构制约的社会的文化发展"。尽管如此,在这一时期,由于已经消除了生产力在资本主义条件下所遭遇的那些制度性障碍,生产力将迅速发展起来,将社会推进到一个更高阶段。(3)"共产主义社会的高级阶段"。只有在这一阶段,理想的共产主义社会才能得到充分的实现:"在共产主义社会高级阶段,在迫使个人奴隶般地服从分工的情形已经消失,从而脑力劳动和体力劳动的对立也随之消失之后;在劳动已经不仅仅是谋生的手段,而且本身成了生活的第一需要之后;在随着个人的全面发展,他们的生产力也增长起来,而集体财富的一切源泉都充分涌流之后,——只有在那个时候,才能完全超出资产阶级权利的狭隘眼界,社会才能在自己的旗帜上写上:各尽所能,按需分配!"[1]

# 结　语

综上所述,我们可以看到,马克思、恩格斯的确为我们提供了一种与以孔德、涂尔干和帕森斯、列维-斯特劳斯等人为代表的客观唯心主义社会学相当不同的社会研究范式。这种不同至少表现在唯物主义的社会历

---

[1] 马克思:《哥达纲领批判》,《马克思恩格斯选集》第3卷,人民出版社,2012年,第373、363—365页。被马克思称为"共产主义社会第一阶段"的社会发展阶段,后来被列宁正式命名为"社会主义社会"。而马克思所称的"共产主义社会高级阶段"则被简单地称为"共产主义社会"。这样,"共产主义社会"在马克思主义理论体系当中就有了广狭义之分。广义的"共产主义社会"既包括作为"共产主义社会第一阶段"的"社会主义社会",又包括了"共产主义社会的高级阶段";狭义的"共产主义社会"则仅指"(广义)共产主义社会的高级阶段"。

史观和辩证的、历史的思维方式这两个方面。关于这两个方面的差别，我们前面已经作了很多的论述，在此不再赘述。正是由于马克思、恩格斯的社会理论与孔德、涂尔干、帕森斯、列维-斯特劳斯等人的社会学（人类学）理论之间存在的这样一些重大差异，我们有必要将它们视为两种非常不同的社会研究范式。

然而，马克思、恩格斯创立的历史唯物主义社会学理论与孔德、涂尔干和帕森斯代表的客观唯心主义社会学理论之间还是存在着一些共同之处。这些共同之处至少表现在以下几个方面：

首先，虽然马克思、恩格斯等古典马克思主义者和孔德、涂尔干等非马克思主义结构论者，在对于社会现实的本质到底是物质性的还是精神性的这一问题的理解上存在着根本差异，但他们在这方面却也有一个重要的共同点，即都承认社会是一种不以社会成员个人意志为转移的，具有自己独立的结构、机制和运行规律的有机整体，各种社会现象都作为这一有机整体自身运动的产物而形成和变化。孔德明确表示，社会和生物体一样都是一个由许多相互依存的部分组成的有机整体，其最重要的性质就是：它虽然是由无数单个社会成员的行为所组成，但一旦被构成就具有了不以这些个人的意志为转移的独特性质和运行机制，因此不能将作为这种有机体之运作结果的各种现象还原为组成它的那些个体的意识及行为。孔德明确说："社会不可还原为组成[它]的个体，就像集合平面不可还原成线，线不可还原成点一样。"[1] 孔德的这一思想，不仅在涂尔干、帕森斯、列维-斯特劳斯等人那里得到了明确继承和进一步发挥，而且同样成为马克思、恩格斯等古典马克思主义者思想中的一个基本要素。马克思、恩格斯也明确认为，社会虽然是由许多个人通过自己有意识的行动构建出来的，但它一旦形成，就成为一个具有自身独立的结构、机制和运行规律的有机整体。恩格斯就曾解释说，虽然社会历史是由人们有意识的行动创造出来的，但却是这样创造出来的："最终的结果总是从许多单个的意志的相互冲突中产生出来的，而其中每一个意志，又是由于许多特殊的生活条件，

---

[1] 转引自孙中兴：《爱·秩序·进步：社会学之父——孔德》，台湾巨流图书公司，1993年，第110页。

才成为它所成为的那样。这样就有无数互相交错的力量,有无数个力的平行四边形,由此就产生出一个合力,即历史结果,而这个结果又可以看做一个作为整体的、不自觉地和不自主地起着作用的力量的产物。因为任何一个人的愿望都会受到任何另一个人的妨碍,而最后出现的结果就是谁都没有希望过的事物。所以到目前为止的历史总是像一种自然过程一样地进行,而且实质上也是服从于同一运动规律的。"[1]

其次,虽然马克思主义者和实证主义者在关于科学认识社会现实的认识论和方法论问题上也存在着根本差异,但他们也都一致认为科学研究的任务就是尽可能准确地对支配社会历史进程的那些客观规律加以再现,只有相对而言最为准确地再现了那些客观规律的认识,才是可以被我们作为唯一的"真理"来加以接受的科学知识。因此,和实证主义者一样,马克思主义者也强调要将我们对社会现实的认知建立在通过客观观察得来的经验事实基础之上,即要"实事求是"。因此,浏览马克思主义者的社会研究文献,我们常常会觉得,至少从表面上看,和实证主义者撰写的那些研究文献似乎没有什么根本区别:都有大量与研究主题相关的事实陈述(统计数据、问卷调查数据、访谈记录、文献资料等),都以这些事实陈述作为自己理论的依据。马克思主义者甚至也和实证主义者一样把定量研究看作科学研究的标准形态,认为"一种科学只有在成功地运用数学时,才算达到了真正完善的地步"[2]。因此,在马克思主义者的著作中我们也可以发现大量的数学或统计公式等。最后,和实证主义者一样,马克思主义者也认为判断一种认识结果是否正确的唯一方式,就是将这一结果与其所试图再现的客观现实进行对照,看两者之间是否相符:若相符即是"真理",否则便是"谬误"。可见,在认识论和方法论领域,马克思、恩格斯等古典马克思主义者与孔德、涂尔干、帕森斯乃至列维-斯特劳斯等非马克思主义结构论者之间还是存在着诸多共识,以至于英国社会学家哈拉兰博斯在自己撰写的社会学教材中甚至明确写道:"马克思主义经常被认为是一

---

[1] 恩格斯:《恩格斯致约瑟夫·布洛赫(1890年9月21日—22日)》,《马克思恩格斯文集》第10卷,人民出版社,2009年,第592—593页。
[2]《回忆马克思》,人民出版社,2005年,第191页。

种实证主义的方法。"[1]

也正是由于马克思、恩格斯等古典马克思主义者在社会本体论、认识论和方法论等方面，与孔德、涂尔干、帕森斯和列维－斯特劳斯等非马克思主义结构论者之间存在这样一些共同之处，我们在基于它们之间的差别将它们视为两种不同社会研究范式的同时，又必须基于它们之间的共同点将它们归入结构论社会学理论这一范畴，作为结构论社会学理论这一类型之下两个不同的理论阵营来加以对待。只有同时把握住了马克思、恩格斯等古典马克思主义者在社会本体论、认识论和方法论等方面与孔德、涂尔干、帕森斯和列维－斯特劳斯等非马克思主义结构论者之间所存在的不同之处和共同之处，我们才能够对它们双方的特性及其相互之间的关系作出恰当的理解。

---

[1] 哈拉兰博斯：《社会学基础》，孟还、卢汉龙、费涓洪译，上海社会科学院出版社，1986年，第26页。

## 附录1　列宁对马克思主义社会学理论的拓展

在马克思、恩格斯之后的马克思主义者当中，作为两位重要的马克思主义者，列宁和布哈林对历史唯物主义理论所作的理解和阐释曾经对西方国家里的马克思主义者产生了重要影响，成为西方国家里的马克思主义者理解和阐释马克思历史唯物主义理论的重要对话对象，对我们理解西方马克思主义，尤其是对后面我们将要梳理的西方马克思主义建构论社会理论具有重要参考价值，因而是我们在对结构论马克思主义社会学理论进行梳理时应该提及的两个人物。但考虑到本书对西方社会学理论的梳理范围主要限于西方国家，严格来说即欧美国家，而列宁和布哈林所在的俄国则不属于人们传统上所说的"西方国家"，而属于"东方国家"，因此，我们在此以附录的形式将他们两人的理论观点作一简要梳理。

从社会学理论发展的角度来看，列宁对于马克思主义社会学理论的拓展至少有以下几个方面的贡献：第一，他在与俄国民粹主义者的斗争中系统地论证了马克思、恩格斯创立的历史唯物主义理论是真正科学的"社会学"。第二，他在马克思主义发展史上第一次明确地提出和论证了"资本主义已经发展到帝国主义新阶段"的判断，以及"帝国主义世界体系"的概念。他以此为依据，在坚持马克思历史唯物主义基本原理的前提下，对马克思、恩格斯关于从资本主义社会向社会主义社会转变的革命理论进行了重大修正，从而为马克思主义者在俄国这样一类经济上落后的国家里进行"社会主义革命"提供了理论依据。第三，在此基础上，列宁又进一步讨论了"在一国之内建成社会主义社会"和"社会主义在世界范围内取得完全胜利"两者之间的关系，从而为马克思主义者在俄国这样一类经济上落后的国家里进行"社会主义建设"和在世界范围内推进社会主义革命提供了理论依据。列宁不仅在理论上进行上述探索，而且将其付诸实践，领导俄国马克思主义者成功地进行了"十月革命"并建立了人类历史上首个社会主义国家，使得列宁的这些思想对世界范围内的马克思主义者产生了极其广泛而深远的影响，我们有必要对其加以了解。

## 一、历史唯物主义是真正科学的社会学

1894年,俄国自由民粹主义者、主观主义社会学家米海洛夫斯基发表文章,对马克思的历史唯物主义进行批评:一方面抱怨马克思从来没有在哪一部著作中系统叙述和论证过自己的唯物主义历史观,《资本论》虽然是一个"把逻辑力量同渊博学识、同对全部经济学文献和有关事实的细心研究结合起来的范例"[1],但也不是一部对唯物主义历史观进行系统论证的著作;另一方面则坚持自己的主观主义社会学立场,认为"社会学的根本任务是阐明那些使人的本性的这种或那种需要得到满足的社会条件"[2]。为了回应米海洛夫斯基以及其他民粹主义者对马克思主义的攻击,捍卫历史唯物主义理论,列宁撰写了《什么是"人民之友"以及他们如何攻击社会民主党人?》一书,对米海洛夫斯基等人的说法进行了批驳,不仅系统地阐述了自己对历史唯物主义的理解,而且明确地宣称正是历史唯物主义理论才使社会学成为一门真正的关于社会历史的科学。

米海洛夫斯基认为马克思从来没有系统叙述和论证过唯物主义历史观的主要理由是:唯物主义历史观是用来说明全部人类历史的,因此,如果要对它进行系统论证,就必须重新审查并批判性地分析一切关于历史过程的著名理论,研究世界历史的大量事实,然后用新的观点说明人类社会的全部过去;但无论是在马克思那里,还是在全部马克思主义文献中都找不到一部这样的著作;《资本论》也不是这样一部著作,因为一来它只是研究"现代(资本主义)社会"而非所有人类社会,二来它只是论证了马克思关于"现代社会"的"经济理论"而非包括现代社会的经济、政治、法律和思想观念等所有内容的"社会"理论。针对米海洛夫斯基这种说法,列宁首先对马克思唯物主义历史观的基本理论特征进行了说明,然后以《资本论》中的事实为据,对米氏予以批驳。

列宁承认,正像马克思自己在《资本论》第一卷第一版序言中所说的那样,马克思在这本书中研究的主要是"现代社会"即资本主义社会这

---

[1] 列宁:《什么是"人民之友"以及他们如何攻击社会民主党人?》,《列宁专题文集(论辩证唯物主义和历史唯物主义)》,人民出版社,2009年,第154页。
[2] 同上书,第158页。

样一个具体形态的社会,而不是像其他资产阶级经济学家或社会学家那样泛泛地讨论一般意义上的社会。那为什么马克思要这样做呢?列宁指出,这正是将马克思主义和非马克思主义区别开来的一个重要之处:马克思从来不泛泛地议论什么"一般社会",而是以具体的"社会(经济)形态"作为自己的讨论对象;因为在马克思看来,从来不存在这种一般意义上的"社会",存在的只是在特定生产力条件下形成的、与这特定生产力状况相适应的"社会(经济)形态";社会发展就是与各种不同状况的生产力条件相适应的具体"社会(经济)形态"随着生产力状况的发展前后更替的"自然历史过程";社会科学研究的任务就是考察这些不同的具体社会(经济)形态从前一种形态发展而来,又向另一种形态转化而去的具体历史过程及规律。相反,"从旧的经济学家和社会学家的观点来看,社会经济形态这一概念完全是多余的,因为他们谈论的是一般社会,他们同斯宾塞们争论的是一般社会是什么,一般社会的目的和实质是什么等等"[1]。这些旧的经济学家和社会学家,包括米海洛夫斯基等人在内,往往从抽象的、永恒不变的人性或愿望出发,来解释人的行为和社会现实;他们认为合理的社会就是能使所有人的本性或愿望得到满足的社会,凡是不符合这一理想就是不合理、不正常、应该取消的社会;这种不正常的社会之所以会在现实中存在则是因为人们不善于了解人的本性,不善于找到实现这种合理社会的条件,社会学的任务就是去找到实现这一合理社会的条件。列宁指出,这种建立在唯心主义立场上的旧社会学是一种非常幼稚的说教,能够用来从根本上摧毁这种幼稚说教的正是马克思关于社会发展是一个自然历史过程的基本思想。然而,马克思是怎样得出这样一种基本思想的呢?列宁说:"他做到这一点所用的方法,就是从社会生活的各种领域中划分出经济领域,从一切社会关系中划分出生产关系,即决定其余一切关系的基本的原始的关系。"[2]在引证了马克思在《政治经济学批判》序言中那段概述其历史唯物主义基本思想的段落之后,列宁紧接着指出:"社会学中这

---

[1] 列宁:《什么是"人民之友"以及他们如何攻击社会民主党人?》,《列宁专题文集(论辩证唯物主义和历史唯物主义)》,第158页。
[2] 同上书,第158—159页。

种唯物主义思想本身已经是天才的思想。"虽然这种思想在当时还只是一个假设,但正是这种假设的产生才使得一种真正科学意义上的社会学成为可能:首先,只有这样一种假设才"第一次使人们有可能以严格的科学态度对待历史问题和社会问题的假设"。因为,"在这以前,社会学家不善于往下探究像生产关系这样简单和这样原始的关系,而直接着手探讨和研究政治法律形式,一碰到这些形式是由当时人类某种思想产生的事实,就停了下来;这样一来,似乎社会关系是由人们自觉地建立起来的"。但这与事实相矛盾。事实是,人们对于自己生活于其中的社会关系并没有充分的了解,基本上是在不自觉地适应这些关系。只有唯物主义通过深入分析发现了社会思想在生产关系中所具有的根源,才消除了这一矛盾。其次,"这个假设第一次把社会学提高到科学的水平"。因为,"在这以前,社会学家在错综复杂的社会现象中总是难于分清重要现象和不重要现象(这就是社会学中主观主义的根源),找不到这种划分的客观标准。唯物主义提供了一个完全客观的标准,它把生产关系划分为社会结构,并使人有可能把主观主义者认为不能应用到社会学上来的重复性这个一般科学标准,应用到这些关系上来。当他们还局限于思想的社会关系(即通过人们的意识而形成的社会关系)时,他们不能发现各国社会现象中的重复性和常规性,他们的科学至多不过是记载这些现象,收集素材。一分析物质的社会关系(即不通过人们的意识而形成的社会关系:人们在交换产品时彼此发生生产关系,甚至都没有意识到这里存在着社会生产关系),立刻就有可能看出重复性和常规性,把各国制度概括为社会形态这个基本概念。只有这种概括才使人有可能从记载(和从理想的观点来评价)社会现象进而以严格的科学态度去分析社会现象,譬如说,划分出一个资本主义国家和另一个资本主义国家的不同之处,研究一切资本主义国家的共同之处"。最后,"这种假设之所以第一次使科学的社会学的出现成为可能,还由于只有把社会关系归结于生产关系,把生产关系归结于生产力的水平,才能有可靠的根据把社会形态的发展看做自然历史过程"。[1]主观主义者之所以不

---

[1] 以上引文见列宁:《什么是"人民之友"以及他们如何攻击社会民主党人?》,《列宁专题文集(论辩证唯物主义和历史唯物主义)》,第160—161页。

能把社会演化看作一个自然历史进程，就是因为他们只看到人们的思想，而不能把这些思想归结到生产关系。

列宁指出，马克思在提出这个假设之后，就着手从各种社会经济形态中取出一个（商品经济体系）进行实际研究。他花了不下二十五年的时间来收集和研究资料，"对这个形态的活动规律和发展规律作了极其详尽的分析。这个分析仅限于社会成员之间的生产关系。马克思一次也没有利用这些生产关系以外的任何因素来说明问题，同时却使人们有可能看到商品社会经济组织怎样发展，怎样变成资本主义社会经济组织而造成资产阶级和无产阶级这两个对抗的阶级，怎样提高社会劳动生产率，从而带进一个与这一资本主义组织本身的基础处于不可调和的矛盾地位的因素"[1]。正是对这一分析的叙述构成了《资本论》一书的骨骼部分。但马克思并不以这个骨骼为满足，并不以通常意义的"经济理论"为限。"虽然他完全用生产关系来说明该社会形态的构成和发展，但又随时随地探究与这种生产关系相适应的上层建筑，……使读者看到整个资本主义社会形态是个活生生的形态：有它的日常生活的各个方面，有它的生产关系所固有的阶级对抗的实际社会表现，有维护资本家阶级统治的资产阶级政治上层建筑，有资产阶级的自由平等之类的思想，有资产阶级的家庭关系。"[2]因此，将马克思和达尔文进行比较是完全正确的："达尔文推翻了那种把动植物物种看做彼此毫无关系的、偶然的、'神造的'、不变的东西的观点，探明了物种的变异性和承续性，第一次把生物学放在完全科学的基础之上。同样，马克思也推翻了那种把社会看做可按长官意志（或者说按社会意志和政府意志，反正都一样）随便改变的、偶然产生和变化的、机械的个人结合体的观点，探明了作为一定生产关系总和的社会经济形态这个概念，探明了这种形态的发展是自然历史过程，从而第一次把社会学放在科学的基础之上。"[3]正是由于马克思在《资本论》一书中所做的工作，我们现在可以

---

[1] 列宁：《什么是"人民之友"以及他们如何攻击社会民主党人？》，《列宁专题文集（论辩证唯物主义和历史唯物主义）》，第 162 页。

[2] 同上。

[3] 同上书，第 162—163 页。

说:"唯物主义历史观已经不是假设,而是科学地证明了的真理。"[1] 唯物主义历史观正是社会科学的同义词,是唯一科学的历史观。列宁嘲讽米海洛夫斯基说,"他读了《资本论》,竟看不出这是用唯物主义方法科学地分析一个(而且是最复杂的一个)社会形态的范例,是大家公认的无与伦比的范例"[2],居然问与唯物主义历史观相称的著作究竟在哪里,简直是可笑之极,真是"好一个绝顶聪明的主观社会学家!!"[3]

米海洛夫斯基还以摩尔根关于史前时期的研究发现为根据,对马克思的唯物主义历史观进行批评。米海洛夫斯基认为,摩尔根的发现证明在劳动生产率极低的原始时代,在人类社会生活中起首要作用的因素是人自身的生产即子女生产,而子女生产是一种非经济因素,这说明人类的社会生活至少在许多世纪内都不是按照马克思"经济唯物主义"观点所说的那样形成的,马克思的"经济唯物主义"看来并不是一种普遍适用于人类社会历史任一时期的社会学理论。摩尔根发现的历史事实与马克思"经济唯物主义"理论之间的矛盾,使得恩格斯不得不对唯物主义历史观进行"更正",认为在原始社会里,子女生产与物质生产同样是社会生活中的决定要素。对于米海诺夫斯基的这一说法,列宁反驳道:马克思、恩格斯从来都没有说过他们的唯物史观是一种"经济唯物主义","他们在说明自己的世界观时,只是把它叫做唯物主义而已。他们的基本思想是把社会关系分成物质的社会关系和思想的社会关系。思想的社会关系不过是物质的社会关系的上层建筑,而物质的社会关系是不以人的意志和意识为转移而形成的,是人维持生存的活动(结果)形式"[4]。列宁指出,和物质财富的生产关系一样,子女生产关系显然也是一种物质的社会关系而非思想的社会关系。因此,摩尔根的发现与马克思主义的唯物史观之间不仅不矛盾,而且正是对唯物史观的再一次证实。列宁明确宣称:唯物史观的基本思想只是说"为了'阐明'历史,不要在思想的社会关系中,而要在物质的社会关

---

[1] 列宁:《什么是"人民之友"以及他们如何攻击社会民主党人?》,《列宁专题文集(论辩证唯物主义和历史唯物主义)》,第163页。
[2] 同上书,第163—164页。
[3] 同上书,第166页。
[4] 同上书,第171页。

系中去寻找基础。由于实际材料不够，过去没有可能把这个方法用来分析欧洲上古史的某些极重要的现象，例如氏族组织，因此，这个组织仍然是一个谜。后来，摩尔根在美洲收集的丰富资料，使他有可能分析氏族组织的实质，并得出如下结论：对氏族组织的说明，不要在思想关系（例如法的关系或宗教关系）中，而要在物质关系中去寻找。显然，这件事实光辉地证实了唯物主义方法，如此而已"[1]。和之前主要从经济领域去寻找社会形态之基础结构的马克思主义者相比，列宁在这里对唯物史观的基本思想所作的诠释，的确有所不同，值得我们思考。

## 二、帝国主义时代的社会主义革命

如上所述，列宁通过将历史唯物主义理论与之前的"旧社会学"理论进行对比，以及与达尔文的进化论在生物学史上所起的作用进行对比的方式，把历史唯物主义当作一种社会学理论，对其在社会学史上所具有的革命性作用进行了说明，论证了在人类思想史上只有历史唯物主义理论才第一次把社会学提高到科学的水平，才第一次使科学的社会学的出现成为可能。众所周知，马克思从来都不喜欢使用"社会学"这个词，从来不将自己的历史唯物主义理论视为一种"社会学"理论。尽管如此，在历史唯物主义理论出现之后，无论是在非马克思主义思想家当中，还是在马克思主义思想家内部，许多人都认为历史唯物主义理论事实上就是马克思主义的社会学理论。在马克思主义发展史上，将历史唯物主义作为一种社会学的理论来加以论述的人，列宁也并不是第一个。在列宁之前，就有不少马克思主义者，如拉布里奥拉等，曾经明确地将历史唯物主义称为一种与资产阶级"社会学"不同的"社会学"理论。[2] 但由于列宁后来作为世界上第一个社会主义国家的创建者在马克思主义发展史上所具有的地位，列宁的上述相关论述相对来说具有比拉布里奥拉等人的相关论述更为广泛和重要的影响。然而，尽管如此，假如列宁在历史唯物主义理论史上所起的作

---

[1] 列宁：《什么是"人民之友"以及他们如何攻击社会民主党人？》，《列宁专题文集（论辩证唯物主义和历史唯物主义）》，第171页。

[2] 参见拉布里奥拉：《关于历史唯物主义》，杨启潾等译，人民出版社，1984年。

用仅限于此，那也并没有多少特别值得关注的价值。事实上，列宁对于历史唯物主义理论所作的贡献，绝不仅限于上述相关论述，或者可以再加上他在其他著述，如《国家与革命》等著述中，为维护对历史唯物主义基本理论的"正统理解"所作的一些论述。列宁对历史唯物主义理论的最大贡献，在于他通过为马克思主义增添一个拉卡托斯所谓的"辅助假设"性质的理论，使自己能够在坚持历史唯物主义基本原理不做改变的条件下，对马克思主义有关从资本主义社会向社会主义社会转变的革命理论进行重大的修改或调整，从而将马克思主义朝着一个特定的方向推进到一个新的阶段，一个被后人称为"列宁主义"的阶段。

浏览列宁论述历史唯物主义理论的绝大部分著述，可以确定，列宁对历史唯物主义基本原理的理解和表述与马克思、恩格斯的理解和表述基本上是一致的。尤其是在许多地方，如《什么是"人民之友"以及他们如何攻击社会民主党人？》《卡尔·马克思》等著作中，在需要集中和规范地表述历史唯物主义理论的基本思想时，列宁大都是直接引用马克思在《政治经济学批判》序言中概述自己思想的那段话来作为依据。在这段话中，马克思概要地表述了历史唯物主义关于生产力决定生产关系、经济基础决定上层建筑、社会存在决定社会意识的基本原理，并明确地提出了"两个决不会"的著名论断："无论哪一个社会形态，在它所能容纳的全部生产力发挥出来以前，是决不会灭亡的；而新的更高的生产关系，在它的物质存在条件在旧社会的胎胞里成熟以前，是决不会出现的。"[1] 马克思正是以这"两个决不会"体现出来的严格的历史唯物主义精神，来建立他的社会主义理论及其行动策略，认为社会主义革命应该是也只能是首先发生在发达资本主义国家里；在发达资本主义国家没有先行发生社会主义革命的情况下，未经历过资本主义生产方式或正在经历资本主义生产方式但生产力水平尚不发达的国家不应该也不可能发生社会主义革命和建立社会主义社会。因此，如果严格地依据马克思通过"两个决不会"表达的历史唯物主义理论，那么，社会主义革命只能是英国、法国、德国等发达资本主义国家里的马克思主义者和无产阶级需

---

[1] 马克思：《〈政治经济学批判〉序言》，《马克思恩格斯选集》第2卷，人民出版社，2012年，第3页。

要去也必须去完成的事业；而对于俄国这样一个生产力非常低下、资本主义生产方式尚处于形成过程之中的国家来说，马克思主义者和（力量尚非常弱小的）无产阶级应该做的事情，就是等待资本主义生产方式在自己的国家里尽快发展成熟，等待自己国家里的物质生产力在资本主义生产方式的胎胞里尽快提升到可以建立社会主义社会的水平；只有当资本主义生产方式逐渐发展成熟了起来，物质生产力在资本主义生产方式的推动下逐渐达到了与资本主义生产方式相矛盾的地步，马克思主义者和无产阶级才应该去开展从资本主义社会向社会主义社会转变的社会革命。毫不奇怪，俄国的许多马克思主义者在当时正是这样来理解自己国家里的社会发展形势及自己的历史使命的。然而，列宁之所以成为人们后来看到的列宁，之所以能够提出一套被称为"列宁主义"的理论，就正是因为他以一种独特的方式打破了这种思维定式，从而为俄国一类经济落后国家里的马克思主义者提供了一种全新的关于社会主义革命的思路。

如上所述，列宁是通过为马克思主义增添一个辅助性理论的方式来做到这一点的，这个辅助性理论就是列宁的"帝国主义论"。这里的"帝国主义"指的是19世纪后期以来西方资本主义社会呈现出来的一种新形态。用"帝国主义"一词来指称资本主义社会的这种新形态并非列宁首创，在列宁之前已经有一些西方经济学家如霍布森等人就这样做了。列宁站在马克思主义的理论立场上，对前人的研究成果进行了批判性综合，在此基础上形成了自己关于帝国主义的学说。在《帝国主义是资本主义的最高阶段》一书中，列宁指出，自19世纪后期以来，西方资本主义逐渐呈现出这几个新的特征：（1）生产和资本高度集中到少数企业手中，以致形成了在经济生活中起决定作用的垄断组织；（2）银行资本和工业资本已经融合起来形成了"金融资本"，在此基础上又进一步形成了少数金融寡头；（3）和商品输出相比，资本输出开始对资本主义具有更为重要的意义；（4）资本家开始形成一些国际性的垄断同盟来共同瓜分世界；（5）少数几个最大的资本主义大国已经以开拓殖民地的方式把世界上的领土瓜分完毕。这几个特征也可以归结为一点，即"垄断"资本的形成和发展。列宁说："如果必须给帝国主义下一个尽量简短的定义，那就应当说，帝国主义是资本主义的垄断阶段。"[1]因为这几个特征都只不过是"垄断"资本形成的不同表现或逻辑环节而已：首先，是随着自由竞争的不断加剧，生产和资本在各资本主义国家内部的工业领域内高度集中起来，造成了少数企业的垄断；然后，是银行资本和工业资本融合起来形成了"金融资本"，并进一步导致少数金融寡头对经济过程的垄断；在少数积累了巨额资本的先进资本主义国家里，由于"有利可图"的投资场所所剩无几，出现了大量"过剩资本"，致使资本输出对于这些国家而言开始具有比过去的商品输出更重要的意义；随着资本输出的增加，少数最大的资本垄断同盟（卡特尔、辛迪加、托拉斯）在国际上的势力范围不断扩大，促使这些垄断同盟"自然地"走向达成世界性的协议，造成少数资本同盟在经济领域的国际性甚至世界性垄断；与此相联系，为维护这种国际性甚至世界性的经济垄断，这些垄断资本所在的国家也以扩张殖民地、半殖民地和附属国等形式对世界全部领域进行瓜分。但为了更全面地揭示帝国主义的上述特征，列宁又给帝国主义下了这样一个定义："帝国主义是发展到垄断组织和金融资本的统治已经确立、资本输出具有突出意义、国际托拉斯开始瓜分世界、一些最大的资本主义国家已把世界全部领土瓜分完毕这一阶段的资本主义。"[2]

列宁指出，帝国主义既是资本主义的最高阶段，也是资本主义的特殊阶段。"帝国主义是作为一般资本主义基本特性的发展和直接继续而生长起来的。……在这一过程中，经济上的基本事实，就是资本主义的自由竞争为资本主义的垄断所代替。自由竞争是资本主义和一般商品生产的基本特性；垄断是自由竞争的直接对立面，但是我们眼看着自由竞争开始转化为垄断：自由竞争造成大生产，排挤小生产，又用更大的生产来代替大生产，使生产和资本的集中达到这样的程度，以致从中产生了并且还在产生着垄断，即卡特尔、辛迪加、托拉斯以及同它们相融合的十来家支配着几十亿资金的银行的资本。"[3]资本主义从自由资本主义向垄断资本主

---

[1] 列宁：《帝国主义是资本主义的最高阶段》，《列宁专题文集（论资本主义）》，人民出版社，2009年，第175页。
[2] 同上书，第176页。
[3] 同上书，第175页。

的转变表明,在这些资本主义国家里,在自由资本主义制度下发展起来的生产力与这种制度越来越不相适应了,越来越需要用一种比这种制度更高级的、更符合生产力发展需要的社会制度来替代它了。与自由资本主义相比,垄断资本主义能够在一定程度上对较大范围的资本主义生产过程进行调节:"集中已经达到了这样的程度,可以对本国的,甚至……对许多国家以至全世界所有的原料来源作出大致的估计。现在不但进行这样的估计,而且这些来源完全操纵在一些大垄断同盟的手里。这些同盟对市场的容量也进行大致的估计,并且根据协议'瓜分'这些市场。它们垄断熟练的劳动力,雇佣最好的工程师,霸占交通线路和交通工具。"因此,"帝国主义阶段的资本主义紧紧接近最全面的生产社会化,它不顾资本家的愿望与意识,可以说是把他们拖进一种从完全的竞争自由向完全的社会化过渡的新的社会秩序"。[1]尽管如此,垄断资本主义毕竟还不是社会主义。在这里,"生产社会化了,但是占有仍然是私人的。社会化的生产资料仍旧是少数人的私有财产。在形式上被承认的自由竞争的一般架子依然存在,而少数垄断者对其余居民的压迫却更加百倍地沉重、显著和令人难以忍受了"[2]。这里的"其余居民"既包括帝国主义国家内部的无产阶级、其他劳动群众以及中小资产阶级,也包括处于殖民地、半殖民地或附属国地位的那些社会里的各种居民。这种建立在少数垄断者对世界其余居民进行剥削和压迫基础上的资本主义形式,一方面将会由于只有极少数人占有和分享巨额剩余价值而变得极具寄生性和腐朽性,另一方面也会使资本主义各种固有的内在矛盾变得更加尖锐。"从自由竞争中生长起来的垄断并不消除竞争,而是凌驾于这种竞争之上,与之并存,因而产生许多特别尖锐特别剧烈的矛盾、摩擦和冲突。"[3]这些矛盾,同样既包括帝国主义国家内部垄断资产阶级与无产阶级等人民群众之间的矛盾,也包括垄断资产阶级与殖民地、半殖民地人民之间的矛盾,还包括各帝国主义国家的垄断资产阶级之间的矛盾,等等。这些矛盾错综复杂地纠结在一起,必然经常性地

---

[1] 列宁:《帝国主义是资本主义的最高阶段》,《列宁专题文集(论资本主义)》,第115—116页。
[2] 同上书,第116页。
[3] 同上书,第175页。

在帝国主义国家内部的各阶级之间,帝国主义国家与殖民地、半殖民地和附属国之间,以及帝国主义国家之间,引发各种冲突和斗争。这些冲突和斗争,尤其是帝国主义国家之间在经济发展不平衡规律的作用下基于力量对比发生变化的结果为重新划分势力范围而进行的战争,给全世界人民带来了深重的苦难,但也将为社会主义革命的爆发提供契机。因此,帝国主义只是资本主义发展的最高阶段,是其从自由资本主义制度向更高级的制度即社会主义制度转变的过渡阶段。"帝国主义是无产阶级社会革命的前夜。"[1] 由于自身进行调整等原因,"它可能在腐烂状态中保持一个比较长的时期,但终究不可避免地要被消灭"[2]。

那么,作为资本主义最高阶段的帝国主义制度将会如何被消灭呢?资本主义制度最终将如何转变为社会主义制度呢?依照历史唯物主义的基本原理,这种转变首先只能在垄断程度较高的帝国主义国家里发生,而且最好是首先在几个帝国主义国家里同时发生。之所以只能首先在垄断程度较高的帝国主义国家里发生,是因为垄断程度高既表明在这些国家里生产力和生产关系之间的矛盾已经达到了较高的程度,因而存在向社会主义制度转变的急迫需要,也表明在这些国家里对生产过程的社会化调节机制已经达到了资本主义制度下所能达到的最高程度,因而存在向社会主义制度转变的最佳条件。而之所以最好是在几个帝国主义国家里同时发生,则是因为如果不是这样,那么首先发生社会主义革命的那个国家就面临着尚未发生社会主义革命的那些帝国主义国家联合起来进行反扑的威胁,因而难以维持自己的革命成果。然而,列宁却以上述帝国主义理论为基础,对这一问题作出了截然不同的回答。

如上所述,作为资本主义的垄断阶段,帝国主义的最终后果是少数最发达的资本主义国家以殖民地、半殖民地和附属国等形式对世界全部领土的彻底瓜分。由于这一后果,世界所有社会都被卷入资本主义的经济过程,形成了一种"极少数'先进'国对世界上绝大多数居民实行殖民压迫

---

[1] 列宁:《帝国主义是资本主义的最高阶段》,《列宁专题文集(论资本主义)》,第 105 页。
[2] 同上书,第 212 页。

和金融扼杀的世界体系"[1],几乎不再有任何社会完全独立于世界资本主义的发展进程之外。由于这样一种帝国主义世界体系的形成,在帝国主义时代,无论是发达国家还是落后国家,它们的经济过程在不同程度上都已经成为世界资本主义经济过程中的一个环节。在这种情况下,所谓"资本主义的内在矛盾",也势必从以往像马克思在《资本论》中所分析的那样主要在各个国家范围之内发展转变为在一个帝国主义世界体系中发展,各个国家的内部矛盾事实上转变成为这种帝国主义世界体系的一部分。这样一来,正像殖民地现象已经表明的那样,即使是在单个的发达资本主义国家内部,资本主义内在矛盾的解决也不能以仅在本国内部采取相应措施为限,而需在国际性或世界性的范围内加以解决。这意味着,在帝国主义时代,要想彻底解决资本主义的内在矛盾,就必须通过一种世界性的社会主义革命才有可能。但这种革命将不再是局限于发达资本主义国家的内在革命,而是在全世界范围内推翻资本主义等旧制度、建立社会主义新制度的世界社会主义革命。这意味着,在帝国主义时代,社会主义革命已经不再是一项单纯由少数发达国家里的无产阶级在自己国家里完成的事业,而是一项需要由包括发达和不发达资本主义国家的无产阶级以及殖民地、半殖民地无产阶级和劳动人民在内的被压迫人民在世界范围内来共同完成的事业。这还意味着,在帝国主义时代,一方面,社会主义革命的必要性已经不再取决于单个国家内部生产力与资本主义生产关系之间矛盾发展的状况,而取决于处于帝国主义世界体系中的生产力与资本主义生产关系之间矛盾发展的状况;另一方面,革命应该首先在哪个或哪些国家发生,也与这个或这些国家里生产力或资本主义生产方式的发展程度无关,与这个或这些国家里的生产力是否已经发展到与资本主义生产方式不相适应的程度无关,而只与这个或这些国家是否适合成为世界社会主义革命的首要爆发地有关。这种国家可以是发达资本主义国家,也可以是不发达的资本主义国家。既然整个帝国主义世界体系的内部矛盾对社会主义革命来说已经成熟了,那么在这个体系中存在不发达国家也就不会成为向社会主义转变的

---

[1] 列宁:《帝国主义是资本主义的最高阶段》,《列宁专题文集(论资本主义)》,第102页。

障碍。这就是列宁从其帝国主义理论中引申出来的结论。

列宁首先指出，社会主义革命同时在所有国家甚至在所有发达资本主义国家取得胜利是不可能的，而只有可能在少数甚至一个资本主义国家里首先获得胜利。这是因为，"经济和政治发展的不平衡是资本主义的绝对规律。由此就应得出结论：社会主义可能首先在少数甚至在单独一个资本主义国家内获得胜利"[1]。"资本主义的发展在各个国家是极不平衡的。而且在商品生产下也只能是这样。由此得出一个必然的结论：社会主义不能在所有国家内同时获得胜利。它将首先在一个或者几个国家内获得胜利。而其余的国家在一段时间内仍然是资产阶级的或资产阶级以前的国家。"[2]

列宁进一步指出，最适合作为世界性社会主义革命首发地的国家，应该是那些在世界资本主义联系中阶级力量的对比相对有利于发动社会主义革命的国家。这样的国家，当然既可以是发达的资本主义国家，也可以是不发达的资本主义国家。但事实上，在帝国主义时代，在相对不发达的资本主义国家首先爆发这种世界社会主义革命的可能性反而更大。综合列宁的相关论述，主要原因是：首先，在帝国主义时代，由于受到少数最发达帝国主义国家的剥削和压迫，不发达资本主义国家的劳动者不仅遭受着比发达资本主义国家的劳动者更深重的剥削和压迫，过着更加贫穷、悲惨的生活，并且比资本主义国家里的劳动人民更加缺乏政治等方面的自由，更缺乏革命以外的手段来改善自己的境遇，因而更具有革命性。其次，不发达资本主义国家的统治阶级在世界资本主义各国的统治者中力量相对比较薄弱，因此也比发达资本主义国家里的统治阶级更容易推翻。再次，在帝国主义时代，在经济、政治发展不平衡规律的作用下，帝国主义各国之间的力量对比势必经常发生变化，这种力量对比的变化势必引起帝国主义国家对世界势力范围的重新划分，而在各帝国主义国家已经将全世界瓜分完毕的情况下，这种势力范围的重新划分只能是通过帝国主义国家之间的战争来实现。帝国主义国家之间为重新划分势力范围而频繁爆发战争，有可能为不发达国家的无产阶级发动并取得社会主义革命的胜利提供有利的时

---

[1] 列宁:《论欧洲联邦口号》,《列宁专题文集（论社会主义）》,人民出版社,2009年,第4页。
[2] 列宁:《无产阶级革命的军事纲领》,《列宁专题文集（论社会主义）》,第8页。

机，因为这种战争往往会削弱不发达国家统治阶级的力量，也使帝国主义国家无暇来对不发达国家无产阶级的革命进行干涉。最后，发达资本主义国家的工人阶级部分贵族化，已经丧失了革命动力，所以社会主义革命已难以首先在发达资本主义国家爆发。"帝国主义意味着……极少数最富的国家享有垄断高额利润，所以，它们在经济上就有可能去收买无产阶级的上层，从而培植、形成和巩固机会主义。"[1]"在发达的资本主义国家中，革命工人运动受到阻碍的一个主要原因就是：资本家拥有殖民地，获得金融资本的超额利润等等，因此能够在国内培植一个比较广泛、比较稳定而人数不多的工人贵族阶层。"[2]"比较容易开始革命运动的，并不是那些能够比较容易地进行掠夺和有力量收买本国工人上层分子的剥削国家。"[3]

　　正是基于上述认识，在"十月革命"爆发前后，列宁才认为，当时的俄国正是这样一个适合率先进行世界社会主义革命的国家。1918年3月，在"十月革命"爆发之后不久，列宁就总结说："世界社会主义革命在各先进国家，不可能像革命在俄国这个尼古拉和拉斯普廷统治的国家那么容易开始，在这个国家里，大部分居民对于俄国边疆上居住的是些什么民族，俄国发生了什么事情，都是毫不关心的。在这样一个国家里，开始革命是很容易的，是轻而易举的事情。但在资本主义发达的、资本主义为每个居民提供了民主的文化和组织的国家里，如果没有准备就开始革命，那是不对的，荒谬的。"[4]1919年4月，列宁再次说："与各先进国家相比，俄国人开始伟大的无产阶级革命是比较容易的。"[5]综合列宁在不同地方的论述，可以看到，俄国之所以适合成为首先发生社会主义革命的国家，其原因主要在于：一是俄国正处于从封建专制社会向资本主义社会转变的过程之中，包括无产阶级和普通农民在内的广大劳动人民既受到源于资本主

---

[1] 列宁：《帝国主义是资本主义的最高阶段》，《列宁专题文集（论资本主义）》，第190页。

[2] 列宁：《为共产国际第二次代表大会准备的文件》，《列宁选集》第4卷，人民出版社，2012年，第242页。

[3] 列宁：《全俄工农兵代表苏维埃第三次代表大会文献》，《列宁全集》第33卷，人民出版社，2017年，第283页。

[4] 列宁：《俄共（布）第七次（紧急）代表大会文献》，《列宁全集》第34卷，人民出版社，2017年，第12—13页。

[5] 列宁：《第三国际及其在历史上的地位》，《列宁全集》第36卷，人民出版社，2017年，第293—294页。

义发展的苦难，又受到源于资本主义不发展的苦难，因而存在着对现实极为不满的革命愿望，同时俄国的政治制度非常落后，人民不能以"合法"的方式进行斗争，只能选择暴力革命的斗争方式，因而革命的攻击力量异常强大；二是无论是以沙皇为首的封建统治阶级还是资产阶级，其力量相对而言都比较薄弱，在对付无产阶级和劳动人民的反抗时也不像发达资本主义国家的统治阶级那样富有经验，因而社会主义革命比较容易成功；三是俄国的落后使得无产阶级反对资产阶级的革命与农民反对地主的革命可以独特地结合起来，也便利了城市无产者去影响农村半无产的贫苦劳动阶层，便利了从资产阶级革命过渡到社会主义革命；四是俄国幅员广大的地理条件使得它相对而言比其他国家在社会主义革命发生之后更能长久地对抗发达资本主义国家的军事优势，从而维护社会主义革命的胜利成果；等等。因此，在列宁看来，俄国的马克思主义者不应该消极地等待本国资本主义的发展，等待本国的生产力在资本主义条件下逐渐发展成熟到可以为社会主义制度提供物质基础的时候再来组织无产阶级进行社会主义革命，而应该在积极支持和参与本国资产阶级反对沙皇专制的革命斗争的同时，创造条件使这场革命朝着有利于无产阶级社会主义革命的方向发展，最终使之转变为以建立社会主义制度为目的的无产阶级社会主义革命。列宁还认为，就像马克思、恩格斯当年设想的那样，一旦有一个像俄国这种无论在资本主义发展程度上还是地理位置上，都处于西方发达资本主义国家和东方不发达的殖民地、半殖民地之间的国家里的无产阶级取得了社会主义革命的胜利，那么，它就可以成为一座将西方发达资本主义国家的无产阶级革命与东方落后国家里的革命联结起来的桥梁，不仅可以支持和推动西方发达国家里的无产阶级革命，而且可以支持和帮助东方落后国家的无产阶级及其劳动群众起来进行反抗帝国主义的革命，从而将东西方国家里不同类型的革命有机地联结起来，形成世界性的社会主义革命运动。

列宁正是以这样一种方式，在坚持对"生产关系一定要与生产力水平相适应""上层建筑一定要与经济基础相适应"等马克思、恩格斯表述的历史唯物主义基本原理不加改变的前提下，形成了一套与马克思、恩格斯提出的社会主义革命理论非常不同的社会主义革命理论，从而为不发达资本主义国家乃至殖民地、半殖民地里的无产阶级及其劳动群众开展社会主义革命提供了最主要的理论根据，进而影响了它们社会历史进程的改变。

当然，必须指出，列宁是经过一番理论探索之后才逐步获得上述认识的，而非一走上革命道路就形成了上述认识。浏览列宁的著述，可以看到，列宁形成上述认识大概是在1914年之后。在这之前，列宁虽然也主张要在俄国开展无产阶级社会主义革命，但其理论依据并非上述帝国主义时代的社会主义革命理论，而是传统的马克思主义无产阶级革命理论，即认为俄国在经济领域已经进入资本主义阶段，尽管与英、法、德、美等国相比其资本主义经济的发展程度相对较低，但也已经达到可以进行社会主义革命的程度了。列宁与民粹派之间的全部争论都是在试图证明这一点。只是随着他对帝国主义现象的研究逐步深入，他才形成了上述帝国主义时代的社会主义革命理论，并自觉地用它来指导俄国革命的实践。

然而，无论是在上述帝国主义时代的社会主义革命理论形成之前还是形成之后，列宁都主张要在俄国这样资本主义发展相对落后、封建专制制度还顽强存在的国家里进行社会主义革命，这一点是确定无疑的。显然，在这样一类国家里进行的无产阶级社会主义革命，与马克思、恩格斯当年设想的那种在发达资本主义国家里进行的同类革命，在任务、动力、条件和具体方式方面都必然会有所不同。在这方面，列宁也进行了一系列理论和实践上的探索，为不发达资本主义国家的无产阶级开展社会主义革命提供了具体行动策略方面的范例。

在革命的主要任务方面，列宁提出，在俄国这样的国家里，无产阶级需要完成包括资产阶级民主革命和无产阶级社会主义革命两场革命在内的历史任务。正如历史唯物主义的基本理论所指出的，以及欧洲资本主义制度发展的历史经验所表明的，在俄国这样一个资本主义经济虽然有所发展，但其经济基础当中还存在大量封建主义残余，政治、法律等上层建筑则依然处在封建专制形态之下的国家里，首先需要进行的并不是以推翻资本主义制度为目标的无产阶级社会主义革命，而是以推翻封建专制制度为目标的资产阶级民主革命。不仅如此，欧洲的历史经验似乎还表明，在资产阶级民主革命完成之后，就应该进入资本主义正常发展的阶段。只有当生产力在资本主义制度下发展到与其不相容的地步时,才能够进行无产阶级的社会主义革命。换言之,资产阶级民主革命与无产阶级社会主义革命是两个不同社会发展阶段的历史任务,两者之间存在着一个相当长的(等待生产力在资本主义制度下发展成熟到应当或可以用社会主义制度来取而代之所需要的)时间间隔。如前所述,这也正是当时俄国许多马克思主义者所具有的认识。然而,列宁对此表示坚决反对。无论是在帝国主义时代的社会主义革命理论形成之前还是之后,列宁都认为,俄国已经具备了进行社会主义革命的客观条件(之前是基于俄国资本主义已经发展到了可以进行社会主义革命的程度这一判断,之后则是基于社会主义革命的客观条件已经在整个帝国主义世界体系内发展成熟的判断)。既然如此,那就没有必要在完成推翻封建统治这一资产阶级民主革命的任务之后,等待一个让资本主义正常发展的漫长时期,再来进行无产阶级社会主义革命。恰恰相反,是要将这两场革命的任务联结在一起不间断地加以完成,在完成了以推翻封建地主阶级的统治为任务的民主革命之后,即开始组织进行以推翻资产阶级为任务的社会主义革命,使这两场革命实际上成为无产阶级社会主义革命过程中两个紧密相连的有机环节。也正因为如此,列宁称自己为"社会民主主义"者,将自己领导的俄国无产阶级政党称为"社会民主党"。在"十月革命"前,列宁就在《俄国社会民主党人的任务》一文中明确写道:"社会民主党人在实践活动方面给自己提出的任务是,领导无产阶级的阶级斗争,并把这一斗争的两种具体表现组织起来:一种是社会主义的表现(反对资本家阶级,目标是破坏阶级制度,组织社会主义社会),另一种是民主主义的表现(反对专制制度,目标是在俄国争得政治自由,并使俄国政治制度和社会制度民主化)。""俄国社会民主党人自从作为一个特别的社会革命派别出现时起,就始终十分明确地……强调无产阶级阶级斗争的两种表现与内容,始终坚持他们的社会主义任务与民主主义任务的不可分割的联系,而这一联系在他们所采用的名称上就已清楚地表现出来了。"[1] "十月革命"后,列宁在回顾俄国革命历程时又说:"起

---

[1] 列宁:《俄国社会民主党人的任务》,《列宁选集》第1卷,人民出版社,1995年,第140页。

初同'全体'农民一起，反对君主制，反对地主，反对中世纪制度（因此，革命还是资产阶级革命，是资产阶级民主革命）。然后同贫苦农民一起，同半无产阶级一起，同一切被剥削者一起，反对资本主义，包括反对农村的财主、富农、投机者，因此革命变成了社会主义革命。企图在这两个革命中间筑起一道人为的万里长城，企图不用无产阶级的准备程度、无产阶级同贫苦农民联合的程度而用其他什么东西来分开这两个革命，就是极大地歪曲马克思主义，把马克思主义庸俗化，用自由主义代替马克思主义。这就是冒充博学，借口资产阶级比中世纪制度进步，暗中为资产阶级进行反动的辩护，以反对社会主义无产阶级。"[1]如果无产阶级只从事反对资产阶级的斗争（由于资产阶级在政治上未占据统治地位，因此这种斗争就主要是经济斗争），而不去积极推动和参与推翻封建制度的资产阶级民主革命（这也是当时俄国工人运动中被称为"经济派"的人士的主张），那就可能削弱资产阶级革命的力量，延缓封建制度的存在，进而延缓无产阶级社会主义革命的到来。[2]如果主张无产阶级积极参与资产阶级民主革命，但认为无产阶级在推翻了封建制度之后就应该停下来，不去接着进行反对资产阶级的革命，那就是让无产阶级去为资产阶级火中取栗。如果同时反对封建统治者和资产阶级，那就会使斗争中的力量对比严重地不利于无产阶级。只有先联合农民阶级和资产阶级进行反对封建制度的资产阶级民主革命，然后再联合农民阶级进行反对资产阶级的社会主义革命，才既符合历史大势，又符合取胜之道。因此，列宁说："我们的口号无条件地承认不能直接越出纯粹民主革命范围的革命是资产阶级性质的，但是它同时又把当前的这个革命推向前进，努力使它具有一个最有利于无产阶级的形式，因而也就是力求最大限度地利用民主革命，使无产阶级下一步争取

---

[1] 列宁：《无产阶级革命和叛徒考茨基》，《列宁全集》第35卷，人民出版社，2017年，第302页。
[2] "为什么推翻专制制度应该是俄国工人阶级的首要任务呢？这是因为在专制制度下，工人阶级不能广泛地展开自己的斗争，无论在经济方面或政治方面都不能夺取任何巩固的阵地，不能建立巩固的群众性的组织，不能在全体劳动群众面前举起社会革命的旗帜，也不能教会他们为社会革命而斗争。只有争得了政治自由，整个工人阶级才能坚决地进行反对资产阶级的斗争，而这个斗争的最终目的就是无产阶级夺取政权和组织社会主义社会。……俄国社会民主党人一向认为，只有争得了政治自由，只有广泛地展开群众性的斗争，俄国工人阶级才能建立争取社会主义最终胜利所必需的组织。"（列宁：《社会民主党中的倒退倾向》，《列宁全集》第4卷，人民出版社，2013年，第220页。）

社会主义的斗争得以最顺利地进行。"[1]但资产阶级民主革命的任务一旦完成,"我们将立刻由民主革命开始向社会主义革命过渡,并且正是按照我们的力量,按照有觉悟有组织的无产阶级的力量开始向社会主义革命过渡。我们主张不断革命。我们决不半途而废"[2]。对于无产阶级来说,资产阶级民主革命只是社会主义革命的"副产品",而像考茨基等"马克思主义者"却都不能了解资产阶级民主革命和无产阶级社会主义革命的相互联系,不懂得"前一革命可以转变为后一革命。后一革命可以顺便解决前一革命的问题。后一革命可以巩固前一革命的事业"[3]。

在革命的动力方面,列宁认为,既然资产阶级民主革命和无产阶级社会主义革命需要完成的是不同的任务,那么,用来完成这些任务的革命力量或动力自然会有所不同。就资产阶级民主革命而言,由于革命的对象主要是封建地主阶级,用来完成它的革命力量当然包括希望从封建的生产方式残余和政治法律制度的束缚中解放出来的资产阶级,但也包括与资产阶级处于同一生产方式之中的无产阶级和同样希望从封建势力中解放出来的广大普通农民阶级。而就无产阶级社会主义革命而言,由于资产阶级(包括农村中的资产阶级即富农)已经成为革命的对象,用来完成它的革命力量则主要是无产阶级和贫下中农阶级。列宁说:"民主主义斗争是工人同一部分资产阶级,特别是同小资产阶级一起进行的;而社会主义斗争则是工人反对整个资产阶级的斗争。"[4]列宁还认为,在无产阶级社会主义革命过程中,无产阶级自然是革命的领导阶级,但即使在资产阶级民主革命的过程中,无产阶级也不仅要保持自己的独立性,而且要尽可能地使自己处于领导地位,"不要把革命中的领导权交给资产阶级"[5],不能成为跟在资产阶级后面跑的消极的革命参加者。这一方面是因为只有工人阶级才是专制

---

[1] 列宁:《社会民主党在民主革命中的两种策略》,《列宁全集》第11卷,人民出版社,2017年,第70页。
[2] 列宁:《社会民主党对农民运动的态度》,《列宁全集》第11卷,第223页。
[3] 列宁:《十月革命四周年》,《列宁专题文集(论社会主义)》,第243页。
[4] 列宁:《小资产阶级社会主义和无产阶级社会主义》,《列宁全集》第12卷,人民出版社,2017年,第42页。
[5] 列宁:《社会民主党在民主革命中的两种策略》,《列宁全集》第11卷,第34页。

制度彻底的反对者。"只有工人阶级才毫无保留、毫不犹豫、毫不返顾地绝对拥护民主主义。其他一切阶级、集团和阶层，都不是绝对敌视专制制度，他们的民主主义始终是向后返顾的。资产阶级不能不意识到专制制度阻碍工业与社会的发展，但它害怕政治和社会制度完全民主化，随时都能与专制制度结成联盟来反对无产阶级。"[1]另一方面则是由于无产阶级参与资产阶级民主革命的目的并不是实现一般的民主要求，而是为行将到来的无产阶级社会主义革命扫清道路和创造条件："反对这一切（封建）制度的斗争，只是作为促进反资产阶级斗争的手段才是必要的；工人需要实现一般民主要求，只是为了扫清道路，以便战胜劳动者的主要敌人即资本。"[2]

在俄国这种不发达的资本主义国家开展以社会主义为最终目标的无产阶级革命，也肯定需要具备一些与发达资本主义国家无产阶级革命有所不同的基本条件。综合起来，列宁至少从三个方面讨论过这些基本条件：

首先是组织条件，即必须把无产阶级及其同盟军组织起来，使之在无产阶级先锋队的领导下集合力量共同为完成革命任务而奋斗。列宁区分了两种不同的工人组织，即工人阶级的政党组织与普通工人组织。按照列宁的理解，这两类工人组织之间的区别是："第一，工人组织应当是职业的组织；第二，它应当是尽量广泛的组织；第三，它应当是尽量少带秘密性的组织。相反，革命家的组织应当包括的首先是并且主要是以革命活动为职业的人。"[3]列宁特别重视工人阶级政党组织的建立，认为这是无产阶级革命成功的关键因素之一。如果只把工人阶级组织到工会或互助会一类普通工人组织当中去，而不再建立一个政党性质的组织，那么，"无产阶级就不能去进行自觉的阶级斗争"，"工人运动就会软弱无力"，就"永远不能完成自己所肩负的伟大历史任务"。[4]列宁还认为，在俄国这种封建专制统治下的国家里，工人阶级的政党必须是按照"民主集中制"的原则和严格的组织纪律形成，而不能简单地以当时在西方国家（包括在马克思主义者当中）流行的所

---

[1] 列宁：《俄国社会民主党人的任务》，《列宁选集》第1卷，第146页。
[2] 列宁：《什么是"人民之友"以及他们如何攻击社会民主党人？》，《列宁选集》第1卷，第72页。
[3] 列宁：《怎么办？》，《列宁选集》第1卷，第393页。
[4] 列宁：《我们运动的迫切任务》，《列宁选集》第1卷，第286页。

谓"广泛民主"原则来加以组织。这是因为,在封建专制制度的条件下,不存在按后一种原则来组织工人阶级政党的政治条件。列宁明确地说:"在专制制度的国家里,这种坚强的革命组织按其形式来说也可以称为'密谋'组织,……秘密性是这种组织所绝对必需的。对这种组织来说,秘密性是最必要的条件,其余一切条件(如成员人数、成员的挑选、职能等等),都应当同这一条件相适应。"[1]而"'广泛民主原则'要包含以下两个必要条件:第一,完全的公开性;第二,一切职务经过选举。没有公开性而谈民主制是很可笑的,并且这种公开性还要不仅限于对本组织的成员"。这种"'广泛民主原则'的基本条件对秘密组织来说是无法执行的,那么提出这种原则……只不过是一句响亮的空话"。[2]列宁的这些观点对后来几乎所有不发达国家的无产阶级政党都产生了广泛而深远的影响,是这些国家的无产阶级革命政党将"民主集中制"作为自己组织原则的基本理论依据之一。

其次是思想条件,即必须向无产阶级及其同盟军灌输社会主义革命意识,使之由自在的阶级变为自为的阶级。列宁指出:"没有革命的理论,就不会有革命的运动。"[3]只有在科学社会主义理论的引导下,无产阶级社会主义革命事业才有可能取得成功,而这种科学的社会主义理论并不可能在无产阶级当中自发形成,而只能由外部加以灌输到无产阶级个人意识当中。列宁认为:"工人本来也不可能有社会民主主义的意识。这种意识只能从外面灌输进去";社会主义学说"是从有产阶级的有教养的人即知识分子创造的哲学理论、历史理论和经济理论中发展起来的"。[4]"阶级政治意识只能从外面灌输给工人,即只能从经济斗争外面,从工人同厂主的关系范围外面灌输给工人。"[5]能否将科学的社会主义思想成功地灌输到广大无产阶级群众的意识里去,决定着能否将广大无产阶级群众充分动员起来,在无产阶级政党的领导下超出单纯的经济斗争范围,去参与以先后推翻封建地主阶级和资产阶级的政治统治为直接目标的政治革命这一重大问

---

[1] 列宁:《怎么办?》,《列宁选集》第1卷,第415页。
[2] 同上书,第416—417页。
[3] 列宁:《怎么办?》,《列宁专题文集(论无产阶级政党)》,人民出版社,2009年,第70页。
[4] 同上书,第76页。
[5] 列宁:《怎么办?》,《列宁选集》第1卷,第363页。

题,因而也是影响无产阶级革命成败的重大问题。

最后是领袖条件,即必须有一群具有较高的马克思主义理论水平、丰富的革命领导经验、崇高的革命声望和坚定的无产阶级革命意志的革命家来领导无产阶级社会主义革命。列宁指出:"在历史上,任何一个阶级,如果不推举出自己的善于组织运动和领导运动的政治领袖和先进代表,就不可能取得统治地位。"[1] 在阶级社会中,"群众是划分为阶级的;……在通常情况下,在多数场合,至少在现代的文明国家里,阶级是由政党来领导的;政党通常是由最有威信、最有影响、最有经验、被选出担任最重要职务而称为领袖的人们所组成的比较稳定的集团来主持的"[2]。没有这样一个领袖群体的坚定领导,无产阶级革命运动就会流于一些分散的、自发的行动,就不能集中力量、团结一致地去开展,因而必然会遭遇失败。

在革命的方式方法方面,列宁认为,在俄国这样的落后国家里,无论是进行资产阶级民主革命还是无产阶级社会主义革命,由于缺乏发达资本主义社会里那种相对比较民主的政治环境,统治阶级总是首先使用暴力来压制无产阶级及其他劳动群众的不满和反抗,因此其方式一般来讲主要是暴力革命。所以无产阶级应该把"实行武装起义、建立革命军队和革命政府的任务提到第一位,把这当作取得人民对沙皇制度的完全胜利、争得民主共和制和真正的政治自由的唯一道路"[3]。不过,在条件允许的情况下,也可以采用议会斗争或其他斗争方式。列宁提出,无产阶级革命政党"不能用某种事先想好的政治斗争的计划或方法来束缚自己的手脚,缩小自己的活动范围。它承认一切斗争手段,只要这些手段同党的现有力量相适应,并且在现有条件下能够使我们取得最大的成绩"[4]。尽管如此,无产阶级必须始终准备把暴力革命作为自己最可靠的斗争武器,而不能将暴力革命手段完全放弃。"工人阶级但愿和平地取得政权……,但是无论从理论上或从政治实践的观点来看,无产阶级放弃用革命的方法夺取政权,就是

---

[1] 列宁:《我们运动的迫切任务》,《列宁选集》第 1 卷,第 286 页。
[2] 列宁:《共产主义运动中的"左派"幼稚病》,《列宁专题文集(论无产阶级政党)》,第 249 页。
[3] 列宁:《社会民主党在民主革命中的两种策略》,《列宁选集》第 1 卷,第 625 页。
[4] 列宁:《我们运动的迫切任务》,《列宁选集》第 1 卷,第 287 页。

轻率的行为，就是对资产阶级和一切有产阶级的可耻让步。"[1]

以上这些论述，构成了列宁关于帝国主义时代无产阶级社会主义革命理论的主要内容，并成为不发达资本主义国家以及殖民地、半殖民地里无产阶级及其他劳动群众在帝国主义时代进行革命运动的主要理论依据和行动指南。

## 三、社会主义社会在一国之内首先建成的可能性与最终保障的全球化

按照列宁的看法，在帝国主义条件下，如果上一节所述的那些基本条件具备，社会主义革命就有可能在俄国这种不发达资本主义国家首先爆发，并取得胜利。但是，社会主义革命在俄国这样一个经济不发达国家里取得胜利并不等于社会主义建设在这样一个国家里同样可以取得胜利。社会主义革命的胜利充其量只是为建设社会主义社会创造了制度方面的条件，并不等于社会主义社会的建成。那么，在俄国这样一个经济不发达的国家里，在率先取得社会主义革命的胜利之后，怎样来建设社会主义社会呢？与马克思、恩格斯原先从发达资本主义国家无产阶级社会主义革命的视角出发所设想的社会主义社会建设方案相比，会有哪些不同的特征呢？这是作为俄国无产阶级革命领袖的列宁在"十月革命"胜利之后不能不着力去思考和探索的主要问题。虽然列宁在"十月革命"胜利后不久就去世了，生命留给他从事这方面思考和探索的时间并不多，但列宁在这方面所作的思考和探索仍然为后来的社会主义者继续进行这方面的思考和探索提供了一个基本的理论框架。这个基本理论框架最主要的方面可以简述如下：

首先，是要大力发展生产力，提高劳动生产率，尽快形成建成社会主义社会所需要的物质基础。按照历史唯物主义的基本原理，对于一个以社会主义社会为建设目标的国家来说，这是一个更具根本重要性的任务，对于在俄国这种生产力相对落后的国家里进行的社会主义建设来说更是如此。1919年4月，列宁回顾"十月革命"时，在指出"与各先进国家相比，俄国人开始伟大的无产阶级革命是比较容易的"之后，紧接着马上就指出："但是把它继续到获得最终胜利，即完全组织起社会主义社会，就

---

[1] 列宁：《俄国社会民主党中的倒退倾向》，《列宁全集》第4卷，第230页。

比较困难了。"[1]这是因为，一方面，社会主义社会本身要求有很高的生产力水平作为自己的物质基础。列宁明确认识到："提高劳动生产率是根本任务之一，因为不这样就不可能最终地过渡到共产主义。"[2] "在任何社会主义革命中，当无产阶级夺取政权的任务解决以后，随着剥夺剥夺者及镇压他们反抗的任务大体上和基本上解决，必然要把创造高于资本主义的社会结构的根本任务提到首要地位，这个根本任务就是：提高劳动生产率。"[3]另一方面，为抵抗西方发达资本主义国家对社会主义俄国的侵犯、维护社会主义革命胜利成果，在落后国家里取得了社会主义革命胜利的无产阶级也需要尽快提高自己国家的生产力水平，加强自己抵抗外来侵犯、保卫胜利成果的物质基础。所以列宁说："只有增加生产，提高劳动生产率，苏维埃俄国才能取得胜利。"[4] "如果我们不能恢复我国的经济，我们就会被打败。"[5]

在马克思、恩格斯的社会主义理论中，由于社会主义社会是作为解决发达资本主义国家生产力和生产关系之间内在矛盾之手段，从发达资本主义社会转变而来的，因此，这种物质基础是在革命之前就由资本主义社会造好，作为一种现成的东西提供给社会主义者的。与此不同，无产阶级社会主义革命在俄国这种生产力落后国家的胜利，向这类国家里的无产阶级提出了一个历史上不曾有人回答过的难题：如何使一个生产力水平相对较低的国家尽快形成社会主义社会所需要的物质条件？马克思、恩格斯之前曾经设想过这样一种情景：在发达资本主义国家已经转变为社会主义国家的条件下，发达国家的无产阶级可以利用自己国家里已有的物质条件去帮助落后国家里的无产阶级尽快获得建立社会主义社会所需要的生产力，从而使这些国家的发展跨过资本主义的"卡夫丁峡谷"。但在落后国家里的无产阶级先于发达国家的无产阶级取得社会主义革命胜利的情况下，这一可能性至少暂时无法出现。列宁等人曾经期待，作为世界社会主义革命的

---

[1] 列宁：《第三国际及其在历史上的地位》，《列宁全集》第36卷，第293—294页。
[2] 列宁：《俄共（布）纲领草案》，《列宁专题文集（论无产阶级政党）》，第197页。
[3] 列宁：《苏维埃政权的当前任务》，《列宁专题文集（论社会主义）》，第96页。
[4] 列宁：《全俄苏维埃第八次代表大会文献》，《列宁全集》第40卷，人民出版社，2017年，第145页。
[5] 同上书，第144页。

先声，俄国无产阶级社会主义革命能够很快引发英、法、德等发达资本主义国家里的社会主义革命，从而使俄国无产阶级能够从这些发达国家的无产阶级那里获得马克思、恩格斯设想的那种帮助。但历史的发展不以人的意志为转移，这种期待何时能够实现，并没有人能够准确预测。在这种情况下，是消极地等待发达国家无产阶级社会主义革命的发生和胜利，还是积极地利用自己所拥有的条件和能力尽可能地提高自己的生产力水平？从历史事实来看，尽管在"十月革命"前和革命胜利后不久，列宁曾经期待过发达资本主义国家能够尽快发生社会主义革命，但他从来不曾消极地等待这一前景出现，而是一方面期待这一前景尽快出现，另一方面努力尝试依靠自己的力量来发展生产力。在"十月革命"胜利后不久，列宁就号召苏维埃政权要采取各种办法努力提高劳动生产率，并提出了许多可以用来提高劳动生产率的具体方法，如：发展燃料、铁、机器制造业、化学工业的生产，以保证大工业的物质基础；提高居民群众的文化教育水平；提高劳动者的纪律、工作技能、效率、劳动强度；学习、引进泰罗制一类科学管理技术，改善劳动组织；等等。[1] 之后又提出了"共产主义就是苏维埃政权加全国电气化"[2] 的口号，大力推动制定统一的计划以尽快实现电气化。列宁不仅知道社会主义需要较高的生产力作为物质基础，而且相信依靠社会主义制度本身可以创造出比资本主义条件下更高的劳动生产率。因此，他说："劳动生产率，归根到底是使新社会制度取得胜利的最重要最主要的东西。资本主义创造了在农奴制度下所没有过的劳动生产率。资本主义可以被最终战胜，而且一定会被最终战胜，因为社会主义能创造新的高得多的劳动生产率。"[3]

其次，是要以相应水平的生产力为基础，逐步消灭生产资料私有制，形成以生产资料公有制为核心的社会主义生产关系。大力发展生产力、提高劳动生产率是为社会主义社会的建立提供物质基础，但还不是建立社会

---

[1] 列宁：《苏维埃政权的当前任务》，《列宁专题文集（论社会主义）》，第96—98页。
[2] 列宁：《全俄中央执行委员会和人民委员会关于对外对内政策的报告》，《列宁专题文集（论社会主义）》，第181页。
[3] 列宁：《伟大的创举》，《列宁专题文集（论社会主义）》，第151页。

主义社会本身。依照历史唯物主义，和任一社会形态一样，社会主义社会的基础部分是以生产资料公有制为核心的社会主义生产关系。但和社会主义以前的社会形态不同的是，在社会主义革命发生之前的社会历史进程中，各个社会形态赖以存在的物质基础即生产力和经济基础即生产关系都是在其形成之前的旧社会形态中逐渐形成和发展成熟的，社会革命的任务主要是通过打碎以国家为核心的旧上层建筑，推翻旧统治阶级的政治统治，将作为新社会形态之物质基础的生产力及经济基础的新生产关系从旧社会形态的束缚中解放出来，并通过建立与新生产力和新经济基础相适应的新上层建筑来确立和巩固新社会形态。因此，对于社会主义之前的那些社会形态来说，是先有经济基础然后才有上层建筑。然而，由于社会主义生产关系是一种与之前建立在生产资料私有制基础上的旧生产关系性质根本不同的生产关系类型，因此无法在旧社会形态下自然生长起来，所以，在资本主义这个旧社会的胎胞里成长起来的只有作为社会主义社会之物质基础的生产力，而没有作为新社会之经济基础的社会主义生产关系。无产阶级社会主义革命，虽然也要打碎以国家为核心的旧上层建筑，推翻旧统治阶级的政治统治，但它通过这一步所解放的只是在旧社会的胎胞里成长起来的生产力，而不包含新的社会主义生产关系。后者只能在社会主义革命完成之后，由无产阶级在新的政治上层建筑条件下来加以构建。因此，对于社会主义社会的形成来说，是先有社会主义的上层建筑——通过无产阶级革命而首先建立起来的社会主义国家政权以及相应的政治、法律制度及其意识形态等，然后才有包括上层建筑在内的整个社会主义社会的稳固存在所需要的经济基础，即社会主义的生产关系。对此，列宁曾经有过明确的论述："资产阶级革命和社会主义革命的基本区别之一就在于：对于从封建制度中生长起来的资产阶级革命来说，还在旧制度内部，新的经济组织就逐渐形成起来，逐渐改变着封建社会的一切方面。资产阶级革命面前只有一个任务，就是扫除、摒弃、破坏旧社会的一切桎梏。任何资产阶级革命完成了这个任务，也就是完成它所应做的一切，即加强资本主义的发展。社会主义革命的情况却完全不同。由于历史进程的曲折而不得不开始社会主义革命的那个国家愈落后，它由旧的资本主义关系过渡到社会主义关系就愈困难。这里除破坏任务以外，还加上了一些空前困难的新任务，即组织任务。"[1]"社会主义革命和资产阶级革命的区别就在于：在资产阶级革命时已经存在资本主义关系的现成形式，而苏维埃政权，即无产阶级政权，却没有这样现成的关系。"[2] 因此，构建社会主义的生产关系是社会主义革命胜利之后无产阶级所急需完成的一项独特历史使命。

　　以上所述，只是从社会主义社会形成的一般原理而言的，从抽象层面来说，适用于任一社会主义社会的形成过程。对于无论是从发达资本主义还是从不发达资本主义社会转变而来的社会主义社会来说，情况都是一样。尽管如此，对于从这两类不同资本主义社会转变而来的社会主义社会而言，两者之间还是存在着一个不容忽视的重要区别，一个从历史唯物主义的理论视角可以很好地得到理解的区别：对于从发达资本主义社会转变而来的社会主义社会而言，由于建立社会主义生产关系所需要的物质基础在旧社会的胎胞里已经成熟，因此，革命胜利后需要完成的任务就是直接废除旧的资本主义生产关系，建立社会主义生产关系；但对于从不发达资本主义社会转变而来的社会主义社会来说，由于建立社会主义社会所需要的物质基础在旧社会的胎胞里并没有成熟到可以直接建立社会主义生产关系的程度，因此，情况可能就不是这么简单了。"十月革命"胜利后的俄国，虽然大工业已有一定程度的发展，但总体上看，还是一个小业主和农民占据人口多数的社会，对于要在这样的生产力基础上来建立社会主义社会的无产阶级及其政党来说，是不是也应该像马克思、恩格斯设想的那样尽快建立以生产资料公有制及对全社会生产和分配过程的有计划调节为核心的社会主义生产关系（哪怕是马克思设想的以按劳分配为原则的共产主义第一阶段即列宁所称"社会主义"阶段的生产关系）呢？对于这个问题，在"十月革命"爆发之前，包括马克思、恩格斯在内的马克思主义者都没有提供答案，因而需要列宁等人自己来加以回答。

　　在这个问题上，列宁先后经过一番艰难的探索，其思路发生了一定的变化。在"十月革命"前及胜利后不久，列宁基本上是严守由马克思

---

[1] 列宁：《俄共（布）第七次（紧急）代表大会文献》，《列宁全集》第34卷，第3—4页。
[2] 同上书，第4页。

在《哥达纲领批判》中初步加以表述、由列宁在《国家与革命》中加以转述和发挥的那种理论立场。这种理论立场根据生产力水平方面的差异将"共产主义"社会划分为第一和第二阶段：在第一阶段，由于生产力还达不到可以实行按需分配的水平，因而只能实行"按劳分配"；在第二阶段，生产力已经达到了马克思所称的物质财富"充分涌流"的水平，因而可以实行"按需分配"。在生产关系方面，这两个阶段的差异主要体现在不同的分配原则上，而在生产资料归全社会公共所有，由社会来对全部生产和分配过程进行统一的、有计划的监督和调节这些方面来说，并没有什么根本区别。因此，可以把第一阶段称为"社会主义"社会，把第二阶段称为"共产主义"社会。这是因为，在第一阶段，只是实现了生产资料归社会公共所有和生产过程由社会统一调节，但还没有做到所有劳动产品也完全归全体社会成员共同所有，按需分配。"十月革命"胜利后不久，列宁正是按照这种思路，借助苏维埃政权组织，试图在俄国消灭各种生产资料私有制以及与之相连的商品交换，建立以生产资料公有制、按劳分配和统一的监督和协调为特征的社会主义生产关系。但随着被收归国有的企业日益增多，列宁开始发现这些企业的生产效率出现了问题。他认为是工人阶级对企业生产的监督和计算能力没有跟上所致。因此，他要求暂停没收私有企业，代之以将这些没有没收的私人企业纳入苏维埃国家及其工人的监督和约束之下的国家资本主义政策，试图由社会主义、国家资本主义等多种经济成分共存的形式逐渐过渡到完全的社会主义经济。但不久之后，内外反革命势力发动了反对苏维埃政权的战争，为应对战争，列宁领导下的布尔什维克党开始采取"战时共产主义"制度，强调要"坚持不懈地把已经开始并已在主要方面基本上完成的对资产阶级的剥夺，把变生产资料和流通手段为苏维埃共和国的财产即全体劳动者的公共财产的工作继续下去并进行到底"，"坚定不移地继续在全国范围内用有计划有组织的产品分配来代替贸易"，"力求尽力迅速地实行最激进的措施，为消灭货币作好准备"，"通过实践来检验在实际生活中创造出来的三个主要措施，即国营农场、农业公社和共耕社"，以便准确运用它们来"向共产主义的农业过渡"等[1],从而改变了由多种经济成分共存的形式过渡到社会主义的政策,加速转向单一的社会主义经济结构,但其结果却并不理想。一方面由于战争的破坏,另一方面也由于建立在单一公有制基础上的生产关系与现有的生产力水平不相适应(尤其是在农业生产中,如"农村公社"或集体农庄经营不善,所谓"余粮收集制"对农民的经营甚至生存条件造成了极大的破坏等),经济发展遭遇了较大的困难,接近崩溃的边缘,生活得不到保障,也引发了工农群众(主要是农民)的严重不满甚至反抗,以至于列宁在1921年不得不承认:"我们用'强攻'办法即用最简单、迅速、直接的办法来实行社会主义的生产和分配原则的尝试已告失败。"[2]因此,1921年初,列宁决定改变思路,从"战时共产主义"立场"退却",按照一种被称为"新经济政策"的思路重构社会的经济关系:先是通过取消"余粮收集制"等政策,退回到允许各种形式的国家资本主义存在的状态;之后,到了当年年底又进一步认为不仅要退回到允许国家资本主义存在,而且还要退到允许包括农民在内的小商品生产者之间进行以货币为交换媒介的自由贸易,形成由国家引导和调节的市场经济等状态。到了1923年,列宁又进一步设想可以通过以前被认为属于资本主义经济形式的合作社来把农民联合起来,在国家的引导下从事农业生产和市场交换,使之与社会主义的大工业企业以及其他性质的经济成分一起成为苏维埃俄国社会主义经济结构的有机组成部分。列宁认为,合作社是一种特殊的经济形式,在不同的制度下具有不同的性质。"在我国现存制度下,合作企业与私人资本主义企业不同,合作企业是集体企业,但与社会主义企业没有区别,如果它占用的土地和使用的生产资料是属于国家即属于工人阶级的。"[3]因此,"在生产资料公有制的条件下,在无产阶级对资产阶级取得了阶级胜利的条件下,文明的合作社工作者的制度就是社会主义的制度"[4]。列宁甚至认

---

[1] 列宁:《俄共(布)纲领草案》,《列宁专题文集(论无产阶级政党)》,第196—201页。
[2] 列宁:《在莫斯科省第七次党代表会议上关于新经济政策的报告》,《列宁全集》第42卷,人民出版社,2017年,第236—237页。
[3] 列宁:《论合作社》,《列宁专题文集(论社会主义)》,第353页。
[4] 同上书,第352页。

为,"对我们来说,合作社的发展也就等于社会主义的发展"[1],"要是完全实现了合作化,我们也就在社会主义基地上站稳了脚跟。……我们的国家就能成为完全社会主义的国家了"[2]。因此,在经过了艰苦的探索之后,列宁最终确认,这种以大型工矿业和银行、土地的苏维埃国家所有制和农民合作社两种"社会主义"经济形式占主导地位的生产关系或经济结构,就是一种与俄国当时的生产力状况相适应的社会主义经济形式。它虽然还不是列宁在《国家与革命》一书中所说的相当于马克思所称的"共产主义"第一阶段的那种社会主义经济形式,但已经是社会主义性质的经济结构了。所以,列宁认为:"我们不得不承认我们对社会主义的整个看法根本改变了。"[3]

再次,要坚持和不断完善以无产阶级专政为核心的社会主义上层建筑,为社会主义社会的建设和巩固提供坚实的政治、法律等方面的保障。按照列宁的定义,所谓"专政",指的是"绝对不受任何法律或规章约束而直接依靠暴力的政权"[4]。"在国内战争时期,任何获得胜利的政权都只能是一种专政。但是问题在于,有少数人对多数人的专政,一小撮警察对人民的专政,也有绝大多数人民对一小撮暴徒、强盗和人民政权篡夺者的专政。"[5]所谓"无产阶级专政",是指"由无产阶级对资产阶级采用暴力手段来获得和维持的政权,是不受任何法律约束的政权"[6]。换言之,"无产阶级专政"的含义就是,由无产阶级作为一个阶级在不受任何法律约束的条件下以暴力手段来对全社会进行统治。按笔者的理解,这里可能至少有几点需要说明:第一,"无产阶级专政"即是"无产阶级"一个阶级独立掌握或控制"政权",否则就不能称之为无产阶级"专政"。列宁对此曾经

---

[1] 列宁:《论合作社》,《列宁专题文集(论社会主义)》,第354页。

[2] 同上书,第355页。

[3] 同上书,第354页。

[4] 列宁:《立宪民主党人的胜利和工人政党的任务》,《列宁全集》第12卷,第289页。列宁曾经多次重复这一定义,如:"专政就是不受限制的、依靠强力而不是依靠法律的政权"(《同前书,第258页》);"专政是直接凭借暴力而不受任何法律约束的政权"(《无产阶级革命和叛徒考茨基》,《列宁全集》第35卷,第237页);"不受限制、不顾法律、依靠强力(就这个词的最直接的意义讲)的政权,这就是专政"(《关于专政问题的历史》,《列宁全集》第39卷,人民出版社,2017年,第420页)。

[5] 列宁:《立宪民主党人的胜利和工人政党的任务》,《列宁全集》第12卷,第258页。

[6] 列宁:《无产阶级革命和叛徒考茨基》,《列宁全集》第35卷,第237页。

有过明确断定，他说："无产阶级的专政，即不与任何人分掌而直接依靠群众武装力量的政权。"[1] 第二，从理论上说，"无产阶级专政"的主体是作为一个阶级的"无产阶级"，而非其中的个人或部分。因此，"绝对不受任何法律约束"也应该是仅指作为一个阶级的"无产阶级"整体，而非其中的个人或部分。这样，我们才能理解为什么在列宁的著述中，有时候也会把沾染了资产阶级或小资产阶级习气的、为了个人私利破坏劳动纪律或生产而犯罪的工人也纳入专政的对象之列。第三，"不受任何法律约束"并非指不以法律的形式来实行阶级统治，而是指作为一个整体的无产阶级其本身的意志既不受他人制定的任何法律约束，也不受自己制定的任何法律约束。但它依然可以借助法律的形式来实施自己的统治，用法律来约束被它统治的其他阶级和属于自身这个统治阶级的个人或群体。否则我们也无法理解列宁著述中那些关于社会主义法制建设方面的论述。第四，"用暴力手段维持政权"也并非指凡事均以暴力手段来实施，而应该是指整个阶级统治最终是以暴力作为后盾来获得保障。这一点不单适用于理解无产阶级的"专政"，也适用于理解一切"专政"。

在无产阶级取得社会主义革命的胜利之后，直至共产主义第一阶段即社会主义社会建成，国家的基本性质都将是无产阶级专政，这是列宁自始至终都坚持的一个基本观点。在《国家与革命》一书中，列宁曾经依据马克思的相关论述对这一观点作过明确的表达。他写道："从向着共产主义发展的资本主义社会过渡到共产主义社会，非经过一个'政治上的过渡时期'不可，而这个时期的国家只能是无产阶级的革命专政。"[2]

胜利了的无产阶级为什么一定要用暴力来实施自己的阶级统治呢？按照列宁的论述，最主要的原因就是：胜利了的无产阶级需要借助不受任何法律约束的暴力手段来镇压国内已经被推翻的资产阶级及其他犯罪分子的反抗、抵御外部帝国主义国家对社会主义国家的侵犯，以实施和巩固自己的阶级统治。"十月革命"前，在《国家与革命》一书中，列宁说："向共产主义发展，必须经过无产阶级专政，不可能走别的道路，因为再没有其

---

[1] 列宁：《国家与革命》，《列宁全集》第 31 卷，人民出版社，2017 年，第 24 页。
[2] 列宁：《国家与革命》，《列宁专题文集（论社会主义）》，第 27 页。

他人也没有其他道路能够粉碎剥削者资本家的反抗。""无产阶级专政,即被压迫者先锋队组织成为统治阶级来镇压压迫者,……要对压迫者、剥削者、资本家采取一系列剥夺自由的措施。为了使人类从雇佣奴隶制下面解放出来,我们必须镇压这些人,必须用强力粉碎他们的反抗。"[1] "十月革命"胜利之后,列宁更是反复强调这一理由。1918 年 4 月,在《苏维埃政权的当前任务》一文中,列宁说:"凡是从资本主义向社会主义过渡,由于两个主要原因,或者说在两个主要方面,必须有专政:第一,不无情地镇压剥削者的反抗,便不能战胜和铲除资本主义,这些剥削者的财富,他们在组织能力上和知识上的优势是不可能一下子被剥夺掉的,所以在一个相当长的期间,他们必然试图推翻他们所仇视的贫民政权。第二,任何大革命,尤其是社会主义革命,即令不发生外部战争,也决不会不经过内部战争即内战,而内战造成的经济破坏会比外部战争造成的更大,内战中会发生千百万起动摇和倒戈事件,会造成极不明确、极不稳定、极为混乱的状态。旧社会的一切有害分子——其数量当然非常之多,而且大半都是同小资产阶级有联系的,因为一切战争和一切危机首先使小资产阶级破产和毁灭——在这种深刻变革的时候,自然不能不'大显身手'。而这些有害分子'大显身手'就只能使犯罪行为、流氓行为、收买、投机活动及各种坏事增多。要消除这种现象,需要时间,需要铁的手腕。"[2] 1920 年 4 月,在《共产主义运动中的"左派"幼稚病》一文中,列宁也说:"资产阶级的反抗,由于资产阶级被推翻(哪怕是在一个国家内)而凶猛十倍;资产阶级的强大不仅在于国际资本的力量,在于它的各种国际联系牢固有力,而且还在于习惯的力量,小生产的力量。这是因为世界上可惜还有很多很多小生产,而小生产是经常地、每日每时地、自发地和大批地产生着资本主义和资产阶级的。由于这一切原因,无产阶级专政是必要的。"[3] 只有随着从资本主义向共产主义过渡阶段的结束,随着包括资产阶级在内的各阶级的消失,某个处于统治地位的阶级对其他处于被统治地位的阶级

---

[1] 列宁:《国家与革命》,《列宁专题文集(论社会主义)》,第 28—29 页。
[2] 列宁:《苏维埃政权的当前任务》,《列宁专题文集(论社会主义)》,第 103 页。
[3] 列宁:《共产主义运动中的"左派"幼稚病》,《列宁全集》第 39 卷,第 4 页。

实施"专政"即"国家"这种现象才会消失。列宁写道:"只有在共产主义社会中,当资本家的反抗已经彻底粉碎,当资本家已经消失,当阶级已经不存在(即社会各个成员在同社会生产资料的关系上已经没有差别)的时候,——只有在那个时候,'国家才会消失,才有可能谈自由'。"[1]列宁认为,之所以如此,原因很简单:由于没有了阶级,没有了剥削,没有了令人气愤、引起反抗而使镇压成为必要的现象,那么人们就会逐渐习惯于自觉遵守"起码的公共生活规则,而不需要暴力,不需要强制,不需要服从,不需要所谓国家这种实行强制的特殊机构"[2]。当然,在共产主义的第一阶段即社会主义社会中,由于还只能实行按劳分配,因此,为了保卫"按劳分配"这个"确认事实上不平等的'资产阶级权利'",还需要保留国家。但由于此时的不平等已经不是阶级性质的不平等,因此,这个阶段的"国家"已经不是过去那种阶级统治或"专政"意义上的国家,而是正处于消亡之中的国家:"国家正在消亡,因为资本家已经没有了,阶级已经没有了,因而也就没有什么阶级可以镇压了。"[3]

当然,不能从上述说明中产生误解,以为镇压、抵御国内外资产阶级的反抗就是无产阶级专政的唯一功能。虽然镇压、抵御国内外资产阶级的反抗是无产阶级必须以专政这种暴力形式来实施阶级统治的主要原因,因而自然是无产阶级专政的主要任务,但除了这一任务之外,无产阶级专政的另一个重要功能则是以民主的方式组织全体劳动人民在无产阶级政党的领导下共同参与社会主义国家的管理。实施这一功能虽然也需要使用暴力手段,但其主要方式则是民主的方式,即组织、动员包括无产阶级、农民阶级、知识分子等在内的广大劳动人民群众在劳动之余共同参与从企业到国家等不同层次的管理活动。这是人类历史上第一次提供给"人民享受的、大多数人享受的民主",但它还不是"完全"的民主。只有到阶级完全消失了的共产主义社会,由所有人共同参与社会管理的"完全"的民主才会实现。"而民主愈完全,它也就愈迅速地成为不需要的东西,愈迅速

---

[1] 列宁:《国家与革命》,《列宁专题文集(论社会主义)》,第29页。
[2] 同上书,第30页。
[3] 同上书,第35页。

地自行消亡。"[1]

胜利了的无产阶级又为什么要独掌国家政权呢？按照列宁的论述，这是因为只有无产阶级才具备推翻资产阶级统治及在从资本主义向社会主义社会过渡的阶段担当统治阶级的资质。列宁说："只有无产阶级，由于它在大生产中的经济作用，才能成为一切被剥削劳动群众的领袖，这些被剥削劳动群众受资产阶级的剥削、压迫和摧残比起无产阶级来往往有过之而无不及，可是他们不能为自己的解放独立地进行斗争。"[2] "劳动者需要国家只是为了镇压剥削者的反抗，而能够领导和实行这种镇压的只有无产阶级，因为无产阶级是唯一彻底革命的阶级，是唯一能够团结一切被剥削劳动者对资产阶级进行斗争、把资产阶级完全铲除的阶级。"[3] "只有使无产阶级转化成统治阶级，从而能把资产阶级必然要进行的拼死反抗镇压下去，并组织一切被剥削劳动群众去建立新的经济结构，才能推翻资产阶级。"[4] 当然，需要说明的是，无产阶级独掌国家政权并非指无产阶级在自己的执政过程中无须其他阶级的参与和合作。相反，无产阶级，尤其是在俄国这样一个经济相对落后、无产阶级在人口中的比重较小、大部分人口为农民的国家里，社会主义革命胜利之后无产阶级必然要与农民阶级等劳动群众结成联盟，共同进行社会管理。因此，列宁才说："无产阶级专政是劳动者的先锋队——无产阶级同人数众多的非无产阶级的劳动阶层（小资产阶级、小业主、农民、知识分子等等）或同他们的大多数结成的特种形式的阶级联盟，是反资本的联盟，是为彻底推翻资本、彻底镇压资产阶级反抗并完全粉碎其复辟企图而建立的联盟，是为最终建成并巩固社会主义而建立的联盟。"[5]

从组织形式上看，无产阶级专政是由无产阶级政党、苏维埃政权和工会等其他劳动群众组织共同组成的一个体系。其中，无产阶级政党是整个无产阶级专政的领导力量，这个专政体系的无产阶级特性正是通过无产阶

---

[1] 列宁：《国家与革命》，《列宁专题文集（论社会主义）》，第30页。
[2] 列宁：《国家与革命》，《列宁全集》第31卷，第24页。
[3] 同上书，第23页。
[4] 同上书，第24页。
[5] 列宁：《〈关于用自由平等口号欺骗人民〉出版序言》，《列宁全集》第36卷，第362—363页。

级政党在专政体系中的领导地位体现出来的；摆脱了资产阶级的"议行分立"原则，按马克思赞赏的巴黎公社"议行合一"原则建立起来的苏维埃政权是无产阶级专政的主要组织形式[1]；工会等其他劳动群众组织则是将无产阶级政党与广大劳动群众联系起来的主要桥梁或纽带。无产阶级政党正是借助这些群众组织，将全体劳动群众动员和组织起来，以苏维埃政权组织为平台，共同参与到对国内外资产阶级的抵抗和对社会发展各个方面的管理活动中去。限于篇幅，兹不赘述。

以上所述只是列宁对在俄国这种经济不发达的国家里建设社会主义社会所作的探索的一些主要方面，远非全部内容。尽管如此，我们还是可以看到，和马克思、恩格斯关于在发达资本主义社会创造的物质基础上建立社会主义社会的种种设想相比，在一个经济相对落后的国家里建设社会主义社会，是一项多么艰巨复杂的课题。

但是，还有一个非常重要的、无论在"十月革命"之前还是之后始终萦绕在列宁脑子里的问题，必须加以叙述。这个问题就是：对于俄国这样一类不发达国家来说，虽然有可能率先取得社会主义革命的暂时胜利，在胜利之后也可以尽力探索采取上述种种社会主义建设措施，但在其他国家尤其是西方发达资本主义国家里的无产阶级社会主义革命长时间未能跟随相继发生的情况下，是不是也有可能单独取得社会主义革命的最终胜利，即单独依靠自己一个国家的力量在自己国家里建成被列宁视为共产主义第一阶段的"完全的社会主义社会"，并使其长期存在、不为国内外资产阶级等反动势力所颠覆或复辟呢？这个问题不能不说是一个非常严峻的问题。因为按照马克思、恩格斯的看法，即使是发达资本主义国家里的社会主义革命也应该是同时或相继发生才有可能获得最终的胜利，何况现在发生社会主义革命的是俄国这样一个经济相对落后的资本主义国家。

依照斯大林后来的诠释，上述问题其实包括两个相互关联但又有所不同的子问题。第一个子问题是：在俄国这样一个经济相对落后的国家里，社会主义革命胜利后的无产阶级有无可能单独依靠自己一个国家的力量在

---

[1] "苏维埃政权正是无产阶级专政即先进阶级专政的组织形式。"（列宁：《苏维埃政权的当前任务》，《列宁专题文集（论社会主义）》，第104页。）

自己的国家里建成"完全的社会主义社会"？第二个子问题是：在俄国这样一个经济相对落后的国家里，社会主义革命胜利后的无产阶级有无可能单独依靠自己一个国家的力量来使自己的胜利成果得到最终的保障，完全免除旧制度复辟的危险？不过，在很长的时期内，无论是在列宁那里还是在其他人那里，这两个问题并没有被明确地区分开来，而是被当作一个问题来加以思考，并且列宁对于这个问题也是持一种比较忧虑的态度，认为尽管社会主义革命有可能在俄国这样一个落后国家里首先发生并取得暂时的胜利，但社会主义社会的建成和最终保障却仍然取决于社会主义革命能否在更多国家甚至全世界所有的国家共同完成。因为，一方面，按照马克思、恩格斯的设想，建立社会主义社会所需要的生产力基础只是在英、法、德一类发达资本主义国家里才存在，因此，这些国家里的无产阶级在取得社会主义革命的胜利之后要在自己的国家里建成社会主义社会是没有生产力方面的障碍的。但对于俄国这种生产力水平相对落后的国家来说，情况就不同了。如果没有取得社会主义革命胜利的发达国家的无产阶级的援助和支持，落后国家能否单独依靠自己的力量来将生产力水平迅速提高到建成社会主义社会所需要的程度，在马克思、恩格斯看来是值得怀疑的。马克思、恩格斯的这种看法也不能不对列宁产生影响。另一方面，如果发达资本主义国家的无产阶级社会主义革命始终不能获得胜利，那么，不仅俄国这种落后国家的无产阶级难以在生产力的发展方面获得发达国家的援助，而且还会面临来自经济、技术等实力强大的外部发达资本主义国家的侵犯和颠覆，以及来自内部的资产阶级（包括被推翻了的旧资产阶级以及在小生产的基础上重新产生的新资产阶级）反抗和复辟的危险。列宁认为，面对内外资产阶级尤其是多个发达帝国主义国家联合颠覆和复辟的威胁，单独依靠一个经济、技术等实力本就相对落后的俄国的无产阶级及劳动群众的力量，恐怕是难以长期对抗的。因此，在"十月革命"之前及之后不久，列宁一直期待俄国的社会主义革命只是世界无产阶级革命的一个先声，期待它能够尽快激起发达资本主义国家里的无产阶级发动并取得社会主义革命的胜利。1905年，在讨论到俄国无产阶级能否将民主革命推进到社会主义革命时，列宁说："如果没有欧洲的社会主义无产阶级对俄国无产阶级的支援，那么，这个斗争对于孤军作战的俄国无产阶级，几乎是毫无希望的，而且必然要遭到失败，正像1849—1850年的德国革命党或者1871年的法国无产阶级遭到失败一样。"[1] 1915年，列宁又说："帝国主义战争把俄国的革命危机，即在资产阶级民主革命基础上发生的危机，同西欧日益增长的无产阶级社会主义革命的危机联系起来了。这种联系非常紧密，以致这个或那个国家的革命任务根本不可能单独解决。"[2] 1917年"二月革命"后，列宁说："俄国是一个农民国家，是欧洲最落后的国家之一，在这个国家里，社会主义不可能立刻直接取得胜利。"[3] "十月革命"前夕，列宁在《国家与革命》一书的序言中也表示，1907年初开始的俄国革命"只能认为是帝国主义战争引起的无产阶级社会主义革命的链条中的一个环节"[4]。1918年3月，在俄共（布）第七次（紧急）代表大会上，列宁也说道："在完全摆脱资本主义并开始向社会主义过渡的道路上，我们刚刚迈出了最初的几步。我们不知道，而且也不可能知道，过渡到社会主义还要经过多少阶段。这取决于具有相当规模的欧洲社会主义革命何时开始，取决于它轻易地、迅速地还是缓慢地战胜自己的敌人，走上社会主义发展的康庄大道。"[5] 正是出于这种考虑，列宁才期待俄国无产阶级社会主义革命能够激起西方发达资本主义国家里的无产阶级社会主义革命，认为"俄国无产阶级单靠自己的力量是不能胜利地完成社会主义革命的。但它能使俄国革命具有浩大的声势，从而为社会主义革命创造极好的条件，这在某种意义上说就意味着社会主义革命的开始。这样，俄国无产阶级就会使自己主要的、最忠实的、最可靠的战友——欧洲和美洲的社会主义无产阶级易于进入决战"[6]。

但是，随着时间的推移，在发达资本主义国家里尽快引发无产阶级社会主义革命似乎一时难以实现。在这种情形下，上述笼统地认为社会主

---

[1] 列宁：《革命的阶段、方向和前途》，《列宁全集》第12卷，第142页。
[2] 列宁：《俄国的战败和革命危机》，《列宁全集》第27卷，人民出版社，2017年，第31—32页。
[3] 列宁：《给瑞士工人的告别信》，《列宁全集》第29卷，人民出版社，2017年，第90页。
[4] 列宁：《国家与革命》，《列宁全集》第31卷，第2页。
[5] 列宁：《俄共（布）第七次（紧急）代表大会文献》，《列宁专题文集（论社会主义）》，第68页。
[6] 列宁：《给瑞士工人的告别信》，《列宁全集》第29卷，第91页。

义不能在一个国家里单独取得最终胜利的看法，在一些俄国的共产党人中引发了对俄国社会主义建设事业的疑虑。他们认为俄国的生产力还没有发展到可以实行社会主义的高度，因而不应在俄国进行社会主义建设，甚至怀疑起"十月革命"的正当性。针对这种思想，列宁在病重之中仍专门撰写了《论俄国革命》等文章来对相关问题加以澄清。列宁指出，世界历史发展的一般规律并不排除个别发展阶段在发展形式或顺序上表现出的特殊性："你们说，为了建立社会主义就需要文明。好极了。那么，我们为什么不能首先在我国为这种文明创造前提，如驱逐地主，驱逐俄国资本家，然后开始走向社会主义呢？"[1]结合前述对合作社与社会主义之间关系问题的思考，列宁认为俄国完全具备"建成完全的社会主义社会"所必需的一切条件："国家支配着一切大的生产资料，无产阶级掌握着国家政权，这种无产阶级和千百万小农及极小农结成了联盟，这种无产阶级对农民的领导得到了保障，如此等等——难道这不是我们所需要的一切，难道这不是我们通过合作社，而且仅仅通过合作社，通过曾被我们鄙视为做买卖的合作社的……那种合作社来建成完全的社会主义社会所必需的一切吗？这还不是建成社会主义社会，但这已是建成社会主义社会所必需而且足够的一切。"[2]

尽管如此，列宁似乎并没有完全放弃社会主义革命的胜利难以在一国之内，尤其是俄国这样的经济落后国家之内单独获得最终保障的观点。在被称为列宁政治遗嘱的最后几篇文章之一的《宁肯少些，但要好些》中，列宁依然表达了这样的担忧：面对西欧资本主义列强的挑战和威胁，"在我国这种小农和极小农的生产条件下，在我国这种经济破坏的情况下，我们能不能支持到西欧资本主义国家发展到社会主义的那一天呢？"[3]"我们能不能避免同这些帝国主义国家在未来发生冲突呢？"[4]列宁从其关于帝国主义时代社会主义世界革命的理论出发，认为从整个世界的角度来看，社

---

[1] 列宁：《论我国革命》，《列宁专题文集（论社会主义）》，第359页。
[2] 列宁：《论合作社》，《列宁专题文集（论社会主义）》，第349页。
[3] 列宁：《宁肯少些，但要好些》，《列宁专题文集（论社会主义）》，第377页。
[4] 同上书，第378页。

会主义和资本主义斗争的结局应该还是比较乐观的，因为"俄国、印度、中国等等构成世界人口的绝大多数。正是这个人口的大多数，最近几年来非常迅速地卷入了争取自身解放的斗争，所以在这个意义上说，世界斗争的最终解决将会如何，是不可能有丝毫怀疑的。在这个意义上说，社会主义的最终胜利是完全和绝对有保证的"[1]。但单纯就俄国苏维埃政权能否不被帝国主义列强扼杀这个问题而言，情况就比较复杂。虽然东方各受压迫国家的人民占据世界人口大多数，但他们的"体力、物力根本不能同西欧任何一个小得多的国家的体力、物力和军事力量相比"[2]，因此，"为了保证我们能存在到反革命的帝国主义的西方同革命的和民族主义的东方，世界上最文明的国家同东方那样落后的但是占人口大多数的国家发生下一次军事冲突的时候，这个大多数必须能赶得上建立文明"[3]。列宁认为，虽然俄国已经具有向社会主义社会过渡的政治前提，但这还不够，为了自救，还必须想尽办法来尽快提高俄国的文明程度，尽快发展大机器工业，这样才有可能使俄国的社会主义建设事业尽量坚持下去。

由此可见，直到生命的最后阶段，列宁其实还是认为，尽管像俄国这样经济落后的国家有可能在一国之内具备建成"完全的社会主义社会"的条件，而且如果有足够的时间，也能够建成完全的社会主义社会，但要想使社会主义革命和建设事业的胜利成果获得最终的保障，使资本主义永远没有复辟的可能，最终还是需要使社会主义革命在更多国家，最好还是在发达资本主义国家里尽快发生。否则，尽管世界社会主义革命终将取得胜利，但其间必然遭遇更多的挫折。

正因为如此，列宁不仅一直期待社会主义革命尽快在世界各国相继发生，而且期待率先发生社会主义革命的国家一旦取得胜利就应该在抓紧进行本国社会主义建设的同时，努力去帮助其他国家取得社会主义革命的胜利，并以世界社会主义国家联邦的形式将先后取得胜利的社会主义国家联合起来，以巩固世界社会主义革命的胜利成果，使世界社会主义革命的胜

---

[1] 列宁：《宁肯少些，但要好些》，《列宁专题文集（论社会主义）》，第 378 页。
[2] 同上。
[3] 同上书，第 379 页。

利获得日益增强的保障。在1915年发表的《论欧洲联邦口号》一文中，列宁在进行分析得出"社会主义可能首先在少数甚至在单独一个资本主义国家内获得胜利"这个结论之后，紧接着就说："这个国家的获得胜利的无产阶级既然剥夺了资本家并在本国组织了社会主义生产，就会奋起同其余的资本主义世界抗衡，把其他国家的被压迫阶级吸引到自己方面来，在这些国家中发动反对资本家的起义，必要时甚至用武力去反对各剥削阶级及其国家。无产阶级推翻资产阶级而获得胜利的社会所采取的政治形式将是民主共和国，它将日益集中该民族或各该民族里的无产阶级力量同还没有转向社会主义的国家作斗争。没有无产阶级这一被压迫阶级的专政，便不可能消灭阶级。没有各社会主义共和国对各落后国家的比较长期而顽强的斗争，便不可能有各民族在社会主义下的自由联合。"[1]在1920年发表的《为战胜邓尼金告乌克兰工农书》中，列宁也明确地号召："我们力求实现世界各民族工农的紧密团结，力求使它们完全合并成为一个统一的世界苏维埃共和国"[2]；"不同民族的工人和农民可以结成真正巩固的联盟，共同为建立苏维埃政权、消灭地主和资本家的压迫、建立世界苏维埃联邦共和国而斗争"[3]。为了更好地领导世界各国社会主义革命运动，列宁还领导建立了全世界共产党的统一组织——共产国际。列宁始终坚信，在共产国际的统一领导下，世界各国无产阶级及其劳动群众同心协力，最终一定能够推翻资产阶级在全世界的统治，推翻帝国主义世界体系，建立起社会主义的世界体系。

---

[1] 列宁：《论欧洲联邦口号》，《列宁专题文集（论社会主义）》，第4页。
[2] 列宁：《为战胜邓尼金告乌克兰工农书》，《列宁选集》第4卷，第98页。
[3] 同上书，第102页。

## 附录 2　布哈林论马克思主义社会学

马克思、恩格斯虽然创立了历史唯物主义理论，但的确如不少人所抱怨的那样，由于这样或那样的原因，他们两人并没有留下一部系统阐述历史唯物主义理论的著作。他们关于历史唯物主义的思想，大多是在与唯心主义思想进行论战（《德意志意识形态》《反杜林论》《路德维希·费尔巴哈和德国古典哲学的终结》）时，出于阐述自己的理论立场的需要，或者是在从事政治经济学等方面的专门研究时，出于向读者交代自己用于指导研究的理论框架之需要，而以一种相对简洁、概括的方式表达出来的。这些表达篇幅不大却内涵丰富，但也遗留了许多值得进一步阐发和探讨的问题，以及对历史唯物主义理论进行完整、系统阐述的需要。因此，在马克思、恩格斯去世之后，出现了许多试图对历史唯物主义理论及其遗留问题进行深入探讨和系统诠释的著作。在这些著作中，布哈林撰写的《历史唯物主义理论：马克思主义社会学通俗教材》（以下简称《通俗教材》）一书，值得从事马克思主义社会学研究的人特别加以关注。其原因主要有三：第一，该书系马克思、恩格斯之后的马克思主义者对历史唯物主义理论进行系统化阐释的最早尝试之一。第二，该书也是马克思主义文献当中以"教材"形式将历史唯物主义理论当作社会学理论来加以系统化阐释的最早尝试之一。[1] 第三，该书在把历史唯物主义理论当作社会学理论来加以阐释的过程中所表述的"平衡论"，被后来的一些马克思主义者认为具有比较典型的"机械唯物主义"色彩，被视为对历史唯物主义理论作"机械唯物主义"（或"庸俗唯物主义"）阐释的代表性作品之一，成为之后包括西方国家的马克思主义者在内的许多马克思主义者论辩的对象。鉴于此，我们特辟一章来对布哈林在这本书中所阐释的思想作一简要梳理。

---

[1]　在布哈林之前，也有马克思主义者如拉布里奥拉、列宁等人将历史唯物主义理论当作马克思主义社会学理论来进行论述，如前者在《关于历史唯物主义》一文中也明确使用过"社会学"一词来指称历史唯物主义理论，后者在《什么是"人民之友"以及他们是如何攻击社会民主党人？》一文中也是如此（见本章有关列宁的附录 1），但他们的论述都是比较零碎的，缺乏布哈林作品所具有的系统性。

## 一、历史唯物主义理论是马克思主义社会学

明确地将历史唯物主义理论界定为马克思主义的"社会学",并尝试以"教材"形式对这种社会学的基本理论作出系统性阐述,这是布哈林《通俗教材》一书的重要特点。为此,布哈林在这本书中不能不首先对什么是社会学、什么是马克思主义社会学、马克思主义社会学有何特点等"绪论"性质的问题作出专门论述。

第一,什么是社会学?为了说明这个问题,布哈林首先解释了各门具体社会科学和社会学之间的关系。布哈林说,人类社会是由经济现象、社会制度、国家组织、家庭关系和道德、宗教、艺术、科学、哲学等不同领域通过十分奇异的结合交错构成的一个复杂的社会生活之流,要认识这种复杂的社会生活,就必须从各个不同方面进行观察,从而形成了社会科学的不同门类。但每一个社会科学门类又都可以分成两类:一类研究某时某地发生过什么事,这就是历史科学;另一类则研究和解决一般性问题,这就是理论科学。[1] 而在社会科学中,"有两门重要的科学,它们考察的并不是社会生活的某个领域,而是整个错综复杂的社会生活;换句话说,它们不是考察某一类现象(或是经济方面的,或是法方面的,或是宗教方面的,如此等等),而是研究社会生活的全部,考察所有各类社会现象。这样的科学,一门是历史学,另一门是社会学"[2]。这两门科学之间的区别是:"历史学探索和阐述某时某地社会生活之流的经过,……而社会学则提出一般性问题:社会是什么?社会的发展或衰亡取决于什么?各类社会现象(经济、法、科学,等等)的相互关系如何?它们发展的原因何在?社会的各种历史形态是怎样的?社会形态更替的原因何在?等等,等等。社会学是社会科学中最一般的(抽象的)科学。"而它们之间的联系则是:"历史学为社会学的结论和概括提供材料,……社会学则为历史学指明一定的观点、研究的方式或通常所谓的方法。"[3]

---

[1] 我们可以想起帕森斯在《社会行动的结构》一书中也对行动科学作过类似的分类。
[2] 布哈林:《历史唯物主义理论:马克思主义社会学通俗教材》,李光谟等译,人民出版社,1983年,第6页。
[3] 同上。

第二，什么是马克思主义社会学？为了说明这一点，布哈林明确重申了马克思主义关于社会科学具有阶级性的论点。布哈林指出，"任何科学，不论拿哪一门来说，都是由于社会的需要或社会阶级的需要而产生的"[1]。社会科学就更是如此。"每个阶级都有自己的实践，有自己的特殊任务和自己的利益，因而对事物有它自己的观点。"[2] 由此，必然形成资产阶级的社会科学和无产阶级的社会科学两种立场、观点完全不同的社会科学，其中自然包括两种立场、观点完全不同的社会学。而无产阶级的社会学就是历史唯物主义，"它又叫作历史的唯物主义方法，或简称为'经济唯物主义'。这种最富有独创性的理论是人类思维和认识的最锐武器。借助于它，无产阶级可以搞清楚社会生活和阶级斗争中一些最复杂的问题"[3]。

有人认为，历史唯物主义只是用来指导人们认识历史的一种方法，而不能被看作马克思主义的社会学，也不能系统地加以阐述。针对这种看法，布哈林明确地回应说：这种看法是不正确的。历史唯物主义"不是政治经济学，也不是历史。它是关于社会及其发展规律的一般学说，也就是社会学"。"历史唯物主义理论是研究历史的方法，这一情况决不抹煞它作为社会学理论的意义。一门较为抽象的科学给不太抽象的科学提供观点（即方法），这是极常见的。"[4]

第三，与其他非马克思主义的社会学相比，被称为"历史唯物主义"或"经济唯物主义"的马克思主义社会学有什么特点？在《通俗教材》一书中，布哈林花了三章的篇幅来回答这一问题。简单来说，马克思主义社会学的基本特点就是：它将辩证唯物主义理论运用于对社会现象的认识，从物质的、运动的、矛盾的观点来理解社会现象。具体言之：

首先，从物质的观点来理解社会现象。自古以来，人类就在努力地理解所观察到的各种现象及其运行规律的本质，并且在这个问题上产生了唯心主义和唯物主义两种对立的立场。唯心主义又有两种具体类型：一种

---

[1] 布哈林：《历史唯物主义理论：马克思主义社会学通俗教材》，第1页。
[2] 同上书，第3页。
[3] 同上书，第7页。
[4] 同上书，第7—8页。

是客观唯心主义，它认为包括各种现象在内的整个世界虽然是一种外在于我们个人意识的客观存在，但却是某种同样外在于我们个人意识的"客观精神"（如上帝、绝对精神等）有意识、有目的创造的产物，我们所观察到的各种现象呈现出来的规律性，也正是源于它们都是依照这种客观精神的目的被创造出来和运行这一点，因而是一种"合乎目的的规律性"。客观唯心主义者就是用这种"合乎目的的规律性"来解释各种现象的产生和变化。这种观点在前科学时代最为流行。随着科学日益发达，人们逐渐认识到，只有人才是有意识、有目的的，将意识、目的一类概念运用于整个宇宙是不可取的。另一种则是主观唯心主义，它认为我们所看到的一切都只不过是我们个人的主观感觉或我们以自己的主观感觉为基础构建起来的东西，没有什么存在于我们个人的主观感觉之外的现象。因此，主观唯心主义用人的主观意识来解释我们对于外部现象的认识。布哈林指出，这种观点更加荒谬，每一点都与人类的实践相矛盾。与唯心主义不同，唯物主义则认为：世界是一种不以我们个人主观意识为转移的客观存在，但也不是某种客观精神的产物；世界是物质性的，意识一类精神现象是人类大脑这种物质的特有属性，而人类是物质世界发展到一定阶段的产物，是物质世界的一部分。因此，"没有物质，精神就不可能存在，而没有精神，物质却可以满不在乎地存在着；物质先于精神，'精神'是具有特殊组织的物质的特性"[1]。物质现象的产生和变化是各种具体物质现象之间相互作用的结果：通过自己的作用引发其他物质现象的状态产生变化的现象叫"原因"，受到它物的作用而发生变化的现象叫"结果"。现象的规律性就是因果规律性，科学研究的目的就是探究这种因果规律性。这种观点也同样适用于理解社会现象。有人认为，唯物主义适用于理解自然界，但不适用于理解社会现象，因为社会现象和自然现象不一样：自然现象是由无意识的物质运动构成的，但社会现象却是由有意识和自由意志的人构成的。"社会由人构成；人们进行思考，采取行动，提出希望，以各种观念、思想、'意见'为指导；由此得出的结论是：'意见支配世界'；意见的改

---

[1] 布哈林：《历史唯物主义理论：马克思主义社会学通俗教材》，第53页。

变,人们观点的改变,是社会上一切事变的基本原因。"[1] 由此形成一种唯心主义的社会(科)学观点:"它们把社会本身看作是某种心理的东西,非物质的东西;按它们的看法,社会就是人们的各种交织在一起的愿望、情感、思想、意志的无限的组合,换言之,就是社会心理和社会意识、社会'精神'。"[2] "随之也就产生出自然科学与社会科学之间的巨大差别。社会科学是有目的的科学,自然科学则从因果关系着眼观察一切。"[3] 布哈林认为,这种观点其实是完全错误的。虽然社会现象是由人有意识地构成的,但是,我们依然会去追问:导致人的意识形成和变化的原因又是什么呢?可见,在这里,我们就像在自然科学中一样,是在寻求对社会现象的因果解释。而一旦我们去寻求这个问题的答案,我们就会发现,人的意识是由他的物质生活条件所决定的。例如,在资本主义社会,资产阶级希望通过各种措施来巩固自己的统治,而无产阶级则希望推翻资产阶级的统治。为什么他们希望达到的目的会有这样的区别呢?原因就在于他们各自的物质生活条件,是他们各自不同的物质生活条件决定了他们具有各不相同的社会意识和行动目的。而个人的物质生活条件则是由社会的结构状况决定的,社会的结构状况则是由众多(甚至相互冲突)个人意志交互作用以及社会的总体物质生活条件所决定,因而是一种不仅不以个人主观意志为转移,反过来一旦形成还要决定个人行为的客观存在。[4]

其次,从运动的观点来理解社会现象。辩证唯物主义认为,世界不仅是物质的,而且是运动的。观察我们周围的世界,我们就会发现,小到最小的物质粒子,大到日月星辰,一切物质都处于不断的运动和变化之中。换言之,事实上没有凝固不变的事物,而只有过程。"运动着的物质——这就是世界。因此,要理解一种现象,就需要从它的产生(它如何出现,从哪里出现,为什么出现)、它的发展和它的消灭中来考察它。"[5] 这就是运

---

[1] 布哈林:《历史唯物主义理论:马克思主义社会学通俗教材》,第58页。
[2] 同上书,第59页。
[3] 同上书,第20页。
[4] "由个人意志构成的某种社会结果一经形成之后,这种社会结果就决定着个人的行为。这条原理必须强调,因为它非常重要。"(同上书,第33页。)
[5] 同上书,第64页。

动的观点。这种运动的观点也包含联系的观点。这是因为,"既然世界处于不断的运动之中,就必须从相互联系中、而不是从绝对独立(隔绝)的状态中观察现象。实际上,世界的所有各个部分都是相互联系、相互影响的。一处地方发生了极小的移动、变化,其他一切都会因之而变化"[1]。因此,从运动的观点看问题,也就是要从联系的观点看问题。这种从联系和运动的观点看问题的方法就是辩证方法。和唯物主义一样,这种辩证的观点也不仅适用于自然界,同样适用于社会。人类社会中的一切现象,包括社会的技术装备、社会制度、人和人之间的关系、家庭形式和婚姻制度、生活方式、道德和习俗、宗教和科学观点等,也都是处于不断的运动和变化之中。因此,我们也必须采用运动、变化的观点来理解社会。具体说来,"第一,应当按照各自的特点去理解和探讨每一种具体的社会形态"。不能把一切时代和一切社会形态看作同样的东西,不能把农奴、奴隶和工人无产者混为一谈,也不能对奴隶主、地主和资本家不加区别地看待,以为自古以来就有无产者和资本家,就有资本主义社会制度。"第二,应当从内部变化过程来研究每一种具体的形态。"不能认为一开始就存在着某种始终不变的社会结构形式,然后又被另一种始终不变的社会结构形式所替代。事实上,每一种社会形态在其存在期间都是始终处在变化过程当中的。"第三,必须从产生和必然的消失中即从与其他形态的联系中考察每一种具体的社会形态。"任何社会形态都不是从天而降的,都是以前的社会形态变化发展的必然结果,并且必然会变化发展为另一种新的社会形态。因此,为了理解任何一种社会形态,就必须追溯它的根源,探究它产生的原因、形成条件、发展动力,以及它必然灭亡的原因,它向另一种更新的社会形态运动的趋势。这种观点也可以叫作"历史的观点","因为在这里每一种社会形态不是被当作永恒的、而是被当作历史上暂时的形态来考察的:它在一定的历史时刻出现,也同样在一定的历史时刻消失"。[2]

再次,从矛盾的观点来理解社会现象。在这里,我们将看到布哈林著名的"平衡论"。布哈林指出,辩证唯物主义不仅认为世界是运动和变

---

[1] 布哈林:《历史唯物主义理论:马克思主义社会学通俗教材》,第65页。
[2] 同上书,第69—72页。

化着的，而且认为各种事物的运动、变化都是由其包含的内在矛盾引起和推动的。如果世界上没有相互矛盾的各种力量之间的冲突和斗争，那么整个世界都将处于"不动的平衡"状态，即处于完全的、绝对的稳定状态，处于排斥任何运动的完全静止状态。但事实上，这种绝对稳定、完全静止的"平衡"状态在现实世界中是不存在的。这并不是说在现实世界中没有"平衡"状态。我们在现实世界里可以观察到许多事物在很多时候表面上看都处于"平衡"状态，如各种生物与特定环境之间的适应即是两者之间的一种"平衡"，地球和太阳之间也存在着一种力量的平衡，资产阶级和无产阶级之间也经常处于一种相互适应即"平衡"的状态。但所有这些"平衡"都不是绝对稳定和完全的静止状态，而只是一种"动的平衡"状态，即"平衡一经确立，随即就被破坏；又在新的基础上重新确立起来，又再度被破坏，如此循环往复"[1]。之所以如此，就是因为事物的存在状况是由其内外各种力量之间的相互作用即矛盾状况决定的。"世界上存在着各种作用不同的互相反对的力。它们只是在某些例外的场合才在某一时刻互相平衡，这时就出现'静止'状态，也就是说它们的实际的'斗争'隐蔽起来了。但是只要其中的一个力改变，'内在的矛盾'就立刻暴露，平衡遭到破坏，如果立即确立新的平衡，那么这种平衡是在新的基础上即在各种力的另一种结合条件下确立的。"[2]

影响事物存在状况的矛盾主要有两类。一类是事物与其外部环境之间的矛盾。包括人类社会在内的任何事物"都可以看成是由互相联系着的各个部分（要素）组成的某种整体；换句话说，我们可以把这个整体看作是一种体系。每一个这样的事物（体系）都不是存在于真空之中；它周围有自然界的其他要素，这些要素对它来说就叫作环境"。"在环境和体系之间存在着经常的联系；'环境'作用于'体系'，'体系'反过来又作用于'环境'。"[3] 布哈林认为，可以将环境和体系之间的关系大体区分为三类：第一，"稳定的平衡。当环境和体系之间的相互作用表现为不变的状

---

[1] 布哈林：《历史唯物主义理论：马克思主义社会学通俗教材》，第76页。
[2] 同上。
[3] 同上书，第78页。

态，或者表现为遭到破坏的旧状态重新恢复到原来的形式时，就会出现稳定的平衡"。例如，我们可以在停滞型的社会中看到这种情形："假如社会与自然界之间的关系不变，就是说，如果社会通过生产从自然界吸取的能同所消耗的能一样多，那么社会与自然界之间的矛盾也就以先前的形式重现，社会停滞不前，于是我们看到的就是稳定平衡的情况。"[1] 第二，"带正号的平衡（体系的发展）"。事实上，稳定的平衡只是想象中的，"平衡的破坏在现实中不会导致在和过去丝毫不差的相同基础上恢复平衡，而是在新的基础上造成的新的平衡。……我们的'体系'将会增长起来；新的平衡在更高级的基础上确立起来。这里就出现了发展"。仍以社会为例，"假定它与自然界之间的关系是这样改变的：社会通过生产从自然界所吸收的能大于所消耗的部分（土壤更肥沃了，或者出现了新的工具，或者两者都有），——于是这个社会将发展起来，而不是停滞不前"。[2] 社会与自然界将在一种更高级的基础上达到一种新的平衡，一种导致体系增长和发展的平衡，所以是一种带正号的动的平衡。第三，"带负号的动的平衡"。即出现了跟刚才说的完全相反的情况：新的平衡是在更低级的基础上确立的。如"社会不得不耗费得越来越多，收益越来越少（土地日益贫瘠，技术每况愈下，等等）。那时，新的平衡每一次都由于社会的一部分毁灭而在降低的基础上确立起来，这将是带负号的运动：社会将是趋于毁灭和瓦解的社会"。[3]

除了体系和环境之间的矛盾之外，影响事物存在状况的还有体系内部各个部分（要素）之间的内在矛盾。以人类社会为例，"各个阶级之间的矛盾，各个集团之间的矛盾，各种理想之间的矛盾，人们劳动方式和劳动产品分配方式之间的矛盾，生产中的不协调，——一连串数不清的矛盾。所有这些，都是由体系的矛盾着的构造产生出来的体系内部的矛盾（'结构矛盾'）"[4]。这些内部矛盾可能毁灭社会，也可能暂时还没有毁灭社会，

---

[1] 布哈林：《历史唯物主义理论：马克思主义社会学通俗教材》，第79页。
[2] 同上书，第79—80页。
[3] 同上书，第80页。
[4] 同上书，第81页。

后面这种情况也是由于社会各要素之间存在着动的平衡。

布哈林认为,体系和环境之间的外在矛盾与体系内部各要素之间的内在矛盾这两类矛盾之间也存在着关联。这种关联就是:"体系内部构造(内部平衡)的变化,应当取决于体系和环境之间存在的关系。体系和环境之间的关系是决定因素。因为体系的整个状况,它的运动的基本形式(衰落、发展、停滞)正是由这种关系决定的。"[1]就社会而言,则意味着"社会与自然界之间的平衡的性质,决定着社会运动的基本路线。……内部(结构)平衡是依赖于外部平衡的因素(是这种外部平衡的'函数')"[2]。例如,当社会与自然界之间处于一种带正号的、发展的平衡过程之中,社会内部的结构矛盾不可能持续地朝相反的方向变化,它必须要发生变化以适应外部平衡的性质。

在作了上述这样一些重要的铺垫之后,布哈林就正式进入对马克思主义社会学理论基本内容的叙述。以下我们简述之。

## 二、"社会平衡论":布哈林阐释的"历史唯物主义"

布哈林对历史唯物主义社会学理论的阐释正是建立在上述"平衡论"基础上的。以其"平衡论"为基础,布哈林从外部平衡、内部平衡以及平衡的破坏和恢复三个方面入手,阐述了一种与帕森斯的"社会系统论"非常相似但却完全基于"唯物主义"立场的结构论社会学理论。

社会学是关于社会(形成和变化)一般规律的科学。那么,什么是"社会"呢?这也是一个对社会学来说虽然非常核心但迄今为止都没有统一答案的问题。对此,布哈林一开始的回答是:"最广泛的、包含人们之间一切持续的相互作用在内的相互作用的体系,就是社会。"[3]在给出这个定义时,布哈林特别强调了三点:第一,社会是一个由许多人通过相互之间的作用和联系所构成的"体系",而非一个单纯由许多独立的个人简单集合在一起的"逻辑集合体"。第二,除了"社会"之外,在社会内

---

[1] 布哈林:《历史唯物主义理论:马克思主义社会学通俗教材》,第81—82页。
[2] 同上书,第82页。
[3] 同上书,第92页。

部还存在着许多"局部体系",如阶级、集团、政党、各种小组、社团和联合会等,但这些局部体系之间也是存在着相互作用的,并因此而构成一个更为复杂、完整的"社会"体系。因此,不能认为只有各种局部体系,而不存在"社会"体系。第三,不能把社会和"有机体"等同起来,因为在后者那里各个部分不能相互反对,否则整个身体就会毁灭。将社会等同于有机体的含义就是:统治阶级是头,工人或奴隶是手和脚;既然手脚必须服从头脑,所以工人或奴隶就应该服从统治阶级。这显然是一种反动的理论。

在给出了上述定义和作了上述解释之后,布哈林接着问:在社会生活中人们之间的相互作用是多种多样的,那么,"在所有这些相互作用中,整个体系平衡的基本条件何在?什么是社会联系的基本类型,即一切其他社会联系都以之为转移的类型?"布哈林的回答是:作为整个社会体系平衡之基本条件,因而一切社会联系都必须以之为转移的基本联系,就是"人们之间的劳动联系"。原因很简单:"为了说明这一点只要作相反的设想就行了。假设有一天人们之间的劳动联系消失了,产品(或商品)不再从一地流向另一地,人们不再为彼此工作,社会劳动失去了它的社会性质。结果将会怎么样呢?结果社会就将消失,化为碎片。"[1]这也可以从上面提到的体系平衡理论得到说明。按照上述体系平衡理论,"社会的全部生活,甚至有关社会的存亡的可能性这个问题本身,依赖并取决于社会与自己的环境即自然界的关系"。那么,"究竟人们之间哪一种社会联系最接近、最直接地体现这种与自然界的关系呢?很清楚,正是劳动联系。劳动是社会与自然界之间的接触过程。通过劳动,能量不断从自然界流向社会,社会就依靠它而生存和发展。劳动还表现为对自然界的主动适应。换言之,生产过程是社会的基本生活过程。因此,劳动联系是基本的社会联系"。[2]据此,布哈林将其关于社会的定义修改如下:"社会是相互作用着的人们的最广泛的、包含他们的一切持续性相互作用、建立在他们的劳动联系之上的体系。"布哈林认为,这样我们就有了一个完全唯物主义的社

---

[1] 布哈林:《历史唯物主义理论:马克思主义社会学通俗教材》,第94页。
[2] 同上书,第95页。

会观。这个社会观认为,"社会构造的基础是劳动联系,就像生活的基础是物质生产过程一样"。[1]

社会是建立在人们的劳动联系之上的相互作用体系,因为和其他任何一种体系一样,作为人们之间相互作用的体系,社会的存在必须建立在它与自然环境之间的动态平衡之上,而劳动方面的联系正是处于相互作用关系之中的人们用来处理自己与自然界之间的关系、建立自己与自然界之间动态平衡的主要途径。那么,社会是怎样通过劳动过程来建立其与自然环境之间的动态平衡的呢?

布哈林引用马克思的话语解释说:"劳动首先是人与自然界之间的过程,是人以自身的活动来引起、调整和控制人与自然界之间的物质变换的过程。"[2] 人要生存,就必须从外部自然界汲取物质能量,但同时也要消耗自己的身体能量,包括活的身体能量和过去消耗但已经凝结在劳动生产资料当中的身体能量。这种通过消耗一定的自身体力和生产资料来从外部自然界汲取物质能量的过程就是人的劳动过程。通过劳动,实现人与自然界之间的物质变换:一方面人消耗自己的体力,另一方面又通过这种体力的消耗过程将一定类型和数量的自然物质从原始形式转变为能够用于满足自己生存需要的形式。和动物对自然环境的消极适应不同,人类社会的生产过程是对自然环境的积极适应。它在适应环境的同时,也使环境发生适应于人类自身的改变。这是人类劳动与动物行为之间的根本区别之一。人要持续生存下去,这种劳动生产过程就必须周而复始不断进行,这种周而复始不断进行的劳动过程就叫再生产过程。那么,在这种通过劳动来达成人类社会与自然环境之间动态平衡的过程中,对于社会和环境之间的平衡状态来说最具决定性的因素是什么呢?不是别的,是社会的劳动生产能力,即生产力。

我们可以举例来对此加以说明:假如有一个社会,为了抵偿自身最必要的需求,不得不耗费自己的全部劳动时间。即是说,通过对现有劳动力和生产资料的耗费,又生产出同等数量的这类产品。在这种情况下,这个

---

[1] 布哈林:《历史唯物主义理论:马克思主义社会学通俗教材》,第96页。
[2] 同上书,第118页。

社会进行劳动生产的结果只能是勉强收支相抵,没有富余的产品。这样的社会将始终停留在原来的简单再生产和贫困生活水平上无法发展(社会体系处于"稳定的平衡"状态)。现在假定,由于某些原因(迁徙到一个新地方,或者劳动工具有了改变等),这个社会的成员只需要花费原来一半的劳动时间就可以获得与原来同样数量的产品。这时,该社会的成员就可以腾出一半劳动时间来从事其他工作,如制造新工具,开辟新劳动部门,以及某种"精神劳动"等,使再生产过程超出简单再生产的水平,转变为扩大再生产。新工具、新部门以及精神劳动的成果又可能使该社会成员生产同等数量产品的劳动时间进一步减少,从而腾出越来越多的时间去从事更多更新的其他工作,使再生产过程不断扩大,从而使得该社会的成员可以在同等劳动时间里生产出越来越多的产品(社会处于"带正号的平衡"状态)。现在再假定,由于某种原因,该社会的成员需要两倍的劳动时间才能生产出与原来同样数量的产品,那么,这就意味着,该社会的再生产处于缩小过程中,如果这个社会不做一些改变(迁移到新地方,或者发明新工具等),这个社会中的一部分人就不可避免会被毁灭(社会处于"带负号的平衡"状态)。由此可见,社会体系与自然环境之间的平衡状态,完全取决于社会成员通过劳动生产"开发出来的有用能量的数量和社会劳动的消耗量之间的关系"[1],准确地说,取决于单位劳动时间内的产品数量,即劳动生产率。"社会劳动生产率十分准确地反映了社会与自然界之间的整个'平衡'。社会劳动生产率也就是环境与体系之间那种相互关系的指标,它决定着这一体系在环境中的状况,它的变化标示着社会全部内在生活不可避免的变化。"[2]

  劳动生产率受到三个量的影响:产品量、在劳动中消耗的生产资料(包含在生产资料中的劳动)的量、劳动力(活的劳动者)的量。后面两个量决定着前面那个量,"如果我们对某一社会有所了解,知道它所掌握的生产资料是怎样的,它们有多少,有什么样的劳动者,这些劳动者又有多少,那末,我们就会知道社会劳动生产率如何,这个社会驾驭自然界达

---

[1] 布哈林:《历史唯物主义理论:马克思主义社会学通俗教材》,第126页。
[2] 同上书,第125页。

到什么程度,这个社会使自然界服从自己到什么程度,等等"。这两个量加在一起就构成了社会物质生产力。而在这两者当中,又是生产资料决定劳动力。"比如说,如果在社会劳动的体系中出现了排字机,那末,也就会出现相应的受过训练的工人。"生产资料又分为原料和劳动工具,其中劳动工具是主动的部分,因为人是用它来加工原料的。如果我们知道一个社会使用什么劳动工具,我们就会知道它使用什么原料。"这样,我们就能够完全有把握地指出:社会和自然界相互关系的精确的物质标志,是该社会的社会劳动工具的体系,即技术装备。在这种技术装备中反映出社会的物质生产力和社会劳动生产率。"[1] "社会的技术装备体系是社会与自然界之间关系的精确的物质标志。"[2] 由此就可以引申出这一科学原则:"在考察社会、社会的发展条件、形态、内容等等时,应当从分析生产力或从社会的技术基础着手"[3],而不能从其他的方面,如自然界的状况、人口增长的状况等着手。因为作为社会存在的条件,后面这些因素虽然对社会体系的存在和发展会有一定影响,但其影响的程度和状况归根结底也是由社会的生产力状况来决定的。布哈林就是以这样一种出人意料的方式论证了马克思主义关于生产力是整个社会形态存在和发展之决定性因素的原理。

除了社会体系与自然环境之间的动态平衡之外,社会运动还包括社会体系内部各部分或各要素之间的动态平衡。这方面的思想既是历史唯物主义理论的主要部分,也是布哈林《通俗教材》一书的主要内容(占据了该书差不多一半的篇幅)。我们尽量对其作一简要归纳。

如前所述,社会体系是人们之间建立在劳动联系基础之上的相互作用体系。作为这样一种体系,它的基本构成要素当然首先是人,但实际上并不限于人。除了人之外,还必须包括一定的物。这里的物涵盖前面提到的社会成员在劳动生产过程中所使用的技术装备体系,但并不限于技术装备体系,而是包括了社会生活所涉及的所有物质,如建筑、道路、港口、图书馆、天文台、书籍、地图、实验室、测量仪器、烧瓶等。它们是社会

---

[1] 布哈林:《历史唯物主义理论:马克思主义社会学通俗教材》,第127页。
[2] 同上书,第128页。
[3] 同上书,第133页。

生活不可或缺的部分，因此也是"社会存在"。此外，还必须包括观念因素，因为人并不单纯只是一具肉体，而是有思维、有意识的行动者；人们之间的关系也不只是物质的劳动关系，还有心理的、精神的关系。因此，社会体系实际上是由物、人和观念三种基本要素构成的。这三种要素都自成体系，分别形成物的结构、人的结构和观念的结构，它们共同组成了社会体系的体系。显然，这三种结构之间必须存在相互联系、相互适应的关系，否则社会就无法存在。那么，它们之间是如何相互联系和相互适应的呢？这就是社会体系的内部平衡问题。

首先，如前所述，我们看到，社会体系的存在必须以社会用来实现其与自然环境之间动态平衡的基本过程即劳动生产过程为基础，社会体系的存在状况取决于社会的劳动生产力，而劳动生产力的状况又取决于社会的技术装备状况。因此，我们对社会内部平衡运动的考察也必须从对社会技术装备状况的考察入手。布哈林认为，正像一个社会里的成员是相互联系构成一个体系一样，任何一个社会里分处不同领域的各种技术装备也不是各自独立存在的，而是互相联系形成一个统一的整体，形成一个社会的技术装备体系。"在任何一个时候，这个技术装备的各个部分都是按照一定的比例、一定的关系结合起来的。如果说在一个工厂中，若干台机床需要配有若干只纱锭、若干名工人等等，那么在整个社会里，在比较正常的社会再生产进程的条件下，一定数量的高炉便需要配有冶金工业、纺织工业、化学工业以及其他各种工业中一定数量的机器和机械工具、一定数量的生产资料。"[1] 显然，依照前面关于生产资料和劳动力之间关系的论述，我们就可以得出这样一个结论："任何一个社会的技术装备体系也就决定着人们之间的劳动关系的体系。"[2] "只要社会存在着，那么在它的技术装备和它的经济之间，也就是说，在它的全部劳动工具和它的劳动组织之间，在它的物的生产机构和它的人的生产机构之间就应该保持一定的平

---

[1] 布哈林：《历史唯物主义理论：马克思主义社会学通俗教材》，第 152 页。显然，布哈林在这里是将现代工业社会里发生的情况夸大为所有社会里的情况了。

[2] 同上。

衡。"[1]例如，在古希腊罗马社会，社会只有一些最简单的技术设备，如斧头、锥子、锄、链条等。在这样的技术装备基础上，工作者的类型就只能是铁匠、木匠、泥水匠、织布工等，工作者之间的劳动关系也只能是一种相互联系不太密切的手工业生产关系，在某些需要开展大规模生产的地方就只能是奴隶制的生产关系（如果是现代机器那样复杂的设备，奴隶劳动就会得不偿失，因为奴隶没有劳动积极性，会损害复杂的机器）。而在现代资本主义社会的生产过程中，使用的是高度复杂的现代机器技术装备，因而也就产生了与现代机器技术装备相适应的，无论是在工人之间还是各个企业、各个部门之间都存在着复杂的密切联系的劳动分工关系。"正如从古希腊罗马的技术装备中产生中小生产所固有的生产关系一样，从现代技术装备中产生大生产的生产关系。在上述两种场合，社会的技术装备和社会的经济之间都存在着相对的平衡。"[2]

当然，上面讲的劳动关系，即由社会技术装备决定的人们之间的配合关系，只是生产关系的一个方面。除了这个方面之外，生产关系还有另外一个方面，即人们在生产过程中的地位关系。考察人们在生产过程中的关系，我们会发现：有些人如翻砂工、装配工、铁工等，他们虽然工种不同但却处于"同一地位"；但另外一些人，如工人、中等技术人员、高级职员和企业主、资本家等，他们却是处于不同的地位。人们在生产过程中所具有的这种不同地位，就是把人们划分成不同阶级的基础。而人们在生产过程中的这种不同地位，则是以包括生产工具在内的生产资料在人们之间的不平等分配为依据的。在生产过程中，不仅要对人进行分配，"即按照人们在生产过程中的不同作用而在生产过程中对人们的配置"，而且要将包括生产工具在内的生产资料在这些人之间进行分配。"资本家、大地产领主和地主掌握着这些劳动资料（工厂和机器，庄园和苦役作坊，土地和建筑物），而工人则除了自己的劳动力以外没有任何生产资料，奴隶甚至连自己的身体都不能支配，农奴的处境也和奴隶相差无几。这样一来，我们看到，各个阶级在生产过程中所起的不同的作用，是以它们之间生产资

---

[1] 布哈林：《历史唯物主义理论：马克思主义社会学通俗教材》，第153页。
[2] 同上书，第160页。

料的分配为依据的。"[1]"因此，构成阶级与阶级之间关系的特殊形式的生产关系，是由人们的这些集团在生产过程中所起的不同作用和生产资料在他们之间的分配所决定的。产品的分配完全由此决定。"[2]布哈林说，这种跟生产资料的不同分配相联系的"阶级性生产关系"在社会中具有特别重要的意义，因为正是它们首先决定着社会的形态、结构，即马克思所称的经济结构。

不过，尽管阶级性的生产关系是以生产资料的不同分配为依据的，但归根结底，和人们在生产过程中形成的其他生产关系一样，它们最终也是由社会的技术装备状况所决定的。手工业时代的阶级性生产关系和大工业时代的阶级性生产关系就是两种完全不同的生产关系。"因为技术装备一旦发生变化，社会分工就要随着发生变化，生产中的一些职能就会消失或变得不很重要，而新的一些职能就会出现，如此等等。与此同时，阶级的划分也会起变化。当社会生产力不发达时，这个社会里的工业是十分不发达的，社会经济则具有土地的、农业的、乡村的性质。不难理解，在这样的社会里占优势的是农村各阶级，而在整个社会里为首的则是大土地占有者即大地主。相反地，当社会生产力已经达到高度发展的数值时，就会出现强大的工业、城市、工厂区等等。这样一来，正是城市各阶级具有巨大的影响。地主在工业资产阶级或资产阶级的其他阶层面前退居次要地位。无产阶级成为一支强大的力量。"[3]

人们在社会生产过程中所形成的各种生产关系的总和，就是社会的经济结构，它构成了一个社会体系存在的现实基础。在这个现实的基础之

[1] 布哈林：《历史唯物主义理论：马克思主义社会学通俗教材》，第164页。布哈林在这里试图加以阐述的是马克思、恩格斯在《德意志意识形态》一书中表述过的几段话，即"分工从最初起就包含着劳动条件——劳动工具和材料——的分配，也包含着……所有制本身的各种不同的形式"（《马克思恩格斯文集》第1卷，人民出版社，2009年，第579页）。因此，"分工的各个不同发展阶段，同时也就是所有制的各种不同形式。这就是说，分工的每一个阶段还决定个人在劳动材料、劳动工具和劳动产品方面的相互关系"（同前书，第521页）。但实际上，无论是在马克思、恩格斯的表述中，还是在布哈林的阐释中，都存在着一些令人困惑的地方。关于这方面的具体讨论，请见谢立中：《职能关系与财产关系：两重性质还是两种关系？——社会理论中的一个重要问题》，《社会理论学报》2004年秋季号；另见谢立中：《社会理论：反思与重构》，北京大学出版社，2006年，第205—223页。

[2] 布哈林：《历史唯物主义理论：马克思主义社会学通俗教材》，第164页。

[3] 同上书，第166页。

上，则耸立着马克思所说的各种"上层建筑"，即社会生活的其他方面，包括"社会的社会政治制度（它的国家政权结构，阶级、政党的组织，等等）；习惯、法和道德（社会规范，也就是人们的行为准则）；科学与哲学；宗教、艺术，最后还有语言"。[1] 所有这些现象，除了社会的社会政治制度以外，统称为精神文化或意识形态。所有这些被归为"上层建筑"的现象，其维持和变化则都是由它们赖以存在的现实基础即社会的经济结构的变化决定的。其中，与被称为精神文化或意识形态的那些现象相比，社会的政治结构从经济结构那里受到的影响更为直接。而国家政权则是社会政治结构最鲜明的表现，所以从国家政权这里可以最好地看到经济结构对于社会政治结构的决定性作用：首先，国家是随着阶级性生产关系的出现而出现的，是在生产过程中出现了阶级对立的情况下用强力来维系各个阶级之间的联系、维持社会平衡使之不至因阶级对抗而分崩离析的机构。其次，各个阶级围绕国家形成的关系是由它们在生产过程中所形成的关系决定，即在生产关系中占统治地位的阶级同时也就是国家政权的掌握者，国家实质上不过是生产关系中占统治地位的阶级用强力来维护自身地位和利益的工具。再次，国家政权机构本身的结构也反映着经济的结构。例如，在资本主义社会里，生产中的最高指挥官是资产阶级，其次是工厂经理，处于中等地位的是知识分子，工人则处于底层位置。在资本主义国家中也是如此：国家最高领导及其部长们、高级军官等都是来自资产阶级，知识分子在国家机构中充任中级官员或军官，而低级公务员、士兵等则处于与工人阶级相似的地位，等等。除了国家政权之外，政党组织等也是类似这样地由社会的经济结构决定的。

在考察社会的政治上层建筑时，还必须注意：和整个社会一样，政治上层建筑也不单纯是由人构成的，而是由物、人和观念配合而成的。以国家机构为例，它也是由各种物（建筑、技术装备等）、人员组织和相关观念（法律、命令等各种规范）构成的。作为国家一部分的军队也是如此：它有自己的技术装备（武器、军需供应）、按一定方式配置的人员结构，

---

[1] 布哈林：《历史唯物主义理论：马克思主义社会学通俗教材》，第169页。

以及灌输给军队所有成员的各种观念（服从、守纪律等观念）。在这里，无论是国家机构还是军队，它们的技术装备状况归根结底是由其所处社会的总的技术装备状况决定的："如果人们不会炼钢，也就是说，如果没有相应的生产资料，就不能造出大炮。"[1]这依然反映了社会的经济结构对政治上层建筑的决定作用。而其人员的配置状况和观念状况则一方面如前所述以社会的阶级结构为转移（哪个阶级在经济结构中占统治地位，在国家机构和军队的人员结构和观念体系中也就占据统治地位），另一方面则受到国家机构和军队自身技术装备状况的影响（如军队中的兵种结构和职位结构都需依据武器的性质和类型来决定）。因此，总结起来，可以说，社会的政治上层建筑也是由互相联系的各种要素组成的复合物。"它是由社会的阶级构造所决定的，——而社会的阶级构造又以生产力即社会的技术装备为转移。它的一些要素直接以技术装备为转移，而另一些要素则既以社会的阶级性质（它的经济）又以上层建筑本身的'技术装备'为转移。由此可见，它的一切要素都直接或间接以社会生产力的发展为转移。"[2]

被纳入精神文化或意识形态范畴的那些观念上层建筑与经济结构之间的关系也是如此。以社会规范为例。首先，各种社会规范，如法律、道德、习俗等，也是为了调节人们在生产关系中产生的各种利益矛盾、维持社会内部的动态平衡而形成的，在阶级社会中则是为了抑制阶级矛盾使之不至于发展到使社会解体的程度、维持社会内部平衡而产生的。其次，这些社会规范的结构也是由人们的经济结构状况决定的：一方面，在经济结构中有多少社会集团或阶级，那么，在社会的规范结构中也会有多少不同的规范种类，每一个社会集团或者阶级都会需要反映自身利益、维护自身集团或阶级纽带的法律、道德或习俗；另一方面，在经济结构中居统治地位的阶级，其社会规范在整个社会的规范结构中也会占据统治地位。因此，社会的规范结构总是要也必然要随着社会的经济结构的变化而变化。但由于社会的经济结构是随社会生产力状况的变化而变化的，就此而言，我们也可以说，社会的规范结构状况归根结底也取决于生产力的发展。

---

[1] 布哈林：《历史唯物主义理论：马克思主义社会学通俗教材》，第175页。
[2] 同上。

除了社会规范之外，上层建筑领域还存在着一些更具观念性质的内容，如科学、宗教、哲学、艺术、语言、思维，以及社会心理等。这些上层建筑形式与经济结构之间的关系虽然各有特点，如科学的发展很大程度上取决于科学技术装备方面的改变，宗教受到政治制度的影响，哲学和生产力及经济结构之间的关系要经过相对更多的中间环节，艺术的发展和科学类似也受到艺术技术装备的约束，等等，但这些意识形态形式的上层建筑的存在和发展归根结底还是和法律、道德、习俗等社会规范一样，取决于社会经济结构的变化。例如，科学的内容来自技术和经济领域，科学技术装备的发展归根结底也取决于物质生产力，科学思维方式也取决于社会经济结构，甚至阶级结构也会在科学上留下自己的烙印。宗教不仅起源于生产关系和生产关系所制约的政治制度，而且其内容、组织形式及其仪式也随着生产关系和政治关系的变化而变化。哲学的存在和发展归根结底也依赖社会的经济和技术装备的发展。艺术则"以各种方式，直接地或间接地、无中介地或通过大量中间环节，决定于经济制度和社会技术装备"[1]。思维和语言也不仅是在生产力发展的影响下发展起来，而且其内容与形式也随着"社会及其劳动组织和技术骨架发展中的变化"[2]而变化。最后，各种社会心理（阶级心理、集团心理、职业心理等）也是依社会生产方式、社会的经济结构的变化而变化。

总而言之，我们可以将社会体系的内部结构划分为经济结构和上层建筑两大部分，在这两大部分中，经济结构构成了整个社会体系得以存在和发展的现实基础，因而也决定了包括政治上层建筑和意识形态在内的全部上层建筑的存在和变化。当然，从马克思主义的理论立场来看，在现实社会中并不存在抽象的、一般的社会，存在的只是各个特殊的、具体的、历史的社会形态。就这些具体的、历史的社会形态而言，在任何一种特定类型的社会体系中，包括政治上层建筑和意识形态在内的全部上层建筑都必须与作为其基础的特定经济结构相适应，否则该类型社会体系内部各部分之间的动态平衡关系就将遭到破坏，社会就将解体。布哈林用"风格的

---

[1] 布哈林：《历史唯物主义理论：马克思主义社会学通俗教材》，第227页。
[2] 同上书，第242页。

统一"来描述社会体系内部各部分之间的这种相互关系。他认为，如果说不同时代的艺术各自具有特殊的"风格"，那么也可以将"风格"一词用于社会体系内部的其他部分，如科学的"风格"，甚至意识形态的"总风格"、政治上层建筑的"风格"、社会经济结构的"风格"等。这样，我们就可以看到，在每种社会形态内部，社会各部分之间的统一性就可以通过社会各部分"风格"上的统一性表现出来。例如，封建社会内部各领域的"风格"都可以用"固定的等级制"这一原则来统一表达：经济结构中的等级制依赖关系、政治生活中的等级制关系，以及宗教、科学、艺术乃至整个意识形态领域中的等级制风格。而这种社会内部各部分"风格"上的统一性归根结底源于经济基础对上层建筑的决定作用。以艺术这种上层建筑形式为例："我们看到，艺术在任何一个时代都有自己的特殊'风格'，即通过特殊形式表现的特殊性质。这些特殊形式（例如埃及艺术）与特殊的内容相适应，这种内容与一定的意识形态相适应，这种意识形态与一定的心理相适应，这种心理与一定的经济相适应，这种经济与生产力的一定阶段相适应。"[1]布哈林将社会生活的各部分都必须与其经济基础相适应这一原则称为"社会生活的形成原则"。

但是，布哈林指出，也不能单方面强调上层建筑对经济基础的依赖性或适应性。事实上，在经济基础和上层建筑之间同样存在着复杂的相互作用。一方面，如前所述，经济基础决定着上层建筑的产生和变化；另一方面，各种上层建筑对于经济基础和社会生产力也存在着反作用。"它们可能是促进（经济基础和生产力发展）的力量，在一定条件下又可能成为发展的障碍。但是它们总是这样或那样反过来影响经济基础和影响生产力状况。换言之，在不同类别的社会现象之间发生着不断的相互作用的过程。原因和结果经常交换位置。"[2]因此，单纯强调经济因素或者是政治、意识形态等上层建筑因素对于社会存在和发展的重要性，都是不正确的。尽管如此，有一点是保持不变的："在任何一个时候，社会的内部构造，决定于这一社会和外部自然界的相互关系，即决定于社会物质生产力状况"；

---

[1] 布哈林：《历史唯物主义理论：马克思主义社会学通俗教材》，第271页。
[2] 同上书，第268页。

"发生在社会内部的所有难以计数的过程、社会的各种力量和要素的无穷尽的相互影响、冲突和交错，——所有这一切都发生在社会和自然界的相互关系所提供的总的范围内"；"社会不同部分之间无穷的相互依赖关系，毫不排斥一切社会现象对生产力的发展的基本的、最深刻的依赖关系；在社会中起作用的原因的多样性，与一个统一的社会发展的规律性的存在毫不矛盾"。[1]

由上可见，在社会生活中，始终存在着社会体系与自然环境之间、社会体系内部各部分之间的相互作用即矛盾运动，人类社会的存在和发展就是通过这些矛盾运动所达成的动态平衡来实现的。人类社会的存在和发展，既依赖社会和自然环境之间的矛盾运动所达成的外在平衡，又依赖社会体系内部各部分之间的矛盾运动（它又可以进一步区分为社会体系内部每一领域内部的矛盾，如经济领域内部不同劳动岗位之间的矛盾，政治领域不同阶级之间的矛盾，意识形态领域不同阶级的意识形态之间的矛盾等；各个领域之间的矛盾，如经济和政治之间的矛盾，经济和意识形态之间的矛盾，科学和哲学之间的矛盾等）[2]所达成的内在平衡。像孔德等人那样把社会的秩序即平衡看作完全没有内外矛盾的纯粹静止的平衡状态，是错误的。但是，人类社会的存在和发展并不仅仅依赖上述两类矛盾运动。在人类社会的发展过程中，除了上述两类矛盾外，还存在着一种非常重要的矛盾运动，即社会生产力的运动与社会经济结构以及社会内部其他各种结构之间的矛盾运动，它体现的是"社会和自然界之间的关系与社会内部形成的关系发生冲突"[3]。推动社会不断向前发展的最终力量，既不是社会体系内部经济基础和上层建筑之间的矛盾运动，也非社会和自然界之间的矛盾运动，而正是这种发生在生产力与社会经济结构即生产关系之间的矛盾运动。

社会体系的动态平衡过程，用布哈林的话来说，即"社会平衡的不断破坏及其恢复的过程"，就是"生产力的运动以及与之相联系的各种社会

---

[1] 布哈林：《历史唯物主义理论：马克思主义社会学通俗教材》，第269页。
[2] 同上书，第284页。
[3] 同上。

要素的运动和重新组合"的过程。[1] 这一过程的具体环节大致如下：首先是生产力取得了某些增长，使得现有的经济结构即生产关系与其不再相适应，从而在生产力与经济结构之间生出矛盾，社会体系的基础结构与社会处理体系和自然环境之间关系的能力之间出现失衡。为了恢复平衡，就需要对社会的经济结构重新加以组合，使之与生产力的状况相适应；但是，对经济结构进行重组，又会进一步要求对社会的政治结构进行重组，以及对各种社会规范及其他意识形态加以必要的调整和改变。因为，如前所述，作为上层建筑，一个社会体系内部的政治结构、意识形态等必须与该社会的经济基础在性质、类型或风格上相适应，否则社会体系内部各部门之间就会处于失衡或激烈冲突状态。通过对经济结构和上层建筑各领域进行一系列重组和调整，社会的经济结构及其上层建筑恢复到了与生产力状况相适应的状态，整个社会体系内部各部分之间以及社会体系与其处理与自然环境的能力即生产力之间的平衡得以重新建立。然后，生产力的进一步发展又再次使其与经济结构之间的平衡遭到破坏……如此循环往复，社会便处于不断的发展变化之中。

但是，在这里，布哈林提出了一个在他看来非常重要的问题：我们可以设想，同时也可以从社会历史进程中观察到，虽然社会的变迁都是由生产力与经济结构即生产关系之间的矛盾运动引起的，但生产力与生产关系之间的平衡关系有时候需要通过革命的方式加以恢复，例如从封建社会向资本主义社会的转变过程就是如此。但有时似乎也无须通过革命的方式来加以恢复，例如，在资本主义社会的发展过程中，随着生产技术装备从手工业向机器大工业转变，社会的经济结构即生产关系以及阶级结构等也发生了意蕴深远的重组，资本主义社会本身也从工业资本主义形式过渡到金融资本主义形式，从而使生产力与经济结构之间的平衡关系得以恢复。但是，这一过程完全未经激烈的社会革命。换言之，社会平衡可以通过两种形式来恢复：一种是急剧变革即革命的形式，另一种则是社会整体的各种要素缓慢地相互适应即进化的形式。那么，在什么情况下社会平衡的恢复

---

[1] 参见布哈林：《历史唯物主义理论：马克思主义社会学通俗教材》，第286页。

会采取进化的形式,什么情况下会采取革命的形式呢?对于这个问题,布哈林作出了一个颇具新意的回答。[1]

如前所述,布哈林认为,人们在生产过程当中形成了各种各样的生产关系,其中一种被他含糊地称为"劳动关系",即直接由生产的技术装备体系状况决定的那些生产关系,如同在一个工厂中工作的木工跟镟工之间的关系等;另一种则被称为"阶级性生产关系"或"财产关系",即以生产资料的分配为依据而形成的那些生产关系,如资本家、企业家与其所雇佣的工人之间的关系等。而如果我们仔细观察一下历史上发生过的革命,就会发现,每次革命胜利之后都会出现的东西是:"第一,另一个政权;第二,各阶级在生产过程中的另一种地位,以及与此种地位有直接联系的另一种生产资料分配方式。"[2] 由此可见,革命斗争"都是为了争得对最重要的生产资料的支配权"。进而,只要生产力的发展还没有达到要求对"生产资料的阶级所有权关系"或"财产关系"进行变革而只要求对其他方面的生产关系进行变革时,生产力与生产关系之间的平衡就无须通过革命的方式来加以恢复。"在这个范围内可以有各种各样'进化式'的变化",如"在资本主义财产关系范围内,手工业可能消灭,新的资本主义企业形式可能出现,从所未见的资本主义联合可能出现;……新的社会阶层(例如,所谓'新的中间阶级',即技术知识分子)可能形成,等等。但是,工人阶级不可能成为生产资料的所有者。工人阶级(或它的全权代表)不可能有生产指挥权,不可能支配生产资料"。[3] 只有当生产力发展到与现存的生产资料所有权关系发生冲突,要求对生产资料所有权进行变革时,才需要通过革命这种形式来恢复生产力与生产关系之间的平衡。之所以如此,是因为生产资料的所有权关系才是生产关系当中最为基本、最为核心的部分,正是这一部分构成了阶级统治(包括经济统治、政治统治和思想统治)的直接基础,构成了一个社会形态得以存在的直接基础。所以,当

---

[1] 之所以说颇具新意,是因为布哈林在这里再次触及两种不同类型生产关系的思想。这方面的讨论请见谢立中:《社会理论:反思与重构》,北京大学出版社,2006年,第205—223页。
[2] 布哈林:《历史唯物主义理论:马克思主义社会学通俗教材》,第290页。
[3] 同上书,第291—292页。

生产关系中的这一部分需要变革时，旧统治阶级的利益也就受到了最为严重的侵犯，旧的统治阶级当然要尽最大努力对其加以维护，代表新生产关系的阶级自然必须诉诸革命来实现这一变革。而在生产资料所有权关系之外，则由于并非涉及根本利益格局的变化，就可以比较安然地进行。[1]

毫无疑问，革命就是阶级斗争。通过革命来完成生产关系的变革也就意味着通过阶级斗争来完成这种变革。因此，社会平衡的恢复并非由社会体系自动实现的。"从一个阶级体系（阶级的'社会形态'）过渡到另一种阶级体系，要经过阶级与阶级的残酷斗争。在社会变革的客观发展过程中，阶级是基本的、活的传动机构，全部社会生活关系都要通过它来重新安排。社会结构是通过人、不是离开人而改变的；生产关系，同麻布、亚麻一样，也是人们的活动和斗争的产品。"[2]

在《通俗教材》一书的最后部分，布哈林还讨论了一些与革命、阶级和阶级斗争有关的理论问题，如革命的阶段，阶级、等级和职业之间的关系，阶级利益与阶级意识，"自在的阶级"与"自为的阶级"，阶级斗争与国家政权，阶级、政党与领袖之间的关系，等等。限于篇幅，这里不再赘述。

---

[1] 布哈林还指出，由此也可以解释为什么从原始共产主义社会向阶级社会的转变可以通过进化而无须通过革命的方式来实现。原因就在于，在原始共产主义社会"不存在生产资料方面的阶级统治以及维护这种统治的政权。……生产增长了，分化加剧了，族长的经验增多了，财产增加了，统治阶级的萌芽更加突出了。而过去统治阶级及其权威是不存在的。因此，没有什么需要加以摧毁。因此，过渡是无须经过革命完成的"。（布哈林：《历史唯物主义理论：马克思主义社会学通俗教材》，第293—294页。）

[2] 同上书，第366页。

# 第六章　阿尔都塞的结构主义马克思主义社会理论

在马克思主义的结构论社会学理论阵营当中，阿尔都塞的结构主义马克思主义社会理论具有一个特殊的位置。它是在经典马克思主义社会理论之后，为消解人们在解读经典马克思主义社会理论的过程中出现的一些矛盾，在对经典马克思主义社会理论进行批判性阐释的基础上，形成的一种独具特色的结构论马克思主义社会理论。

如前所述，马克思、恩格斯对经典马克思主义社会理论的阐述遗留下一个重要问题，即到底该如何阐释生产力和经济因素在社会历史进程中的决定性作用这一问题。马克思一生都在强调和努力说明生产力和经济因素在整个社会生活过程当中的"决定"作用，这使得许多人将马克思的思想理解为一种"生产力决定论"或"经济决定论"，认为马克思是在主张用生产力或经济因素来直接解释全部社会生活，将经济因素当作决定全部社会生活的唯一因素。由于不能很好地解释人的主观意识及政治、意识形态等其他非经济因素在社会历史进程中的能动作用，也不能很好地解释20世纪以后人类历史发展的实际进程（如马克思、恩格斯预期从资本主义社会向社会主义社会的革命性转变将首先在发达资本主义国家里实现，但实际情况却不是如此），这种理解受到了一些质疑。为了回应这些质疑，一些坚持马克思主义立场的人对马克思主义社会理论作出了一些新的阐释，形成了若干突出强调人的主观意识及其他非经济因素之能动作用的"人道主义的马克思主义"理论，试图以此来反对以往对马克思主义社会理论所作的那种过分强调物质等客观因素的"科学主义"阐释，"充实"马克思主义社会理论。在这一历史背景下，阿尔都塞从一种结构主义或类结构主义的理论视角出发，对包括社会理论在内的马克思主义理论进行了一种别出心裁的阐释，试图将马克思主义理论置于一个新的客观基础之上，以此来捍卫对马克思主义的科学主义阐释。以下我们仅根据本书的需要，对阿尔都塞从结构主义或类结构主义视角出发对马克思主义社会理论所作的新阐释作一简要梳理。

## 一、马克思思想发展进程中的"断裂"

如上所述，20世纪上半叶，作为对经典马克思主义理论遗留下的理论和实践问题进行反省的产物，一种以突出强调人的普遍本质及其主观能动性为特征的"人道主义的马克思主义"在西方发达资本主义国家的马克思主义者当中逐渐形成和流行起来。到20世纪中期，伴随着对苏式社会主义制度及其教条主义化的马克思主义理论的反省，以及像《1844年哲学经济学手稿》等本身带有强烈人道主义色彩的马克思青年时期著述的发现，这些"人道主义的马克思主义"理论的影响不仅在西方发达资本主义国家的马克思主义者当中进一步加强，甚至还影响到了包括苏联在内的一些社会主义国家里的马克思主义者。面对这样一种局面，包括法国在内的诸多国家里的马克思主义者不得不思考一些在某些马克思主义者看来事关马克思主义生死存亡的重要问题，如：到底该怎样来理解"马克思主义"？到底该怎样来理解和看待青年马克思的著作和成年马克思的著作之间的关系？"人道主义的马克思主义"和"科学主义的马克思主义"即"历史唯物主义"理论，到底哪种才是真正意义上的马克思主义？等等。在为《保卫马克思》这部汇集其相关著述的文集所撰的序言中，阿尔都塞在回顾相关文章的缘起时，曾经将自己最初"内心压抑不住而必定要提出的问题"表述如下："马克思主义哲学究竟怎么样了？它在理论上是否能站得住脚？如果能站得住脚，它有什么特点？"[1]阿尔都塞被后人称为"结构主义的马克思主义"理论，就是他对这些问题进行思考和回应的一个结果。

面对人道主义马克思主义者对马克思主义理论所作的人道主义诠释，阿尔都塞旗帜鲜明地表示反对，认为这是对马克思主义的一种错误诠释。人道主义马克思主义者在对马克思主义进行人道主义诠释时，主要理论依据是马克思在青年时期所撰写的一些著作，如《论犹太人问题》《1844年哲学经济学手稿》等。他们认为除了这些青年时期的著作之外，马克思后来主要致力于政治经济学研究，并无另外以表达自己基本理论立场为主旨的哲学著作，因此，马克思在这些著作中所表达的思想才真正代表了马克思终其一生所坚持的一种基本理论立场，即从人的因素或人的本质出发来理解包括资本主义社会和未来共产主义社会在内的全部人类历史，即使是像《资本论》这类经济学著作也必须以这种人道主义立场为基础才能得到真正合理和透彻的理解。据此，整个人类社会的历史就是由人的本质形成到人的本质异化再到人的本质在新的条件下重新复归这样一个过程，马克思的全部著述就是对这样一个历史过程之必然性的说明和论证。以往人们从生产力或经济因素对人类社会历史具决定作用这一"历史唯物主义"的基本理论命题出发，对马克思主义理论所作的传统诠释，要么是表现了他们对马克思主义理论的一种误解，要么是马克思后来对自己原本思想的一种背叛。这些人道主义的马克思主义者"要马克思回到马克思的本原，要他承认成年马克思不过是化装了的青年马克思。或者，如果马克思在年龄问题上坚持不肯让步，他就应该承认成年时期的罪过，承认他为了经济学而牺牲哲学，为了科学而牺牲伦理学，为了历史而牺牲人。马克思的真理，他能传诸后代的全部东西，他能帮助我们今天的人生活和思想的全部东西，不论他自己同意与否，都包括在这几部青年时期的著作中"[2]。面对人道主义马克思主义的这种观点，一些坚持以成年马克思著作中被称为"历史唯物主义"的观点为依据来理解马克思主义理论立场的人则提出

---

[1] 阿尔都塞：《保卫马克思》，顾良译，商务印书馆，2006年，第13—14页。
[2] 同上书，第36页。

一种折中主义的观点,他们将马克思各个时期的著作分解成唯心主义和唯物主义等不同成分,认为马克思的思想经历了一个唯物主义即"马克思主义"成分逐渐增加直至彻底抛弃唯心主义成分的成长过程。因此,成年马克思著作中表达的那些被称为"历史唯物主义"的理论才是属于"马克思主义"的思想,而马克思青年时期的著作则只包含部分"马克思主义"的思想成分。对于这两种观点,阿尔都塞都明确地表示了异议。阿尔都塞认同马克思成年时期著作中表达的"历史唯物主义"才是我们所说的"马克思主义"这一观点,反对将马克思青年时期具有浓厚人道主义色彩的思想视为"马克思主义"理论之本,但同时也反对将马克思一生的思想历程理解为一种唯物主义或"马克思主义"成分不断增加的渐进成长过程。相反,阿尔都塞认为,在马克思一生的思想发展历程中,明确存在着一个思想或认识论方面的"断裂"现象。由于这种"断裂",马克思青年时期的著作中所表达的思想,无论其与马克思成年时期那些被我们视为"马克思主义"的理论相比,在具体思想"成分"上有多少相似之处,总体上说都不属于"马克思主义"的理论范畴,而属于应该被我们加以拒斥的前马克思主义或非马克思主义的理论范畴。

为了说明这一点,阿尔都塞提出了一个具有浓厚结构主义色彩的概念,来帮助我们描述和理解包括马克思的思想发展历程在内的思想史现象,这个概念就是一个理论或思想体系的"总问题"(problematic)。阿尔都塞并没有给"总问题"下一个明确的定义,但综合他的相关说明,我们可以大致将他所谓的"总问题"理解为一个理论或思想体系(或明确或含蓄)所具有的由其整体结构及其思想方式所规定的基本问题。例如,"世界如何从个人主观意识或意志活动中产生出来"是所有主观唯心主义思想体系的总问题,而"世界如何从独立于个人意识的物质运动中产生出来"是唯物主义思想体系的总问题,"世界如何从绝对精神的运动中产生出来"是黑格尔客观唯心主义思想体系的总问题,"世界如何从人的普遍本质中产生出来"则是人道主义思想体系的总问题,等等。使用总问题这个概念,我们就可以超越那种将一个思想体系视为由各种不同思想或理论"成分"机械组合而成的总体,将不同思想体系之间的关系视为可以通过分析出来的各种"成分"之间的异同来加以比较和理解的思想史观念，而将一个思想体系视为一个由其总问题表现出来的结构整体，通过对各个思想体系之总问题间的异同来比较和理解它们之间的逻辑或历史关系。阿尔都塞说："如果用总问题的概念去思考某个特定思想整体，我们就能够说出联结思想各成分的典型的系统结构，并进一步发现该思想整体具有的特定内容，我们就能够通过这特定内容去领会该思想各'成分'的含义，并把该思想同当时历史环境留给思想家或向思想家提出的问题联系起来。"[1] 他举马克思青年时期著作中的思想为例说，我们可以从马克思青年时期的某些著作中找到一些费尔巴哈人本学唯物主义思想的成分，如对思辨哲学的批判、主谓的颠倒、类存在理论等，但也能找到一些在费尔巴哈那里找不到的思想成分，如政治、国家与私有制三者之间的关系，社会各阶级的现实等。如果满足于成分分析方法，就很容易陷入将后面这些思想成分看成马克思后来成熟时期著作的早期萌芽，将马克思的思想发展历程看作这些早期思想萌芽不断生长成熟的故事。然而，我们也可以进一步问：虽然这些著作包含了一些费尔巴哈思想中没有的成分，是否就足以作为根据让我们将马克思那时的思想描述为由费尔巴哈的思想成分和非费尔巴哈或马克思主义的思想成分两者构成，并因此而将这些著作视为马克思主义的早期形式？阿尔都塞认为答案应该是否定的。他写道："我不能相信，马克思以前的著作家，只要他们曾经谈到过社会阶级和阶级斗争，即只要他们曾经研究过马克思后来才考虑的问题，人们单凭这一条理由就可以把他们看作是马克思主义者。"实际上，"一切都取决于总问题的性质，因为总问题是组成成分的前提，只有从总问题出发，组成成分才能在特定的文章里被思考"。[2] 据此，对于马克思青年时期著作中那些非费尔巴哈的思想成分，我们就必须去思考：这些成分的存在是否使费尔巴哈思想体系的总问题发生了动摇？抑或这些成分其实还是在费尔巴哈思想体系的总问题范围内被思考的？如果是前者，那我们就可以说那些思想成分可能真的已经超越了费尔巴哈的思想体系，进入了一个新的（譬如说马克思

---

[1] 阿尔都塞：《保卫马克思》，第 53—54 页。
[2] 同上书，第 55 页。

主义的）思想范围；如果是后者，那我们就必须承认，尽管这些思想是费尔巴哈的思想中所没有的，但其实还是属于费尔巴哈思想体系的范围。

以上述"总问题"概念为核心，阿尔都塞提出了一个由三项被他称为"马克思主义关于思想发展的理论原则"构成的思想史研究方法。这三项原则是："1. 每种思想都是一个真实的整体并由其自己的总问题从内部统一起来，因而只要从中抽出一个成分，整体就不能不改变其意义。2. 每个独特的思想整体（这里指的是每个具体个人的思想）的意义并不取决于该思想同某个外界真理的关系，而取决于它同现有意识形态环境，以及同作为意识形态环境的基地并在这一环境中得到反映的社会问题和社会结构的关系；每个独特思想整体的发展，其意义不取决于这一发展同被当作其真理的起点或终点的关系，而取决于在这一发展过程中该思想的变化同整个意识形态环境的变化以及同构成意识形态环境基地的社会问题和社会关系的变化的关系。3. 推动独特思想发展的主要动力不在该思想的内部，而在它的外部，在这种思想的此岸，即作为具体个人出现的思想家，以及在这一个人发展中根据个人同历史的复杂联系而得到反映的真实历史。"[1]

基于上述原则，阿尔都塞在对马克思一生的思想历程进行了仔细研究之后，提出了他关于马克思思想发展的"断裂"说。阿尔都塞认为，依据将思想整合为一个整体的"总问题"上的差别，我们可以发现，在马克思的著作中确实存在着法国哲学家巴什拉所说的那种"认识论断裂"。这个断裂的节点，按照马克思自己的说法，就是《德意志意识形态》这部写于1845年但在马克思生前未能发表的著作，以及稍早一点写就的《关于费尔巴哈的提纲》一文。这一"认识论断裂"将马克思的思想分成前后两大阶段：1840—1844年为"意识形态"阶段，1845年之后为"科学"阶段。在前一个阶段，马克思的思想整体上还被局限在以康德、费希特、黑格尔和费尔巴哈等为代表的德国古典意识形态的总问题范围之内。这一阶段又可以进一步划分为两个小阶段：1840—1842年为"理性自由主义"[2]

---

[1] 阿尔都塞：《保卫马克思》，第48页。
[2] 同上书，第18页。

（或"理性加自由的人道主义"[1]）阶段，在这一小阶段，马克思的思想主要受康德和费希特的影响，其思考的总问题未超出这两位德国古典哲学家的"理性自由主义"范围；1842—1844年为"理性共产主义"[2]（或"共同体的人道主义"[3]）阶段，在这一小阶段，马克思的思想主要受到费尔巴哈人本学唯物主义的影响，其思考的总问题未超出费尔巴哈人本学唯物主义的范围。在后一个阶段，马克思的思想则超出了德国古典意识形态的影响，其思考的总问题不再局限在康德、费希特、费尔巴哈等德国古典哲学家的总问题范围内，而是形成了马克思自己的总问题，即从一种辩证的、历史的唯物主义立场对人类社会历史进行真正"科学的"考察。"从1845年起，马克思同一切把历史和政治归结为人的本质的理论彻底决裂。"[4]这一阶段也可以进一步分成两个小阶段：1845—1857年为马克思思想的成长阶段，在这一小阶段，马克思虽然同过去的观点决裂，但却并非一开始就形成了一个完全成熟的新思想体系，而是经过了一个在思想和术语上逐渐成长的过程，直到1857年马克思在《〈政治经济学批判〉序言》中将自己的新思想以成熟的形式明确地表达出来；1857年之后就可以称为马克思思想的成熟阶段，1857年之后马克思所有著作中阐述的思想都属于成熟的，作为一门新的、真正科学的社会历史理论的"马克思主义"。

按照阿尔都塞的上述看法，不是只有1845年之后马克思著作中表达的那些被称为"历史唯物主义"的思想才属于"马克思主义"（但只有1857年之后的思想才属于成熟的"马克思主义"），而且马克思青年时期和成年时期的思想之间也不是一种后者以胚胎或萌芽形式从前者当中逐渐发育成形的连续过程，而是一种在总问题上完全不同甚至对立的两种思想体系之间相互替代的断裂过程，因此，前者当中那些看上去与后者非常相似的思想"成分"，由于其属于一个总问题完全不同于后者的思想体系，因而也不具有"马克思主义"的性质。阿尔都塞以这样一种方式将马克思

---

[1] 阿尔都塞:《保卫马克思》，第218页。
[2] 同上书，第18页。
[3] 同上书，第220页。
[4] 同上书，第222页。

青年时期著作中的所有思想内容都拒斥在"马克思主义"的范畴之外,试图以此来捍卫马克思成年时期著作中所表述的那种"科学"的"马克思主义"思想的正统性。

## 二、成年马克思所完成的理论革命

如上所述,阿尔都塞认为在马克思青年时期的著作和成年以后的著作中存在着一种"总问题"方面的根本差异。正因为这种总问题方面的差异,阿尔都塞才可以说,从马克思青年时期具有浓厚人道主义色彩的那些社会历史思想向马克思成年后的"历史唯物主义"思想的转变,是一种或者说包含着一种具有根本意义的认识论方面的断裂。那么,马克思青年时期信奉的那种人道主义思想体系与其后来构建的历史唯物主义理论在"总问题"上到底存在着一种什么样的区别呢?马克思又是怎样来实现这样一种具有根本意义的理论转变的呢?

在《马克思主义和人道主义》一文中,阿尔都塞曾经概述过马克思青年时期和成年时期思想的具体特征及其区别。阿尔都塞说:马克思从1845年起同一切人道主义理论彻底决裂,"这一决裂包括三个不可分割的理论方面:(1)制定出建立在崭新概念基础上的历史理论和政治理论,这些概念是:社会形态、生产力、生产关系、上层建筑、意识形态、经济起最后决定作用以及其他特殊的决定因素等等。(2)彻底批判任何哲学人道主义的理论要求。(3)确定人道主义为意识形态"[1]。人道主义思想的基本特征就是把一切社会历史现象都归结为一种抽象的、普遍的"人性"或"人的本质",从这种抽象的、普遍的人性或人的本质出发来解释一切社会现象。阿尔都塞认为,这种人道主义思想是马克思主义形成以前所有资产阶级意识形态的根基:"以往的唯心主义哲学(资产阶级的哲学),其全部领域和阐述('认识论'、历史观、政治经济学、伦理学和美学等等)都建立在人性(或人的本质)这个总问题的基础上。这个总问题在几个世纪里曾

---

[1] 阿尔都塞:《保卫马克思》,第 222—223 页。

经是个不证自明的原则，任何人都想不到对它提出异议，虽然这个总问题在其内部不断有所调整。"[1]所谓同人道主义理论决裂，从根本上说，就是要彻底抛弃关于存在一种抽象的、普遍的人性或人的本质的观点，抛弃用这种抽象的、普遍的人性或人的本质来解释一切社会历史现象的做法，抛弃"一切社会历史现象如何从人性或人的本质中产生出来"这样一个人道主义的总问题及其相关的概念体系，用一种具有新的社会历史观、新的总问题的理论体系来指导我们观察、分析和解释一切社会历史现象。这种新的社会历史观就是：人类社会历史进程不是一个由抽象、普遍的人性或人的本质所推动或衍生出来的过程，而是一个由生产力和生产关系、经济基础和上层建筑之间的矛盾运动所推动或衍生出来的过程；因此，我们不再能用抽象、普遍的人性或人的本质来解释一切社会历史现象，而须用生产力和生产关系、经济基础和上层建筑之间的矛盾运动来作这种解释。与此相应，其所包含的总问题就是：人类社会是如何在生产力和生产关系、经济基础和上层建筑之间的矛盾运动的推动下变化发展的？包含这种新的社会历史观及其总问题的理论体系就是马克思的历史唯物主义理论。由于这样一种总问题方面的彻底改变，马克思也就在社会历史研究领域乃至整个科学和哲学领域完成了一场对于人们科学认识世界来说具有根本意义的理论革命。

那么，马克思是怎样或者说提供了怎样一种具体的过程和机制来实现这样一种转变，完成这样一种具有根本意义的理论革命的呢？

对于这个问题，阿尔都塞提供了以下这样一种分析思路：

第一，如前所述，思想或理论体系之间的不同源自各自所含"总问题"的不同。因为"任何理论就其本质来说都是一个总问题，都是提出有关理论对象的全部问题的理论的、系统的母胚"。"如果说一门科学的理论在其历史的某一既定时刻只不过是这门科学向自己对象提出某一类问题的理论母胚，如果说伴随着新的基本理论的出现，知识世界中必然会出现一种对对象提出问题，从而得出新的答案的新的有机方式，那么，改变理论

---

[1] 阿尔都塞：《保卫马克思》，第223页。

基础就是改变理论总问题。"[1]

第二，思想或理论体系所含"总问题"的不同又源自各自"理论对象"的不同。因为如上所述，理论不过是用来对科学理论对象进行提问的母胚，决定这一母胚之形式和性质的并非提问的方式，而是对理论对象本身的认识和规定。人们对自身理论对象的认识和规定不同，其提出的问题自然也就不同。这里必须加以注意的一个关键之处是，阿尔都塞在"现实对象"和"理论对象"（或"认识对象"，阿尔都塞将这两个概念等同使用）之间所作的区分。所谓"现实对象"，指的是独立于认识主体和认识过程的那些对象；所谓"理论对象"或"认识对象"，则指的是认识主体从理论上已经明确认识到并加以规定的那些对象。这两者并非同一个东西：同一个现实对象可以被认识主体从理论上理解和规定为不同的认识对象。例如，"无燃素气"（或"火气"）和"氧气"事实上是同一种现实对象，但在"燃素说"和之后的化学理论中却属于两种完全不同的认识对象。现实对象本身在人们与之有关的认识过程发生之前和之后始终不变，但人们对现实对象的认识则会随着认识对象的变化而发生变化。人们在认识过程中所提出的各种问题都只是针对认识对象或理论对象的，而非针对现实对象的。如果认识或理论对象发生了根本变化，人们所提出的理论总问题自然也要发生变化。

第三，不同思想或理论体系在"理论对象"上的不同，必然伴随着各自用来表述自身"理论对象"或"认识对象"的基本概念方面的不同。因为"理论对象"或"认识对象"既然指的是认识主体从理论上已经明确认识到并加以规定的那些对象，那自然是用新的概念来指称的对象。"理论总问题的任何改变都是同对象的定义的改变，从而同理论的对象本身的可以确定的差别相关联的。"[2] 例如，在新发现的一种物体还没有被用"氧气"这一概念而只是被用"无燃素气"或"火气"这些概念来指称时，这一新物体就不构成化学领域中的一种新的理论或认识对象，而依然只是一种与"燃素说"中的理论或认识对象——从燃烧物体中分离出来的物体

---

[1] 阿尔都塞、巴里巴尔：《读〈资本论〉》，李其庆、冯文光译，中央编译出版社，2001年，第178页。
[2] 同上书，第179页。

"燃素"虽有差别但性质类似的东西。只有当拉瓦锡发现"这种新气体是一种新的化学元素;在燃烧的时候,并不是神秘的燃素从燃烧物体中分离出来,而是这种新元素与燃烧物体化合"[1],并提出"氧气"一词来指称这种新物体时,这一新物体才真正成为化学领域中的一种新的理论或认识对象。拉瓦锡由此才引发了化学领域中的一场理论革命,"使过去在燃素说形式上倒立着的全部化学正立过来了"[2]。

依据这一思路,上述马克思的历史唯物主义理论体系和各种人道主义理论体系之间在总问题方面的不同,首先源自马克思的历史唯物主义理论在理论对象方面所实现的革命性转变,而这种革命性又必然伴随着马克思在用来表述其自身新理论对象的基本概念上所完成的伟大创新。鉴于马克思主要是通过其在政治经济学领域所进行的艰苦探索,以其在政治经济学领域所实现的伟大创新来完成这一理论革命的,也鉴于上述理论变革在政治经济学领域得到了最典型的体现,阿尔都塞以马克思在《资本论》一书中所完成的科学建树为案例来具体地说明这一问题。

在马克思之前,资产阶级学者将政治经济学定义为一门"以认识现象以及说明财富分配的规律,并且在这些现象同分配现象联系在一起的范围内说明财富的生产和消费的规律为对象的科学"[3]。按照这一定义,政治经济学的研究对象是"财富的分配规律以及与分配相联系的生产和消费的规律"。这一对象从结构上讲包含以下两方面的内容:

(1)它首先包含一定领域内的"经济"事实和现象。这一领域具有以下属性:一是同质性,即属于该领域的所有事实或现象在基本性质上都是相同的,因而能够以量化的形式来加以比较;二是既定性,即先于和独立于有关它们的概念和理论而存在,因而是人们可以在没有这些相关概念及理论的条件下就直接观察到和加以理解的。因此,作为政治经济学研究对象的那些经济规律,就是一些可以通过对直接观察到的既定的、同质性的经济事实进行归纳概括得到的量化规律。

---

[1] 恩格斯:《资本论》第2卷序言,《马克思恩格斯文集》第6卷,人民出版社,2009年,第20页。
[2] 同上书,第20—21页。
[3] 阿尔都塞、巴里巴尔:《读〈资本论〉》,第185页。

（2）经济领域的同质空间还包含着进行生产、分配、得到收入并消费的人的世界中的一定关系。但这里的人同样是一些具有普遍的、共同的抽象本质的既定的（可直接观察到的）个人，他们是生产、分配和消费等所有经济行为的主体，而推动他们从事这些经济行为的动机则是他们作为这种具有普遍、共同抽象本质的人所具有的各种"需要"。正是这些作为主体的人的需要构成了所有经济事实或现象的本原，因为所有的经济事实都不过是这些人为了满足自己的物质需要而开展的活动而已。

阿尔都塞指出，在上述两方面的内容中，后一方面具有更为根本的意义：正是由于所有的经济现象都是具有普遍的、共同的抽象本质的个人为满足自己的物质需要而从事相关行动的结果，所有的经济现象才具有了共同的本质属性。而这种其需要被视为经济现象之本原的、具有普遍共同本质的人，就是一切人道主义理论赖以为本的那种人。正是由于在马克思主义之前的政治经济学中，"经济现象领域在其原因和目的上都是建立在被人的需要规定为经济主体的人的主体的总体的基础上的。因此，政治经济学固有的理论结构就把既定现象的同质空间与那种把它的空间的各种现象的经济性质建立在人即有需要的主体（经济人的既定存在）基础上的意识形态人本学直接联系在一起了"[1]。同质的经济现象"既定的存在是虚幻的既定存在，或者不如说，它无论如何是由这种本身是既定存在的人本学所决定的既定的存在，正是这种人本学并且实际上也只是这种人本学使得有可能把政治经济学领域中的各种现象宣布为经济的：这些现象是经济的，因为它们是人的主体的需要的结果……正是（人的主体的）需要决定了经济学中的经济。因此，这种人本学悄然地把经济现象的同质领域的既定存在作为经济的既定存在赋予了我们"[2]。正因如此，与马克思主义之前的各种政治学、历史学、伦理学等理论体系一样，这种马克思主义之前的政治经济学实际上也只是人道主义思想体系的一个组成部分而已，其研究对象和总问题也只是人道主义思想体系的研究对象和总问题中的一部分。而这种作为人道主义思想体系一部分的政治经济学，由于将所有经济现象都视

---

[1] 阿尔都塞、巴里巴尔：《读〈资本论〉》，第188页。
[2] 同上。

为具有普遍、共同本质的个人为满足自身需要而开展的各种行动之结果，因而也很自然地"要求把经济现象看作是对过去的、现在的和未来的一切社会形式都是绝对的东西"[1]。马克思曾经将资产阶级学者对虚幻永恒性的偏好归因于他们希望资产阶级生产方式能够永恒存在的阶级立场，但阿尔都塞认为，这种偏好也可能是源于人道主义这样一种比资产阶级生产方式更为久远的思想传统的影响。

阿尔都塞指出，马克思在政治经济学领域中所进行的理论革命，正是以对上述有关政治经济学研究对象之传统观念的批判为基础的。"马克思抛弃了关于既定经济现象的同质领域的实证观念，同时也抛弃了作为这种观念基础的关于经济人（等等）的意识形态人本学。马克思在抛弃这两者的统一的同时也抛弃了政治经济学对象的结构本身。"[2]通过艰苦的理论探索，马克思发现无论是消费还是生产或分配，所有经济现象都不是由某种普遍的、抽象的人的本质所决定的，而是由特定类型的生产力和生产关系所决定的。

首先，就消费而言，消费不仅仅是由抽象的个人需要决定的，而是由特定的生产力和生产关系决定的。消费不仅包括个人用来满足自身需要的消费，也包括用来满足再生产需要的消费，这两部分的比例取决于生产发展的需要。个人需要也不是一种绝对的既定存在，而是随着生产力的变化而历史性地变化着的，在存在着商品交换的历史情境下还取决于个人的支付能力，而这种支付能力则取决于个人在生产关系中所处的地位以及由这种地位所决定的收入状况。

其次，就分配而言，分配也包括两部分，即收入的分配和使用价值的分配，它们也都不是由抽象的人的本质决定的。收入的分配完全取决于生产关系的状况，依人们在生产关系当中所处的地位而定。使用价值的分配实际上也是如此：用来满足个人消费的那部分产品同个人收入相交换，因而取决于个人收入的分配状况；用来满足再生产需要的那部分产品则直接在生产资料的所有者之间进行分配，而不在直接劳动者当中进行分配；因

---

[1] 阿尔都塞、巴里巴尔：《读〈资本论〉》，第189页。
[2] 同上书，第190页。

此，在使用价值的分配后面起作用的也是人们的生产关系即阶级关系。

最后，就生产而言，一切生产都包含着劳动过程及劳动过程得以进行的生产关系两个方面，这两个方面也不由抽象的人的本质所规定。劳动过程是人的劳动力按照相应的技术规则，使用一定的劳动工具把劳动对象加工成有用产品的过程。它的最基本的特点就是必须具备一定的物质条件（劳动对象、劳动资料、劳动力等，其中又是劳动资料起着支配作用，正是劳动资料决定了劳动力对劳动对象的加工方式即生产方式以及劳动的生产率水平），因而必然受自然和工艺的物质规律支配，而非由抽象的人性来支配。"物质条件对劳动过程的支配排斥了一切关于人的劳动是纯粹的创造的'人道主义'观念。"[1]生产关系则是生产的社会条件，它虽然是人们在生产过程中所形成的社会关系，但是却不能简单地还原为抽象的人与人或主体之间的关系，而是一种由生产过程的当事人与生产过程的物质条件的特殊结合所决定的社会关系。"生产关系必然包含着人与物的关系，因为生产关系中的人与人之间的关系恰恰是由生产过程中的人与物质要素的关系来规定的。"[2]而个人在生产过程乃至全部经济领域中的行为都是由其在生产关系中所占有的地位和承担的职能，一句话，由生产关系的结构所决定的。因此，人并不是经济行为的主体，生产关系绝不能还原为作为主体的人与人之间的关系，无论是劳动过程还是生产关系都不能由抽象的人性或人的本质来加以说明。

阿尔都塞进一步指出，在马克思看来，生产过程中人与物质要素之间特定的结合关系（占有或不占有等），不仅决定了生产过程中人和人之间的特定结合关系（支配或被支配等），而且还包含着许多令这种特定的结合关系得到保证的其他社会结构层面。例如，这种特定结合关系"必然包含着为使这种结合得到保证所必不可少的某种统治和从属的形式，即社会

---

[1] 阿尔都塞、巴里巴尔:《读〈资本论〉》，第 197 页。阿尔都塞据此进一步指出：由此可见，"仅仅认为是经济而在经济中又是生产，支配社会存在的一切领域，还不是马克思主义者。人们可以赞同这一论点而同时又宣扬关于经济和生产的唯心主义观点，声称劳动既是'人的本质'又是政治经济学的本质，总之，宣扬关于劳动和'劳动文明'等等的人本主义的意识形态。相反，马克思的唯物主义是以经济生产的唯物主义观念为前提的，也就是说，是以阐明劳动过程中的不可或缺的物质条件为前提的。"（同前书，第 199 页。）

[2] 同上书，第 202 页。

的某种政治结构"[1]。马克思正是在人与生产资料的特殊结合形式中，在对生产资料的占有和支配等关系中，看到了特定政治结构及其形式的必然性及其存在的基础。这些人与生产资料的特定结合形式"依照它们是否将生产当事人划分为直接劳动者和主人而使政治组织的存在成为必要（阶级社会）或多余（无阶级社会），而政治组织存在的目的就在于使这些由物质力量（国家的力量）和精神力量（意识形态的力量）决定的联系型式能够为自己开辟道路并存在下去。由此我们可以看到，某些生产关系是以法和政治的以及意识形态的上层建筑的存在作为自身存在的前提的"。由此，我们可以得出结论："生产关系把它所要求的上层建筑看作是它自身存在的条件。因此，如果我们撇开作为生产关系自身存在条件的特殊的上层建筑，就不能在生产关系的概念中思考生产关系。……我们所考察的社会的整个上层建筑以一种特殊的方式包含和体现在生产关系之中，即包含和体现在由于生产资料和经济职能在各类特定的生产当事人之间的分配而形成的固定结构之中。"所以，"一定的生产方式的生产关系的概念的规定必然要通过社会的各个层次及其固有的联系的型式的整体概念的规定才能够完成"。[2] 由此可见，不仅生产、分配和消费这样一些经济现象，而且法和政治以及意识形态等上层建筑现象都是由作为生产力和生产关系之统一体的经济结构所决定的，而非由某种抽象的人性或人的本质所决定的。这一思想正是马克思历史唯物主义理论的核心命题。

阿尔都塞认为，马克思的上述发现直接导致了以下理论结果：

第一，经济现象不再可能被认为具有（可以直接观察到的）既定存在这种性质，因为经济现象是由经济结构决定的，而经济结构又是由其与政治和意识形态等上层建筑层次构成的"生产方式总结构"当中的一个部分或层次。构成生产方式总结构的这些不同层次在可直接观察到的现象层面是有机地结合在一起的，通过直接观察我们并不能看到纯粹的经济或政治等现象。只有在生产力、生产关系、经济结构、政治和意识形态上层建筑等概念的帮助下，我们才能够看到"纯粹"的"经济"现象以及其他现

---

[1] 阿尔都塞、巴里巴尔：《读〈资本论〉》，第205页。
[2] 同上书，第206页。

象。任何没有制定出关于自己对象的概念而直接走向"事物本身"的政治经济学都会陷入经验主义的意识形态。

第二，由于生产、分配和消费等所有经济现象都是由特定生产力和生产关系决定的，生产力水平和生产关系形式不同，生产、分配和消费的行为及其规律也就不同，因此，不同时空条件下的经济领域及其现象也就不再具有同质性，因而也不能以同一尺度进行比较和计量。但是，"计量、数学方法及其特有的模型应用的可能性并没有因此而被排除出经济领域。这种可能性现在注定要取决于可计量的对象的领域和界限的概念规定，也要取决于其他数学手段（例如经济计量学或其他公式）可以应用的领域和界限"[1]。

第三，由于经济现象不再是由一种简单的平面空间而是由一个包括诸多层次的复杂空间所决定，那就不再可以把线性因果关系概念应用于这些经济现象，而需要另一种概念来说明这种新形式的因果关系。"这种新形式是政治经济学对象的新的规定所要求的，是政治经济学对象的复杂性，也就是它的特殊规定即结构的规定所要求的。"[2]

阿尔都塞指出，上述第三个结论特别值得我们注意。因为正是这第三个结论所涉及的问题，即如何来理解和说明处于马克思提出的"生产方式总结构"中的那些不同层次或领域之间的因果关系这一问题，在人们当中引起了激烈的争议和巨大的混乱，而且正是对这个问题的澄清会把我们引导到一个全新的，甚至连马克思自己都没有完全清晰地意识到的理论领域。将这一包含在马克思的理论发现当中的全新理论领域阐发出来，正是阿尔都塞试图通过自己的努力加以完成的主要工作。

## 三、结构因果观或多元决定论

如上一部分所述，马克思在对政治经济学进行批判性研究的过程中发现，不仅生产、分配和消费这样一些经济现象，而且法和政治以及意识形

---

[1] 阿尔都塞、巴里巴尔：《读〈资本论〉》，第213页。
[2] 同上书，第214页。

态等上层建筑现象都是围绕着特定形式的物质生产过程，为满足这一过程的需要而形成的，由作为生产力和生产关系之统一体的生产方式或经济结构所决定的，包含法和政治及意识形态上层建筑等领域在内的整个"生产方式总结构"的不同组成部分或层次。因此，无论是生产、分配和消费这样一些经济现象，还是法和政治以及意识形态等上层建筑现象，都必须由作为其基础而规定着其特定历史形态的生产方式或经济结构来加以解释，而不能由某种抽象的人性或人的本质来加以解释。马克思的这些理论发现构成了其历史唯物主义理论的基本内核。在《〈政治经济学批判〉序言》中，马克思曾经以非常简洁的文字表述过自己的这一理论发现。

然而，由于马克思在《〈政治经济学批判〉序言》里对自己的理论发现所作的经典表述，将整个社会结构划分为经济结构和法、政治及意识形态等上层建筑两个基本组成部分，并强调后者是基于前者的需要、以前者为基础而建立起来的，并因而必将随着前者的变化而变化，因此，对于初步接触到马克思这些理论发现的人来说，很容易将马克思的这些理论发现解读为一种"经济决定论"。阿尔都塞指出，这是对马克思历史唯物主义理论的一种误解，马克思的历史唯物主义虽然强调经济结构在社会生活中的基础性作用，但却并非一种经济决定论。

为了说明这一点，阿尔都塞对几种不同的因果关系概念进行了分析和讨论。阿尔都塞认为，在西方古典哲学理论中，大体有两种用来对因果关系进行思考的概念体系：一是笛卡尔的机械论体系，这一体系将因果关系归结为作为原因的现象和作为结果的现象之间直接的相互作用。这种因果关系概念不适合用来思考一个整体与它的各个组成要素之间的作用关系。二是由莱布尼茨提出但在黑格尔那里得到充分应用和发挥的表现论因果关系概念，这一概念正是为了说明整体与其各个组成要素之间的作用关系而提出来的。按照这一概念，一个由各种要素组成的整体具有一个统一的内在本质，而整体的各个组成要素则正是这一整体内在本质的不同现象表现形式，整体的每一个要素都被认为是整体本质的一种特殊表现。如果用这样一种因果关系概念来理解"生产方式总体性"与其各个组成要素（经济结构、政治结构、意识形态结构等）之间的作用关系，那么自然要从作为现象的各种组成要素当中抽象出一个共同的东西来作为整体的统一本质，并将各个要素都视为由这一整体之统一本质决定的不同现象表现。而在马克思看来，生产方式总结构中的所有层次都是基于经济结构的需要而形成和建立起来的，是需要与经济结构的特定形式相适应的，因而包括马克思本人在内的人就很容易将"经济"活动视为整个生产方式总结构即社会整体结构的本质，将经济领域以外的社会领域视为由经济结构这一本质所决定的现象表现。这样一来，将马克思的理论发现理解为经济决定论似乎就顺理成章了。但阿尔都塞认为，这样一种对于生产方式总结构及其各个要素之间的关系的理解其实也是错误的。

阿尔都塞指出，表现论因果关系概念其实仍然不适合用来说明现实世界中的结构与其要素之间的相互关系，而只适合于用来表述我们在对现实世界的认识过程中所形成的各个相关概念与由这些概念组成的整体之间的相互关系，如作为一个整体的黑格尔哲学体系与作为这一哲学体系之构成要素的各个概念之间的相互关系，因为这个哲学体系的整体正是体系的建构者以其从各个概念当中抽象出来的某一共同的内在"本质"（如"绝对精神"）为基础，并依据各个概念在表现这一内在本质方面的逻辑关系而建构起来的。但是，现实世界中存在的整体与其组成要素之间的关系，却并不符合这样一种"本质—现象"型的表现论因果关系概念模式。以马克思发现的"生产方式总结构"与其各个要素之间的关系为例。马克思在《〈政治经济学批判〉导言》中曾经说过这样一段话："在一切社会形式中都有一种一定的生产决定其他一切生产的地位和影响，因而它的关系也决定其他一切关系的地位和影响。这是一种普照的光，它掩盖了一切其他色彩，改变着它们的特点。这是一种特殊的以太，它决定着它里面显露出来的一切存在的比重。"[1] 在这里，因果关系不是发生在整体的本质和作为这一本质之现象的各个要素之间，而是发生在一个由多种生产关系结构构成的整体当中占据支配地位的生产关系结构与受其支配的其他生产关系结构之间。按阿尔都塞的解释："某些从属的生产结构由起支配作用的生产结

---

[1] 马克思：《〈政治经济学批判〉导言》，《马克思恩格斯文集》第8卷，人民出版社，2009年，第31页。

构决定,从而一种结构由另一种结构决定,也就是说,从属结构的要素由起支配作用因而起决定作用的结构决定。"[1]由此可见,至少对于马克思发现的生产方式总结构与其各个要素之间的关系来说,"我们不仅不能用分析的和传递的因果关系这一范畴来思考结构对各个要素的决定作用,而且也不能用现象所固有的内在本质的普遍表现因果关系这一范畴来思考这种决定作用"[2]。由此,我们需要一种新的因果关系概念,这一新的因果关系概念能够比"本质—现象"型的表现论因果关系概念更好地"在理论上说明结构对它的各个要素的作用"[3]。在阿尔都塞看来,这样一种新的因果关系概念就是"结构因果性"概念。

阿尔都塞认为,按照我们前面的叙述,在马克思所发现的生产方式总结构中,虽然法律、政治和意识形态等上层建筑领域是基于经济结构的需要而建立起来的,并要随着经济结构的变化而发生相应的变化,以便适应和满足变化了的经济结构的需要,就此而言,似乎是经济结构对这些上层建筑领域的需要"决定了"后者的产生和发展,但是,这只是生产方式总结构中各要素之间关系的一个方面。这种关系的另一方面则是,虽然特定上层建筑是基于满足特定经济结构的需要而产生的,但前者也是后者得以形成和稳定存在的前提条件;如果没有与特定经济结构相适应的特定法律、政治和意识形态等上层建筑的存在,特定的经济结构就根本不能稳定地形成和存在下去;就此而言,我们似乎也可以说,是各种上层建筑的存在和变化"决定了"经济结构的存在和变化。可见,在"生产方式总结构"中存在的并不单纯只是经济结构对法律、政治和意识形态等上层建筑结构的决定作用,而是被马克思称为"基础"的经济结构与各种上层建筑之间的相互作用。正是这种各要素之间的相互作用决定了由这些要素构成的生产方式总结构的整体存在状况,也决定了经济结构和法律、政治、意识形态等上层建筑结构各个要素自身的存在状况。这样一种理解和说明就是整体与其要素之间相互关系的因果关系模式,就是"结构因果"关系模

---

[1] 阿尔都塞、巴里巴尔:《读〈资本论〉》,第219页。
[2] 同上书,第217—218页。
[3] 同上书,第221页。

式。所以，在理解和说明社会历史现象时，我们需要做的就是用生产方式总结构各要素之间的相互作用来理解和说明这一总结构及其内部各要素的存在和变化状况，而不是像"本质—现象"型表现论因果关系模式那样将生产方式总结构及其内部各要素的存在和变化归结为整体具有的某种抽象的本质因素，如经济因素等。由此可见，马克思的历史唯物主义绝不是经济决定论，而是结构决定论或多元决定论。

在《矛盾和多元决定》与《关于唯物辩证法》等文章中，阿尔都塞对自己提出的多元决定论作了更具体细致的阐述。在前一篇文章中，阿尔都塞在讨论马克思的辩证法与黑格尔的辩证法之间的本质差别时，批评了认为马克思的辩证法仅仅是黑格尔所使用的"辩证法"剥去客观唯心主义思辨哲学体系的神秘外壳后剩下的"合理内核"这样一种说法（尽管这种说法来自马克思自己），表示马克思的辩证法的确是从黑格尔哲学那里改造而来的，但马克思从黑格尔哲学那里所剥离的不仅是客观唯心主义思辨体系这一神秘外壳，还有辩证法在黑格尔那里本身具有的神秘形式。之所以如此，是因为马克思和黑格尔两人的辩证法所应用的对象完全不同："黑格尔的对象是观念世界，马克思的对象是真实世界。"[1]应用于观念世界的辩证法和应用于真实世界的辩证法在形式上不应该也不可能完全相同——这一点在前面已经说过了：前者的对象可以采用"本质—现象"型表现论的因果关系概念来加以描述，而后者则必须采用与此完全不同的因果关系概念来加以描述。因此，以真实世界为对象的马克思辩证法不可能是对黑格尔辩证法的简单唯物主义"颠倒"，而是有完全不同的形式。受毛泽东在《矛盾论》一文中相关论述的启发，阿尔都塞认为这一与在黑格尔那里的形式完全不同的辩证法，其基本特征就是用整体结构当中及内外各要素之间，用辩证法的术语来说，用整体结构当中及内外各种矛盾之间以及矛盾各方面之间的相互作用、相互决定来理解和说明整体及其各要素的运动变化。例如，在社会形态的运动过程中，既存在着社会形态内部作为整个社会形态运动之经济基础的生产力和生产关系之间的矛盾运动，又存在

---

[1] 阿尔都塞：《保卫马克思》，第80页。

着这种经济基础和各种上层建筑领域之间的矛盾运动，此外还存在着社会形态整体结构与其外部环境之间的矛盾运动。虽然这些不同的矛盾运动在社会形态整体运动过程中的地位和作用各有不同，例如，经济基础和上层建筑之间的矛盾运动是基于解决生产力和生产关系之间矛盾的需要而产生的，社会形态内部的两大基本矛盾是社会形态整体变化的根据，社会形态与其外部环境之间的矛盾是社会形态内部矛盾运动的条件等，但社会形态的运动变化并不只是由其中的某一（如生产力和生产关系之间的）或某些（如社会形态内部的）矛盾运动决定的，而是由所有这些矛盾及矛盾方面决定的，是这些不同矛盾运动所汇合而成的统一体，决定着整个社会形态及其内部各部分之间的运动变化。例如，社会历史的运动从来都不单纯是由经济结构及其内部矛盾（生产力和生产关系之间的矛盾）运动这一种因素决定的，"因为法律、政治和意识形态等上层建筑具有相当大的稳固性，因而能够在其直接生存环境之外保持自己的生存，甚至创新创造出或暂时'分泌'出替代的生存条件"[1]；"在历史上，上层建筑等领域在起了自己的作用以后从不恭恭敬敬地自动引退，也从不作为单纯的历史现象而自动消失，以便让主宰一切的经济沿着辩证法的康庄大道前进。无论在开始或在结尾，归根到底起决定作用的经济因素从来都不是单独起作用"[2]。一句话，社会形态整体结构中的各个要素，不论其在相互关系中的地位、作用如何，都是相互作用、互为条件的。阿尔都塞说："'矛盾'在其内部受到各种不同矛盾的影响，它在同一项运动中既规定着社会形态的各方面和各领域，同时又被它们所规定。我们可以说，整个'矛盾'本质上是多元决定的。"[3]这和黑格尔辩证法将推动社会历史运动的矛盾归结为构成社会生活各方面及各特定历史时期之统一的内在本质（或"本原"）的某种东西——在黑格尔那里就是贯穿社会历史过程、通过这一过程来实现的"绝对精神"——与作为现象的这些方面或历史时期之间的矛盾运动完全不同：在马克思这里，推动社会历史运动的矛盾运动是发生在社会形态整体

---

[1] 阿尔都塞：《保卫马克思》，第106页。
[2] 同上书，第103页。
[3] 同上书，第89页。

结构内部各要素及其社会形态与其外部环境之间,而非某种抽象的本质与其各种现象表现之间。[1] 因此,那种将马克思的历史唯物主义理论理解为经济决定论的看法,无疑是囿于黑格尔辩证法的影响而对马克思理论的一种误解(在阿尔都塞看来,这些误解者甚至包括马克思自己,尽管马克思在其社会历史科学研究的实践中形成了这种与黑格尔不同的辩证法,但马克思自己也没有能够从理论概念的层面对这一伟大变革完全清晰地加以把握和表述)。

需要指出的是,说是"不同矛盾运动所汇合而成的统一体,决定着整个社会形态及其内部各部分之间的运动变化",并不是说不同的矛盾或矛盾方面在矛盾运动过程中的主次地位和作用始终不变。不同的矛盾或矛盾方面在矛盾运动的不同时期或阶段,其主次地位当然会有所不同,有时是这一矛盾——如生产力和生产关系之间的矛盾,或矛盾方面——生产力或经济基础占主导地位,有时又是另一矛盾——如经济基础和上层建筑之间的矛盾,或矛盾方面——如生产关系或上层建筑占主导地位,共处一个整体中的不同矛盾或不同矛盾方面在绝大多数情况下总是处于不平衡的发展状态,主要矛盾和次要矛盾或者矛盾的主要方面和次要方面总是随着形势的变化交替变换位置,因此在社会历史实践中,我们不能机械地、固化地去理解各种矛盾或矛盾各方面之间的主次关系,例如将生产力与生产关系之间的矛盾始终固化为社会历史进程中的主要矛盾,或将生产力始终固化为经济结构运动中矛盾运动的主要方面等,而必须善于根据形势的变化准

---

[1] 阿尔都塞对黑格尔的历史辩证法作了如下批评:"把构成某个历史世界具体生活的所有因素(经济制度、社会制度、政治制度、法律制度、习俗、道德、艺术、宗教、哲学,乃至战争、战役、失败等历史事件)归结为一个统一的内在本原,这种归结(这是黑格尔从孟德斯鸠思想中借鉴得来的)本身只是在把一国人民的全部具体生活作为精神的内在本原的外化或异化这个绝对条件下才是可能的,而精神的内在本原的外化或异化归根结底又无非是这一世界的自我意识的最抽象形式,即这一世界的宗教意识和哲学意识,或这一世界自身的意识形态。……正因为如此,黑格尔才能把从古代东方直到今天的世界历史说成是'辩证的',即认为它是由矛盾的简单本原的简单作用所推动的。正因为如此,黑格尔才认为,真实历史其实是从没有真正的突变、结束和开端。正因为如此,黑格尔的历史哲学才充斥着千篇一律的'辩证'变化。为了维护这个荒谬的观点,黑格尔只能赖在精神的山巅不走:一个民族即使灭亡掉也并不要紧,因为它只是体现了观念在一个阶段中的特定本原,它还有观念的其他阶段为它服务;因为该民族在体现这一特定本原的同时也抛弃了这一本原,把它留传给历史(本原的自我记忆),留传给它民族(即使该民族与它民族的历史关系十分松弛!),而当它民族在其实体中反映这一本原时,将从中找到其未来的内在本原,即恰好是观念的逻辑发展的下阶段,如此等等。"(阿尔都塞:《保卫马克思》,第 91—92 页。)

确地把握现实情境下的矛盾运动状况,但是,这些并不影响它们之间始终处于互为因果的多元决定关系之中。阿尔都塞说:"'次要'矛盾不是'主要'矛盾的单纯现象;所谓主要矛盾是本质,次要矛盾是现象,这实际上并不等于主要矛盾可以没有次要矛盾或缺少某个次要矛盾而存在,不等于主要矛盾可以先于或后于次要矛盾而存在。相反,这个命题意味着,次要矛盾对于主要矛盾的存在十分重要,它确实构成了主要矛盾的存在条件,正如主要矛盾是次要矛盾的存在条件一样。社会这一有结构的复杂整体就是例子。在社会中,'生产关系'并不单纯是生产力的现象,而且也是生产力的存在条件;上层建筑并不单纯是社会结构的现象,而且也是社会结构的存在条件。"[1] 不同矛盾或矛盾方面之间这种既有主次差别又相互依存、互为条件的辩证关系,正是马克思主义辩证法的深刻特征,也是多元决定概念的主要含义。以这种方式,阿尔都塞不仅重新阐释了马克思的历史唯物主义理论,而且进一步强化了对历史唯物主义的结构论解读。

## 结　语

不少讨论阿尔都塞理论的人都依据和参照阿尔都塞自己的一些表述指出了阿尔都塞理论的以下特征:

第一,反经验主义。因为它主张科学研究的对象是"认识对象"而非"现实对象",认为作为科学研究对象的"认识对象"本身已经是概念构造的结果,而非我们对现实对象的直接感知;认为将"认识对象"等同于"现实对象",将现实生活中人们直接感知到的那些既定的经验材料(如利润、地租等)视为科学研究的对象,正是马克思主义以前的政治经济学、历史科学等学科所犯的一个最主要的错误。

第二,反人道主义。因为它否认存在普遍的抽象人性或人的本质,否定具有这种普遍的抽象人性的个体是一切社会历史行动的主体,否认一切社会历史现象是具有此类普遍抽象人性的个人主体行动的产物,反对从这

---

[1]　阿尔都塞:《保卫马克思》,第 200—201 页。

种普遍的抽象人性或人的本质出发来理解和解释一切社会历史现象；主张包括人性等现象在内的一切社会历史现象都是特定生产方式总结构中各种要素之间相互作用的结果，因而只能用这种特定生产方式总结构中各种要素之间的相互作用来加以解释。

第三，反历史主义。因为它反对像黑格尔等人那样把社会历史进程理解为一个自身固有的某种内在本质在特定逻辑的支配和推动下随着时间的推延逐步展开的连续过程，并且是一个由内部各要素具有同质性的社会历史阶段前后相继所构成的连续进程，主张社会现实是由特定社会历史条件下生产方式总结构内部各种要素的相互作用决定的，在生产方式总结构中，虽然经济结构是其中的最终决定因素，但其他要素也具有自己的相对独立性，具有自己发展变化的韵律、节奏，相互之间并不同步，社会现实实际上是由这样一些其发展逻辑和节奏并不一致的要素之间的相互作用决定的，因此决不能认为特定社会历史阶段存在的各种要素都具有同质性，并用这种历史的同质性来解释它们在特定社会历史阶段的内容和形式。社会现实只能由特定历史阶段的生产方式总结构当中处于各自特定发展状态下的要素之间的特定相互作用所构成的特定整体来加以解释。

这些特征使得阿尔都塞的理论与当时法国流行的"结构主义"思潮具有相当的一致性，因而人们很自然地将其归入这一思潮。但是，在《读〈资本论〉》一书第二版正文前的按语中，针对人们的这一做法，阿尔都塞却明确地表示了异议。阿尔都塞声明，他和他的合作者在自己的著述中"十分注意同'结构主义'的意识形态区别开来"，并"断然地使用了同'结构主义'格格不入的范畴"，如"最终决定、统摄、超决定、生产过程"等。阿尔都塞认为，人们之所以普遍将他对马克思主义所作的那些阐释归为结构主义的阐释，主要是因为他们"使用的术语同'结构主义'的术语在许多方面仍然十分相近，因此不可避免地造成了含混不清的情况"。尽管如此，阿尔都塞仍然希望人们"牢记并证实和接受这一论断"，即他的理论在其内在倾向方面与结构主义的意识形态并没有联系。[1]

---

[1] 阿尔都塞、巴里巴尔：《读〈资本论〉》，第1—2页。

对于阿尔都塞对马克思历史唯物主义理论的阐释到底是不是一种"结构主义"的阐释这一问题，我们并不感兴趣。因为对于这个问题的回答其实主要取决于我们如何理解和界定"结构主义"这一概念。对这一概念的理解和界定不同，对这一问题的答案自然就不同。但这其实只不过是一种话语之争，并无实质性的理论意义。而以本书的主题及使用的概念来说，无论阿尔都塞重新阐释的这套马克思主义社会历史理论到底属不属于人们所谓的"结构主义"理论，我们都可以得出如下结论：

第一，阿尔都塞明确地反对人道主义、反对将社会现实归结为个人（无论是抽象的个人还是具体历史条件下的个人）行动的产物、反对视个人为社会历史行动主体的观念，主张社会历史进程是一种独立于个人行动及其意志的客观实在、是社会结构自身内部各要素之间相互作用的产物，在社会结构与个人行动之间是社会结构决定个人行动而非个人行动决定社会结构等。基于这样一些与本书所谓"结构论"社会学者完全一致的理论观点，阿尔都塞所阐释的这套理论毫无疑义可以归入本书所称的"结构论"社会学理论之列。

第二，阿尔都塞明确地反对社会历史领域内的一切唯心主义理论立场，坚持辩证和历史唯物主义的理论立场，坚持将物质生产过程（而非黑格尔等哲学家或涂尔干等社会学家所说的精神或观念生活过程）视为全部社会生活的实质和基础，用物质生产过程或经济基础需要来解释法律、政治和意识形态等上层建筑领域的产生和发展，坚持经济因素是解释一切社会历史现象的终极因素等。基于这样一些马克思历史唯物主义的基本理论观点，阿尔都塞所阐释的这套马克思主义社会理论则毫无疑义可以归入本书所称的"马克思主义结构论"或"结构论马克思主义"理论之列，是"马克思主义结构论"或"结构论马克思主义"社会理论的一个重要范例。

第三，阿尔都塞明确地反对对马克思历史唯物主义理论所作的那种"经济决定论"的理解，反对将经济因素视为可以用来解释一切社会历史现实的唯一决定性因素，认为这种将经济因素视为包括各种上层建筑因素在内的全部社会生活的"本质"，将后者视为前者之"现象"表现的观点无非是黑格尔客观唯心主义思辨哲学体系在马克思主义理论中亟待消除的一种残余，主张在坚持上述第二点所述马克思历史唯物主义基本观点的基础上，突出强调法律、政治和意识形态等上层建筑领域的相对独立性，强调社会现实并非仅由经济结构决定，而是由"生产方式总结构"即社会结构中包括经济结构以及法律、政治和意识形态等上层建筑领域在内的多元要素之间的相互作用所共同决定等。基于这样一些看法，阿尔都塞对马克思主义社会历史理论所作的这种结构论阐释，无疑与其他人同样从结构论立场出发对马克思、恩格斯社会理论所作的阐释非常不同。就此而言，阿尔都塞从结构论立场对马克思历史唯物主义理论所作的阐释不仅是结构论马克思主义或马克思主义结构论社会理论的一个重要范例，而且是其中一个独具特色的范例，值得我们把它列为结构论马克思主义或马克思主义结构论社会理论范畴中的一个独特类型来加以考察。

# 第七章　柯亨之功能分析的马克思主义社会学理论

英国马克思主义理论家 G. A. 柯亨（G. A. Cohen）所提出的"功能主义的马克思主义"是马克思主义结构论社会理论当中的另一个典型范例。

由于其独特的理论内涵和观察视角，马克思、恩格斯创立的历史唯物主义理论在人类思想和社会历史进程中产生了广泛而深远的影响，自诞生以来一直吸引着无数的追随者去研究和践行它的思想和理念。然而，就像任何科学理论所经历过的那样，历史唯物主义理论也并非一个自其诞生之日起就十分完善和成熟的理论。出于各种各样的原因，历史唯物主义理论中的许多基本概念，如"生产力""生产关系""生产方式""经济基础""上层建筑""阶级""社会形态""决定"等，以及许多基本理论命题，如"生产力决定生产关系""经济基础决定上层建筑"等，其含义在马克思、恩格斯对历史唯物主义理论所作的阐述中都显得模糊不清，影响了作为一门科学的历史唯物主义所具有的理论和实践效应，因而亟须通过进一步的探讨来加以解决。晚年恩格斯以及之后的诸多马克思主义者都曾经在解决这些问题方面做过一些澄清工作，但并没有完全消除人们围绕这些问题而产生的争议。20 世纪 70 年代，一些西方国家的马克思主义者开始尝试参考借鉴分析哲学的方法来研究这些问题，试图使其变得更为符合科学理论的要求。这些人被称为"分析的马克思主义者"。在坚持用分析哲学的方法来澄清马克思主义理论基本概念和命题这一共同前提下，基于对马克思主义用来对社会现实进行理论解释（或者说它们自己选择用来对马克思主义基本理论命题重新加以解释）之方法论取向上的不同理解，"分析的马克思主义者"又进一步分化为两个不同的分支，一支被称为"功能主义的马克思主义"，另一支被称为"理性选择学派的马克思主义"。前者的主要特点是主张用"功能解释"模型来理解和澄清马克思主义的基本理论命题，主要代表人物就是柯亨、威廉姆·H.肖等人；后者的主要特点则是主张用"理性选择"模型来理解和澄清马克思主义的基本理论命题，主要代表人物是埃尔斯特、罗默等人。按照本书所使用的社会学理论分类模式，我们将以埃尔斯特为例在"马克思主义建构论"部分梳理"理性选择学派的马克思主义"的社会理论。在本章中，我们则主要以柯亨"分析的马克思主义"方面的代表作《卡尔·马克思的历史理论》一书为例来梳理"功能主义的马克思主义"的社会理论。

## 一、对历史唯物主义基本概念的分析和澄清

如上所述，在马克思、恩格斯阐述历史唯物主义理论的著述中，对许多历史唯物主义基本概念和基本命题的表述都存在着含义模糊不清的地方。譬如，拿基本概念来说，对于"生产关系"必须与之相适应的"生产力"这个概念，马克思、恩格斯在某些地方将其解说为"生产资料的性质"，如他说："生产者相互发生的这些社会关系，他们借以互相交换其劳动和参与全部生产活动的条件，当然依照生产资料的性质而有所不同。"[1]而在另一些地方，则又将其解说为"劳动生产率"，认为"只要社会总劳动所提供的产品除了满足社会全体成员最起码的生活需要以外只有少量剩余，就是说，只要劳动还占去社会大多数成员的全部或几乎全部时间，这个社会就必然划分为阶级"[2]。又如"经济基础"这一概念，马克思

---

[1] 马克思：《雇佣劳动与资本》，《马克思恩格斯选集》第1卷，人民出版社，2012年，第340页。
[2] 恩格斯：《社会主义从空想到科学的发展》，《马克思恩格斯选集》第3卷，人民出版社，2012年，第813页。

曾经将其解说为"生产关系的总和",而恩格斯在给他人的一封信中则认为他和马克思"视之为社会历史的决定性基础的经济关系"不仅包括"生产和运输的全部技术",而且包括"这些关系赖以发展的地理基础和事实上由过去沿袭下来的先前各经济发展阶段的残余",以及"围绕着这一社会形式的外部环境"等一系列因素。[1]这种情况在"上层建筑""社会存在""社会意识""阶级"等这样一些重要概念那里也同样存在。再拿基本命题来看,像"生产力决定生产关系""经济基础决定上层建筑"之类的陈述,其含义在马克思、恩格斯的表述中也不是非常清晰明确的。这些命题中的"决定"一词(以及其他类似的词如"制约""随着……就"等)到底是何含义?"生产力"或"经济基础"又是如何"决定""制约"着"生产关系"或"上层建筑"的?这些问题在马克思、恩格斯那里也有各种不尽相同的说法,令人困惑。作为一个"分析的马克思主义者",柯亨在《卡尔·马克思的历史理论》中的一个重要任务,就是以分析哲学的方法为工具,对历史唯物主义理论基本概念和基本命题的含义尽可能加以澄清。

例如,对于"生产力""生产关系"这两个概念,针对包括马克思本人在内的许多马克思主义者所作的种种不同界定,柯亨明确地提出,"生产力"指的是被生产者用来生产物品的那些要素,它在具体内容上包括以下项目[2](见图7-1):

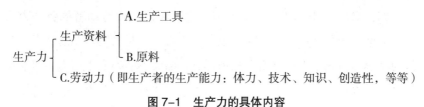

图7-1 生产力的具体内容

结合人们围绕"生产力"概念所产生的争议,对于上述这个界定,柯亨作了如下补充说明:

---

[1] 恩格斯:《恩格斯致瓦尔特·博尔吉乌斯(1894年1月25日)》,《马克思恩格斯选集》第4卷,人民出版社,2012年,第648页。
[2] 柯亨:《卡尔·马克思的历史理论:一个辩护》,岳长龄译,重庆出版社,1989年,第34页。

第一，只有被生产者直接用来生产物品（或对生产性活动作出物质贡献）的要素才属于生产力。图 7-1 所列各项都是这样一些要素：A 类项目是生产者用来工作的东西，B 类项目是生产者用生产工具作用其上的对象，C 类项目则是使生产者能够用生产工具来作用于原料的要素。

第二，因此，凡不被生产者直接用于生产物品的要素，即使对物品的生产有影响，也不属于生产力。例如，法律、道德和政府都可以用来促进物质生产，但它们并非直接用于物品的生产，故不属于生产力。否则与生产力相适应因而能够促进生产力发展的生产关系也将成为生产力或生产力的一部分，这不合逻辑。

第三，劳动力属于生产力，但劳动力的拥有者即人，以及劳动力的使用过程即劳动本身却不属于生产力。人之所以不属于生产力，是因为"生产是人使用生产力的有目的的活动，人不使用他们自身，但使用他们的力量和技术"[1]。而劳动之所以不属于生产力，则是因为：（1）劳动不是被用于生产，而本身就是生产活动。（2）劳动和劳动力这两个因素不能同时被归入生产力，否则也得把工具和工具的运动两个因素同时归入，而这是很奇怪的做法。在二者只能择其一的情况下，如第一点所说，只能选择劳动力。（3）在资本主义社会，无产者占有和资产者从无产者这里所购买的是无产者的劳动力而不是他们的劳动，这是马克思的一个重要发现。如果把劳动而不是劳动力归入生产力，就会和马克思的这一发现产生逻辑矛盾。

第四，科学知识属于生产力，因为它是可以加入劳动者的劳动力当中直接被用于物品生产的。因此，生产力不必一定是物质形态的因素。有人认为科学知识属于上层建筑和意识形态，因而不能归入生产力。柯亨对此加以反驳说：科学不是上层建筑，因为上层建筑主要是由一些制度形态的因素组成，而非由观念形态的因素组成；科学也不是意识形态，因为后者的基本含义就是非科学。还有人认为科学知识是精神的，而生产力是物质的（马克思常说"物质生产力"，"生产力"不过是这一表达的一个缩写），所以不能将科学知识归入生产力。柯亨也提出以下意见加以反驳：

---

[1] 柯亨：《卡尔·马克思的历史理论：一个辩护》，第 46 页。

在马克思历史唯物主义的语境中,"物质的"一词有其特定的含义,它的反义词是指"社会的"而非"精神的"。即凡是直接服务于物质生产的就是"物质的",凡是服务于物质生产过程以外的"社会"关系、结构、制度的过程的,就是"社会的"。例如,军人和劳动者一样从形式上看是物质的存在,但他的活动不是服务于物质生产的需要,而是服务于维护社会的需要,所以不属于生产力。因此,"一个项目是不是生产力,不依赖于它的实体性(是否物理的),而是依赖于它是否按照生产的物质特点有利于生产。与生产相关的科学知识恰好适于它所履行的物质任务,因此是生产力"[1]。

所谓"生产关系"则指的是"人们对人和生产力的有效权力的关系"[2]。说得具体一点,"生产关系或者是人对生产力或人的所有权关系,或者是以这种所有权关系为前提的关系。所有权在这里不是指法律关系,而是指有效控制的关系"[3]。不能笼统地说生产关系是人们"在生产过程中所形成的人与人之间的关系",因为,柯亨认为,和上述讨论科学知识是否属于生产力这一问题时所发生的情况类似,在马克思的语境中,人们在生产过程中形成的关系同样可以区分为"物质的"和"社会的"两个方面。换言之,人们在生产过程中所形成的人与人之间的关系包括两种:一是人与人之间的物质关系,二是人与人之间对生产力或人的所有权关系(或有效控制关系)。柯亨举例说:"如果你和我搬动一物体,分别站在它的两边,我们建立物质性的关系,由此发生了搬动。我用力并移动身体与你协调,我们的身体相互作用无需我们工作的权威机构来指示我们。我们劳动过程的物质性并没有揭示我们彼此或任何别人的社会地位。"[4] A 和 B 两人在一起锯木头,"但他们可能都是奴隶、农奴、无产者、社会主义者,或独立的木材承包者"[5]。柯亨将人们在生产过程中形成的这种"物质性"关系称为"劳动关系"或"物质的生产关系",将人们在生产过程中基于

---

[1] 柯亨:《卡尔·马克思的历史理论:一个辩护》,第50页。
[2] 同上书,第66页。
[3] 同上书,第37页。
[4] 同上书,第98页。
[5] 同上书,第119页。

"对人和生产力的有效权力"而形成的那些"社会性"关系称为"社会的生产关系"（这种关系在私有制社会中就是阶级关系），并进一步讨论了生产力、物质的生产关系与社会的生产关系三者之间的关系，指出虽然物质的生产关系不属于社会的生产关系，但它也不属于生产力（尽管和科学知识一样，用来组织劳动关系的知识也可以属于生产力），因为尽管物质的生产关系和社会的生产关系是人们在生产过程中形成的两种关系，但无论哪种"生产关系"，都是随着生产力的变化而变化的。这三者之间的关系说得更具体一点应该是：生产力的变化引起物质生产关系的变化，物质生产关系的变化则进一步引起社会生产关系的变化，因为"新的生产力需要新的物质的生产关系，而它又需要新的社会的生产关系，新的权威形式和权力分配"[1]。例如，中世纪重犁的发明和使用，要求将原来的小块耕种的土地改造成更为宽阔的"开放土地"，这使得合作耕种土地即将原来独立劳动的物质生产关系改造成合作劳动的物质生产关系成为一种必要，而这又要求改革社会的生产关系，如放弃原先对小块土地的所有权关系，采用一种与合作劳动的物质生产关系相适应的社会生产关系，否则，不仅合作劳动这种新的物质生产关系建立不起来，重犁这一新发明的生产工具也无法被实际地应用到生产过程当中，从而阻碍了生产力的发展。可见，生产力是通过物质生产关系的变化来引起社会生产关系的变化，而过时的社会生产关系则是通过阻碍适合生产力发展的物质生产关系的形成来阻碍生产力的发展的。

在《〈政治经济学批判〉序言》中，马克思说：是"生产关系的总和构成社会的经济结构，即有法律的和政治的上层建筑竖立其上并有一定的社会意识形式与之相适应的现实基础"[2]。据此，柯亨确认马克思所说的构成整个社会或上层建筑之基础的"经济结构"只是由生产关系组成，并且只是由"社会的生产关系"组成的。针对有些人认为生产力也应该属于"经济结构"这种看法，柯亨指出，根据马克思的上述表述，除非生产力是生产关系的组成部分，才能将生产力视为经济结构的组成部分，但这

---

[1] 柯亨：《卡尔·马克思的历史理论：一个辩护》，第180页。
[2] 马克思：《〈政治经济学批判〉序言》，《马克思恩格斯文集》第2卷，人民出版社，2009年，第591页。

是不能成立的。这是因为：第一，生产力是构成生产力的那些要素所具有的一种能力而非关系；第二，按照马克思的说法，生产关系一定要与生产力相适应，这样后者便不可能属于前者；第三，按照马克思的说法，生产关系是经济学的研究对象，生产力则不是，因此生产力不属于生产关系。柯亨认为，人们之所以会错误地将生产力也视为经济结构的一部分，是因为误解了"基础"一词的含义。马克思说过经济是整个社会存在的基础，也说过整个社会最终是由生产力决定的，由此一些人便将生产力视为作为社会之基础的经济结构的一部分。但实际上，"基础"一词可以有两种不同的含义：一是作为某物的一部分而构成其基础（如房屋的基础是其一部分），二是不作为某物的组成部分但却是其存在之基础（如雕像的基础并不是其一部分）。生产力和经济结构之间的关系是后一种关系，即它是经济结构的"基础"但却不是其一部分。此外，构成社会之基础的经济结构之所以只由"社会的生产关系"组成，而不包括"物质的生产关系"，则是因为如前所述，物质的生产关系只涉及人们在生产过程中的物质关系，而不涉及人们在生产过程中的权力关系即社会关系，而需要依赖所谓"上层建筑"因素来维护自己存在的是后者而非前者，因为前者顾名思义就只是作为"物质的"人与人之间的关系，或者说是人与人之间物质性方面的关系，它和生产力一样都属于生产过程的内容而非形式。

因此，所谓"上层建筑"，应该也就只是用来为"社会的生产关系"服务的那部分非经济的制度。马克思在上述《〈政治经济学批判〉序言》的那段经典表述中提到建立在经济基础之上的事物时是这样说的："即有法律的和政治的上层建筑竖立其上并有一定的社会意识形式与之相适应的……"柯亨认为这里并没有说清楚上层建筑包不包括意识形态，尽管如此，对上层建筑的许多说法应该也适用于意识形态。据此，柯亨在自己的书中主要讨论了上层建筑的概念。他将上层建筑界定为"一套非经济的制度，主要是法律系统和国家"[1]。他又侧重讨论了法律制度。在上层建筑概念的含义上存在的一个主要问题是：如果经济基础是由人们对人和生产力

---

[1] 柯亨：《卡尔·马克思的历史理论：一个辩护》，第232页。

的所有权关系构成的,那么它如何能够与以它为基础的法律上层建筑区分开来?因为所有权关系首先是法权关系,而法权是一种非经济制度。柯亨对这个问题的解决办法其实在他界定(社会的)生产关系时就已经有所交代了,因为,如前所述,他在将(社会的)生产关系界定为人们对人和生产力的所有权关系时已经简要地说明了"所有权在这里不是指法律关系,而是指有效控制的关系",或者说作为"生产关系"之内容的"所有权"指的是"权力"(power)而非得到法律制度确认的"权利"(right),后者才属于作为上层建筑的法律制度的内容。前者可以定义为"一个人具有对ф的权力当且仅当他能够做ф,这里的'能够'是非规范的"[1]。权力和与其相匹配的权利可以同时存在但也可以不同时存在:"具有权力不需要具有与它们相配对的权利,而具有权利也不需要具有与它们相配对的权力。只有具有合法的权力才需要具有与它相配对的权利,而只有具有有效的权利才需要具有相配对的权力。"[2]在对作为生产关系之内容的"权力"和作为法律上层建筑之内容的"权利"作了这样一种区分之后,我们就能够按照马克思历史唯物主义理论所要求的那样去理解它们之间的相互关系了。

## 二、生产力和经济基础的首要性

在《卡尔·马克思的历史理论》一书的序言中,柯亨曾经说道,他之所以写这本书是因为受到了阿尔都塞《保卫马克思》一书的影响,但他在进一步读了阿尔都塞的《读〈资本论〉》一书之后却大感失望,原因一是这本书中的许多概念和表述过于含糊、缺乏精确性,二是感到对阿尔都塞在这本书中所表达的基本观点难以接受。虽然柯亨没有明确陈述他和阿尔都塞的主要理论分歧,但从他指出自己和阿尔都塞之间的理论分歧相当大之后紧接的一段表述中我们可以体会主要分歧何在。柯亨说:"因为我要辩护的是一种老式的历史唯物主义,一种传统的概念(柯亨在此加了一个

---

[1] 柯亨:《卡尔·马克思的历史理论:一个辩护》,第236页。
[2] 同上。

脚注：它们的'最完整的表述'是《政治经济学批判·序言》)。在这个理论中，历史从根本上来说是人类生产能力的增长，社会形态的兴起和衰落要以它们促进还是阻碍这种增长为转移。"[1] 回顾前面我们对阿尔都塞的叙述，可以看到柯亨要辩护的这一老式的、传统的历史唯物主义理论，正是阿尔都塞在《读〈资本论〉》等著作中极力试图加以矫正的那种对马克思主义社会理论的阐释，即人们常常以"生产力决定论"或"经济决定论"这些名称来称呼的那样一种阐释。在某种意义上可以说，柯亨的这本书就是试图通过对这种老式的、传统的历史唯物主义的重新阐释和辩护，来反对阿尔都塞在其著作中对历史唯物主义理论所作的那种带有浓厚结构主义色彩的阐释。除了上述概念方面的分析和澄清工作之外，柯亨的这一努力首先体现在他对"生产力的首要性"和"经济基础的首要性"这两个历史唯物主义理论基本命题的论证中。

所谓"生产力的首要性"命题，是指马克思关于生产力对生产关系或对生产关系组成的经济结构在解释上具有首要性这一观点，其具体含义是："一种生产关系的性质是由它所包含的生产力的发展水平来说明的。"[2] 这个命题和另一个命题即"发展命题"紧密相关。这两个命题合起来构成以下一组论点：

（1）生产力的发展贯穿全部历史（发展命题）。

（2）一个社会的生产关系的性质是由其生产力发展水平来说明的（首要性命题）。

命题1表明了生产力的发展是人类历史的一般趋势，而不只是某一时期或阶段的趋势，但并没有说生产力在任何时候都处于发展状态，更没有说生产力不会由于受到环境等因素的阻碍而发生衰退的情况。命题2表明了是生产力的变化带来了生产关系的变化，但也并不是说只要生产力有了变化生产关系就必定发生变化，也没有明确生产力必须增长多少才能使生产关系发生变化，它只是意味着：任何一种生产关系对于在它之下发展的生产力来说都具有一定的限度；在生产力的发展还没有达到这个限度前，

---

[1] 柯亨：《卡尔·马克思的历史理论：一个辩护》，序言，第2—3页。
[2] 同上书，第146页。

现存的生产关系对于生产力的发展来说是合适的；但当生产力的发展达到这一限度时，现存的生产关系对于生产力进一步的发展来说就不合适了，因而需要为与生产力的发展更为合适的新生产关系替代；因此，任何生产关系都必须与它所包含的生产力的发展水平相适应。

在上述两个命题中，发展命题是更为根本的命题，因为正是由于生产力在人类的历史进程中始终具有一种发展的一般趋势，作为生产力发展之具体社会历史形式的生产关系才会不断被要求随着生产力的发展而变化。因此，如果没有生产力发展的一般趋势，命题2也就无从谈起。那么，生产力为什么会具有发展变化的一般趋势呢？柯亨用以下三个基本事实来对此加以解释：（1）人是一种理性的存在物；（2）人到目前为止的历史境遇始终是一种匮乏的境遇；（3）人具有的理性能力使之能够改进自己的处境。换言之，作为理性的存在物，人类总是会努力去寻找满足自己生存需要的最佳手段；相对于人的需要而言，大自然永远是匮乏的，人类永远需要通过自己的努力不断改造环境来使自己的需要得到更好的满足；而当某一种能够更好地改造自然从而使自身需要得到更好满足的生产方法被发现时，他们自然倾向于保持住并进一步去改进它；如此循环往复，使得生产力不断地从低向高变化发展。当然，出于各种原因，如前所述，在实际的历史进程中生产力的发展并不是始终不停往前，会有停顿和后退等情况出现，但总体来看这种情况不会太多，或者至少是少于向前发展的情况。因此，我们可以说，生产力的发展趋势是人类社会的一个正常状态，停顿和倒退则是反常状态，否则我们便无法解释生产力水平不断提高这一我们在人类历史上所观察到的客观事实。同样，也正是促成生产力发展一般趋势的上述三个基本事实可以用来回答为什么会有命题2，即生产关系为什么必然要由生产力来说明即决定，因为当人们发现现存的生产关系与生产力的发展趋势不相适应，阻碍了生产力的发展时，作为理性存在物的人就必然要设法抛弃现存的生产关系形式，代之以新的生产关系形式。正如马克思所说："为了不致丧失已经取得的成果，为了不致失掉文明的果实，人们在他们的交往方式不再适合于既得的生产力时，就不得不改变他们继承下来的一切社会形式。"[1]

许多人质疑生产力的首要性命题是马克思主义的基本命题。柯亨概括了这些人用来支撑其质疑的几个主要理由并逐一加以反驳：

第一，有人认为"适合"应该是双方的而非单方的：如果 $x$ 适合 $y$，那么 $y$ 也适合 $x$。因此，如果生产关系必须适合生产力，那么这意味着生产力也必须适合生产关系。对此，柯亨反驳说，虽然现实生活中确实存在着相互"适合"的情况，但"适合"并非总是对称的，也可以是单方面的，而这恰恰是马克思在说到生产关系要与生产力发展水平相适合时所用"适合"一词的含义。柯亨从马克思的著作中摘引了大量语录来证明这一点。

第二，有人指出马克思在某些地方，例如《共产党宣言》中似乎曾经明确说过是生产关系决定生产力的发展这样的话。柯亨则指出马克思的那些话实际上只是说明了生产关系对于生产力的发展所具有的制约作用或功能（促进或阻碍生产力的发展）。这种制约作用与"生产力决定生产关系的命题，不仅是一致的而且是一脉相承的。……正是这种作用说明了生产关系的性质，为什么它们如它所是"[2]。"经济结构促进生产力发展的明显事实并不损害生产力的首要性，因为生产力是按照结构促进发展的能力来选择结构的。"[3]

第三，有人批评说强调生产力的首要性实际上是在强调一种技术决定论，意味着对人性和人道主义的贬低，这是不符合马克思主义立场的。柯亨对此反驳说，这些人忽视了在马克思的著作中"生产力的发展和人的能力的发展之间的广泛的一致性。一旦我们注意到生产力的发展主要是人类劳动能力的增长，那末强调技术便失去了它贬低人道主义的假象。生产力的发展是'个人自主活动方式'的进步，它是与'人的发展'相携并进的"[4]。

第四，有人提出马克思在很多地方都提到推动历史发展的动力是阶级

---

[1] 马克思：《马克思致帕维尔·瓦西里耶维奇·安年科夫（1846年12月28日）》，《马克思恩格斯选集》第4卷，第409页。
[2] 柯亨：《卡尔·马克思的历史理论：一个辩护》，第175页。
[3] 同上书，第176页。
[4] 同上书，第161页。

斗争，而不是生产力。柯亨指出，虽然马克思对主要社会变革的直接解释常常是根据阶级斗争，但这不是对社会变迁的根本解释。相反，无论是阶级还是阶级斗争的产生及其结果都必须根据生产力与生产关系之间的相互作用，尤其是生产力对生产关系的首要性来加以解释。

"生产力的首要性"命题是用来解释生产关系的发展变化的，"经济基础的首要性"命题则是用来解释上层建筑的发展变化的。柯亨以作为经济基础之内容的生产关系和作为法律上层建筑之重要内容的财产关系之间的关系来对这一命题加以说明。

如前所述，这里的"生产关系"一词指的是柯亨所谓"社会的生产关系"，即人们在生产关系中形成的对人或生产力的实际控制关系或"权力"关系；"财产关系"一词则指的是以法律制度的形式加以确定的人们对人或生产力的合法控制关系或"权利"关系。正如生产力的首要性命题的含义是"生产关系的性质要由生产力的水平来说明"一样，经济基础的首要性命题的含义则是：一种上层建筑的性质必须以建立于其上的那种经济结构即生产关系类型的性质来加以解释。以财产关系为例，对这一首要性命题的说明是："既定的财产关系所具有的性质是由生产关系的性质决定的。因此财产关系的变化是为了推进，或者认可生产关系的变化。生产关系变化是使生产力可以适当地使用和得到发展，财产关系变化是承认或稳定生产关系已经获得的变化。有时，……经济变化先行于法律的变化；有时情况却相反；有时变化是同时进行的。但是，在所有这些情况下，历史唯物主义都坚决主张，财产关系变化服务于生产关系的变化（它又反映了生产力的发展）。"[1]

柯亨列出了生产关系引发相关法律上层建筑发生变化的四种类型：

（1）在时间 $t$，一种被现存法律制度禁止的生产关系逐渐形成了，如果法律不发生改变，生产力就不能顺利发展。因此，在时间 $t+n$，现存法律被改变，生产关系和财产关系之间的一致性得以恢复。

（2）像在 1 中所说的一样，一种被现存法律制度禁止的生产关系正在

---

[1] 柯亨：《卡尔·马克思的历史理论：一个辩护》，第 242 页。

形成，但相关法律制度过于强大迟迟不能发生改变，致使这种生产关系迟迟不能最终形成。在这种情况下，生产力的发展就会受到严重束缚，或迟或早最终促使法律制度发生相应变化，使得新生产关系最终得以建立。

（3）一种新的生产关系逐渐形成，但现存的法律制度对其并不禁止，这种新生产关系因而得以顺利建立起来。但为了使这种新生产关系得到巩固和稳定，需要一种新的法律制度来对其加以确认和保护。这种新的法律制度因而被建立起来，使得法律上层建筑发生了与经济结构的变化相适应的变化。

（4）一种新的生产关系逐渐形成，虽然法律没有发生相应的变化，但财产关系发生了相应的变化。

在现实生活中，上述类型有时结合在一起形成一些复合类型："在复杂的转变时期，我们发现，某些新权力被非法地实行，而另外一些权力的实行则等待着法律上的变化。同一个法律的变化通常许可已实现的权力和允许形成新的权力，如果只是因为打破法律的能力和意愿在社会中是不均衡分布的话。"例如，"在行会制度衰落的过程中，由师傅用来限制一帮人的章程，在这里被违反，在那里则不情愿地被接受，直到法律的障碍被消除以及局部发生的事情普遍化"。[1]

正如生产力对生产关系的首要性是由于生产关系具有维护生产力的功能，因而生产力需要生产关系为之服务一样，经济基础的首要性同样是基于法律等上层建筑具有维护生产关系的功能，因而生产关系需要上层建筑为之服务。柯亨说："生产关系可以由生产力作功能的解释。这里我们加上，财产关系反过来可以由生产关系作功能的解释：法律结构的兴衰决定于它们促进还是阻碍由生产力支持的经济形态。财产关系具有它们的特性是因为生产关系需要它们具有这种性质。"[2] 生产关系之所以需要法律制度等上层建筑为之服务，是因为如果没有法律赋予的"权利"的保障，对权力的行使可能会是无效的、不稳定的甚至不可能的。"为了建立和维持有效的和良好的秩序，生产关系需要财产关系的支持。因此，人们成功地争

---

[1] 柯亨：《卡尔·马克思的历史理论：一个辩护》，第 243 页。文字略有修改。
[2] 同上书，第 247 页。

取改变法律以使他们具有的或感到在他们掌握之中的权力合法化,立法者改变法来解除它与经济之间实际的或可能的紧张关系(这不是说法律秩序对经济的适应总是自然进行的)。"[1]

就像在生产力的首要性命题那里遇到的情况一样,同样有人拿某种经济权力是从法律等上层建筑那里得到确认这一点来否定经济基础的首要性。他们举例说:假定一个具有权利 $r$ 的人,在一个守法的社会里,他的权利是有效的,他因此将具有与权利 $r$ 相当的权力 $p$。在这里,他拥有权力 $p$ 是因为他拥有权利 $r$。据此我们可以说,在一个守法的社会中,人们拥有他们能够行使的权力是因为他们拥有行使这些权力的法定权利。可见,不是经济领域的权力关系决定法律领域的权利关系,而是相反。这意味着经济基础并不具有相对上层建筑的首要性。

对此,柯亨以前面在为生产力的首要性命题辩护时采用的类似理由加以反驳说:经济领域的权力关系必须由法律制度领域的权利关系来加以确认和保障,这一事实与经济基础的首要性命题并不矛盾,就像生产力的发展需要由生产关系来加以维护和促进这一事实与生产力的首要性命题并不矛盾一样。因为在历史唯物主义看来,虽然权利 $r$ 之被享有是因为它属于一个权利结构,但它之所以得到公认则是因为它保护了与其相当的权力结构。法律体系的内容是由它的功能决定的,它有助于支持一种特殊的经济结构。因此,"人们的确是从权利中得到权力,但是在一定意义上,它们是历史唯物主义用权力解释权利的方法所允许的,而且是它所需要的"[2]。

## 三、历史唯物主义与功能解释

我们从上面的叙述中可以看到,柯亨对生产力的首要性和经济基础的首要性这两个历史唯物主义经典命题的辩护,都建立在他对于在这两个命题中作为被解释项的"生产关系"或"上层建筑"对作为解释项的"生产

---

[1] 柯亨:《卡尔·马克思的历史理论:一个辩护》,第248页。
[2] 同上书,第249页。

力"或"经济基础"的存在和发展所具有的特定功能这一性质的强调上。这种以某一现象所具有的特定功能来解释其产生和变化的方法，正是在自然科学和社会科学等领域中普遍流行的一种解释方法，即功能解释方法。换言之，柯亨对历史唯物主义理论经典诠释的辩护是建立在将历史唯物主义的基本命题理解和诠释为一种功能解释命题这一立场之上的。

事实上，柯亨毫不讳言自己的这一立场，并对自己的这一立场进行了系统的论证和捍卫。柯亨明确宣称，在他这里，"历史唯物主义已经表现为一种功能主义的历史和社会理论"，因为他已经论证说"生产关系之具有它们的性质，是因为依靠这种性质促进生产力的发展"，以及说"上层建筑之具有它们的性质，是因为依靠这种性质可以巩固生产关系"，而这些都是"一般的功能解释的观点"。[1] 他列举了若干被视为功能解释的句子，如："鸟有空心骨，因为空心骨易于飞行"；"这个雨舞上演了，因为它加强社会的团结"；"基督教在早期近代欧洲变得强大，因为它促进资本主义的发展"；等等。这些解释性的句子都是在以某一现象（鸟有空心骨、表演雨舞、基督教变得强大等）所具有的某种效果或者说功能（易于飞行、加强社会团结、促进资本主义发展等）来解释这一现象的发生，或者说是在宣称被解释的现象（鸟有空心骨、表演雨舞、基督教变得强大等）是由这些现象所具有的效果或功能（易于飞行、加强社会团结、促进资本主义发展等）决定的。历史唯物主义对生产力的首要性或经济基础的首要性的解释，或者说对生产关系或上层建筑发展变化之原因的解释，同这些功能解释的逻辑是一样的。"因此，说一种经济结构适合于生产力已经达到的水平，意思是：这种经济结构为生产力有效地使用和发展，提供最大的范围，并且它的流行是因为它提供了这样的范围。说存在决定意识，其意思至少主要是：社会主导思想的性质是由这种主导思想的倾向，即依靠主导思想的性质，支持由生产力所要求的经济结构的作用来解释的。把这两个命题放在一起，我们得到这样一个假设：新教之所以兴起是因为在资本/劳动关系非常有利于发展新的社会生产能力的时候，它是适

---

[1] 柯亨：《卡尔·马克思的历史理论：一个辩护》，第 267—268 页。

合促进资本主义事业和加强劳动纪律的宗教。当马克思说'新教把一切传统的假日变成工作日,所以在资本主义的发生上起了重要作用'时,他不是把一定的作用归功于新的宗教,而是根据那种作用对它的兴起提出了一种(部分的)解释。"[1]

柯亨指出,虽然在社会历史研究的实践中马克思主义者提出和使用了功能解释,但在理论上他们却没有对此作出精确的说明。因此,当这一点逐渐被明确意识到时,一些马克思主义者便开始犹豫不决甚至表示反对,并试图对马克思主义的基本命题作出其他类型的解释,例如恩格斯提出的生产力或经济结构"最终决定论"和阿尔都塞的"结构因果观"解释等。这些马克思主义者基于种种理由认为功能解释是不可靠的、值得怀疑的。其中比较典型的理由有二:

其一,是认为"后出现的现象不能解释先出现的现象",而作为事物产生和发展所造成的后果,事物的效果或功能总是一种在该事物产生和发展之后出现的,因此不能解释该事物的产生和发展。例如,一位叫 P. 柯亨的学者批评功能解释时举例说:"宗教的存在是为了支持社会的道德基础……[ 和 ]……国家的存在是为了协调在复杂的社会中发生的各种活动。在这两种情况下都是用结果来作为原因:道德秩序和协调的最终状况被用来解释宗教和国家的存在……这类解释是公然违反逻辑法则的,因为一件事情不可能是另外一件事情的原因,如果它在时间上是出现在另一件事情之后。"[2] 对此,柯亨明确地认为,P. 柯亨的说法是错误的。他说:"后出现的现象不能解释先出现的现象,这是真的,但 P. 柯亨提到的这些命题违反那个真理却是错误的。当宗教是一个社会的稳定所必需的时候,这个社会就会提出或支持一种宗教,这应该是合理的。因此,一个社会的宗教可以根据社会的这一特点来解释:它需要一种可行的宗教。这一特点不是有一种宗教的结果,并且解释中没有歪曲时间的顺序。"[3]

柯亨指出,功能解释其实并非用一个现象所具有的实际后果来解释它

---

[1] 柯亨:《卡尔·马克思的历史理论:一个辩护》,第 295 页。
[2] 转引自上书,第 298 页。
[3] 同上。

产生的原因，而是用这一现象所具有的造成某种后果的倾向来作为其产生的原因。例如，我们可以发现，在某些工业领域，企业规模的扩大因减少了单位产品成本而产生了规模效益，如果我们进一步发现规模扩大总是会带来规模效益而别无例外，那么，我们就可以认为规模的扩大是因为这种扩大将会产生经济效益。柯亨认为这应该是一个可信的解释假说。但我们如果更仔细地考察一下刚才的解释形式，我们就可以看到，在这里"我们有一个原因：规模的扩大，和一个后果：规模的经济效益。不是说原因的发生是因为结果的发生，甚至也不是原因发生是因为它引起了那个结果，虽然这样说更接近真理。而是，原因发生是因为它的倾向有那样的结果：规模发生扩大，因为这种工业扩大其规模便产生经济效益"[1]。柯亨指出，这就是功能解释，反对它的任何观点都是错误的。

其二，是认为功能解释是功能主义理论的主要解释模式，而功能主义已经受到了人们的广泛批评，因此不应该将马克思主义对社会现象的解释模式理解为功能解释。对此，柯亨表示，这种将功能解释与功能主义联系起来并据此而否定功能解释的做法是"令人遗憾的"，因为在功能解释和功能主义两者之间其实并没有必然的逻辑联系。柯亨进一步解释说，功能主义主要包括以下三个基本命题：（1）社会生活的全部因素都是互相联系的，它们彼此之间强烈地相互影响并集合成一个不可分离的整体。（2）社会生活的全部因素彼此相互支持和相互加强，因此也支持和加强它们集合而成的整个社会。（3）正像命题（2）所描述的那样，每一因素所以是它的样子，是由于它对整体的存在和运行所作出的贡献。在这三个命题中，命题（2）由于不能解释社会生活中普遍存在的冲突、紧张和危机，不仅被广泛认为是虚假的，而且被视为具有极其保守的理论和实践意涵，因而受到了包括马克思主义者在内的人的强烈批评。正是因为如此，许多马克思主义者认为马克思主义对社会现实所作的解释不可能是也不应该是功能解释。但柯亨提出：一个马克思主义者可以肯定功能解释而不认可功能主义三个基本命题当中的任何一个，因此，坚持功能解释和反对功能主义这两种立场之间是可以一致的。

---

[1] 柯亨：《卡尔·马克思的历史理论：一个辩护》，第297页。

"功能解释不必然是保守的。历史唯物主义中的功能解释有两个方面是革命的：它预言大范围的社会转变，它主张社会转变的过程是激烈的。""功能主义的保守主义倾向在于它对社会制度的功能解释是维持（现存的）社会的。当把制度和社会本身解释为能力的发展（这种能力的发展战胜抗拒它的社会形态）时，就不存在保守主义。"[1]

柯亨指出，事实上，功能解释是人们在对解释所涉及的两种现象之间的作用细节作出更具体的说明之前，用来对某一现象产生的原因进行解释的有效工具。以上述对于企业规模扩大现象所作的功能解释为例：毫无疑问，我们也许可以对这一解释所涉及的两种现象之间的作用细节作出更具体的说明，如规模扩大也许是聪明的经理人员审慎探索的结果，或者是经济学所说的某种选择机制所致。但这种更为细致的解释并不是只要我们想要它就一定会产生。在我们能够作出这种更为细致的说明之前，我们完全可以用规模扩大有助于经济效益的提高这一倾向来对其加以解释。"我们能够主张，变化是由它的后果解释的，而不必能说出它是如何被这样解释的。"[2]柯亨进一步说："在一个详尽的理论之前，可以合理地提出功能解释，这一事实，对于社会科学和历史是非常重要的。因为功能解释在那些领域，常常在没有详尽说明的情况下是很有道理的。拒绝采取我们易于接受的那种解释，将是一个错误，只因为我们宁愿走得比现有知识所允许的更远。"[3]"因此，功能解释具有理智的效用和价值，即使人们说'它们提出的问题比他们回答的多'。因为他们回答一些问题，而对那些进一步的问题指出研究的正确方向。"[4]

当然，如果我们能够对某一功能解释所涉及的两个现象之间相互作用的具体机制作出更细致的说明，那解释效果自然更好。柯亨以上述规模效益导致企业规模扩大这一功能解释为例，讨论了四种可以用来对其加以进一步细致阐释的具体方式：

---

[1] 柯亨：《卡尔·马克思的历史理论：一个辩护》，第302页。
[2] 同上书，第297页。
[3] 同上书，第303页。
[4] 同上书，第304页。

第一，我们可以假设，工业决策者知道扩大生产规模将会产生经济效益这种结果，并且他们扩大生产规模确是由于他们知道这一事实。这样，我们就可以用他们对于扩大生产规模将会提高自身工业生产的经济效益这一信念，与他们对自身利益的追求一起，作为解释其生产规模扩大的原因。这种方式可以被称为"对功能解释之合目的的详尽说明"。

第二，在一个存在市场竞争的经济环境中，假定虽然市场规模扩大能够提升经济效益，但企业经理对此一无所知。那么，如果企业的平均规模还是不断扩大，则不一定是出于他们以提高规模扩大来获取更多经济效益这一有意识的动机或目的，而可能是出于大企业会带来声望，或者存在着促使企业朝规模扩大方向发展的客观趋势等原因。尽管如此，规模扩大具有提高经济效益的功能这一客观倾向依然可以用来解释工业生产规模在长时间里发生的变化，只要那些扩大规模的企业依靠这种扩大在竞争中取得了成功。因为规模扩大所具有的客观功能，使得竞争的选择机制一定有利于实施了规模扩大这一策略的企业，而不管实施的动机是什么。这种方式可以被称为"对功能解释的达尔文式说明"，因为在这种说明中采用了达尔文理论中的一些解释因素，如偶然变异、匮乏和选择等。

第三，是一种可以被称为拉马克式说明的阐释方式。按照这种方式，正如在拉马克生物进化理论中所描述的那样，企业是在其与环境的适应过程中作为对环境的反应不自觉地扩大了生产规模，而生产规模的扩大又使之能够更好地适应其所在的环境，从而使得这种不自觉形成的特征得以保存下来并因此而获得更大的存活率。其结果是实施了规模扩大行为的企业日益增加，没有实施这种行为的企业则逐渐减少，进而造成企业平均生产规模扩大这一现象。

第四，是一种可以被视为第一种详尽阐释方式的特殊情况。与第一种方式类似而与上述第二和第三种方式不同，在这种方式中，功能事实也是通过行动者的心智而发生作用的，但和第一种方式有所不同的是，在这种方式中，功能事实对行动者心智所产生的作用没有得到行动者自己充分的承认。柯亨认为这种方式与马克思主义的理论有特别密切的关系。

柯亨指出，上述分类并非穷尽了能够用来对功能解释作进一步细致阐释的方式，而且这些不同类型的方式在实际生活中也不是相互排斥，而是可以彼此结合，相互交织。通过这些方式，功能解释就可以得到更好的阐释，从而使我们对功能解释所涉及的两个现象之间的相互作用获得更细致的理解。

此外，柯亨还指出，必须注意把功能解释和功能陈述区分开来，不能将所有功能陈述，即关于某种现象具有某种功能的陈述都视为功能解释。在各种功能陈述语句中，有些只是单纯回答了某个现象具有什么功能这一问题，而并非一定同时是在用所陈述的功能来解释这个现象产生的原因。一个关于某种现象具有某种功能的陈述，是否能够同时成为一个可以用其所陈述的功能来对具有这一功能的那种现象产生的原因加以解释的功能解释命题，必须对这两者（某一现象所具有的某种功能与该现象的产生）之间的关系进行客观的经验考察之后才能确定。只有当我们施以客观的经验考察，发现这两者之间确实存在着独一无二的相互联系，我们才能够确认对某一现象的功能陈述同时也可以作为对该现象陈述的原因所作的功能解释。因此，无论是像默顿等人那样认为确定一个现象具有某种功能就自然地对这一现象的陈述作出了解释，或者像前面提到的 P. 柯亨等人那样完全否认功能解释的价值，都是不可取的。像科学领域中存在的其他各种解释模式一样，功能解释也是科学研究当中的一种合理和有效的解释模式。马克思历史唯物主义理论的基本命题采用了功能解释的模式，这不仅不影响历史唯物主义理论的合理性和有效性，而且，正是由于它采用了功能解释模式，它所表述的关于生产力和生产关系之间、经济基础和上层建筑之间以及社会存在和社会意识之间关系的那些观点才能够得到真正合理的解释。

## 结　语

综上所述，柯亨不仅以分析哲学的方法为工具对马克思历史唯物主义理论的许多基本概念和命题进行了分析和澄清，而且以功能解释模式为工具对历史唯物主义的基本命题重新进行了阐释和论证，试图以这种阐释和论证来捍卫对马克思历史唯物主义理论所作的"生产力决定论"和"经济决定论"一类经典解读，反对恩格斯等人以生产力或经济因素"最终决定论"及阿尔都塞以"结构因果观"对历史唯物主义理论作的那些解读。就此而言，柯亨从功能解释的角度对马克思历史唯物主义理论所作的这种重新解读，不仅属于本书所称"马克思主义结构论"社会理论的一个典型范例，而且是一个既与马克思、恩格斯自己对历史唯物主义的阐释有所不同（正如柯亨指出的那样，马克思、恩格斯虽然实际上使用了功能解释来说明生产力和生产关系之间、经济基础和上层建筑之间、社会存在和社会意识之间的相互关系，但却并没有从理论上明确地意识到这一点，更没有自觉地、有意识地以功能解释的逻辑形式来对历史唯物主义理论的基本命题加以表述和论证，而这些正是柯亨在其著作中试图完成的工作），又与阿尔都塞等人从结构主义等角度出发对历史唯物主义理论所作的阐释非常不同的一种新的马克思主义结构论社会理论，可以被视为马克思主义结构论社会理论发展的一个新形态，因而应该与马克思、恩格斯著作中对历史唯物主义理论所作的阐释和阿尔都塞对历史唯物主义理论所作的阐释并列，作为本书所称马克思主义结构论社会理论范畴中的一个独特类型来加以考察。

# 本卷小结

在本卷中，我们分"非马克思主义结构论社会学理论"和"马克思主义结构论社会学理论"两个部分，对西方结构论社会学理论进行了一个简要的梳理。在"非马克思主义结构论社会学理论"部分，我们选择了孔德和涂尔干的实证主义社会学理论、帕森斯的结构功能主义社会学理论和列维-斯特劳斯的结构主义社会人类学理论，作为这一派社会学理论的主要样本；在"马克思主义结构论社会学理论"部分，我们也选择了古典马克思主义社会学理论、阿尔都塞的结构主义马克思主义社会学理论和柯亨的功能分析的马克思主义社会学理论，作为其主要样本。通过梳理，我们可以看到：

首先，在社会现实的本质及社会研究的方法论等问题上，非马克思主义结构论社会学理论和马克思主义结构论社会学理论两大理论集合之间存在着根本性的区别。这种区别主要基于对"社会生活本质上是物质性的还是精神性的"这一问题的不同回答：非马克思主义结构论社会学家，如孔德、涂尔干、帕森斯和列维-斯特劳斯，都认为人类社会和动物社会不一样，人类是借助特定的精神纽带（宗教、道德、神话等观念或心智结构）而结合起来的，因此，人类社会生活本质上是一种精神性的存在，为了把握社会生活，我们就必须深入社会的精神世界层面；地理与气候环境，人口的数量、密度和构成，各种物质资料及其生产过程等"物质性"

因素并非不重要，但它们充其量只是社会生活正常存在和运转所需要的外部条件，而非社会生活本身。反之，马克思主义结构论社会学家，如马克思、恩格斯、阿尔都塞、柯亨等则认为，社会生活本质上是一种物质性的存在，是人们围绕着必须首先满足吃喝住行等物质性生存需要进行物质生产而建立和发展起来的，要切实地把握社会生活，就必须从人们的生存需要及人们为满足生存需要所进行的物质生产过程入手，深入社会的物质生活层面；宗教、道德、神话等意识形态及相应的政治法律设施等精神性的社会现象，归根结底都不过是因应物质生产方面（包括处理和协调物质生产过程中形成的社会关系）的需要产生和发展出来的，是为物质生产过程服务的；它们是社会物质生产过程得以正常进行和发展的前提或条件，但不是社会生活本身的实质或核心内容。由此可见，西方思想家在社会学理论领域的对立，最初就是围绕着"社会生活本质上是物质性的还是精神性的"这一问题而发生和展开的。西方社会学理论的核心问题，首先是"社会的物质维度"与"社会的精神维度"之间的关系问题，而不是"社会"和"个人"之间的关系问题。如我们在本书导言中所说的那样，如今的社会学理论家只将"社会"和"个人"之间的关系问题（以及与之相关的"宏观"和"微观"之间的关系问题，或"结构"与"主体"之间的关系问题等）视为社会学的核心问题，而忘却了"社会的物质维度"与"社会的精神维度"之间的关系问题曾经是西方社会学理论的首要问题，在很大程度上应该是将自己的视野主要局限于非马克思主义社会学理论范围，将马克思主义社会学理论排除在社会学理论范围之外这一做法的结果。

需要顺便说明一下的是，在西方社会学理论领域，马克思主义结构论社会学理论曾经被解读为一种以主要关注社会冲突、社会变迁为特征的"冲突理论"，非马克思主义理论结构论社会学理论则同样被解读为一种以主要关注社会秩序、社会均衡为特征的功能主义理论，两种结构论社会学理论之间的对立因而也就被解读为所谓"冲突理论"与"秩序理论"之间的对立。显然，这些解读都有过于狭隘之嫌。正如我们在本卷的梳理中所看到的那样，虽然马克思主义结构论社会学理论和非马克思主义结构论社会学理论之间的对立，包含着理论关注焦点是置于社会冲突和社会变迁维度还是置于社会秩序和社会均衡维度这一问题上的对立,但首要的和基本的对立则是围绕着"社会生活本质上是物质性的还是精神性的"这一问题而发生和展开的。"冲突"和"秩序"之间的对立仅仅是从属于这一首要的和基本的对立的一种枝节性质的对立(因而达伦多夫、科塞、柯林斯等人围绕这一对立所形成的理论及其相互之间的逻辑关系也不在本书梳理范围之内)。

其次,无论是"非马克思主义结构论社会学理论",还是"马克思主义结构论社会学理论",都不是某种内部高度统一的社会学理论体系,而是由一些观点和立场有所不同的学术取向或理论形态所构成的理论集合或理论阵营。例如,非马克思主义结构论社会学理论就是由孔德的实证主义社会学理论、涂尔干的实证主义社会学理论、帕森斯的结构功能主义社会学理论和列维-斯特劳斯的结构主义社会人类学理论等具体社会学理论构成的,这些具体社会学理论在社会本体论、认识论或方法论取向方面尽管存在着如上所述的那种共同性,但在这些方面也存在着一定的差异。例如,在关于社会生活的本质这一问题上,虽然这些理论的倡导者都称人类社会本质上是一种精神性的存在,都将社会生活的精神维度作为自己关注的焦点,但各自所突出关注的具体方面却还是有所不同:孔德突出关注的主要是人类社会的认知类型;涂尔干突出关注的主要是人类社会的道德规范;帕森斯突出关注的是包括认知、鉴赏和道德规范三者在内的"文化"体系;列维-斯特劳斯突出关注的则是人们的心智结构。在社会研究的认识论或方法论方面,虽然这些理论的倡导者都强调要从独立于社会成员个人的客观精神世界入手来解释各种社会现象的产生和变化,用一种或几种社会精神生活方面的现象(如涂尔干所谓"社会整合程度")来解释其他社会现象(如"自杀率"),但各自的具体主张又有所不同:孔德和涂尔干都强调要将科学命题建立在对社会现实的外部特征进行客观观察所获得的经验事实基础之上(但两人之间又有区别:孔德并未强调在对社会现实进行观察之前需要将已有的先入之见加以排除,而这恰是涂尔干在其方法论著述中反复强调之事);帕森斯则明确反对经验主义实在论,宣称在包括社会学在内的行为科学领域,"分析的实在论"才是更为适宜的方法论取向；列维-斯特劳斯则主张通过对人类普遍心智结构的分析来认识和把握人类的社会生活。同样，马克思主义结构论社会学理论也是由古典马克思主义社会学理论、阿尔都塞的结构主义马克思主义社会学理论、柯亨的功能分析的马克思主义社会学理论等具体社会学理论构成的，这些具体社会学理论虽然在社会本体论、认识论或方法论取向方面存在着前述共同之处，但也具有一定的差异。例如，在关于社会生活的本质这一问题上，虽然这些理论的倡导者都强调人类社会本质上是一种物质性的存在，都将社会生活的物质维度作为自己关注的焦点，但各自所突出关注的具体方面也有所不同：古典马克思主义者和"功能分析的马克思主义"者突出关注的是社会的物质生产过程以及由人们在物质生产过程中结成的"生产关系"所构成的"经济结构"；阿尔都塞一类结构主义马克思主义者突出关注的则是由经济、政治及意识形态等层次构成的"生产方式总结构"（以及这个总结构内部各因素之间的相互作用）。在社会研究的认识论或方法论方面，虽然这些理论的倡导者都强调要从独立于社会成员个人的物质世界入手来解释各种社会现象的产生和变化，用社会物质生活方面的现象来解释其他社会现象，但各自的具体主张也有所不同：古典马克思主义者似乎更多地强调要以"生产力"或"经济"因素作为决定性或终极性因素来解释其他社会现象的产生和变化；阿尔都塞从结构主义的立场出发，主张以"结构因果论"模式来解释各种社会现象的产生和变化；柯亨等人则主张以功能解释模式为工具来说明生产力和生产关系之间、经济基础和上层建筑之间、社会存在和社会意识之间的相互关系，解释各种社会现象的产生和变化。显然，注意到这两大理论集合或理论阵营内部各种具体理论体系在社会本体论、认识论和方法论取向方面的差异，对于我们准确地理解这些具体社会学理论体系之间的异同以及由它们分别构成的两大理论集合或理论阵营之间的关系都具有重要的意义。

最后，尽管在非马克思主义或马克思主义结构论社会学理论内部的各种学术取向之间，以及非马克思主义结构论社会学理论和马克思主义结构论社会学理论之间存在着这样或那样的区别，但所有这些被我们归入结构论社会学理论范畴的社会学理论都具有一个共同之处，即在有关社会现象的本质这一问题上它们的倡导者都坚持一种被称为"社会（或结构）实在论"的理论立场，认为社会现象不仅是一种独立于我们每个社会成员个人主观意识的、给定的客观实在，而且它虽然是由无数有意识的个人所组成，但一旦形成便不仅具有独立于其组成成分的自主性，有着自己独立于其组成成分的结构、机制和规律，而且反过来还对作为其组成成分的个人具有强制性或约束性，甚至是决定着个人的感情、思想和行为。与此相应，在社会研究的认识论、方法论方面，它们的倡导者也都坚持一种与人们通常归于涂尔干名下的"社会学主义"类似的理论立场，认为社会研究的主要任务就是尽可能准确地去反映或再现那些外在于社会成员个人主观意识的社会结构、机制及其演变规律，用这些社会结构、机制和规律去解释各种社会现象的产生和变化，以及社会成员的感情、思想和行动。换言之，尽管它们之间可能存在着这样或那样的差别，但它们在上述两个方面的理论立场却毫无差异。这一点即使对于非马克思主义结构论社会学理论和马克思主义结构论社会学理论来说也是一样：尽管在社会的物质维度和精神维度之间关系的问题上，它们两者之间存在着根本的对立，但在"社会"和"个人"的关系问题上，它们的观点和立场却完全一致。正是因为如此，我们才把它们放在一起，共同置于"结构论社会学"理论这个范畴内来加以理解。而我们在下一卷中要梳理的"建构论社会学"理论，则构成了它们共同的对立面或对话者。

在明确了上述几点之后，我们便对本书所称的"结构论社会学理论"有了一个初步的理解。以此为基础，我们便可以进入第二卷的叙述。